张京华 著

顾炎武与《日知录》研究

中国社会科学出版社

图书在版编目(CIP)数据

顾炎武与《日知录》研究/张京华著.—北京:中国社会科学出版社,2022.12
ISBN 978-7-5227-1040-2

Ⅰ.①顾… Ⅱ.①张… Ⅲ.①顾炎武(1613-1682)—生平事迹②《日知录》—研究 Ⅳ.①B249.15②B249.12

中国版本图书馆 CIP 数据核字(2022)第 220160 号

出 版 人	赵剑英
责任编辑	韩国茹
责任校对	张爱华
责任印制	张雪娇

出　　版	中国社会科学出版社
社　　址	北京鼓楼西大街甲 158 号
邮　　编	100720
网　　址	http://www.csspw.cn
发 行 部	010-84083685
门 市 部	010-84029450
经　　销	新华书店及其他书店
印　　刷	北京君升印刷有限公司
装　　订	廊坊市广阳区广增装订厂
版　　次	2022 年 12 月第 1 版
印　　次	2022 年 12 月第 1 次印刷
开　　本	710×1000　1/16
印　　张	28.75
插　　页	2
字　　数	469 千字
定　　价	178.00 元

凡购买中国社会科学出版社图书,如有质量问题请与本社营销中心联系调换
电话:010-84083683
版权所有　侵权必究

国学丛刊总序

近年喜读之文，有欧阳行周《讲礼记记》，谓："公就几，北坐南面，直讲抗腹，南坐北面。大司成端委居于东，少司成率属列于西。国子师长序公侯子孙自其馆，太学师长序卿大夫子孙自其馆，四门师长序八方俊造自其馆，广文师长序天下秀彦自其馆。其余法家、墨家、书家、算家，辍业以从，亦自其馆。没阶云来，即集鳞次，攒弁如星，连襟成帷。"以为学者讲学当如此也。

予2003年8月来校，2005年7月建立濂溪研究所，2011年1月傅宏星来校，10月建立国学研究所，2015年12月本校决定创办国学院，2016年5月周建刚、彭敏陆续来校，9月国学院进驻集贤楼，第一届国学精英班学生13人入学。

其时本校陈弘书记撰有《集贤楼记》，刻石楼头，指示："无文物，不大学。无人文，不大学。无特色，不大学。无大师，不大学。无精神，不大学。"予窃私缀一言曰：无著作，不大学。于是有编纂《国学丛刊》之议。

第一辑共得《晚周诸子学研究》《钱基博国学思想研究》《中国佛教史考论》《先秦诗文"舜帝意识"研究》《宋代湖湘诗人群体与地域文化形象研究》五种。

乃略记缘起，以为总序。

张京华

2017年1月于湖南科技学院国学院

目 录

引言　最近十五年《日知录》的新版和校注 …………………………（1）

第一章　顾炎武生平事迹考 ………………………………………（9）
　第一节　顾炎武北游事由再考 ……………………………………（9）
　第二节　顾炎武与《浯溪碑歌》考 ………………………………（41）
　第三节　顾炎武与湖湘士大夫的精神交往 ………………………（55）
　第四节　辨《顾亭林母王氏弥留书》为拟作 ……………………（70）

第二章　《日知录》的点校和注释 ………………………………（79）
　第一节　《日知录》的版本形态 …………………………………（79）
　第二节　《日知录》的黄汝成集释 ………………………………（85）
　第三节　徐文珊点校的《原抄本日知录》 ………………………（98）
　第四节　陈垣的《日知录校注》 …………………………………（110）

第三章　《日知录》的文本和批校 ………………………………（141）
　第一节　黄侃的《日知录校记》 …………………………………（141）
　第二节　《日知录》"素夷狄行乎夷狄"条 ………………………（164）
　第三节　《日知录》"风俗"五条 …………………………………（171）
　第四节　《日知录》附刻的《谲觚十事》 ………………………（179）
　第五节　《日知录》与《左传杜解补正》的文本比较 …………（212）

第四章　《日知录》的征引与节刊 ………………………………（263）
　第一节　《古今图书集成》征引《日知录》考略 ………………（263）
　第二节　《皇清经解》节本《日知录》 …………………………（293）

第三节　《皇朝经世文编》对《日知录》的引用 …………… (314)
　　第四节　托名顾炎武编辑的著作《历代经世文编》 ………… (329)

第五章　顾炎武的学术与《日知录》的影响 ………………… (347)
　　第一节　"经学即理学"的命题 ………………………………… (347)
　　第二节　《四库全书》对顾炎武的认同 ………………………… (358)
　　第三节　《清史稿》对顾炎武的认同 …………………………… (382)
　　第四节　《日知录》的语境变迁 ………………………………… (393)
　　第五节　顾炎武与《日知录》对日本汉学的影响 …………… (411)
　　第六节　阮元《国史儒林传·顾炎武传》与日本
　　　　　　《清名家小传·顾炎武传》之比较 ……………………… (420)

参考文献 ……………………………………………………………… (443)

后　记 ………………………………………………………………… (454)

引言　最近十五年《日知录》的新版和校注

近十余年间有关《日知录》的研究成果众多，前后呼应，显示出学界少有的盛况。《日知录》的校注本也以最近十五年最盛。

当提倡"史源学"的陈垣的遗著《日知录校注》在 2007 年出版之际，2006 年出版的栾保群、吕宗力校点的《日知录集释（全校本）》早已注意标注引号和文献出处了。①

当《顾炎武全集·日知录》在 2011 年 12 月出版前夕，闻之沪上师友，整理者尚及见到笔者以原抄本为底本在 2011 年 10 月出版的《日知录校释》，但已不遑参考。

当《日知录集释（校注本）》在 2013 年出版前夕，笔者告知《顾炎武全集·日知录》新近出版的信息，整理者尚及见到其书，但也不暇参考。

笔者在 2009 年经岳麓书社约稿在《明清思想经典丛书》五种选题中习惯性地选择了最艰涩的一种的时候，其实还没有阅读过《日知录》全书，震于其名而已。

笔者仅为选择底本而找到台版《原抄本日知录》的时候，完全没有想到，北大图书馆里沉睡的一部性质完全相同的完整抄本，已经静候多时。

笔者所作《日知录校释》出版以后，完全意想不到第一个作出反响并与笔者结为好友的是栾保群前辈，其时《日知录集释》正在修订，准备再版。

笔者仅由不喜简体字而另作《抄本日知录校注》，已在 2017 年核发书号，只因《日知录集释（校注本）》及《顾炎武全集·日知录》二书的出

---

① 栾保群、吕宗力《日知录集释（全校本）》的《校点说明》第二条云："如不加上引号，读者就很难分辨是引文还是顾氏自己的论述，博学如赵翼，都难免发生此类误读。"

版，需再增补校本，不得不推迟四年问世。

上海师友建议笔者径直作成《日知录汇校》，笔者亦幸获师友之助，在沪得见张继旧藏原抄本原帙，在京得见北大馆藏《日知录》八卷稿本，而同期即得知司马朝军《〈日知录〉汇校集释》入选《子海》凤凰出版社待出的消息。①

笔者在2013年2月收到栾保群先生的邮件，告知："去年五月，校样已经打出，这时我才知道大著，赶紧让出版社暂停……此书大约能在今年五月由浙古出版。"而笔者正在撰写中的《抄本日知录校注》亦有待于栾先生《日知录集释（校注本）》的问世。

正当拙书《抄本日知录校注》终于校好清样交稿，笔者即由山东大学《子海》精华编项目组委托为《〈日知录〉汇校集释》审稿，审稿尚未结束，栾保群先生与笔者又收到《中华传统文化百部经典》编纂工作办公室委托为《日知录解读》审稿，而同时沪上师友已在帮忙预约陈垣旧藏的另外一部《日知录》抄本。

《日知录》的整理成果推陈出新，真像是一个大磨盘，忽东忽西，推来转去。这真是《日知录》极度热闹的时刻，但是显然，《日知录》文献整理的终结成果还远远没有到来。

栾保群先生整理的《日知录集释》始终是《日知录》最便于阅读和最为流通的版本，并且历有更新。仅栾先生此书，就有花山文艺出版社版、上海古籍出版社初版和修订版、浙江古籍出版社版、中华书局简体版和繁体版，共计六个版本之多。

严文儒、戴扬本在2009年所作《顾炎武全集·日知录》的《校点说明》中感慨云，"顾炎武的《日知录》近年来各地纷纷出版，或出版全帙，或出选编摘要，或影印，或标点"，实则《日知录》整理成果之繁盛尚有未已之势。

近十五年整理《日知录》成果排列如次：

1. 《日知录集释（全校本）》

《日知录集释（全校本）》，栾保群、吕宗力校点，上海古籍出版社2006年出版，列入《清代学术名著丛刊》，共三册。本书另有2013年10

---

① 见武汉大学哲学学院网，更新时间为2018年5月22日。

月重印平装本。其书以黄汝成《日知录集释》道光十四年（1834）西谿草庐本的剜补重印本为底本，又择要吸收了李遇孙《日知录续补正》、丁晏《日知录校正》、俞樾《日知录小笺》，书后并附《谲觚十事》和《日知录之余》二种。原文经过核校，引文加引号且注明出处，并吸收了黄侃《校记》，是一个重要的现代版本，其集释、校记在当时最全。

2. 《日知录校注》与《陈垣全集·日知录校注》

《日知录校注》，陈垣校注，安徽大学出版社2007年出版，共三册。其书实为陈垣先生遗著。其书最为显著的特色，即在于倡导史源学的研究整理方法，详细分辨引文，加以清晰的现代引号。而整理者有陈乐素、陈约之、陈祖武、陈智超、陈致易五人，先后易手，陈氏自著"历时近三十年"，全书整理"历经三代人八十多年的努力"，但未见其谨严卓绝，反觉其凌乱无比。盖因陈垣生前虽有"史源"目标，却未在底本上加注引号，而整理者又不核对原文，或硬加标点，或随处脱漏，常识错误往往而有，故其整理效果可谓恰与"史源"目标背道而驰（远不及不以"史源"标榜的栾、吕《日知录集释》）。其书虽为国家古籍整理重点规划项目，其实几不可用。①

《陈垣全集·日知录校注》，北京师范大学出版集团、安徽大学出版社2009年出版。《陈垣全集》共二十三册，《日知录校注》为其中第十四、十五、十六册，内容与单行本《日知录校注》相同。国家重点出版规划项目，主编陈智超，为陈垣嫡孙。有学者评价云："陈援庵先生之重要成果，皆新中国成立前之作也。而《日知录校注》《廿二史札记批注》《鲒埼亭集批注》，所校无几，所注多标出处而已，无甚价值，不当收入全集也。故援庵先生全集虽然十分庞大，规模远大于义宁文集，然而就价值与成就而言，北陈与南陈之差距，实不可以道里计。"② 按陈氏此书底本不佳，有注有评而少校勘，无怪后人讥议。

3. 《日知录校释》

《日知录校释》，笔者校释，岳麓书社2011年出版，《明清思想经典丛书》之一。此书以徐文珊点校《原抄本日知录》为底本，凡各版本有文字

---

① 参见笔者《陈垣〈日知录校注〉读评》，《学术界》2011年第2期。
② 见酒徒茶客书痴：宋立林博客，2013年12月23日。

异同则加校语，凡引用文献均逐一核加引号，凡重要事典则注明出处，偶有特殊文字或学术概念则间下注解，黄汝成《集释》及陈垣等各家注解亦择要采录。栾保群《日知录集释（校注本）》浙江古籍出版社2013年9月版对拙书评价云："张京华先生的《日知录校释》最为晚出……《校释》的特点是在《日知录》版本的使用上占了绝对的优势。"但此书由简体字排版，故其文本较之《日知录》原貌仍有间隔，且仍有不少笔误。

4.《顾炎武全集·日知录　日知录之余》

《顾炎武全集·日知录　日知录之余》，严文儒、戴扬本校点。上海古籍出版社2011—2012年出版，共二册。深色封面2011年12月出版，为《顾炎武全集》全套22册中第18、19册。浅色封面2012年7月出版，为《顾炎武全集》之《日知录　日知录之余》单印本，标明《顾炎武全集》，不标第18、19册，且书号不同。其书以遂初堂本为底本，以符山堂八卷本、黄汝成《集释》本参校。其所据遂初堂本天头有佚名所作校记，当是过录黄侃《校记》，整理者均加以采用，标为"原校记"（见其书卷二校勘记第二条夹注），故亦精审完备。

5.《日知录集释（校注本）》

《日知录集释（校注本）》，栾保群校注，浙江古籍出版社2013年出版，共六册。其书乃是《日知录集释》的精点精校精注，引文出处等项共4000多条，脚注1600多条，与《日知录集释（全校本）》相比多出近5000条，为近年出版的有关《日知录》整理研究的最新成果。其书排版讲究，顾氏原注用反白字体，文献出处加灰色底纹，确有赏心悦目之感。

6.《（全本·集释·全校）日知录集释》

《（全本·集释·全校）日知录集释》，栾保群、吕宗力校点，上海古籍出版社2014年出版，全二册。本书是《日知录集释（全校本）》的简体字版。

7.《中华国学文库·日知录集释》

《日知录集释》，栾保群校点，中华书局2020年4月出版，全三册。《中华国学文库》之一，简体字版。本书是2016年完成的《日知录集释》的最新成果。《校点说明》云："我和吕宗力先生校点的《日知录集释（全校本）》出版十多年以来，鉴于社会上又出现了几种《日知录》的整理本，其中最重要的是由陈智超诸先生整理的陈垣先生遗稿《日知录校注》，还有张京华先生的《日知录集释》，也鉴于'全校本'存在着一些遗漏和错误，所以有必要通过重新整理，向读者提供一套全新的《日知录集释》校点本。"编辑出版者的新书介绍云："本次出版，全面吸纳了《刊误》《续刊误》《校正》《续补正》《小笺》《校记》，及张京华《日知录校释》、陈垣《日知录校注》的整理和考辨成果，后出转精，兼顾了通俗性（详尽注释）和学术性（校记、订正误字、恢复原貌、附录所收史料），雅俗共赏。具体来说，较此前《日知录》的各个整理本做出了如下改进：①进行了更精良的版式设计，既遵古本又完善有序，不同层级之间区分清晰朗目。②更全面地恢复了顾氏原书的原貌，将刊刻者为避文字狱而删改的违碍字句逐一恢复和指明；广泛采择传世资料，订正原文误字。③增加大量注释，包括人名、书篇名和卷数的细化，题解，完整文献的征引，对事典、故实、史事等的详尽说明，为读者提供便利，扫清阅读障碍。④吸收了目前评价较好的几个《日知录》整理本的研究成果，后出转精。（有陈垣《日知录校注》、张京华《日知录校释》，以脚注形式体现。）⑤新增附录，收入全祖望、《清史稿》、黄汝成、章炳麟对顾氏及本书的评价，是重要史料。进一步完善版式和体例，兼顾顾氏原意的完整性和采辑后人注解的全面性。"此书另有繁体字版，即将出版。

8.《抄本日知录校注》

《抄本日知录校注》，笔者校注，华东师范大学出版社2021年出版。北京大学图书馆藏清抄本《日知录》，三十二卷首尾完整，装为三十二册，目录一册，每页十一行，每行二十二字，卷一首页钤印"赵氏铸铣过目""钱坫之印""香天常住""马氏玲珑山馆所藏书画"四枚，目录首页钤印"颐性老人""阮元私印""国立北京大学藏书"三枚，断抄上限当在乾隆年间，民国间入藏国立北京大学。本书以北大馆藏清抄本《日知录》为底本而加以校注。

9.《〈日知录〉节选》

《〈日知录〉节选》，黄珅解读，国家图书馆出版社2021年出版。作者为《顾炎武全集》主编之一。此书的重要性、特殊性在于此书为《中华传统文化百部经典》之一，是为贯彻落实中共中央办公厅、国务院办公厅印发的《关于实施中华优秀传统文化传承发展工程的意见》所实施的国家重点文化项目，该项目在中宣部支持指导下，由文化和旅游部委托国家图书馆组织实施，由著名学者、中央文史馆馆长袁行霈担任编纂委员会主任委员，延请德高望重的大家耆宿担当顾问。

上述9项之外，稍早的点校本有三种：

徐文珊点校《原抄本日知录》，台中市河北同乡会1958年初版，明伦出版社/明伦书局（1970、1979）、平平出版社/粹文堂（1974、1975）、唯一书业中心（1975）、文史哲出版社（1979）修订版。

秦克诚点校《日知录集释》，岳麓书社1994年版，简体横排，全一册。

周苏平、陈国庆点注《日知录》，甘肃民族出版社1997年版，简体横排，全一册。

导读、选注本若干种：

赵俪生《日知录导读》，巴蜀书社1992年版、中国国际广播出版社2008年版。

张艳云、段塔丽译注《日知录选译》，巴蜀书社1994年版，凤凰出版社2011年修订版。

雷汉卿选注《日知录》，陕西人民出版社1998年版。

许苏民解读、许广民注译《〈日知录〉一百句》，复旦大学出版社2011年版。

郑若萍注译《日知录》，崇文书局2017年版。

影印本有多种：

《日知录集释（外七种）》（包括《日知录集释附刊误、续刊误》《日知录八卷本附谲觚十事》《日知录之余》《日知录续补正》《日知录校正》《日知录小笺》《日知录校记》《日知录补校版本考略》），上海古籍出版社1985年版，影印本，其中《日知录》八卷本据上海图书馆藏本影印，全三册。

《中华再造善本·日知录》，国家图书出版社2009年版，《中华再造善本》丛书清代编子部之一，据国家图书馆藏清康熙九年自刻本彩色影印，线装，一函二册。

《中华善本百部经典再造：日知录》，浙江人民出版社2017年版，据国家图书馆藏清康熙九年自刻本彩色影印，线装，一函一册。此本与《中华再造善本》同一来源，但印制较《中华再造善本》清晰。

《初刻日知录》，日本中国友好协会京都府联合会1961年版，用北京图书馆藏康熙九年自序刊本影印，全一册。

《日知录》，台湾商务印书馆1974年影印本，在《文渊阁四库全书》子部杂家类中，第858册。

《日知录》，上海古籍出版社1989年影印本，在《文渊阁四库全书》子部杂家类中，第858册。

《卮林·拾遗录·日知录》，杭州出版社2015年版，在《文澜阁四库全书》子部中，第878册。

《〈日知录〉文渊阁本抽毁余稿》，中华全国图书馆文献缩微复制中心2000年影印本，线装，一函一册。

《卮林（外三种）》（包括《卮林》《拾遗录》《义府》《日知录》），上海古籍出版社1992年版，《四库笔记小说丛书》之一，据《文渊阁四库全书》影印本，全一册。

《日知录集释》三十二卷（附七种），四川人民出版社1998年影印本，在《中华诸子宝藏·诸子集成续编》杂家类中，第19册。

《文渊阁四库全书珍赏·日知录》，线装书局2014年影印本，线装5函32册。

《日知录集释》三十二卷、《刊误》二卷、《续刊误》二卷，上海古籍出版社2002年影印本，在《续修四库全书》子部中，第1144册。

《日知录》，山西人民出版社2007年版，据黄汝成《集释》影印本，线装，2函12册。

《日知录集释》，台湾世界书局1962年初版，1972年四版，1991年八版，据上海世界书局1936年铅排本影印本，全二册。

《日知录集释》，台湾国泰文化事业公司1980年版，影印民国铅排本。

《日知录》（《日知录集释》《日知录之余》），台湾商务印书馆1965年版，万有文库荟要四百种之一，据上海商务印书馆1933年《国学基本丛书》铅印本影印，全七册。

《日知录集释》，台湾中华书局1968年台二版，据上海中华书局1936年《四部备要》铅排本影印本，全四册。

《人人文库：日知录》，台湾商务印书馆1978年版，据上海商务印书馆1929年铅排本影印本，全五册。

《日知录集释》，日本京都中文出版社1978年版，据民国铅排本影印本，附黄侃《校记》。

《日知录集释》，中州古籍出版社1990年版，据上海世界书局1936年铅排本影印本，全一册。

《日知录五种·菰中随笔》，台湾世界书局2012年版，据上海世界书局1936年铅排本影印本，全二册。

第一章　顾炎武生平事迹考

第一节　顾炎武北游事由再考

现代史学有一级文献、二级文献的概念，习惯上又称作一手文献、二手文献。当事人的日记、书信、回忆录，这些都属于一级文献、一手文献。而其实一级文献、二级文献的概念来源于西洋近代史学，中国史学传统中没有一级文献、二级文献之说。中国史学分类有正史、私史，相应地，记事者也区分为史官和史家两类。史官有严格的制度保障作后背，而史家没有。在没有史官制度保障的情况下，私史所记即使来源于一级文献，也并不能因其为当事人，便当然具备可信性。恰恰相反，当事人的日记、书信、回忆录往往容易隐瞒事实，即便名流亦在所难免。因之学者如果主要沿着当事人的一面之词而加以叙述，结果常常是成为当事人的颂歌。顾炎武"北游事由"是一个旧题，清光绪间许起《珊瑚舌雕谈初笔》卷七有"顾亭林北游事由"条目，今者旧题重谈，故称再考。[1]

---

[1] 近年相关研究有：柳作梅《顾亭林之出游索隐》，《大陆杂志》，第40卷第9期，1970年5月；李广林《顾炎武的北游与定居华下》，《唐都学刊》1985年第2期；黄正藩《顾炎武北上抗清辨析》，《苏州大学学报》1986年第2期；赵刚《顾炎武北游事迹发微》，《清史研究》1992年第2期；陈友乔、黄启文《顾炎武北游不归的地域倾向性探析》，《武汉交通职业学院学报》2008年第4期；陈友乔《顾炎武北游不归之原因探析》，《山西师大学报》（社会科学版）2009年第2期；陈友乔《顾炎武北游期间的经济生活》，《兰州学刊》2009年第7期；孙雪霄《顾炎武北游不归原因再探》，《中华文史论丛》2019年第1期。

一 里豪

予读顾衍生《顾亭林先生年谱》,及归庄《送顾宁人北游序》、顾炎武《赠路光禄太平》诗,其中颇有疑惑含混之辞。

诸家《年谱》记顺治九年(1652)陆恩叛投叶方恒事,其初仅为"叶氏",又称"里中叶氏",后则改称"里豪"。

1. "世仆陆恩叛投叶氏"

见钱邦彦《校补顾亭林先生年谱》(顺治)九年壬辰四十岁条。①

校补本作者项题为:"顾衍生原本,昆山吴映奎止狷甫、上元车持谦秋舲甫辑,后学昆山钱邦彦校补。"

钱邦彦之底本即顾衍生原本。此句"叶氏"二字当出自顾衍生原谱,原谱则出自顾炎武口授。钱邦彦《校补顾亭林先生年谱序》:"最前则先生抚子衍生创为之,当得之先生口授。"

2. "是岁,先生有世仆陆恩叛投里中叶氏"

见车持谦《顾亭林先生年谱》(顺治)九年壬辰四十岁条,抄本。抄本作者项题为"先生抚子衍生原本,同邑后学吴映奎重辑,上元后学车持谦增纂",卷末有吴岷源识跋。

"里中叶氏",较钱邦彦多出"里中"二字,但车持谦之底本亦出自顾衍生原谱,"里中叶氏"或为原谱的一种别写。

钱邦彦,字晋孚,又字畯夫、俊甫,昆山菉溪之西顾村人,庠生,授八旗官学汉教习。光绪《昆新两县续修合志》有传,参见马一平《名医本色是宿儒——儒医钱景虞事略》。②

吴映奎,字止狷,一字文躔,号银帆,昆山人,庠生,同治《苏州府志》有传。

车持谦,字秋舲,号子尊,祖籍湖南邵阳,后迁江苏上元,庠生,道

---

① 光绪三十四年刻本,上海商务印书馆《四部丛刊三编》史部景昆山图书馆藏稿本。《天下郡国利病书》书前附录此谱。又见黄珅、严佐之、刘永翔主编:《顾炎武全集》第22册附录,上海古籍出版社2011、2012年版,第131页。

② 马一平:《名医本色是宿儒——儒医钱景虞事略》,载《昆山文史》第十一辑,政协江苏省昆山县委员会文史征集委员会1993年版,第118—119页。

光《上江两县志》、同治续纂《江宁府志》有传。

三人所在地皆与顾炎武相近，又服膺其学术为人，所撰《年谱》皆有声誉。

3. "先生有世仆陆恩，叛投里豪叶方恒"

见张穆《顾亭林先生年谱》（顺治）九年壬辰四十岁条。①

张穆《顾亭林先生年谱》又载：（顺治）十二年乙未，四十三岁：五月十三日，擒叛奴陆恩，数其罪，沈诸水。叛党复投叶氏，讼之官，移狱松江。

十三年丙申，四十四岁：春，狱解，回昆山。三月，本生母何太孺人卒。闰五月，至钟山旧居。狱解后，叶氏憾不释，遣刺客侦所往，至是，追及于金陵太平门外，击之伤首，遇救得免。

徐松草撰顾炎武年谱，未成，张穆续成之。

徐松，字星伯，顺天大兴人，曾任湖南学政，官至礼部郎中。

张穆，山西平定人，贡生，另著《唐两京城坊考》《蒙古游牧记》《阎潜邱年谱》等多种。

"里豪叶方恒"为徐松、张穆语气。清代诸家年谱中，"里豪"始见于此。

4. "仆陆恩叛投里豪叶方恒"

见徐嘉《顾亭林先生诗笺注·顾亭林先生诗谱》（顺治）九年壬辰四十岁条。②

徐嘉，字宾华，一字遁庵，江苏山阳人，举人，曾任昆山县教谕，"生平服膺亭林遗书，尤笃嗜其诗"。光绪《昆新两县续修合志》有传。

"里豪叶方恒"之说显然源自张穆。但张穆、徐嘉年谱中"里豪"一语，其实均出自顾炎武本人。

5. "叛而投里豪"

见顾炎武《赠路光禄太平》诗自注："已下数首皆余蒙难之作。先是，有仆陆恩，服事余家三世矣，见门祚日微，叛而投里豪。余持之急，乃欲

---

① 张穆：《顾亭林先生年谱》，清道光二十四年刻本。又见《顾炎武全集》第22册附录，上海古籍出版社2011、2012年版，第26页。

② 徐嘉：《顾亭林先生诗笺注·顾亭林先生诗谱》，清光绪二十三年徐氏味静斋刻本。

陷余重案。余闻，急擒之，数其罪，沈诸水。其婿复投豪，讼之郡，行千金求杀余。余既待讯，法当囚系，乃不之狱曹，而执诸豪奴之家。同人不平，为代诉之兵备使者，移狱松江府，以杀奴论。豪计不行，而余有戒心，乃浩然有山东之行矣。"①（"执"，张穆年谱引作"絷"。）

顾炎武接连使用了"里豪""投豪""豪奴""豪计"，给读者以深刻印象。但顾炎武当时写下此诗，目的是向路泽浓求救，故用语夸大。

路振飞，南明隆武朝吏部尚书兼兵部尚书。有三子：长子路泽溥，南明隆武朝授中书舍人。次子路泽淳，南明隆武朝授中书舍人。少子路泽浓，字安卿，南明隆武朝赐名太平，授光禄寺少卿。三子或从路振飞羁宦，或侍奉母，路振飞卒后，均流寓苏州之洞庭山，与顾炎武、归庄为友。事迹见归庄《左柱国光禄大夫太子太师吏部尚书兼兵部尚书武英殿大学士路文贞公行状》及《路中书（路泽淳）家传》。②参见周可真《顾炎武与申涵光交往述考——兼论其学术思想异同》。③

6."豪强能杀士"

见张慎《赠蒋山佣》诗："逆奴叛主终无赖，何况人间冯子都？""不过豪强能杀士，更无奇侠寄锟铻。"④

张慎字洮侯，华亭人，顾炎武学友。顾炎武有《松江别张处士慎、王处士炜暨诸友人》诗，有云"邑豪方龃龉，狱吏实求须"，作于柔兆涒滩之年，即顺治十三年丙申。

冯子都为霍光家奴，骄奢犯法，事见《汉书·霍光传》。张慎诗以叶方恒比拟霍光之子霍禹及侄霍山（史称"霍氏"）。但"豪强"一语仍本于顾炎武所说"邑豪"。

7."叛投里豪"

见全祖望《亭林先生神道表》："顾氏有三世仆曰陆恩，见先生日出

---

① 顾炎武：《赠路光禄太平》，载《亭林诗文集》卷二。顾炎武撰，孙毓修诗集校补：《亭林诗文集》，《四部丛刊初编》集部景上海涵芬楼藏原刊本。
② 归庄：《归庄集》，上海古籍出版社1984年版，第418、451页。
③ 周可真：《顾炎武与申涵光交往述考——兼论其学术思想异同》，《江南大学学报》2016年第5期。
④ 沈岱瞻编：《亭林先生同志赠言》，黄珅、严佐之、刘永翔主编《顾炎武全集》第22册附录，上海古籍出版社2011、2012年版，第216页。

游，家中落，叛投里豪。丁酉先生四谒孝陵归，持之急，乃欲告先生通海，先生亟往禽之，数其罪，湛之水。仆婿复投里豪，以千金贿太守，求杀先生，不系讼曹，而即系之奴之家。危甚，狱日急，有为先生求救于□□者，□□欲先生自称门下而后许之，其人知先生必不可而惧失□□之援，乃私自书一刺以与之。先生闻之，急索刺还，不得，列揭于通衢以自白。□□亦笑曰：'宁人之卞也！'曲周路舍人泽溥者，故相文贞公振飞子也，侨居洞庭之东山，识兵备使者，乃为诉之，始得移讯松江而事解。于是先生浩然有去志。"①

方框"□□"四处，清姚江借树山房本《鲒埼亭集》同，清李祖陶辑《国朝文录》（同治七年李氏刻本）收录《亭林先生神道表》空二格，《顾炎武全集》附录《亭林先生神道表》均作"某公"。据张穆《顾亭林先生年谱》，"为先生求救"者为归庄，"某公"为钱谦益。钱谦益为归庄之师，见邓之诚《五石斋小品》"归庄"。②

顾炎武身后，各种传记多本全祖望，概称"里豪"，又多略去叶方恒姓名，成为定式。

秦瀛《己未词科录》卷八《传略五之三》："乙酉，奉其母避兵常熟。旋应江东之辟，授兵部司务。无何，母王氏不食卒。闽中以职方郎召，不就。既而世仆陆恩购祸，急甚，曲周路舍人泽浦（'泽浦'当作'泽溥'）者救之得解。后自山东入京师，复以书案株连，自请勘颂，系半年，富平李因笃解之，事始白。定居华阴。"（节录《鲒埼亭集·墓表》）③

江藩《国朝汉学师承记》卷八顾炎武传："有三世仆陆恩，见炎武久不归，投身里豪家。炎武四谒孝陵回，持之甚急，恩欲告炎武通海，乃亟禽之，数其罪，沈之水。恩之婿某复投里豪，谋报怨，以千金贿太守，告炎武通海，不系之讼曹，而系之奴家。甚危急，有为求救于钱谦益，谦益欲炎武自称门下而后许之，其人知不可，而恐失事机，乃私书一刺与之。炎武闻之，急索刺还，不得，列揭文于通衢以自白。谦益闻之曰：'宁人

---

① 全祖望：《亭林先生神道表》，《鲒埼亭集》卷十二，《四部丛刊初编》集部景上海涵芬楼藏原刊本。
② 邓之诚：《五石斋小品》，北京出版社1998年版，第291页。
③ 秦瀛：《己未词科录》，清嘉庆刻本。

何其卞也！'时有路舍人泽溥者，故相文贞公振飞之子，寓洞庭东山，识兵备使者，为之诉冤，其事遂解。"①

张维屏《国朝诗人征略》卷三："顾氏有三世仆曰陆恩，叛投里豪，欲告先生通海。先生亟往禽之，数其罪，沉之水。仆婿复投里豪，以千金贿太守，求杀先生。狱日急，曲周路舍人溥者，故相文贞公振飞子也，识兵备使者，为愬之，始得移讯松江，而事解。（《鲒埼亭集》）"②

徐鼒《小腆纪传》卷五十三顾炎武传："有三世仆曰陆恩，见其日出游，家中落，叛投里豪叶方恒，且欲告其通海状。炎武禽之，数其罪而沈诸河。叶讼之狱急，归庄私为门生刺，为求救于故尚书钱谦益。炎武知之，索刺还，不得，乃列揭通衢以自白。会故相路振飞之子泽溥，言诸兵备道，事得解。炎武既不为乡里所善，乃复浩然出游。"③

李元度《国朝先正事略》卷二十七《顾亭林先生事略》："顾氏有三世仆曰陆恩，叛投里豪。丁酉，先生四谒孝陵归，持之急，乃欲告先生通海。先生亟往擒之，数其罪，湛之水。仆婿复投里豪，以千金贿太守，欲杀先生，势危甚。有代乞援于钱牧斋者，牧斋欲先生自称门下乃许之。其人知必不可，而惧失援，乃私自书刺与之。先生急索刺还，不得，则列揭通衢自白。牧斋亦笑曰：'宁人之卞也！'会故相路文贞振飞之子泽溥，为白其事，于是先生浩然有去志。"④

清李铭皖修、冯桂芬纂《苏州府志》卷九十五《人物志二十二·顾炎武》："顺治乙未夏，有奴叛投里豪，欲上变告，炎武缚而沈之池。仆婿讼之府，狱日急，曲周舍人路泽溥求解于兵备使者，移讯松江，始得释，遂去之山东。自是历燕赵秦晋间。"⑤

8. 恶霸地主

近代以来，"里豪"演绎出各种表达，诸如恶绅、劣绅、豪绅、恶豪、富豪、土豪、土豪劣绅、大劣绅、财主、地主、官僚地主、豪强地主、大

---

① 江藩：《国朝汉学师承记》，《续四部丛刊》影印清刻本。
② 张维屏：《国朝诗人征略》，清道光十年刻本。
③ 徐鼒：《小腆纪传》，清光绪十三年金陵刻本。
④ 李元度：《国朝先正事略》，清同治八年循陔草堂刻本。
⑤ 李铭皖修，冯桂芬纂：《苏州府志》，清光绪九年刊本。其顾炎武传注明据《亭林集》《全祖望集》《乾隆志》《南疆绎史》合纂。

地主、老地主、大地主大恶霸、汉奸恶霸地主，等等。大违良史实录原则，学者、史家亦不能免。

> 本邑势家叶氏……主事者是叶公子，名方恒，字眉初，太常卿重华第三子，明崇祯壬午举人，清顺治戊戌进士，官济宁道佥事，在昆山算是一位土豪劣绅。①

> 当时，沿海和太湖一带还有零星的抗清活动，清朝官府防备很严，发现有什么抗清嫌疑的人，就要加上"通海"的罪名，关进监狱。昆山有个官僚地主叶方恒，想吞没顾炎武家的田地，买通顾家的仆人，诬告顾炎武通海。叶方恒还把顾炎武抓起来，私设公堂，逼他自杀。②

> 后来，顾氏家族的内斗终于引起了汉奸恶霸地主叶方恒的介入，如阴谋得逞，后果将不堪设想。③

二 叛奴

顾炎武与叶方恒的纠葛，是因为陆恩。据顾炎武所述，陆恩本为顾氏世仆，后来叛逃投奔叶方恒。

陆恩，生平事迹不详。

其名或作陆钦。张穆《顾亭林先生年谱》据望云楼刻归元恭与叶峤初手札，"陆恩"作"陆钦"，后刻集改作"陆恩"。朱张顾陆，自六朝以来同为吴中四大姓。

据记载，陆恩有女婿，有千金，有叛奴之党"纠数十人"。顾炎武《赠路光禄太平》诗注"服事余家三世矣"，法律关系上是奴仆，实际权力大约已类似于管家。

陆恩叛去在顺治九年，顾炎武擒杀之在顺治十一年，可知杀之之因不在于叛离，而在于告密。而告密之因起于田产之争。

事件的直接记载，见顾炎武《答原一公肃两甥书》和归庄《送顾宁人北游序》。

---

① 郑行巽：《顾亭林生活》，上海世界书局1930年版，"叶氏占产"一节。
② 范文澜：《中国通史》"顾炎武著书立说"一节，中国戏剧出版社2007年版，第490页。
③ 许苏民：《顾炎武评传》，南京大学出版社2005年版，第90页。

《答原一公肃两甥书》:"……未登弱冠之年,即与斯文之会,随厨俊之后尘,步杨班之逸躅,人推月旦,家擅雕龙。此一时也。已而山岳崩颓,江湖沸渭。酸枣之陈词慷慨,尚记臧洪;睢阳之断指淋漓,最伤南八。重泉虽隔,方寸无睽。此又一时也。已而奴隶鸱张,亲朋澜倒。或有闻死灰之语,流涕而省韩安;览穷鸟之文,抚心而明赵壹。终凭公论,得脱危机。此又一时也。"①

"鸱张",今通作"嚣张"。后来顾炎武将他对陆恩的不良印象写进名著《日知录》。

《日知录》卷十三"奴仆"条云:"人奴之多,吴中为甚。其专恣暴横,亦惟吴中为甚。有王者起,当悉免为良而徙之,以实远方空虚之地。士大夫之家所用仆役,并令出赀雇募,如江北之例。则豪横一清,而四乡之民得以安枕。其为士大夫者,亦不受制于人,可以勉而为善。讼简风淳,其必自此始矣。"读此便知有陆恩的影子。②

归庄《送顾宁人北游序》:"……事泄,宁人率亲友掩其仆,执而棰之死。其同谋者惧,奔告公子,公子挺身出,与宁人讼,执宁人囚诸奴家,胁令自裁。同人走叩宪副行提,始出宁人。比刑官以狱上,宁人杀无罪奴,拟城旦。宪副与公子年家,然心知是狱冤,又知郡之官吏上下大小无非公子人者,乃移狱云间守,坐宁人杀有罪奴,拟杖而已。"③

许起《珊瑚舌雕谈初笔》卷七"顾亭林北游事由"一条亦载此文,末云"此说得详于顾涤庵师",其实照录归庄之《序》。④ 顾惺,字涤庵,长洲人,学问博杂,不宗一家。许起,字壬瓠,亦长洲人。

顾炎武私自杀人,此文记述官府的判刑,由"杀无罪奴"改判"杀有罪奴"的经过。

---

① 黄珅、严佐之、刘永翔主编:《顾炎武全集》第21册,上海古籍出版社2011、2012年版,第107—108页。
② 王国维《东山杂记》"《日知录》中泛论多有为而为"条云:"顾亭林先生《日知录》中泛论,亦多有为而为。如'自古以文辞欺人者莫如谢灵运'一节,为钱牧斋发也。'嵇绍不当仕晋'一则,为潘稼堂发也。"《王国维学术随笔》,社会科学文献出版社2000年版,第90页。
③ 归庄:《归庄集》,上海古籍出版社1984年版,第232—233页。
④ 许起:《珊瑚舌雕谈初笔》,清光绪十一年王韬弢园木活字本。又见《顾炎武全集》第22册附录,上海古籍出版社2011、2012年版,第510—511页。

"沈诸水（湛诸水）"，各家年谱均同。《清稗类抄》载为"投之于江"，光绪《苏州府志》载为"缚而沈之池"。归庄言"棰之死"，可知当是杖棰致死，而后沉水灭尸。

杀奴在叛去之后二年，原因是担心"事泄"，可知杀人是为了灭口。

"移狱"，谓诉讼由苏州府平移到松江府。"云间"，张穆年谱写作于"松江"，云间即松江之别称。

顾炎武罪在"杀无罪奴"，可知与通海无关，叶氏、陆恩女婿并未控告顾炎武"通海"。叛去二年而无事，至此忽然杀之，可知陆恩本来无罪，而顾炎武有罪，判案公允。

改判"杀有罪奴"，是因为顾氏有了请托，找了理由减刑。秦汉以来擅杀奴婢皆有罪，虽不至于死罪偿命，但史籍中始终视其为一件可恶的事情。

"宪副"，全祖望写作"兵备使"。《亭林先生神道表》："曲周路舍人泽溥者，故相文贞公振飞子也，侨居洞庭之东山，识兵备使者，乃为诉之，始得移讯松江而事解。"①

"宪副""兵备使"均指提刑按察使司按察使，兼任绿营兵副将，职掌守备。《清史稿》："按察使，加一品衔副将，用署守备衔，管守备。"② 清初，江苏提刑按察使司衙门驻扎在苏州。乾隆《江南通志》："提刑按察使司：旧制，通省止设按察使一员，驻省城。……雍正八年，江苏臬司移驻苏州。"③ 顾炎武杀奴案发之前，江苏的按察使司副使为史记功，之后为余应魁。乾隆《江南通志》："史记功，正白旗人，生员，顺治十一年任。余应魁，奉天人，监生，顺治十二年任。"④《世祖章皇帝实录》：顺治十一年，十一月庚戌，"升湖广督粮道参政余应魁为江南按察使"。⑤

余应魁，奉天人，一作辽东锦州人，历任陕西按察使司佥事、山西布政使司参议、陕西按察使司副使、湖广布政使司参政、江南按察使司按察使、山西按察使司副使、山东按察使司副使、陕西布政使司参政、广东按察使司按察使、广东布政使司右布政、江西布政使司左布政。余应魁在江

---

① 全祖望：《亭林先生神道表》，《鲒埼亭集》卷十二，《四部丛刊初编》景上海涵芬楼藏原刊本。
② 赵尔巽等：《清史稿》，吉林人民出版社1995年版，第2175页。
③ 乾隆《江南通志》，卷一百六，文渊阁《四库全书》本。
④ 乾隆《江南通志》，卷一百六，文渊阁《四库全书》本。
⑤ 《世祖章皇帝实录》，卷八十七，清内府抄本。

南按察使任上事迹,见江宁巡抚韩世琦《抚吴疏草》(叶方蔼作序),又见《南明史料》卷四第一八一件《漕运总督蔡士英残题本》其一《为塘报叛首就获地方隐患潜消》,原件称:"钦命总督漕运、巡抚凤阳等处地方海防军务兼理粮饷、兵部左侍郎兼都察院左副都御史臣蔡士英谨题,为塘报叛首就获、地方隐患潜消,谨密奏上闻事。顺治十二年二月十九日,准前任江南总督臣马国柱咨,准兵部咨前事内开:该漕抚总督沈文奎题前事等因,奉旨:'兵部知道,钦此。'密封到部,为此密咨,烦为查照旨内事理,一体钦遵,作速具奏,以凭议覆施行等因。准此,备咨在案。当行按察司并扬州道会审去后,该臣接管行催。今据江南按察司按察使余应魁、扬州道副使李培真呈详:一问得一名邹四,年二十岁,系江南扬州府高邮州兴化县人。状招:四与各在官陈德即钟六友、陈芒子即钟二、孙梅、李牛子、吴同、吴之芳并未获王四、邹三等,各不合同当仗戮死兄盗首邹魁吾,并监故陈雪保,及先病故唐际斯即唐虞纠连一党,叛法非为。四又不合与陈雪保等盘踞下沙、楼房基等处地方,劫人财物,向未事露。四与钟六友等各又不合,俱从监故叛首江西南昌人朱三公子即朱周鉴暗通海贼,潜谋叛乱。顺治二年定鼎之日,朱周鉴与已故王介子、陈典史固守江阴城池,拒抗三月有余,指望刘泽清兵马到日,要行会同恢复。后见刘泽清降顺,城被大兵打破,朱周鉴遂逃走下海。复往松江府投提督吴圣兆处起兵。后吴圣兆事觉被拏,朱周鉴又往山(下缺)。旨:三法司核拟俱奏。"①明末有多人诈称"朱三太子",起兵抗清。南昌人朱周鉴则自称"朱三公子",通海抗清,扬州人邹四与之联络,案发交余应魁等审理。这项记载与《清史稿·沈文奎传》"(顺治)十一年,遣兵捕朱周鉴,清通(通州)、泰(泰州)滨海逋寇"②,可以互相印证。就此而言,假使叶方恒恰在此年控告顾炎武通海,真可谓是危险重重。但是显然叶方恒没有,或者说,由于顾炎武迅速杀死陆恩灭口,而阻止了叶方恒通海控告的可能性。

不过,仅就杀奴而言,杀人犯法,顾炎武仍然有罪。③

---

① 黄宗羲等:《南明史料》,江苏古籍出版社1997年版,卷四,第420—432页。
② 赵尔巽等:《清史稿》,吉林人民出版社1995年版,第7560页。
③ 吴其昌《顾亭林政治学述》认为,顾炎武杀陆恩,"此种处置,我侪今日亦觉得其'太辣',而非正常手段。……结果两方各走极端,而终归于失败"。《弘毅》月刊,1927年第2卷第1、2期。

《大清律例·刑律·斗殴下之一》载:"若奴婢有罪,[或奸或盗,凡违法罪过皆是,]其家长及家长之期亲若外祖父母,不告官司而[私自]殴杀者,杖一百。无罪而殴杀[或故杀]者,杖六十,徒一年。"①

准此,顾炎武"杀无罪奴",杖六十之外,徒一年;"杀有罪奴",仅杖一百,当庭释放。张穆《顾亭林先生年谱》载:顺治十三年"春,狱解,回昆山"②,似乎顾炎武连杖一百也未受,就释放回家了。

三 家难

归庄《送顾宁人北游序》又载:"宁人故世家,崇祯之末,祖父蠡源先生暨兄孝廉捐馆,一时丧荒,赋徭猬集,以遗田八百亩典叶公子,券价仅当田之半,仍靳不与。阅二载,宁人请求无虑百次,乃少畀之,至十之六,而逢国变。公子者素倚其父与伯父之势,陵夺里中,其产逼邻宁人,见顾氏世衰,本蓄意吞之,而宁人自母亡后,绝迹居山中不出,同人不平,代为之请,公子意弗善也。适宁人之仆陆恩得罪于主,公子钩致之,令诬宁人不轨,将兴大狱以除顾氏。"③

顾炎武北游之前,有父兄二母之卒,有两度被劫,有焚门焚屋之灾,有家奴之叛,有击首之伤。在归庄的叙述中,似乎始作俑者,责在叶氏。其实事件的线索主要是顾氏内部的家难,叶方恒的出现只是一个枝节。

张穆《顾亭林先生年谱》载:

> (明天启)十四年辛巳,二十九岁:二月,蠡源公卒,先生居承重忧。……将葬,既祖奠,火作于门,里人救之得息。
>
> 十五年壬午,三十岁:兄遐篆卒。
>
> 十七年甲申十月朔,为大清顺治元年,三十二岁:四月,先生率家人侍母迁居常熟之唐市。十月,归千墩,被劫。(黑夜令人纵火,焚佃屋一所。)十二月,复迁居常熟之语濂泾。
>
> 二年乙酉,南都弘光元年,三十三岁:嗣母王氏绝食卒。

------

① 《大清律例》,天津古籍出版社1993年版,第484—485页。
② 张穆:《顾亭林先生年谱》,清道光二十四年刻本。
③ 归庄:《归庄集》,上海古籍出版社1984年版,第232—233页。

五年戊子，三十六岁：是年语濂泾家中又被劫。

七年庚寅，三十八岁：时怨家有欲倾陷之者，乃变衣冠，伪作商贾。

九年壬辰，四十岁：先生有世仆陆恩叛投里豪叶方恒。

十三年丙申，四十四岁：春，狱解，回昆山。三月，本生母何太孺人卒。闰五月，至钟山旧居。狱解后，叶氏憾不释，遣刺客侦所往，至是，追及于金陵太平门外，击之伤首，遇救得免。①

家难之作，源于顾炎武的从叔顾叶墅和从兄顾维。

钱邦彦《校补顾亭林先生年谱》："（明天启）十四年辛巳，二十九岁：春二月，蠡源公卒，先生承制居忧。先生从叔父季皋，与从兄仲隅，构家难。"钱邦彦案："《淞南志》：顾叶墅，字季皋，号又昙，邑诸生，鼎革后弃妻为僧，芒屦补衲，啸歌青松白石间。《淞南志》：顾维，字仲隅，殉乙酉之难。"②

光绪《昆新两县续修合志》卷十三《隐逸传》亦载："顾叶墅：字季皋，诸生。国变后，弃妻子，之径山为僧，筑精舍数楹，为栖止地，芒鞋布衲，啸歌松石间以老。子宗眉，字白公；宗麟，字石公，俱诸生。""顾同德：字伯念。父宫赞绍芳。少为邑庠生，有《庭闻小述》《名言十则》，置几案，造次不忘。为人坦直和易，笃于孝友，以父讲幄恩，当得荫，让其弟同应。又从弟同吉病殁无子，产颇饶富，当以同德子为后，谢弗立，让同应次子炎武。晚年超然物外，自号无念居士，举乡饮大宾。子二：缉字符熙，府庠廪生。维，字中隅，邑庠生，乙酉难殁。（《淞南志》）"同书卷二十七《忠节传上》又载："附城中死难未详始末诸姓氏：顾洪徽、顾维。（据曹梦元《乙酉殉难录》）"③

需要注意的是，家难兴作的时间，是从顾绍芾去世开始的，时值明清鼎革兵燹，只是雪上加霜而已。

---

① 张穆：《顾亭林先生年谱》，清道光二十四年刻本。
② 钱邦彦：《校补顾亭林先生年谱》，《顾炎武全集》第22册附录，上海古籍出版社2011、2012年版，第117页。
③ 光绪《昆新两县续修合志》，卷十三，清光绪七年刻本。

顾炎武祖父顾绍芳，父顾同应，生母何氏，兄顾缃，顾炎武为次子。嗣祖父顾绍芾，嗣父顾同吉，嗣母王氏。

顾缃，字遹篆，崇祯六年举人，故顾炎武称之为"兄孝廉"。道光《昆新两县志》载："缃天才俊逸，世传其《两京赋》埒平子，《时务策》比长沙。年未四十卒。"① 陈济生有《顾缃传》，见缪荃孙校《顾亭林先生年谱》。嗣子顾洪善，康熙十五年进士。

顾绍芾，字德甫，号蠡源，顾绍芳之弟。生子同吉，早卒无子，娶妻王氏，以顾炎武为嗣子。

据载顾绍芾"产颇饶"。

万历十五年，顾绍芾奉母舍地给僧人，建海潮庵。到崇祯十年，顾绍芾七十五岁，顾炎武二十五岁，顾绍芾补写《海潮庵记》刻石上，对其庙产详加嘱咐，格外仔细。《记》云："余老矣，不可不疏其始末以告后人。此地自崇祯丁丑以后，竟归僧户辨粮，与余家无涉，识此为信，有如暾日。又住庵上人达初，自买庵下川字圩官田五亩一分，其徒容德亦自买九保东寒字埒官田五亩四分，咸发显置之常住，永为庵内净众饘粥之（须）[需]，属余缀于贞珉之扈，以告其子孙曰，此产与庵俱不朽物矣。为眷属者，宜增扩之，不宜有他念。如悖违，霶不击，豻必入。"②

而袁宏道也恰有一篇信札《顾绍芾秀才》，似在提醒顾绍芾："人生愿欲，决无了时。……爱富贵之心，甚于爱生；恶贫贱之心，狠于恶死。茫茫不返，滔滔皆是，即贤智或不免焉。愚哉！贪哉！"③

就在顾炎武的嗣祖父去世之后的第二年，顾炎武的生父这边，同胞兄弟顾缃等人也相继去世了。

徐乾学《舅母朱太孺人寿序》："舅氏五人皆有才。长遹篆，以天下多故，好言兵事，举癸酉乡试，一上公车而卒。次宁人，出嗣从叔父。次子岩，以目疾别居。惟少子子叟、子武在何夫人左右。……乙酉，王师南下，众议登陴守御，纷纷挈家避出。何夫人曰：'老嫠妇必死于此。'两舅

---

① 道光《昆新两县志》，卷二十三，清道光六年刻本。
② 光绪《昆新两县续修合志》卷十一及卷四十五，又见清道光《昆新两县志》卷十。
③ 袁宏道：《袁中郎全集》卷二十一《尺牍》，明崇祯刊本。

与舅母俱不敢去,未几城破,两舅并遭难。"①

依照法律规定,嗣祖父与生父两家的田产,都落在了顾炎武身上。

而此时的顾炎武,一面在读书,一面需丁忧服孝。

张穆《顾亭林先生年谱》载,顾炎武十三岁,纳谷入县学,为附生。县学修文庙,顾炎武与叶奕荃、归庄三人修缮东西两庑。崇祯十六年,顾炎武三十一岁,"读经史辄有所笔记",此年夏天,顾炎武"释承重服,循例入成均"②。依律,嫡孙为祖父母承重服。可知在此之前,顾炎武重服在身,不宜外出参与活动。

正是在这样的背景之下,兴起了家难。在顾叶墅、顾维而言,是一个机会;在顾炎武而言,也需找到一个快速解决的办法。

崇祯十四年,"火作于门","室庐失火被焚"。崇祯十七年(顺治元年),"焚佃屋一所"。火灾两起。

顾炎武《十月二十日奉先妣葬于先曾祖兵部侍郎公墓之左》诗序:"昔重光大荒落之岁,葬先王父,既祖奠,火作于门,里人救之,遂熄。"③徐乾学《舅母朱太孺人寿序》:"顾氏自黄门公以来,为娄江衣冠甲族,至于今科第凡五世矣。然自外祖宾瑶公,未仕捐馆,外祖母以未亡人支持门户,荼苦百端。迨长舅举孝廉,交游遍中外,诸舅绰有才华,吾子叟舅又得贤妇佐理家政,入其门且改观矣。既而孝廉早世,家难复作,室庐失火被焚。"④张穆引徐松之说,认为"火作于门"即"室庐失火被焚",为同一事。

顾炎武《与归庄手札》:"往日之举,犯而不校,逆兽已无所用其鸮然。今乃黑夜令人纵火,焚佃屋一所。弟既荡无一椽,仆辈亦瞻乌靡集。"(《望云楼贴》)⑤

而家难的重点是典田,焚门焚屋只是逼促的手段。

---

① 徐乾学:《憺园文集》卷二十四,清康熙三十六年冠山堂刻本。
② 张穆:《顾亭林先生年谱》,《顾炎武全集》第 22 册附录,上海古籍出版社 2011、2012 年版,第 15 页。
③ 黄珅、严佐之、刘永翔主编:《顾炎武全集》第 21 册,上海古籍出版社 2011、2012 年版,第 329 页。
④ 徐乾学:《憺园文集》卷二十四,清康熙三十六年冠山堂刻本。
⑤ 见《亭林佚文辑补》,载顾炎武《与归庄手札》,又见张穆《顾亭林先生年谱》,《顾炎武全集》第 22 册附录,上海古籍出版社 2011、2012 年版,第 16 页;钱邦彦:《校补顾亭林先生年谱》,《顾炎武全集》第 22 册附录,上海古籍出版社 2011、2012 年版,第 120 页。

现在回来重看归庄《送顾宁人北游序》。

"券价仅当田之半","本蓄意吞之",二语不合情理。典当双方,既经协商,便是公平。能赎回则物归原主,不能赎则归属他人。无所谓"券价仅当田之半","本蓄意吞之"。

"宁人自母亡后,绝迹居山中不出",当指顾炎武服孝守制。

"同人不平,代为之请",谁来代请?谁可以代表八百亩田产的所有权?顾叶墅、顾维可以代理吗?或许顾叶墅、顾维愿意甚至急于出面处理田产,但是同是顾家人,而意见不同,归属不一,作为出资方,叶方恒就不能不为难了。叶方恒的问题在于拖欠现金,而拖欠的原因可能在于"同人不平,代为之请",所以他"意弗善也","仍靳不与"。经营不善+产权不明,不知道应当付钱给谁?

《清稗类钞》载:"先世曾以良田数顷向里人叶方恒押银"[1],"先世"不确,与顾炎武"祖父暨兄捐馆"说不符,典田押银的人即是顾炎武本人。

《清稗类钞》又载,顾炎武"急欲赎归"[2]典田,实际上这是不可能的,也是顾炎武不愿意的。

此事顾炎武的态度前后矛盾,既然"绝迹居山中不出",如何可以"请求无虑百次"?

特别是归庄《序》中"一时丧荒,赋徭猬集",意味着顾家虽然有田,但已无力缴纳田租。战乱抛荒,但官府的田租还是要收的,田亩越多,赋税越重,顾家一时乏人,管理不善,对此似已难于应对。

顾炎武《日知录》有"苏松二府田赋之重"一条云:"吴中之民,有田者什一,为人佃作者十九。其亩甚窄,而凡沟渠道路皆并其税于田之中。岁仅秋禾一熟,一亩之收不能至三石,少者不过一石有余。而私租之重者至一石二三斗,少亦八九斗。佃人竭一岁之力,粪壅工作,一亩之费可一缗,而收成之日所得不过数斗,至有今日完租而明日乞贷者。"[3]

---

[1] 徐珂:《清稗类钞》第八册,狱讼类,"顾亭林通郑成功案"条,商务印书馆1920年版,第8页。

[2] 徐珂:《清稗类钞》第八册,狱讼类,"顾亭林通郑成功案"条,商务印书馆1920年版,第8页。

[3] 黄珅、严佐之、刘永翔主编:《顾炎武全集》第18册,上海古籍出版社2011、2012年版,第433页。

(《四库全书总目提要》政书类存目著录《苏松历代财赋考》一卷，作者佚名，"大略谓苏、松二郡之田，仅居天下八十五分之一，而所出之赋竟任天下一十三分之二"①。)

叶方恒是顺治十五年戊戌科进士，顺治十七年到京候选，恰逢"奏销案"。

(此案中，徐元文、叶方蔼均受牵连。"奏销之案，徐元文以状元而降经历，叶方蔼以折钱一厘挂误。"②)

顺治十八年，江宁巡抚朱国治上奏，苏、松、常、镇四府欠赋绅衿万余，均为抗粮，皆被褫革官职，史称"奏销案"。《清史稿·朱国治传》：朱国治，汉军正黄旗人。顺治十六年任江宁巡抚。"以苏、松、常、镇四府钱粮抗欠者多，分别造册，绅士一万三千五百余人，衙役二百四十人，请敕部察议。部议现任官降二级调用，衿士褫革，衙役照赃治罪有差。以是颇有刻核名。"③

朱国治上奏的"江南欠粮绅衿"名单，叶方恒名列其中，其人即由吏部转送刑部监押。

叶方恒不得已，竟以"原候选进士、今议革臣"的名义，直接上疏顺治帝申诉。案件由都察院刑科，下达新任江南巡抚韩世琦，经过苏松常州道参政安世鼎的严查，当堂吊验完粮印票及日收红簿，查明叶方恒"既系顺治十八年三月初五日以前完足，乃该县于三月十二日造册报府，不加细核，舛错溷报"，经承官吏季麟瑞与昆山知县王见龙，均受罪责，叶方恒则由刑部释放。

叶方恒上疏题为《为完粮实在参前抚册报部可据恳恩查核以豁臣冤事》，署名"江南苏州府昆山县原候选进士今议革臣叶方恒谨奏"。上疏说道："臣中顺治戊戌科二甲进士，应选推官。于顺治十七年三月从水路赴京候选，本年七月到部投供点卯，历历在案。顺治十八年四月，前抚臣朱，奏参江南欠粮绅衿，开列臣名，奉旨革职提问。臣时实系候选在京，具呈吏部陈辩，身非在籍。随蒙吏部转送刑部，复蒙刑部移咨户部，查臣

---

① 纪昀等：《四库全书总目提要》，河北人民出版社2000年版，第2203页。
② 萧一山：《清史大纲》，重庆经世学社1944年版，第26页。
③ 赵尔巽等：《清史稿》，吉林人民出版社1995年版，第10226页。

钱粮果否完欠？户部回咨，据江南抚臣续完册内开列，臣名下钱粮系三月内全完，方始释放。臣见此不胜骇异。抚臣疏参顺治十八年四月十五日始入告，而臣之完粮则在顺治十八年三月内，相去尚有一月，不知何因溷入欠册。随即星驰到家，细查其故，始知臣户钱粮寔于顺治十八年三月初五日全完，而奸书季麟瑞，造册时遗误开欠。臣家人因即控本县知县王见龙，当堂吊验完粮印票，及日收红簿，研审质对详确，据实申报前抚。所以前抚臣朱，报部续完册内，于臣名下注明三月内全完，此册见在户部，一查便知。臣之完纳在于参前，不敢惰误国课无疑也。臣自念草野微贱，荷国厚恩，得叨一命。当奏销议处之时，凡候补各官，俱以身不在籍，得与见任诸臣一体从宽降调，而臣独以经年在部候选投供点卯之人，反不得邀降级之例。及奏销议处之后，臣乡周季琬等，俱以参前完纳，具疏剖明，特蒙开复。而臣之完粮在前，见有前抚臣报部册可据，较诸臣情事更为明白，而又不得在昭雪之科。此臣之抚膺自痛，不甘以清白之躯，而冒抗粮负恩之咎者也。业经控告本处督抚，以完册在部，守候日久，未蒙具题，复于本年九月二十四日，亲赍串票印簿，具呈吏部，二十七日，具呈户、刑两部，俱未蒙代题。臣情极无路，不得不冒渎天听，伏乞皇上，敕下部院查验串票印簿，并前任江南抚臣朱，报部续完册内，臣名下钱粮果否三月内全完？若一字涉虚，甘伏诬罔之罪。若册中开列完纳，果系参前，则臣之心迹可白，而得邀如天再造之仁矣。为此具本，谨具奏闻。"

江南巡抚韩世琦核查的结果是："今据苏松常州道参政安世鼎查覆，叶方恒顺治十七年分本户额银三百九十一两六钱零，俱于顺治十八年三月初五日以前完足。据送完粮印票与该县日收红簿，臣躬加查对，实无互异。而该县初报欠粮册，系在顺治十八年三月十二日申府，乃竟不加细核，草率误报，虽经承罪无容逭，而原报欠册之昆山县知县王见龙疏忽之咎又安辞哉？"[①]

叶方恒在顺治十八年上缴的将近400两白银的田租，如果按照每亩大约半两的租额计算，恰巧是将近800亩农田。

顾炎武有一封写给从兄顾维的《答再从兄书》，是潘耒刊刻《亭林文集》未收的文字。

---

① 韩世琦：《抚吴疏草》卷五十四《叶方恒完粮月日疏》，清康熙五年刻本。

这封书信情绪激愤，文辞古雅，大量引用经史典故。前半篇是接连十一项诘责，兹标出序号排列：

1. 孰使我六十年垂白之贞母，流离奔迸，几不保其余生者乎？
2. 孰使我一家三十余口，风飞雹散，孑然一身，无所容趾者乎？
3. 孰使我遗赀数千金，尽供狻攫，四壁并非已有，一簪不得随身，绝粒三春，寄飧他氏者乎？
4. 孰使我天性骨肉，并畴姜斐。克恭之弟，一旦而紾兄；圣善之母，一旦而逐子。逸人罔极，磨骨未休，怨不期深，伤心最痛者乎？
5. 孰使我诸父宗人，互寻雠隙，四载讼庭，必假手剪屠而后快者乎？
6. 孰使我四世祖居，日谋侵占，竟归异姓，谢公辞世，不保五亩之家，欲求破屋数间而已，亦不可得者乎？
7. 孰使我倍息而举，半价而卖，转盼萧然，伍子吹箎，王孙乞食者乎？
8. 孰使我一廛不守，寸晦无遗。夺沁水之田，则矫烝尝为号；攘临川之宅，则假庙宇为辞。巧立奇名，并归鲸罟者乎？
9. 孰使我旅人焚巢，舟中遇敌。共姬垂逮于宋火，子胥几殒于芦漪者乎？
10. 孰使我父母之国，邈若山河。凡我姻友，居停半宿，即同张俭之辜；接话一茶，便等陈容之傻。绝往来，废贺吊，回首越吟，凄其泪下者乎？
11. 孰使我岁时蜡腊，伏地悲哀，家人相对，含酸饮泣，叫天而苍苍不闻，呼父而冥冥莫晓者乎？

后半篇又有整段的陈词：

夫人生一世，所怀者六亲也，所爱者身也，所恋者田宅货财也，所与居者姻旧乡曲也。有一于此，必不忍出一旦忿悁之行，而决然与人为难也。举四者而无望焉，情知其必至于死亡，则将有激焉而不暇顾。承来教谆谆，岂不知弟之与兄分属同曾，恩叨再从，第念人之生也，有母而后有兄，母陷危且死，不得顾兄矣；有身而后有兄，身将死，不得顾兄矣！为我也兄者，则必不为主人也暴客；为主人也暴客者，则不为我也兄；人之暴客而我以为兄，不得顾兄矣！今兄曰"主持有人，同谋有人，吾无与焉。"不思燎原之焰，始自何人？虎项金铃，当问系者。况宝玉大弓，未归鲁库；法书名画，尚在桓玄。苟曰事不繇身，何异盗钟之惑？且贞母何辜，遂同抄没；即藐孤有罪，未至滥亡，共有人心，得无哀痛！伏冀翻然易虑，"取之以天，还之以天"，俾老母得以粗粝终天年，而八口不至填沟壑，其何乐乎与同枝为不戴之雠也！昔华元告楚，不隐国情，今计屈途穷，久生亦复何聊！而承命必索报音，敢不具布下忱，仰尘台听，兄实图之。①

书信的写作时间，钱仲联认为："此信写作时间当不晚于顺治二年（1645）。"② 周可真认为："顾炎武此书必作于明崇祯十五年（1642）其典卖遗田之后、清顺治二年（1645）顾维殉难之前，即顾炎武30—33岁之间。"③

书信中，顾炎武历举种种磨难，认为都归咎于从叔顾叶墅、从兄顾维、从侄顾洪徽一干人，但其实争执的核心还是典田。顾炎武承认自己已经典田，但解释为迫不得已，"倍息而举，半价而卖"，是被逼无奈，反过来，顾炎武即痛责顾维焚庐在先。推测顾维的来信，应当是责备顾炎武为什么要典田。可惜原件早已看不到了。

包世臣曾经质疑顾炎武，认为他不善于处理亲族关系，说道："三吴绅士当明之季世，豪纵骄淫，姬侍充斥，常恐外畜以毁家，故绝其母族。偶有通往来者，亦不齿以重折辱之，使妾不得父母其父母，而子不得外祖其母之父母，不夺人亲之谓何故。近日士庶犹有念一本之谊，而戚其所生母之党者，至卿大夫家则绝无。其所关于人心风俗之淳漓者至巨，而亭林实阶之厉。亭林于顺治癸巳、甲午间，以其家旧仆陆恩，簿其中落，叛投

---

① 顾炎武：《蒋山佣残稿》卷一《答再从兄书》，《顾亭林诗文集》，中华书局1983年版，第193—194页。
② 钱仲联主编：《顾炎武文选》，苏州大学出版社2001年版，第253页。
③ 周可真：《顾炎武与中国文化》，黄山书社2009年版，第96页。

里豪，遂擒之，数其罪而沈诸水。亭林怀精卫之志，守狙伏之身，乃不能眕一附炎之仆，几陷大戮。非溺于平昔豪绅之闻见乎？是不能不为亭林深惜者矣。"①

顾炎武为什么要急于典田？得到大量现金（押银）做什么用？

嗣祖父与生父两家的田产，法律上都归属顾炎武所有，于是亲族来抢。与其被人抢走，不如迅速卖掉。因此，典田实际上应当是顾炎武虽然被逼迫、却是主动决定的举动。所以，顾炎武没有指责叶方恒典田八百亩一事，而只是抱怨他支付现金的迟缓。

家难即是典田，典田实为卖田。顾炎武收到现金，一走了之。各家年谱在此只言家难，不言典田，隐讳之也。

叶方恒受理顾炎武的典田以及已经支付了一部分现金，实际上是帮助了顾炎武。

顾炎武《与原一公肃两甥》，也是潘耒刊刻《亭林文集》未收文字，其中说道："吾自甲寅以后，坐食六年，每年约一百二三十金，兼以刻书之役，千墩来物已尽用之。"② 此甲寅即康熙十三年，"千墩来物"乃是隐语，所指应当就是祖传八百亩田产的典资，此外别无他解。

又顾炎武《答曾庭闻书》："《音学五书》四十卷，今方付之剞劂。其梨枣之工，悉出于先人之所遗，故国之余泽，而未尝取诸人也。"③

顾炎武《与汤圣弘》："拙著《音统》已改名《音学五书》，以鬻产之资，付力臣兄刻之淮上。"④

可知刊刻《音学五书》的费用，乃至后来刊刻《日知录》八卷的费用，都由顾炎武典产而来。

顾炎武自离开家乡北游之后，二十五年周游在外，所需经费从何而来？传闻称顾炎武发现了李自成所藏窖金，又相传顾炎武发明了票号，又认为顾炎武垦荒设立大片农庄。而章太炎则论证，如果顾炎武垦荒，首先

---

① 包世臣：《小倦游阁集》卷十八《书亭林答王山史与王仲复两书后》，清包氏小倦游阁抄本。包世臣另有《读〈亭林遗书〉》，见《艺舟双楫》卷一，《顾炎武全集》第22册附录，上海古籍出版社2011、2012年版，第451—455页。
② 顾炎武：《蒋山佣残稿》卷三，《顾亭林诗文集》，中华书局1983年版，第214页。
③ 顾炎武：《蒋山佣残稿》卷三，《顾亭林诗文集》，中华书局1983年版，第214页。
④ 顾炎武：《蒋山佣残稿》卷三，《顾亭林诗文集》，中华书局1983年版，第369页。

不是盈利，而是投资。"亭林先生四十五岁往山东，七十岁殁于山西曲沃，中间游历北方诸部，岁无三月之淹，而所至未尝匮乏，世多谓其垦田致富。""全绍衣为《神道表》称：'先生负用世之略，不得一遂，而所至每小试之，垦田度地，累致千金。'夫其能致千金者，必其本数倍于千金。按熟田常率，岁息视本，无过百分之七八。章丘之田……此熟田也，假令岁息得二百金，则其田几值三千金矣。垦荒之利，过于熟田。雁门之垦……假令三年而熟，岁息得二百金，其本亦在千金以上。"①

民国间顾炎武发明票号之说甚盛，现在看来，票号之说比较合理，窖金之说则是无稽之谈。顾炎武的投资最有可能的来源，应当是叶方恒的典资。

四　通海

清史对于顾炎武的抗清举动记载很明确。《清史稿》本传："明南都亡，奉嗣母王氏避兵常熟。昆山令杨永言起义师，炎武及归庄从之。鲁王授为兵部司务，事不克，幸而得脱，母遂不食卒，诫炎武弗事二姓。唐王以兵部职方郎召，母丧未赴，遂去家不返。"②

顾炎武在松江入狱，应当是真有抗清言行，而不是叶方恒、陆恩"诬告顾炎武通海"。③顾炎武真有抗清之志，但是他却不一定愿意死于告密者之手，所以他会矢口否认，抗议不正当的"诬告"。通过营救，他逃脱牢狱，是他的幸运。

陆陇其在康熙十六年，第一次听说顾炎武其人以及他的代表作《日知录》。陆陇其《三鱼堂日记》卷三记载，丁巳（康熙十六年）十一月初四："陆翼王来，会于寿泉楼下。翼王，博闻而朴实君子也，家多藏书，如《仪礼经传通解》、金仁山、许白云、真西山、魏鹤山文集，及《西山读书记》，其家多有。《学蔀通辨》一书，孙北海亦从翼王借得，韩元少、徐彦和皆从借抄。翼王言：北海学博而才敏，其所著诸书，虽不皆精，然多有益于学者，博学之士皆收入门下，相助校对，朱锡鬯、顾宁人，其尤也。

---

① 章太炎：《太炎文录续编》"书顾亭林轶事"条，上海人民出版社2014年版，第371页。
② 赵尔巽等：《清史稿》，吉林人民出版社1995年版，第10016页。
③ 范文澜：《中国通史》"顾炎武著书立说"一节，中国戏剧出版社2007年版，第491页。

顾宁人有《日知录》，多发先儒所未发。"①

次年，陆陇其便听得了顾炎武"通海"的内情。

陆陇其《三鱼堂日记》卷五又载：戊午（康熙十七年）九月十三日："偶思近日如魏冰叔、汪苕文、顾宁人，可谓卓然矣，而皆不免傲僻之病，以其原不从程朱入也。吕东庄从程朱入矣，而亦不免此者，则消融未尽也。"小字注："翼王言：顾宁人系徐公肃之母舅，顾宏善（当作顾洪善）乃其——嫡侄。鼎革初，尝通书于海，糊在《金刚经》后，使一僧挟之以往。其仆知之，以金与僧，买而藏之。后其仆转靠叶方恒，叶重托之。宁人有所冀于此仆，［仆］曰：'《金刚经》上何物也？乃欲许我乎？'宁人惧，遂与徐封翁谋，夜使力士入其家，杀之，取其所有，并其所托亦尽焉。叶讼于官，下狱几死，赖钱牧斋救之得免，遂不复住昆山。游历燕齐秦晋之间，与博闻之士相往来，如傅山、李因笃，其好友也，其学问日以渊博。然性不谐俗，著述尚多，有《十三陵志》。"②

陆陇其，字稼书，浙江平湖人。康熙九年进士，学崇朱子，号称"醇儒第一"，卒谥清献，从祀孔庙。

陆元辅，字翼王，浙江嘉定人。布衣，博极群书，专精经学。黄淳耀号陶庵，抗清而死，陆元辅为黄淳耀弟子，《己未词科录》载周肇赠陆翼王诗："君是左徒门下士，暍来相对哭途穷。遗孤袁粲累愁日，亡命王成赁保中。书馆三余淹夜雨，客颜一瘦怯秋风。给交世上黄金满，四海何曾识此公。"原注："翼王为黄陶庵高弟，当有保全遗孤事，故专及之。"③

相关内容又见吴光西《陆稼书先生年谱定本》卷上："丁巳，（康熙）十有六年，年四十八：二月解任。……十一月陆君翼王来见。陆名元辅，嘉定人。先生取其博闻朴实君子也，家多藏书，从其钞写者无虚日。……先生问北海之为人，陆云：北海虽出处未正，然居官敢言，亦不苟取，家甚俭，诸子皆布衣，仆妇有衣绸帛者，怒而叱之，以其坏家风也。与北海声相合者，魏环极、叶讱庵（原注：方蔼，昆山人）、熊敬修、张千臣

---

① 陆陇其：《三鱼堂日记》，清同治九年浙江书局刻本。大意又见陆陇其《三鱼堂賸言》卷十一，文渊阁四库全书本。
② 陆陇其：《三鱼堂日记》，清同治九年浙江书局刻本。
③ 秦瀛：《己未词科录》，清嘉庆刻本。

也。""戊午十有七年，年四十九：九月，陆翼王来见，以孙北海《禹贡山水考》为赠。……又随记注云：翼王言：宁人游历燕齐秦晋之间，与博闻之士相往来，如傅山、李因笃，其好友也，学问日以渊博。然性不谐俗，著述尚多，有《十三陵志》。"① 但"鼎革初，尝通书于海"一节则删去。

"有所冀于此仆"，谓顾炎武家事多依赖于陆恩。

"乃欲许我乎"，谓将可以听从我乎？陆恩似提出种种条件，胁迫顾炎武。陆恩作为家奴，并非自由人身份，如欲叛逃，必须顾炎武出具契约，具有法律效力，才能如愿。

有趣的是后面所载的结局：

顾炎武"夜使力士入其家"，与归庄《送顾宁人北游序》所述叶方恒"遣刺客戕宁人，宁人走金陵，刺客及之太平门外，击之，伤首坠驴"，情节相仿。

顾炎武"取其所有，并其所托"，亦与《送顾宁人北游序》所述叶方恒"劫宁人家，尽其屡世之传以去"，情节相仿。

但陆陇其日记的关键，则在"徐封翁"其人。

徐开法，字兹念，号坦斋，恩贡生，顾炎武第五妹之夫婿，崇祯三年至七年，生徐乾学、徐秉义、徐元文三子，皆成进士。光绪《昆新两县续修合志》有传。徐开法以子乾学封赠刑部尚书。"徐封翁"最可能是徐开法。

陆陇其日记中如《金刚经》、"徐封翁"的记载，非常具体，与顾炎武家难其他相关记载的含混闪烁完全不同，而以徐乾学、徐秉义、徐元文三人在清初的地位而言，也不会有人敢于编造其父的谣言。

据此，应当是顾炎武与徐开法二人合谋，杀掉陆恩，抛尸水中，并取回了顾炎武通海的证据。

准此，顾炎武典卖八百亩祖田，可能也是与徐开法合谋。有传闻称，徐开法曾经向顾炎武借取巨资而不用归还。"东海两学士宦未显时，常从假贷，累数千金，亦不取偿也。"②

邓之诚引用陆陇其之说，认为："亭林诛叛奴事，诸书皆不得其详，

---

① 吴光西：《陆稼书先生年谱定本》，清风堂雍正三年刻、乾隆六年增刻本。
② 裘毓麟：《清代轶闻》，"顾亭林严拒夜饮"条，广陵古籍刻印社1993年版，第37—38页。又见天台野叟《大清见闻录》、小横香室主人《清朝野史大观》。东海为徐氏郡望，故作代称。

唯此较为委曲，且清献非妄听者，必有可信。"①

庞石帚《养晴室笔记》载邓之诚《骨董琐记》，认为："引陆陇其《三鱼堂日记》，叙亭林诛叛奴事，言亭林与徐封翁谋，夜遣力士入其家杀之。余按诛叛奴事，亭林《赠路光禄序》云：'余亟擒之，数其罪，沉诸水'，则非遣人杀之也。其言与徐封翁谋则甚确。封翁名开法，字念兹，号坦斋，亭林之五妹夫，乾学、秉义、元文之父也。《梅村文集》有《徐坦斋墓志》云：'君之亲旧，尝为负恩者听持，君作色愤叱，奋臂以除其害。'此即指诛叛奴事。其人盖儒而有侠行者。亭林至与之共谋杀奴，则其人之节行可知矣。"②

郑行巽《顾亭林生活》："亭林本有'通海'的嫌疑，'通海'者乃当时指内地人士暗通故明唐王、鲁王或郑成功而言者也。"③

张履、张穆不同意陆陇其之说。

张履曰："是记所载诸子瑕颣多出于传闻之辞，如阳明纵士掳掠，瞿稼轩暴横贪淫，顾亭林杀奴而尽取其所有，张考夫之教过严而无法，如此类比，似未尽足据。"④

张穆曰："亭林此事，观后归元恭《赠北游序》自明。"⑤

顾诚认为："顾炎武和当时尽力相救的归庄都只说'通闽'，'不轨'，不言为何时事，陆陇其坐实为'鼎革初'事，后世深信其说，实有太谬不然者。"⑥

缪荃孙支持顾、徐二人合谋的说法，并说徐开法也曾避祸外逃，提到另外一个细节"蔡羽明"和"王原"。

缪荃孙《云自在龛随笔》卷一："徐健庵之封公子念，因与顾亭林谋

---

① 邓之诚：《骨董琐记全编》"顾亭林与叶方恒构怨"条，北京出版社1996年版，第572页。
② 庞石帚：《养晴室笔记》"邓之诚《骨董琐记》"条，屈守元整理，四川文艺出版社1985年版，第68页。庞俊（即庞石帚）著，白敦仁纂辑，王大厚校理：《养晴室遗集》，巴蜀书社2013年版，第643页。二书标点有误，径改。
③ 郑行巽：《顾亭林生活》"通海幸免"一节，上海世界书局1930年版。
④ 陆陇其：《陆子全书·日记》，张履序，北京联合出版公司2017年影印本，第3册，第4页。
⑤ 缪荃孙《顾亭林年谱校补》引。缪荃孙：《顾亭林年谱校补》，民国嘉业堂刻本。又见《缪荃孙全集·杂著》，凤凰出版社2014年版，第210—211页。
⑥ 顾诚：《顺治十一年——明清相争关键的一年》，《清史论丛》1993年，第19页；收入顾诚《李岩质疑：明清易代史事探微》，光明日报出版社2012年版，第407页。

杀陆恩案，牵连徐，窜至蔡羽明家，得免。徐氏鼎盛，书问其子，蔡以其甥王原西对，王遂致通显。"①

"子念"，当作"兹念"。"谋杀陆恩案"，铅印本脱"恩"字。"王原西"，当作"王原西亭"，手抄本脱"亭"字，铅印本脱"西亭"二字。

蔡官治，字羽明，号正庵，浙江德清人。万历四十七年进士，明末官至陕西巡抚。甲申闻变，哭失声。明年，南都亡，日夜泣，不食，病却汤药。易箦时，具衣冠北望拜，复拜亲而没。

王原，初名琛，字仲诒，一字令诒，号学庵，晚号西亭。浙江青浦人，康熙二十七年进士，官至给事中。吴伟业（号梅村）有《赠青溪蔡羽明》称道之。康熙二十九年，徐乾学修《一统志》，设书局于太湖洞庭东山，王原相从。徐乾学《憺园文集》有《王令诒制义序》云："青浦王子令诒，少孤露，不以贫困废学，童稚时即好为古文辞。有声，梅村先生极嘉赏之，吾乡叶文敏公尝过青浦，归，为予言令诒之才。于今溯其时，越二纪矣，而令诒始得举于京兆，成进士，今虽犹壮年，然其得名甚早。"叶文敏公即叶方蔼，《序》中不言蔡官治，当是回避。

五 叶氏

徐珂《清稗类钞》"顾亭林通郑成功案"记载："顾亭林尝以世仆陆恩叛投里豪，数其罪，投之于江。盖亭林之先世曾以良田数顷向里人叶方恒押银，亭林急欲赎归，而叶意图吞没，再三延阁。亭林迫之急，叶遂以千金唆陆恩，使讦亭林通郑成功事，冀亭林畏罪逃逸，无暇问田事也。其后移狱松江，幸而免。"②

此处所记叶方恒"千金唆陆恩"，与全祖望《亭林先生神道表》所记陆恩女婿"千金贿太守"，俱不可信。

"使讦"之说同样不可信。

顾炎武密函通海，陆恩威胁顾炎武，顾炎武杀陆恩取回物证，这一切可能叶方恒完全都不了解。

---

① 缪荃孙：《云自在龛随笔》，缪子彬手抄本，商务印书馆1958年铅印本。
② 徐珂：《清稗类钞》第八册，狱讼类，"顾亭林通郑成功案"条，商务印书馆1920年版，第8页。

顾氏、叶氏、徐氏，同为昆山士族，耕读入仕，俱有名声。三家并且互通姻娅。相互龃龉在所难免，品行大节未分高下。

叶盛，昆山人，正统十年进士，历任都察院右佥都御史、两广巡抚，官至吏部左侍郎。六世孙叶国华，字德荣，号白泉，万历四十三年举人，官至工部主事；叶重华，官至太常寺少卿、广西按察使。叶国华有四子：叶奕荃、叶奕萃、叶奕苞、叶豹文。叶重华有五子：叶方蔼、叶方蔚、叶方升、叶方恒、叶方至。

叶方蔼，字子吉，号讱庵，顺治十六年一甲三名进士。历官翰林院编修、侍讲学士、侍读学士、掌院学士，《鉴古辑览》《皇舆表》《明史》总裁，兼礼部侍郎、刑部侍郎。卒谥文敏。著有《读书斋偶存稿》四卷，及《独赏集》《文敏公集》《瓠斋集》《太极图说》。《清史稿》有传。

叶方恒，字嵋初，号学亭，明崇祯十五年举人，清顺治十五年进士，历官莱芜知县、济宁河道。主修《莱芜县志》十卷，著《山东全河备考》四卷。能诗，有《东游杂草》《昆山诗存》《学亭诗稿》。

叶方蔼、叶方恒兄弟名字部首皆从艹。叶方蔼，各书或误作"叶方霭"。

刘廷銮、钟永诚、鲁文生编《清代书法选》，书家自署"吴门叶方蔼"，但目录及编者所写小传误作"叶方霭"。①

《叶文敏公集》清代旧抄本，内文自署"叶方蔼"，但扉页识语误作"叶方霭"。②

《清史稿》民国十七年清史馆铅印本《圣祖本纪》《乐志》《儒林传》及卷二百六十六本传作"叶方蔼"，但《艺文志》《文苑传》误作"叶方霭"。

李佐贤《书画鉴影》同治十年利津李氏刻本，虽详载钤印，亦误作"叶方霭"。

近年出版工具书多误：

陈乃乾编《室名别号索引》，中华书局1957年版；许焕玉、周兴春等主编《中国历史人物大辞典》，黄河出版社1992年版；钱仲联、傅璇琮、王运熙、章培恒、鲍克怡主编《中国文学大辞典》，上海辞书出版社1997

---

① 刘廷銮、钟永诚、鲁文生编：《清代书法选》，山东美术出版社2007年版，目录页及第33页。

② 叶方蔼：《叶文敏公集》，《清代诗文集汇编》第113册，上海古籍出版社2010年影印本。

年版；老铁主编《中华野史辞典》，大象出版社1998年版；傅璇琮、许逸民、王学泰主编《中国诗学大辞典》，浙江教育出版社1999年版；白寿彝总主编，周远廉、孙文良主编《中国通史》第10卷《中古时代：清时期（下）》，上海人民出版社1996年版；吴士余、刘凌主编《中国学术名著大词典·古代卷》，汉语大词典出版社2000年版；龚延明《中国历代职官别名大辞典》，上海辞书出版社2006年版；张岂之主编、刘学智副主编，陈国庆、刘莹著《中国学术思想编年·明清卷》，陕西师范大学出版社2006年版；徐继素、陈君慧主编《中国通史：第4卷》，中国戏剧出版社2008年版；白乐天编《中国全史：第3卷》，光明日报出版社2000年版；张希清、毛佩琦、李世愉主编《中国科举制度通史·清代卷》，上海人民出版社2015年版。

叶方恒，徐鼒《小腆纪传》写作"叶方荁"，但《山东全河备考》康熙十九年刻本，署款、钤印均作"叶方恒"。

徐宗幹《济州金石志》载康熙十三年太白楼诗石刻："'甲寅春日与友人同饮太白酒楼七律二首，昆山叶方恒题。'按此刻正书，诗十四行，前后题名二行，首有四求堂印，末印二，曰'叶方恒印'，曰'一字学亭'，在太白楼东壁上。"[①] 亦作"叶方恒"，或是当时已经简写。

叶德辉《吴中叶氏族谱·序》称："吴江叶氏，累代簪缨。"

有学者统计，吴江叶氏"自第十九世起至明末，一门共有进士十一人，举人三十四人，秀才二百二十四人"[②]。

有学者认为："吴中叶氏家族为明清时期江南的一个著名巨族，其族分支甚繁，其中许多支族如汾湖支（吴江）、郡城支（苏州郡城）、昆山支（昆山）等均为一域之望，不仅世代簪缨，科第显耀，更以诗礼传家、著述丰盛而闻名。"[③]

相关研究参见：

周巩平《家谱所载明清时期苏松两府的曲学家族及诸家族与沈氏家族的

---

① 徐宗幹：《济州金石志》卷五，清道光二十三年刻本。
② 孟羽中：《明末士子的治生与谋道——以吴江叶氏为例》，《苏州科技学院学报》2015年第2期。
③ 周巩平：《明清两代的吴中叶氏曲学家族》，《曲学》2013年增刊。

关联》,《曲学》2016 年增刊;周巩平《〈吴中叶氏族谱〉所见戏曲家叶稚斐生平事迹再探》,《文献》2004 年第 4 期;柳洪岩《叶奕苞诗歌研究》,黑龙江大学硕士学位论文;柳洪岩《叶奕苞文学创作研究》,黑龙江大学博士学位论文;来新夏《顾炎武与徐乾学》,《光明日报》2003 年 12 月 9 日;戈春源《顾炎武与昆山徐氏兄弟》,《苏州大学学报》1994 年第 2 期。

徐珂《清稗类钞·考试类》"苏人殿试多鼎甲"云:"嘉庆以前,鼎甲之盛,莫盛于苏州府,而状元较榜眼、探花为尤多。以状元言之……顺治己亥为昆山徐元文……康熙乙未为昆山徐陶璋。……以探花言之……顺治己亥为昆山叶方蔼,康熙庚戌为昆山徐乾学,癸丑为昆山徐秉义。"①

叶方蔼、叶方恒是徐元文、徐乾学、徐秉义兄弟的姑父。

顾炎武是徐元文、徐乾学、徐秉义兄弟的舅父。

归庄与叶方蔼、叶方恒兄弟为好友。

顾炎武与归庄、叶奕荃为同学。②

顾氏、叶氏、徐氏,本是士大夫+同乡+亲戚+好友的关系。

由此重审顾炎武"里豪"一语,本意当谓其气势较盛。史籍中凡称"里豪"者,往往欺凌犯法,而叶方恒未也。

清末杨深秀《祁子禾侍郎招祀顾亭林先生因嘱绘顾祠雅集图慨然有作》诗云:"雠家任作叶方恒,门生肯伏钱谦益。南冠犹是庄烈臣,布衣不负贞孝志。"③"任"同"认",意为认定其人矣。"肯伏",岂肯拜伏,意为不肯也。如此论述,均属夸张。

叶方恒在莱芜城西建正率讲院,在文庙东建文昌庙,在学宫敬一亭前改范韩二公祠,在安山重建兑军仓,在东厢建社仓三楹,在县署建委蛇亭,在县署东改建马神庙,详见民国《莱芜县志》卷八《建置志》。在任有诗十余首,见乾隆《泰安府志》卷二十三《艺文志四》。事迹亦见康熙《莱芜县志》。

方志所载叶方恒小传有以下几则。

---

① 徐珂:《清稗类钞》,第五册,考试类,"苏人殿试多鼎甲"条,商务印书馆 1920 年版,第 125—126 页。
② 张穆《顾亭林先生年谱》:"(崇祯)十三年,庚辰二十八岁:四月,邑中修葺文庙,先生与叶秀才弈荃(元晖)、归秀才庄,重新两庑木主而正其位次。"清道光二十四年刻本。
③ 杨深秀:《雪虚声堂诗钞》卷二,民国六年铅印戊戌六君子遗集本。

道光《昆新两县志》卷二十二《政绩》:"叶方恒:字峒初,重华次子。顺治戊戌进士,授贵阳府推官。贵阳为滇南门户,山箐阻深,苗瑶杂处。方恒至,垦荒止讼,招流亡,安土著,务与休息。创立陶户,以瓦代茅,火患得息。以裁缺改知山东莱芜县,裁节撤耗,清供具骡站窝逃之弊。迁运河同知,擢佥事,分守济。卒于官。"①

道光《济宁直隶州志》卷六之七《职官志七·宦迹二》:"叶方恒:字学亭,号峒初,南直昆山人。顺治戊戌进士。父重华,任济宁兵河道。时方恒多所效谋,由兖州同知升运河道。居心仁恕,勤于政治,推求漕河利弊,著《山东全河备考》一书。在济四年,口不言功,而百姓实阴受其惠。"②

民国《莱芜县志》:"叶方恒:字学亭,昆山人。康熙八年由进士令莱芜。时连年亢旱,甫下车,祷于神,雨立应,有郑弘之目。先是,青州饥民就食于莱者千人,方恒据郡招民,檄令之旋。青民曰:'莱非不旱也,官不旱,故愿留活须臾耳。'方恒恻然,为备资遣归,即日谋诸父老,仿古社仓法,捐俸置谷麦若干,以备凶歉。创建正率书院于城西,作讲语十六则以训民。月试诸生文艺以外,勉以饬躬敦行,士皆以得所依归为幸。又尽心农事,春秋周视原野,课雨占晴,往往形诸吟咏。壬子六月,飞蝗蔽天,自为文驱之,蝗不为灾。邑乘失修百余年,方恒编辑而重刊之。建景范堂于署内,改建贞节先生祠,曰:'聊以志吾乡慕也。'莅任数年,政简刑清,废坠皆复。论者谓官斯土者,自陈留、颍川后,一人而已。"③

(郑弘,西汉为南阳太守,有治迹,条教法度,为后所述,号称"循吏"。《汉书·循吏传·序》:"王成、黄霸、朱邑、龚遂、郑弘、召信臣等,所居民富,所去见思,生有荣号,死见奉祀,此廪廪庶几德让君子之遗风矣。"④ 范冉字史云,陈留外黄人,桓帝时为莱芜长,《后汉书·独行列传》有传。韩韶字仲黄,颍川舞阳人,桓帝永寿二年为嬴长,《后汉书》有传。汉代嬴县,北魏时移置莱芜县。)

陆耀《切问斋集》卷十《治河名臣小传》有传:"叶方恒:字峒初,

---

① 道光《昆新两县志》,清道光六年刻本。
② 道光《济宁直隶州志》,清道光二十一年刻本。
③ 民国《莱芜县志》,民国十一年铅印本。
④ 《汉书》,岳麓书社1993年版,第1572页。

号学亭，江南昆山县人。父重华，于前明崇祯之末任济宁兵河道副使，御贼有功，济人德之。方恒以顺治十五年进士，由莱芜县知县升兖州府同知，再迁至济宁河道，循父遗教，于河防利害，运道通塞，筹划尽善，悉见施行。论蓄泄要害……凡所论说，皆非一世之利也。后卒于官。"①

顾炎武有致叶方蔼、叶方恒信札三通，均叙述平直；而归庄有《与叶嵋初书》，言顾炎武事，最为迂曲。

顾炎武《与同邑叶讱庵书》："去冬韩元少书来，言曾欲与执事荐及鄙人，已而中止。道义之雅，莫逆于心，可以不谢。顷闻史局中复有物色及之者。无论昏耄之资，不能黾勉从事，而执事同里人也，一生怀抱，敢不直陈之左右。先妣未嫁过门，养姑抱嗣，为吴中第一奇节，蒙朝廷旌表。国亡绝粒，以女子而蹈首阳之烈。临终遗命，有'无仕异代'之言，载于志状，故人人可出，而炎武必不可出矣。《记》曰：'将贻父母令名，必果；将贻父母羞辱，必不果。'七十老翁，何所求，正欠一死。若必相逼，则以身殉之矣。一死而先妣之大节愈彰于天下，使不类之子得附以成名，此亦人生难得之遭逢也。谨此奉闻，伏待台命。临书哽切，同馆同乡诸公并乞示之。"②

叶方蔼为《明史》总裁，再三邀请顾炎武参与编撰，顾炎武以"无仕异代"之义表示回绝，语气是果决而严肃的。

顾炎武《与叶嵋初》："同善之举，劳民劝相之政寓乎其中。杜子美谓：'安得结辈十数公，落落然参错天下为邦伯。'弟亦谓：老年翁欲以一邑之化，推诸海寓，其用心远矣。谨当奉扬仁风，播之四国。夏初可至历下，惮暑未便山游，更以异日可耳。肃此附谢，不宣。"③

顾炎武《答叶嵋初》："才入署中，未便外出，年兄至此而不得一晤，真交臂失之矣。山右诸公将为弟筑堂于西河，期以秋杪往莅其事，以故亟来历下。昨见《续志》简明可观，足征政事文章大概。其如各属至者未满二十处，弟职在润色，须诸公讨论成稿之后，方得经目，此时不过借关防为著书之便而已。然为《音学五书》将成之际，早夜无一闲晷。所著舆地

---

① 陆耀：《切问斋集》，清乾隆五十七年晖吉堂刻本。
② 顾炎武：《亭林文集》卷三，清康熙刻本。
③ 顾炎武：《蒋山佣残稿》卷二，《清代诗文集汇编》第43册，上海古籍出版社2010年影印本。

之书，名曰《肇域记》，其山东一省，乘此之便，旬月可就也。绅葛之惠，敬佩雅爱，对使拜登，尚容面谢。贵治有旧家卖书者否？如有千百卷之书，可佐名山之藏者，则当携赀以来矣。舍甥《征启》一通附览。"①

顾炎武致叶方恒往复书信各一通，正当叶方恒在莱芜知县任上。叶方恒于康熙八年任莱芜知县，于康熙十三年升任兖州同知。清代兖州同知二员，一总捕，乾隆十年分防移驻临城，一运河，旧驻济宁。济宁为大运河的北端，正当南北要道。"一邑之化"当指叶方恒在莱芜的诸多善举。"《续志》简明"，当指叶方恒主修《莱芜县志》，康熙十二年刻成。其时叶方恒勤于治理，顾炎武勤于著述。顾炎武前者尊称"老年翁"，后者尊称"年兄"。叶方恒邀请顾炎武来山东，而顾炎武也正欲前往。顾炎武甚至说到请叶方恒在山东寻找藏书之家，以备山西介山的西河书堂之用。如果寻到"千百卷之书"，自己将"携赀以来"。谈到这笔计划中的不小的资金，顾炎武显得十分阔气，而丝毫不觉得敏感。

叶方恒是明崇祯十五年举人，此年顾炎武三十岁，叶、顾二人同岁，故顾炎武称之为"年兄"（并非同年登第之意），顺治十二年顾炎武杀陆恩入狱，此后三年，顺治十五年叶方恒中进士。

归庄《与叶嵋初书》："弟到郡时，知宁人兄窘于事势，将有不测，舆论亦多以兄为已甚，故弟语稍激切。然论其究竟，爱宁人亦所以爱兄也已。而昆老辈委曲相劝，兄亦动恻隐之心，要于兄之自为计亦大便，而弟辈则群而诵兄之高义。昨在西郊，文初、子佩诸君及二三远方友人问及，弟公言于众曰：'此事误在顾，而叶能不终讼，可谓仁人君子。'人皆服兄为有量。及归寓，忽闻有变局，为之大惊。兄尝谓宁人城府深密，机械满腹。兄前已诺和议，而忽出最难之题目，迫之以必不能从之事，是名虽曰和，实欲战也。兄岂亦有城府机械邪？昆老极和平之人，亦以兄为太甚，今将去矣。弟亦即日同国馨去矣。但思兄若不肯就和，即和而必欲云云，宁人计无复之，必自经沟渎无疑也。陆恩，人奴也，尚不可杀，而迫其主以取偿。宁人非寻常无闻之人，又事无死法，而一旦迫之致死，于兄便乎？不便乎？宁人无亲子弟，料死后必无与申冤者，即有，兄自当有以待

---

① 黄珅、严佐之、刘永翔主编：《顾炎武全集》第21册，上海古籍出版社2011、2012年版，第259页。

之。固知杀宁人万万无害，独不畏清议乎？宁人腹笥之富，文笔之妙，非弟一人之私言，即灌老诸公皆击节称赏，四方之士见其诗古文者，往往咨嗟爱慕。兄能杀宁人之身，能并其生平之著述而灭之乎？使天下后世读其诗古文者，以为如此文人，而杀之者乃叶峫初也，此名美乎？不美乎？自古文人之受祸者，如子兰杀屈原，姚贾杀韩非，后世读《离骚》及三公子之书，无不唾骂子兰、姚贾。陈同甫为小人构陷入狱，每读其传，为之发指眦裂。以兄平日自待之高明，何苦而为此事邪？想兄之意，以为宁人即死于牢狱，死于桎梏，不得谓峫初杀之。吾谁欺？当世士大夫有口，亦可畏也。凡此之言，皆所谓爱宁人即以爱兄也。情溢言切，幸垂省览。"①

归庄与叶方蔼为好友，与路泽溥为好友，又为钱谦益弟子，处处为顾炎武救星。

这封书信，貌似《陈情表》的用意，实为纵横家的巧舌，句句是转折，句句说不过去。揣测其情形，也并非要转达给叶方恒，而是将告之于众，抢先用舆论压住对方。

五"死"字，六"杀"字，不言事实，只言利害。杀奴罪不致死，此则自然指通海而言，而通海证据已毁，叶方恒如何能杀之？

《与顾宁人》如是说道："顾兄之去坟墓十余年矣。初因避仇，势非得已，岁月既久，怨仇已释。且今年雠家已尽室赴任，更无所虑。……兄今欲归，其孰御之？独无丘墓之思乎？此又平生故人所恳恳于怀者也。"②

---

① 归庄：《归玄恭遗著》，民国十二年上海中华书局铅印本。归庄手札原件见北京湛然拍卖公司2015秋季艺术品拍卖会，手札图片又见俞建良《顾炎武书法研究》，上海书画出版社2019年版，第175页。

② 归庄：《归玄恭遗著》，民国十二年上海中华书局铅印本。顾炎武与叶方恒的形象明显被两级化了。叶方恒、叶方蔼兄弟二人在顾炎武口中以及诠释者笔下，一为小人，一为君子，判若两途，而苏州的世家名族顾氏、徐氏、叶氏的始末端绪以及他们之间的复杂关系也被回避了。如果站在叶氏甚至徐氏的立场，对于"里豪"不知当作何评论？赵世瑜《猛将还乡：洞庭东山的新江南史》近由社会科学文献出版社出版，作者在2021年12月改定的《后记》中说道："老友和师弟叶涛教授，知道我在研究东山，告诉我说，他家就是东山叶氏，他的父亲几年前还回到东山寻根问祖。在本书中，有多处提到东山叶氏的例子，当然不完全是因为宋代的叶梦得和明代的叶盛——虽然我在读硕士的时候就读过他们的《石林燕语》和《水东日记》。……未半月，本系另一位同事叶烨教授与我见面时，也提出了同样的要求，原因也是一样，就是他也是东山叶氏。在一个极为狭小的圈子里，就有好几位相同专业领域的知名学者出自洞庭东山，而且是在祖辈或父辈时才从东山迁出，绝非慕名附会，可见东山真是人杰地灵，文化传承，生生不息。"

第二节　顾炎武与《浯溪碑歌》考

顾炎武一生足迹未尝履及湖南,但有一首长诗《浯溪碑歌》言及湖湘之地。后人对于这篇长诗多有佳评,并有详注,对其寓意明朝中兴的思想寄托也有揭示,但对《浯溪碑歌》淋漓贯彻的湖湘格调尚乏专门的分析。《浯溪碑歌》本名《大唐中兴颂歌》,弟子潘耒在刊刻顾炎武诗文的同时,对作品内容大加删改,但潘耒又确能承接顾炎武的金石之学,并亲临湖南,游历浯溪,不啻代替顾炎武完成了未竟的愿望。

浯溪在湖南永州祁阳县南,与县城隔江相望,江岸有山崖屹立,又有山溪汇流。唐元结为道州刺史时,往来江上,爱之,结庐寓居,名其溪为浯溪,崖为峿台,亭为㟧庼,合称"三吾",各有铭。上元二年秋八月,收复两京,上皇还京师,元结作《大唐中兴颂》。大历六年六月,元结请颜真卿楷书镌于崖壁,世称"摩崖碑"。欧阳修《集古录》云:《大唐中兴颂》"书字尤奇伟,而文辞古雅,世多模以黄绢为图障"[①]。现名"浯溪碑林",为国家重点文物保护单位,今存历代石刻近500方。《浯溪碑歌》原名《大唐中兴颂歌》,顺治五年(1648),顾炎武三十六岁,清兵下昆山之后第三年,南明抗清余波未平,顾氏家难屡兴未靖,诗篇作于此时。

一　《浯溪碑歌》的反响与评价

最早对《浯溪碑歌》作出回应的是徐夜。顺治十四年(1657)徐夜作《济南赠宁人先生诗》,诗中云:"浯溪颂具元颜笔,楚泽悲同屈宋吟"[②],将元颜二人与屈宋二人并称。徐夜,初名元善,山东新城人。

乾隆十三年(1748),夏之蓉作《浯溪诗序》,将元结《大唐中兴颂》与韩愈《平淮西碑》、柳宗元《奉平淮夷雅表》并称。《序》云:"唐元次山自道州归,家浯溪,作《大唐中兴颂》,凡三百字,颜鲁公大书,摩崖

[①] 欧阳修:《集古录跋尾》,人民美术出版社2010年版,第161页。
[②] 黄珅、严佐之、刘永翔主编:《顾炎武全集》第22册附录《亭林先生同志赠言》,上海古籍出版社2011、2012年版,第221页;又见武润婷、徐承诩校注《徐夜诗集校注》,山东大学出版社1997年版,第357页。

刻之，今所谓'浯溪诗'者是也。唐自天宝失政，禄山乘精锐之卒，电击飙发，二十四郡开门乞降者相继。而平原太守嗔目一呼，天下响应，挫贼势以待王师，中兴之功，不在郭李下。及河岳效灵，社稷再造，次山亦以其忠义之气，慷慨磊落，放为诗歌，铿鋐炳耀，与日月争光，何其壮也。史称次山逢天宝之乱，忧道悯俗，与世聱牙。其文辞义幽约，如古钟磬，不谐俗耳，而可寻玩。若是诗作于《雅》《颂》衰颓之日，骎骎乎与《江汉》《常武》诸诗相颉颃，实为昌黎《平淮颂》、柳州《平淮雅》之先声。虽以冠有唐，作者何愧焉？呜乎！自天宝迄今，盖千数十年矣，其间丰碑深刻，樵夫牧竖之所划削、兵戈劫火之所煨烬者何限？而浯溪片石，屹立于蛮烟瘴雨之中，走蛟龙而捎魑魅，忠义之遗，固如是哉！然则谓古今文字之传有幸不幸者，皆妄也。"①

夏之蓉《浯溪诗序》有戴祖启的批点，其中将元结《大唐中兴颂》与顾炎武《浯溪碑歌》并称。评云："漫叟峿台、浯溪、峿亭三《铭》，皆在祁阳县，完好，不独《中兴颂》也，盖忠义之不磨如此。此文复为增重，当与亭林先生《浯溪碑歌》并传。"②

夏之蓉，字芙裳，江苏高邮人，《清史稿》《清史列传》有传。乾隆十三年任湖南学政，由粤东过粤西赴任，作《湘山寺》《偶述浯溪》《过祁阳贾太傅祠》《潭州怀古三首》《晓发祁阳遇大风》《将抵浯溪》《重入浯溪叠前韵》《题磨崖碑》《访愚溪》《淡山岩碑》《九疑山》《从零陵入宝庆道中作》诸诗，见《半舫斋编年诗》卷十、卷十一。《题磨崖碑》诗云："浯溪僧人貌枯索，道旁献我磨崖碑。归来盥手再三读，弈奕纸上光葳蕤……"③

戴祖启，字敬咸，号未堂。弱冠潜心经义，与族人戴震同举于乡，时有"二戴"之目。著《尚书涉传》《尚书协异》《春秋测义》《史记协议》《道德经解》《师华山房文集》，编纂《六合县志》。后人汇编有《上元戴氏所著书四种》《戴氏经说》。

顺治五年顾炎武还作有《拟唐人五言八韵》六首。张穆评云："六诗皆非泛拟。《乞师》，悲往事也。《击筑》《投笔》，明素志也。《渡泸》《闻

---

① 夏之蓉：《半舫斋古文》卷五，清乾隆间刻本。
② 夏之蓉：《半舫斋古文》卷五，清乾隆间刻本。
③ 夏之蓉：《半舫斋编年诗》卷十一，清乾隆间夏味堂刻本。

鸡》，以不忘恢复望诸公也。《归里》，则知时之不可为，而倦飞思还也。云'拟唐人'者，曾膺唐王之诏，受其冠带也。"① 杨钟羲评云："吾谓亭林身负沈痛，不忘恢复，知时之不可为，负经世之略不得一遂，其《拟唐人五言八韵》六首即先生言志之作。……始以沈郁悲慨，终以放达闲适，亦犹柴桑之志也。"②

张穆，号石洲，山西平定人，著有《顾亭林先生年谱》。杨钟羲，号雪桥，著有《雪桥诗话》《圣遗诗集》，编刊《八旗文经》《白山词介》《骈体文略》等。

潘重规指出："石洲之言，可谓能探亭林心志。推之集中《大唐中兴颂歌》（刻本作《浯溪碑歌》，此据钞本《蒋山佣集》），当亦与拟唐人诗同旨。此序特详碑文传授之经历，诗末复云'此物何足贵，贵在臣子心。援笔为长歌，以续中唐音'，反复致意于续兴唐室，亦足明亭林之微旨矣。"③ 钱仲联认为："《浯溪碑歌》，发抒中兴希望。"④ 武润婷、徐承诩认为："诗中对当时仍在西南抗清的永历帝寄托了很大的希望。"⑤ 可知《浯溪碑歌》的内容与主题，在阐明顾炎武一生事业与志向上具有特殊的意义。

顾炎武撰写《浯溪碑歌》，在政治上表明了东南一域对于王室中兴具有重要意义，在学术上反映出金石之学在湖湘具有深远的根基。

《金石文字记》是顾炎武的代表作之一，成书于顾炎武晚年。清丁丙《善本书室藏书志》："《金石文字记》六卷（翁覃溪校本）：此本经翁覃溪朱墨校勘，并手题云：'亭林至华阴在康熙十六年丁巳，时年六十五矣，此书当是其晚年所作。'"⑥ 但顾炎武对金石学的兴趣，却开始得很早。顾炎武《金石文字记·自序》："余自少时即好访求古人金石之文，而犹不甚解。及读欧阳公《集古录》，乃知其事多与史书相证明，可以阐幽表微，

---

① 张穆：《顾亭林先生年谱》，清道光二十四年刻本；又见《顾炎武全集》第 22 册附录，上海古籍出版社 2011、2012 年版，第 23 页。

② 杨钟羲：《雪桥诗话续集》卷一，民国求恕斋丛书本。

③ 潘重规：《亭林诗文用南明唐王隆武纪年考》，《新亚书院学术年刊》1966 年第 8 期。潘重规著有《亭林诗考索》，台北东大图书公司 1982 年版。

④ 钱仲联著，魏中林整理：《钱仲联讲论清诗》，苏州大学出版社 2004 年版，第 27 页。

⑤ 武润婷、徐承诩校注：《徐夜诗集校注》，山东大学出版社 1997 年版，第 357 页。

⑥ 丁丙：《善本书室藏书志》卷十四，清光绪二十七年钱塘丁氏刻本。

补阙正误，不但词翰之工而已。比二十年间，周游天下，所至名山巨镇、祠庙伽蓝之迹，无不寻求。登危峰，探窈壑，扪落石，履荒榛，伐颓垣，畚朽壤，其可读者，必手自钞。录得一文，为前人所未见者，辄喜而不寐。一二先达之士，知予好古，出其所蓄，以至兰台之坠文，天禄之逸字，旁搜博讨，夜以继日。遂乃抉剔史传，发挥经典，颇有欧阳、赵氏二《录》之所未具者。积为一帙，序之以贻后人。"①

《四库总目提要》评价说："《金石文字记》六卷，国朝顾炎武撰。前有炎武《自序》，谓'抉剔史传，发挥经典，颇有欧阳、赵氏二《录》之所未具者'。今观其书，裒所见汉以来碑刻，以时代为次，条下各缀以跋，其无跋者亦具其立石年月、撰书人姓名，证据今古，辨正讹误，较《集古》《金石》二《录》实为精核，亦非过自标题也。"②

就目前所见记载而言，顾炎武早年得自其曾祖顾章志的包括《大唐中兴颂》在内的汉唐碑拓八九十通，最早开启了顾炎武的金石之学。

二 《浯溪碑歌》自序与碑拓来历

《浯溪碑歌》有顾炎武自序，详细交代了作诗的背景和缘由。序云："万历元年，先曾祖官广西按察副使，道浯溪，得唐元次山《中兴颂》石本以归。为颜鲁公笔，字大径六七寸。历世三四，此碑独传之不肖。岁游蒙作噩，命工装潢为册。工人不知碑自左方起，而以年月先之，遂倒薤不可读。方谋重装，而兵乱工死，不复问者三年。碑固在旧识杨生所，一旦，为余重装以来，则文从字顺，焕然一新。有感于先公之旧物，不在他人而特属之嗣人之稍知大义者，又经兵火而不失，且待时而乃成，夫物固有不偶然者也。为之作歌。"③

由序可知，《浯溪碑歌》歌咏的是元结撰文、颜真卿书写的《大唐中兴颂》摩崖石刻。摩崖石刻坐落在湖南浯溪，顾炎武没有亲临浯溪，但是他见到了《大唐中兴颂》石刻的拓本（石本）。

拓本由顾炎武的曾祖父顾章志旧藏。万历元年（1573），顾章志出任

---

① 顾炎武：《金石文字记》，清嘉庆十三年昭文张海鹏刻本。
② 顾炎武：《金石文字记》，清嘉庆十三年昭文张海鹏刻本。
③ 顾炎武：《亭林全集》卷一，《续四部丛刊》本。

广西按察司副使，由家乡苏州出发，经湘水水路穿过湖南到达广西，途中游历了浯溪，并获得了这幅拓本。

此前，顾章志曾任湖广按察司副使，未赴任，行至九江而返，居家养亲三年。此后到万历五年（1577），顾章志曾任广西按察使，有再次经过浯溪的机会，但他仍未赴任，居家优游七年。顾章志先曾躲避权相严嵩父子，后则躲避权相张居正，卒保终始。

序云"历世三四"，曾祖顾章志，嗣祖顾绍芾，嗣父顾同吉，至顾炎武为四世。顾炎武过继给伯父顾同吉为嗣子，经由顾同吉得到了这幅拓本。

顾章志喜藏书，卒后藏书分给四支。《亭林诗文集》卷二《钞书自序》："先曾祖历官至兵部侍郎，中间莅方镇三四，清介之操虽一钱不以取诸官。而性独嗜书，往往出俸购之，及晚年而所得之书过于其旧。……其书后析而为四。"[①] 可知《大唐中兴颂》拓本是经由分家析产，有幸得到的。

《钞书自序》又载："炎武嗣祖太学公，为侍郎公仲子，又益好读书，增而多之，以至炎武，复有五六千卷。自罹变故，转徙无常而散亡者，什之六七，其失多出于意外。二十年来，赢縢担囊，以游四方，又多别有所得，合诸先世所传，尚不下二三千卷。其书以选择之善，较之旧日虽少其半，犹为过之，而汉唐碑亦得八九十通，又钞写之本别贮二麓，称为多且博矣。"[②] 可知顾炎武早年的所有藏书，包含了顾章志、顾绍芾、顾同吉的三代递藏，也包括了刻本、抄本和拓本三种类型。

"岁旃蒙作噩"，此为岁阳岁阴纪年，干支为乙酉，指顺治二年（1645）。此年清兵渡江入南京，明亡。下文"不复问者三年"，则顺治五年也。

"字大径六七寸"，《大唐中兴颂》单字字径约20公分，将近8寸。

"装潢为册"，谓由整幅拆开为散张，然后装裱成册页。《大唐中兴颂（有序）》摩崖石刻约为正方形，高300公分，宽320公分，共21行，每行20字，共计288字。颂文每句四言，三句一韵。《大唐中兴颂》散页一般每二字装裱一页，共约144页。

"倒甃"，谓前后颠倒。《大唐中兴颂》原刻为左行（自左向右书写），即标题在左，年月署款在右。装裱工误以为常见之自右向左书写，遂使册

[①] 顾炎武：《亭林全集》卷一，《续四部丛刊》本。
[②] 顾炎武：《亭林全集》卷一，《续四部丛刊》本。

页内文前后颠倒而不可读。

"杨生",或为县学中人,或为惊隐诗社中人,未可知。

"一旦,为余重装以来","一旦"当断句,谓忽然有一天,有出人意料之意,如连读为"一旦为余重装以来"则索然无味矣。

下文"知大义""经兵火""待时成",均托言作诗之宗旨。

顾章志,字行之(顾炎武《顾氏谱系考》曰字子行;清俞天倬《太仓州儒学志》曰字子韶,一字行之),号观海。嘉靖三十二年(1553)进士,历仕行人司行人、行人司司副、行人司司正、刑部郎中、饶州府知府、湖广按察司副使(未赴任)、广西按察司副使(万历元年)、贵州按察司右参政、广西按察使(万历五年,未赴任)、山东按察使、南京光禄寺卿、南京应天府尹、南京兵部右侍郎。传记见王世贞《南少司马赠御史大夫观海顾公章志传》(载明焦竑《国朝献征录》卷四十三)。明过庭训《本朝分省人物考》卷二十四《南直隶苏州府》、明张大复《昆山人物传》卷九均有传,但稍简略。同治《苏州府志》、道光《昆新两县志》、光绪《昆新两县续修合志》、宣统《太仓州镇洋县志》、民国《太仓州志》亦有传。履历及时人的评价又见王世贞《吴中往哲像赞四》(《弇州史料后集》卷二十六、《弇州山人续稿》卷一百五十)。顾章志任广西按察司副使时,时任广西巡抚郭应聘在其荐举疏中,亦有评价(见明郭应聘《郭襄靖公遗集》卷四《荐举方面官员疏》)。

《南少司马赠御史大夫观海顾公章志传》记万历元年至五年前后事迹云:"升江西饶州知府。公治饶凡几年,升湖广按察使之副,治辰沅。公念母八十矣,道远恐不能任板舆,则谋乞养。太恭人坚不许,公于是黾勉就道。及九江,风涛大作,窃自叹:'奉老母,涉畏途,大非人子所宜。'乃密具乞疏,既发使,始以闻,得请如志。凡三年,在膝下。比失恃,已免丧,意不乐于出,而亲党多从公劝驾者,于是强起,补广西。未几,以赍捧便道归。闻转贵州参政,又转广西按察使,时为万历丁丑。适长君绍芳成进士,选中秘,疏称病不能行,从是遂坚卧而不出,盖徜徉泉石者七年。会江陵权相败,圣天子侧席求旧贤,公卿又每推毂公,起公于山东,仍宪使。"①

---

① 焦竑:《国朝献征录》卷四十三,明万历四十四年徐象枟曼山馆刻本。

三　潘耒对《浯溪碑歌》的删改

康熙间，顾炎武诗文集由其弟子潘耒（字次耕）刊刻。但刊本对诗文字句有大量删改。其中《浯溪碑歌》自序删改 10 处，正文删改 2 处，甚至标题也完全改写。

但潘耒另有手抄本的顾炎武诗文集。戴望（字子高）藏有顾炎武诗文集的旧抄本，认为是潘耒手抄原本，光绪间铅排线装出版，6 卷 2 册。题名《足本亭林诗稿》，扉页题"戴子高先生藏本""亭林诗稿""无尘署端"。正文各卷标题下题"潘次耕手抄原本""子高眼福"，书口题"戴子高家藏""幽光阁校印"。

1922 年（壬戌），孙毓修得见另外一种旧抄本，题名《蒋山佣诗集》，据以撰出《亭林诗文集·亭林诗集校补》，商务印书馆据上海涵芬楼藏原刊本景印收入《四部丛刊》初编。

孙毓修校补小序云："亭林先生诗集，毓修见一钞本，题《蒋山佣诗集》，与刻本异同甚多，且多诗十数首，乃知刻本多为潘次耕窜改，亦当时有所避忌故也。……"①

华忱之点校《顾亭林诗文集》，王蘧常辑注、吴丕绩标校《顾亭林诗集汇注》，收集顾炎武诗甚备，可惜均不恢复抄本之旧，仅充校注，王冀民《顾亭林诗笺释》，黄珅、严佐之、刘永翔主编《顾炎武全集》，诸书相沿，遂使原作不甚彰显。

兹将潘耒删改之处归纳如下：

原题，《大唐中兴颂歌有序》，改为《浯溪碑歌》。

诗序，删改 10 处，孙毓修校记如下：

1. "'道'下无'浯溪'字，有'经祁阳'三字。"
2. "'历世三四'下有'家业已析，墓下之田且鬻之异姓，而'十四字。"
3. "'岁'上有'山佣'字。"
4. "'作噩'下有'山佣之南京'五字。"

---

① 孙毓修校补：《亭林诗文集》，《四部丛刊初编》景上海涵芬楼藏原刊本。

5."'为册'下无'工人'字,有'信工人之能,遂以付之,乃'十字。"

6."'不可读'下有'归而尤之,则曰请'七字。"

7."'重装'下有'已'字。"

8."'三年'下有'而'字。"

9."'一旦'下有'杨'字,'为'下无'余'字。"

10."'属之'下有'其'字。"①

正文,改2处:

1."胡兵入西京",改为"贼兵入西京"。

2."胡骑已如林",改为"牧骑已如林"。②

此2处校记又见孙诒让(题名"兰陵荀廙")校文。③ 孙诒让校文仅两条。幽光阁校印《足本亭林诗稿》,诗题、诗序已为潘耒删改,而正文仍存此二"胡"字。可知潘耒所删改乃是渐次为之,非一次而就。

上述部分据抄本还原如下:

《大唐中兴颂歌有序》:"万历元年,先曾祖官广西按察副使,道经祁阳,得唐元次山《中兴颂》石本以归。为颜鲁公笔,字大径六七寸。历世三四,家业已析,墓下之田且鬻之异姓,而此碑独传之不肖山佣。岁歉蒙作噩,山佣之南京,命工装潢为册。信工人之能,遂以付之,乃不知碑自左方起,而以年月先之,遂倒鬘不可读。归而尤之,则曰请重装,已而兵乱工死,不复问者三年。而碑固在旧识杨生所,一旦,杨为重装以来,则文从字顺,焕然一新。有感于先公之旧物,不在他人而特属之其嗣人之稍知大义者,又经兵火而不失,且待时而乃成,夫物固有不偶然者也。为之作歌。"

题名,"浯溪碑"可以作为"大唐中兴颂碑"的别称,但改用"浯溪碑"显然是回避的"大唐中兴"的主题,而躲避反清复明的嫌疑。

"道经祁阳"改为"道浯溪",祁阳为县名,浯溪为景地名,回避县名

---

① 孙毓修校补:《亭林诗文集》,《四部丛刊初编》景上海涵芬楼藏原刊本。
② 孙毓修校补:《亭林诗文集》,《四部丛刊初编》景上海涵芬楼藏原刊本。
③ 孙诒让校辑:《亭林先生集外诗》一卷,附《亭林诗集校文》一卷,《丛书集成续编》集部第123册,上海书店1994年版,第725页。

可能与当日南明的活动有关。南明何腾蛟拥戴唐王、永明王，"建十三镇以卫长沙"（《明史·何腾蛟传》），与清兵往来拉锯于永州、道州、宝庆、衡州一带。祁阳有熊罴岭，一作熊飞岭，又名黄罴岭，为永州与宝庆间要塞。何腾蛟败死于永历三年（顺治六年，1649），即顾炎武作《浯溪碑歌》之次年，顾炎武作有《瞿公子元铦将往桂林，不得达而归，赠之以诗》。王冀民曰：蒸湘"包括湖南长沙、衡阳、零陵、桂阳等湘西南境，本年明何腾蛟、堵锡胤等率众与清兵转战于此"①。（"堵锡胤"当作"堵胤锡"。）

"家业已析，墓下之田且鬻之异姓"二句，述说顾炎武家难，本出于愤懑，而潘耒全删，可见潘耒对顾氏家难的回避态度。

"山佣"即"蒋山佣"，蒋山即紫金山，在南京，为明室皇陵所在，"蒋山佣"寓意"明之臣"。潘耒删去二处"山佣"与"山佣之南京"，避讳之意十分明显。

"信工人之能，遂以付之"与"归而尤之"，为顾炎武责备装裱工人之语，与政治背景无关，潘耒删去之，大概有减弱文字的气愤情绪之意。

孙毓修校，抄本有"归而尤之，则曰请"七字，下接刻本"方谋重装"，则成为"则曰请方谋重装"，不成辞，疑有误。王遽常辑注、吴丕绩标校《顾亭林诗集汇注》引"孙校"，华忱之点校《顾亭林诗文集》引"钞本"，黄珅、严佐之、刘永翔主编《顾炎武全集·亭林诗文集》引"孙校"，皆同。疑抄本作"归而尤之，则曰请重装"，潘耒删七字，另添"方谋"二字，改为"方谋重装"。王冀民谓"方字则衍"②，但如作"则曰请谋重装"，亦不辞。

"为余"改为"杨为"，及"而""其"等字，可能出于潘耒的修辞润色。王冀民曰："大抵钞本序文不及原钞本雅洁，但更近初稿之实。"③

四 《浯溪碑歌》诗文与注文

《足本亭林诗稿》卷一《浯溪碑歌》："昔在唐天宝，禄山反范阳。天子狩蜀都，胡兵入西京。肃宗起灵武，国势重恢张。二载收长安，銮舆迎

---

① 王冀民笺释：《顾亭林诗笺释》，中华书局1998年版，第157页。
② 王冀民笺释：《顾亭林诗笺释》，中华书局1998年版，第154页。
③ 王冀民笺释：《顾亭林诗笺释》，中华书局1998年版，第154页。

上皇。小臣有元结,作诗颂大唐。欲令一代典,风烈追宣光。真卿作大字,笔法名天下。磨厓勒斯文,神理遗来者。书过泗亭碑,文匹淮夷雅。留此系人心,枝撑正中夏。先公循良吏,海内推名德。驱马复悠悠,分符指南极。遐眺道州祠,流览浯溪侧。如见古忠臣,精灵感行色。匪烦兼两载,不用金玉装。携此一纸书,存之贮青箱。以示后世人,高山与景行。天运有平陂,名迹更存亡。宝弓得堤下,大贝归西房。旧物犹生怜,何况土与疆。却念蒸湘间,胡骑已如林。西南天地窄,零桂山水深。屼嵝大禹迹,万木生秋阴。一峰号回雁,朔气焉得侵。恐此浯厓文,苔藓不可寻。藏之箧笥中,宝之过南金。此物何足贵,贵在臣子心。援笔为长歌,以续中唐音。"①

从文体上看,《浯溪碑歌》为歌行体,共五十六句,二十八韵,中间转韵五次。首十二句六韵,用下平声阳韵。其次八句四韵,用上声马韵。其次八句四韵,用入声职韵。其次十二句六韵,再用下平声阳韵。其次十六句八韵,用下平声侵韵。

王冀民评:"本篇六十四句凡五易韵,已属罕见。"②("六十四句"当作"五十六句"。)

从内容上看,《浯溪碑歌》首先是用典不少。诗末有顾炎武自注2条:

1.《后汉书·吴佑传》:"此书若成则载之兼两。"

2.《穀梁传·定九年》:"得宝玉大弓,恶得之? 得之堤下。"③

其次是讨论唐史,徐嘉笺注引用《两唐书》、《资治通鉴》、柳文、韩文等皆是。

再次是涉及湖湘地理,共10条:

1. 王昶《金石萃编》:"《大唐中兴颂》摩崖,石高一丈二尺五寸,广一丈二尺七寸,二十一行,行二十字,左行,正书,在祁阳县石崖。文曰……"

2. 潘耒《游浯溪记》:"元次山罢道州,乐其幽胜,遂移家焉。一水一石,各为之铭。又乞颜鲁公书其所作《中兴颂》,镌诸崖壁。颂词高简,为次山集中第一。字势雄伟,为颜书中第一。余少见搨本,甚爱之而不

---

① 潘耒编:《足本亭林诗稿》,清光绪间幽光阁铅排线装校印本。
② 王冀民笺释:《顾亭林诗笺释》,中华书局1998年版,第159页。
③ 顾炎武:《亭林全集》卷一,《续四部丛刊》本。

能得。"

3. 欧阳修《集古录·中兴颂跋》："书字尤奇伟，而文词古雅，世多模以黄绢，为图障。"

4. 董逌《磨崖碑跋》："《中兴颂》刻永州浯溪上，斲其崖石书之。"

5. 董逌《广川书跋》："颜太师以书名时，而此尤瑰玮，故世贵之。今数百年，藓封莓固。远望云烟外，至［者］仰而玩之，其亦天下伟观耶！"

6. 《天下舆地碑记》："故《中兴颂》宝之中州士大夫家，而浯溪之铭因人称著。"

7. 陆容《菽园杂记》："浯溪、峿台、㢈亭，皆在祁阳南。命名制字，皆始于元结次山。字从水、从山、从厂。曰'吾'者，旌吾所独有也。"

8. 《一统志》："永州府灵陵县，汉泉陵县。又桂林府临桂县，汉始安县。"（王蘧常按："'灵陵'应作'零陵'。"）

9. 《一统志》：回雁峰在衡州，"雁至此不过，遇春而回"。

10. 罗含《湘中记》：岣嵝山在衡州府北，"是山有玉牒，禹案其文以治水，上有禹碑"。①

王蘧常辑注、吴丕绩标校《顾亭林诗集汇注》增加 4 条：

1. 叶昌炽《语石》卷九："诸山摩厓题名诗刻，往往自左而右，蜀碑尤甚，盖其风气然也。"

2. 潘耒《游浯溪记》："亭台故迹，废兴不一，而其废而复兴、不终湮没者，实以元、颜二公名节风裁，使人思慕，非徒林壑之美而已也。"

3. 罗含《湘中记》："湖岭之间，湘水贯之，无出湘之右者，凡水皆会焉。与潇水合则曰潇湘，蒸水合则曰蒸湘，沅水合则曰沅湘。"

4. 宋张世南《游宦纪闻》："何致子一，嘉定壬申游南岳，至祝融峰下，按《岳山图》，禹碑在岣嵝山。询樵者，谓'采樵其上，见石壁有数十字'，俾之导前，过隐真屏，复渡一二小涧，攀萝扪葛，至碑所。为苔藓封剥，读之得古篆五十余，癸酉二字外，俱难识。韩昌黎所谓'形模'，果为奇特，字高阔约五寸许，取随行前买历辟而摹之，遂刻之岳麓书院后巨石。"②（"取随行前买历辟而摹之"，《游宦纪闻》明《稗海》本、清

---

① 徐嘉笺注：《顾亭林先生诗笺注》卷三，清光绪二十三年徐氏味静斋刻本。
② 王蘧常辑注，吴丕绩标校：《顾亭林诗集汇注》，上海古籍出版社 1983 年版，第 233—243 页。

《知不足斋丛书本》卷八作"取随行市买历碎而模之",明叶向高《说类》、明周圣楷《楚宝》、清陈运溶《湘城访古录》、清赵宁修《岳麓书院志》所引均同,可知"前"为"市"之讹。"随行"谓随身携带。"市买"谓市中所买。"历"谓历书,俗称通书、黄历。"碎"中华书局1981年点校本作"擗","擗""碎"义皆为"拆",清刘大绅《寄庵诗文钞·重刻禹碑跋》引作"拆"。"摹""模"字通。此下《游宦纪闻》原文尚有"字每摹二,虽墨浓澹不匀,体画却不甚模糊,归旅舍方凑成本"云云一段,谓拆散历书,每页拓得二字。王蘧常此注为节引。)

"零桂山水深",《顾亭林诗集汇注》作"临桂山水深",恐误。《顾亭林诗文集》《顾炎武全集·亭林诗文集》均作"零桂",道光《永州府志》卷二上《名胜志》录此诗亦同。

徐嘉以"零陵""临桂"合注,则是以为零陵、临桂二县。王冀民曰:"原钞本'零'作'临',误。临桂不过桂林府一县名,不足以当文意。……'桂'当指桂阳。"[1] 今按,顾炎武此句乃是化用汉张衡《四愁诗》"我所思兮在桂林,欲往从之湘水深",隐括"欲往从之"之旨。"零桂"谓秦汉零陵郡、桂林郡也。

徐嘉《顾亭林先生诗笺注》颇能引用金石文献、方志文献及诸家笔记,这部分注文最能体现湖湘文化的独特风貌。

五 潘耒游历湖湘及其金石之学

但徐嘉笺注引顾炎武《金石文字记》三条,称之为"先生《金石文字记》",皆误。

钱邦彦《校补顾亭林先生年谱》"彦案先生《金石文字记》"1条,《顾亭林诗集汇注》沿用徐注"先生《金石文字记》"2条,亦误。

徐嘉笺注3条如下:

1.《金石文字记》:"元次山爱祁阳山水,遂寓居焉,名其溪曰浯溪,筑台曰峿台,亭曰㡉亭,所谓'三吾'者也。"

2.《金石文字记》:"《台铭》刻在台之背,甚完整。《溪铭》《亭铭》

---

[1] 王冀民笺释:《顾亭林诗笺释》,中华书局1998年版,第158页。

刻于东崖石上，随石攲斜，藓厚难搨，而篆笔特佳，视《台铭》更甚。别有黄山谷书百余字，又有皇甫湜五言古诗，次山之子让五言长律一首，俱刻在《中兴颂》之旁。"

3. 先生《金石文字记》："山谷一诗最著名，诗意乃谓肃宗不当攘取大物，上皇西内凄凉，次山有痛于中，而以颂托讽者。细审颂文，初无此意。禄山作乱，明皇既失天下，肃宗提一旅复两京，大物已落盗手，取之何咎？抚军监国，平世事耳。灵武之事，非正位号不足以鼓士气而收人心，勉从拥戴，事出权宜，旋乾转坤，所济者大。唐室再造，上皇还宫，为臣子者宜何如庆幸，何如颂扬，而乃微文刺讥乎？"①

顾炎武《金石文字记》，共六卷。第六卷前半为"识余"，后半为潘耒所作"补遗"，凡二十二条，其中《峿台铭》《浯溪铭》《㾗亭铭》合为一条。徐嘉笺注引《金石文字记》前二条即分拆此条而为注。

《金石文字记》卷六"补遗"首有潘耒小序，潘耒《遂初堂集》卷十一题为《书金石文字记后》，云："古金石刻，不独文词之典雅、字画之工妙为可爱玩，而先贤事迹、前代制度不详于史者，往往著见焉，其有资于博闻多识不细矣。而其为物，散在天地间，日亡日少，好古之士荟萃成书者十数家，收之博而辨之精，无若欧、赵二《录》。《欧录》之目千，《赵录》二千，皆据其实有者籍记之。他书循名泛列，固不辨其存亡也。亭林先师实甚好古，游辙所至，旁搜博采，著成此书。惟就碑刻现存及收得拓本者录之，得三百余通，其数少于欧、赵，而考论详核不啻过之。夫今之去宋，仅五百余年，而十亡七八，则过此以往，又当何如？以彼亡佚者为可惜，则其幸而存者可不知宝重哉！耒夙有此好，孜孜访求，所得有在兹编之外，并欧、赵所未录者，不忍使其无闻，谨附载于后，以见古碑之亡于通都大邑，而留于荒村穷谷者，尚多有之。搜罗表章，无令泯灭，是所望于后之君子。"②文中称道"亭林先师"，末署"门人潘耒谨识"，发掘表彰顾炎武金石之学，不遗余力。

徐嘉笺注引《金石文字记》第三条"先生《金石文字记》"，实出潘耒《游浯溪记》，见《遂初堂集》卷十六。

---

① 徐嘉笺注：《顾亭林先生诗笺注》卷三，清光绪二十三年徐氏味静斋刻本。
② 顾炎武：《金石文字记》，清嘉庆十三年昭文张海鹏刻本。

潘耒不仅跟随顾炎武注意金石学，而且亦雅好游历，所至多补顾炎武之未至，又往往撰为游记，文笔精雅，见解独到。

除《游浯溪记》外，潘耒又有《游永州三岩记》《游南岳记》。《游浯溪记》云："湘江两岸多小山，连绵靡迤，少奇崛之概，间有危矶峭壁，石色皆焦枯，鲜秀润。其崒然特异者，为浯溪。远望之，石壁嶙峋，如屏如阙。近视之，嵌空玲珑，叠峰而多穴。石质类太湖，复类灵壁，而背皆奇，随步异态，设穷人巧，为假山未有能仿佛者。崖畔槎枒老树，交柯垂阴，苍藤倒挂，璎珞百千。清溪一线注于江，触石而坠，有声锵然，境致清绝。"①《游永州三岩记》云："江行入永州界，始见石山棱棱露骨，与潭、衡诸山绝异。距永十里，入潇江，水益清，石益瘦。郡西门外有浮梁，梁之两崖皆白石，巉巉齿齿，如花圃中物。"②今永州境内摩崖石刻密布，已批准为国家重点文物保护单位的有七处，究其原因，首先是地质上的丹霞地貌，由石灰岩形成溶洞，古人称为"水石相胜"。对此，潘耒的描述最为真切生动，以出于外来游历者之眼光，至与江南豪贵人家"花圃中物"相比拟，可谓最能欣赏潇湘沿岸水石之珍之美。

潘耒既亲至湖湘，亦记其所交游。《游浯溪记》云："余少见榻本，甚爱之而不能得。迨门人刘禹美典试粤西，还，始求得一本。顷从祁阳携榻工来，维舟二日，榻取数本，因得婆娑林麓间，尽临眺之。适从寺僧所得《浯溪志》，阅之。"③《游永州三岩记》云："比晤零陵令葛见田，问记中诸名胜，独愚溪在近，余多芜没不可辨。而芝山岩最佳，朝阳岩最近，澹岩差远。又绿天庵为怀素故迹，皆可游。余次第往焉。"④

刘国黻，字禹美，号后斋，江苏宝应人，康熙二十一年（1682）进士，选庶吉士，迁户科都给事，累官至鸿胪寺卿。著有《碧梧翠竹山房诗钞》《刘后斋集》《刘都谏诗文集》。潘耒曾任会试同考官，刘国黻为应考生，"余承乏礼闱得士十二人，惟君最少"⑤，故以"门人"相称。后刘国黻年四十八而早卒，潘耒为撰《鸿胪寺卿刘君墓志铭》。《清圣祖仁皇帝实录》

---

① 潘耒：《遂初堂集》卷十六，清康熙间刻本。
② 潘耒：《遂初堂集》卷十六，清康熙间刻本。
③ 潘耒：《遂初堂集》卷十六，清康熙间刻本。
④ 潘耒：《遂初堂集》卷十六，清康熙间刻本。
⑤ 潘耒：《遂初堂集》卷十九《鸿胪寺卿刘君墓志铭》，清康熙间刻本。

卷一百三十：康熙二十六年（1687）七月辛卯，"以刑科掌印给事中刘国黻为广西乡试正考官"①。

葛匡世，初名云萝，字贞侯，号奇三，又号见田，江苏昆山人，康熙三十年（1691）进士，康熙三十三年（1694）任零陵知县，著有《实政录》《顿邱诗钞》。道光《永州府志》、光绪《零陵县志》、道光《昆新两县志》、同治《苏州府志》、光绪《昆新两县续修合志》有传。

《游南岳记》云："余来南楚，专为衡岳之游，留滞潭岳间，忽忽岁暮。己卯春正六日，乃自湘潭泛舟，三宿抵衡山县。"②可知潘耒游湘，在康熙三十七年至三十八年间（1698—1699）。

今读《游浯溪记》，如称"颂辞高简，为次山集中第一。字势雄伟，为颜书中第一"，不啻为浯溪格言。又辩驳黄庭坚之诗意云："山谷一诗最著名，诗意乃谓肃宗不当攘取大物，上皇西内凄凉，次山有痛于中，而以颂托讽者。细审颂文，初无此意。……唐室再造，上皇还宫，为臣子者，宜何如庆幸，何如颂扬，而乃微文刺讥乎？"③凡此皆足以表彰古人忠臣孝子之大义，而于发明顾炎武以诗言志最为有功。

第三节　顾炎武与湖湘士大夫的精神交往

顾炎武一生足迹遍及河北、河南、山东、山西，往来曲折二三万里，而未尝履及湖南，王夫之则隐居石船山下数十年，卒后名声始著闻。但是通过《浯溪碑歌》《王征君潢具舟城西，同楚二沙门小坐栅洪桥下》《楚僧元瑛谈湖南三十年来事，作四绝句》三诗，可知顾炎武对湖南有相当的关注，对王夫之、陶汝鼐、杨山松、郭都贤、髡残等仁人志士的抗清事迹也有相当的了解，二者间体现着一种精神的照应。

顺治五年（1648），顾炎武三十六岁，作《浯溪碑歌》，并有长序。此时南明何腾蛟拥戴唐王、永明王，建十三镇以卫长沙，在永州、道州、宝庆、衡州一带与清兵往来拉锯。《浯溪碑歌》中如"却念蒸湘间，胡骑已

---

① 《清圣祖仁皇帝实录》，清内府抄本。
② 潘耒：《遂初堂集》卷十六，清康熙间刻本。
③ 潘耒：《遂初堂集》卷十六，清康熙间刻本。

如林。西南天地窄，零桂山水深。岣嵝大禹迹，万木生秋阴。一峰号回雁，朔气焉得侵"等句，寄寓了顾炎武对明末湖南抗清的关注。《王征君潢具舟城西，同楚二沙门小坐栅洪桥下》《楚僧元瑛谈湖南三十年来事，作四绝句》二诗成文较晚，此时顾炎武对明末湖南抗清事迹有了更多的了解，对当时人物的记述也更加具体了。

一　熊开元与髡残

《亭林诗文集》卷二有《王征君潢具舟城西，同楚二沙门小坐栅洪桥下》[①]：

> 大江从西来，东抵长干冈。至今号栅洪，对城横石梁。（此桥盖古时立栅处，本当名栅江，后讹为洪耳，犹射江之为射洪也。）
> 落日照金陵，火旻生秋凉。都城久尘坌，出郊且相羊。
> 客有五六人，鼓枻歌沧浪。盘中设瓜果，几案罗酒浆。
> 上坐老沙门，旧日名省郎。（熊君开元）曾折帝廷槛，几死丹墀旁。
> 天子自明圣，毕竟诛安昌。南走侍密勿，一身再奔亡。
> 复有一少者，沈毅尤非常。（释名髡残）不肯道姓名，世莫知行藏。
> 其余数君子，须眉各轩昂。为我操南音，未言神已伤。
> 流贼自中州，楚实当其吭。出入十五郡，南国无安疆。
> 血成江汉流，骨与灊庐望。赫怒我先帝，亲遣元臣行。
> 北落开和门，三台动光芒。一旦陨大命，藩后残荆襄。
> 遂令三楚间，哀哉久战场。宁南佩侯印，忽焉竟披猖。（宁南侯左良玉）
> 称兵据上流，以国资东阳。岂无材略士，忍死奔遐荒。
> 落雁衡北回，穷乌树南翔。可怜洞庭水，遗烈存中湘。（何腾蛟追封中湘王）
> 连营十三镇，恣肆无朝纲。夜半相诛屠，三宫离武冈。

[①] 黄珅、严佐之、刘永翔主编：《顾炎武全集》第21册，上海古籍出版社2011、2012年版，第377—378页。

黔中亦楚地，君长皆印章。国家有驱除，往往用土狼。
积雨闭摩泥，毒流涨昆明。蛮陬地斗绝，极目天茫茫。
顷者西方兵，连岁争辰阳。心悼黄屋远，眼倦烽火忙。
楚虽三户存，其人故倔强。崎岖二君子，志意不可量。
鄀公抗忠贞，左徒吐洁芳。举头是青天，不见二曜光。
何意多同心，合沓来诸方。仆本吴趋士，雅志陵秋霜。
适来新亭宴，得共宾主觞。戮力事神州，斯言固难忘。
我宁为楚囚，流涕空沾裳。①

诗作于南京，时为顺治十三年（1656），顾炎武四十四岁。

清张穆《顾亭林先生年谱》：（顺治）十三年丙申，四十四岁："是年诗有……《王处士自松江来拜陵毕遂往芜湖》一首，《王征君潢具舟城西，同楚二沙门小坐栅洪桥下》一首。处士即下同游栅洪桥之王潢。乙卯年闰五月十日诗有云'更忆王符老，飘零恨不同'，自注：'王征君潢，昔日同诣孝陵行香，今年七十七矣。'潢字符俉，上元人。父之藩，慷慨好义，潢能色养。崇祯丙子举于乡。先是，户部郎中倪笃之荐于朝，以贤良征，不就。念世乱亲老，赋《南陔诗》以见志。著有《南陔集》。"②

诗中所说"楚二沙门"，其一为熊开元，其二为髡残。

"上坐老沙门，旧日名省郎。曾折帝廷槛，几死丹陛旁。天子自明圣，毕竟诛安昌。南走侍密勿，一身再奔亡。"这八句记述熊开元，顾炎武自注："熊君开元。"

清徐嘉《顾亭林先生诗笺注》："名正志，号蘗庵，师南岳和尚退翁名洪储者，亦遗民也。"③

熊开元，字鱼山，更名正志，号蘗庵，湖北嘉鱼人。天启五年（1625）进士。除崇明知县，调繁吴江。崇祯四年（1631），征授吏科给事中。抵斥中官王应期、巡抚王化贞。起山西按察司照磨，迁光禄寺监事。崇祯十

---

① 黄珅、严佐之、刘永翔主编：《顾炎武全集》第21册，上海古籍出版社2011、2012年版，第377—378页。
② 张穆：《顾亭林先生年谱》，清道光二十四年刻本。
③ 徐嘉笺注：《顾亭林先生诗笺注》，清光绪二十三年徐氏味静斋刻本。

三年（1640），迁行人司副。弹劾首辅周延儒，数召见，卒受廷杖系狱，遣戍杭州。京师陷，福王召起吏科给事中。丁母艰，不赴。唐王立，起工科左给事中。连擢太常卿、左佥都御史，随征东阁大学士。乞假归。汀州破，弃家为僧，隐苏州之灵岩以终。《明史》有传。又见清汪有典《明忠义别传·熊尚书传》、清陈鼎《留溪外传·三大和尚传》。

熊开元为王夫之师友，见《船山师友记·熊阁学开元》及罗正钧按语。

《船山师友记》卷四引王夫之《永历实录·郭之奇传》云："当上初立，诏征用文安之王锡衮、郭都贤、印司奇、尹民兴、刘若金，俱中道阻不得达。熊开元、倪嘉庆又皆披缁放浪江湖，无兴复志。"罗正钧按语云："（王夫之）《六十自定稿》壬子年《知李雨苍长逝遥望鱼山哭之》第四首云：'赤壁雄风百战酣，新安碧血洒江南。大观绰板先君歇，凄绝吴江老蘖庵。'自注：'雨苍早与金正希、尹洞庭、熊鱼山齐名，时金已殉难，尹亦先逝，熊公僧隐吴江，存亡未审。'"①

"复有一少者，沈毅尤非常。不肯道姓名，世莫知行藏。"这四句记述髡残，顾炎武自注："释名髡残。"

髡残，《清史稿·艺术传》有传云："髡残字石溪，湖南武陵人。幼孤，自剪发投龙三三家庵。遍游名山，后至江宁，住牛首，为堂头和尚。画山水奥境奇辟，缅邈幽深，引人入胜。道济排奡纵横，以奔放胜；髡残沉著痛快，以谨严胜；皆独绝。"②又见钱澄之《田间文集》卷二十一《髡残石溪小传》。

《清史稿》"龙三"，邓显鹤《沅湘耆旧集》、周亮工《读画录》、张庚《国朝画征录》、秦祖永《桐阴论画》、徐珂《清稗类钞》及嘉庆《常德府志》同，平步青《霞外攟屑》、徐嘉《顾亭林先生诗笺注》、冯金伯《国朝画识》作"龙山"。

邓显鹤《沅湘耆旧集》卷四十三收录"介大师髡残二首"，作者小传云："髡残字介邱，号石溪，又号白秃，一号残道者。武陵人，工山水，有《浮查诗集》。师为武陵刘氏子……天姿高妙，见解超脱，所与游皆故

---

① 罗正钧：《船山师友记》，清光绪三十三年刻本。
② 赵尔巽等：《清史稿》，吉林人民出版社1995年版，第4512页。

老遗逸有志意之人,顾亭林先生亦其一也……"①

"其余数君子"以下,记述当时在座的其余不知名的湖南人。

"宁南佩侯印""可怜洞庭水"以下,记述左良玉、何腾蛟,顾炎武自注:"宁南侯左良玉""何腾蛟追封中湘王"。

"楚虽三户存,其人故倔强。崎岖二君子,志意不可量。鄎公抗忠贞,左徒吐洁芳。"六句总括湖南士大夫抗清之举,有春秋战国鄎公辛、屈原之遗烈。

"鄎公",徐嘉《顾亭林先生诗笺注》引《明史·杨畏知传》,以为明代鄎国公高必正。王蘧常、钱仲联以为明人高斗枢:"鄎公疑非高必正……颇疑鄎公为鄎阳兵备道高斗枢。"②"勋公、左徒,皆在座宾客。勋公,疑指勋阳兵备道高斗枢。"③注文"勋公"误,当作"鄎公"。今按"鄎公"当是"鄎公辛",为楚昭王忠臣。春秋时楚昭王奔鄎,鄎公辛之弟怀将弑王,曰:"平王杀吾父,我杀其子,不亦可乎?"辛曰:"君讨臣,谁敢仇之?君命,天也,若死天命,将谁仇?"见《左传·定公四年》。

"左徒"自是屈原,为楚怀王忠臣。

二 楚僧元瑛

《亭林诗文集》卷五《楚僧元瑛谈湖南三十年来事,作四绝句》:

其一

  共对禅镫说楚辞,国殇山鬼不胜悲。心伤衡岳祠前道,如见唐臣望哭时。

其二

  孤坟一径楚山尖,铁石心肝老孝廉。流落他方余惠远,抚琴无语忆陶潜。

---

① 邓显鹤:《沅湘耆旧集》,清道光二十三年邓氏南村草堂刻本。
② 王蘧常辑注,吴丕绩标校:《顾亭林诗集汇注》,上海古籍出版社1983年版,第506页。
③ 钱仲联、钱学增:《清诗精华录》,齐鲁书社1987年版,第45页。

其三

督师公子竟头陀,诗笔峥嵘浩气多。两世心情知不遂,待谁更奋鲁阳戈。

其四

梦到江头橘柚林,衲衣桑下惬同心。不知今日沧浪叟,鼓枻江潭何处深。①

诗作于何地不详,时为康熙十五年(1676),顾炎武六十四岁。张穆《年谱》:(康熙)十五年丙辰六十四岁:"是年诗有《楚僧元瑛谈湖南三十年来事,作四绝句》四首。"②

"楚僧元瑛",徐嘉《顾亭林先生诗笺注》题注:"元瑛,待考。"③

谢国桢《顾宁人学谱》:"楚僧元瑛:无考。"④

杨杰主编《名贤题咏注析》:"元瑛:一说惠远,均无考。"⑤

钱仲联《清诗纪事》"流落他方余惠远","惠远"做下划线,与下句"陶潜"相对。⑥《顾亭林诗集汇注》同,并引徐嘉《顾亭林先生诗笺注》引《莲社高贤传》:"惠远居庐山,与诸贤结莲社,以书招渊明。"⑦

按诗句当作"余惠"二字连读,绝句诗不必与下句对仗。《莲社高贤传》之惠远为东晋人,如以"楚僧元瑛"为"惠远",尤误。

检清初有中牧和尚,法名元瑛,字笠庵,康熙十五年(丙辰)在山东武定,作画像及自赞偈语。至康熙(乙卯)创建三觉禅院。

---

① 顾炎武:《亭林诗文集》,《四部丛刊》景上海涵芬楼藏原刊本。
② 张穆:《顾亭林先生年谱》,清道光二十四年刻本。
③ 徐嘉笺注:《顾亭林先生诗笺注》,清光绪二十三年徐氏味静斋刻本。
④ 谢国桢:《谢国桢全集》第6册,北京出版社2013年版,第549页。
⑤ 杨杰:《名贤题咏注析》,中国文联出版社1999年版,第237页。
⑥ 钱仲联:《清诗纪事:明遗民卷》,江苏古籍出版社1987年版,第461—463页。
⑦ 王蘧常辑注,吴丕绩标校:《顾亭林诗集汇注》,上海古籍出版社1983年版,第1121页。

中牧和尚，法名元瑛，字笠庵，城南三觉禅院，所肇建也。院宇倾颓，惟一碑屹立，碑阳李文襄公之芳撰文，大半没灭。其可读者首二语"世祖章皇帝佛心天子金轮运世"云云，"有道尊宿首浙天童宏觉道忞禅师"云云。再下约言："元瑛来自远方，肇造规模。"再下言："释迦传至达摩，至临济，至大童宏觉道忞禅师，至元瑛为几十几代孙"，及推赞元瑛道行。末言："康熙乙卯开山祖师元瑛，同优婆塞孙□□立。"皆楷书。碑阴为元瑛小照，丰神俊爽，立松下，执笔自题赞语。对面以小僧捧砚立。前题"本山中牧和尚道影'，自赞后署"康熙丙辰清明日，乃陵笠庵元瑛题"。赞曰："者汉明珠当豆价，项上铁枷何日卸。棣州城畔开禅窝，丧车之后革囊挂。触著无明吼似雷，闲神野鬼都惊怕。不将正眼视诸方，以任诸方争谤骂。呵呵呵，罢罢罢，扫却从前闲话欛。得逍遥处且逍遥，何人来此苍松下。"皆行书，字画亦秀劲可爱。①

隋棣州，明武定州，清武定府，附郭惠民县。

康熙丙辰即康熙十五年，中牧和尚作画像及自赞偈语与顾炎武作《楚僧元瑛谈湖南三十年来事，作四绝句》为同一年。此年顾炎武仍时常往来于山东德州、章丘、济南之间，距离惠民不远。

"者汉"即"这汉"，此处为元瑛自称。"者、这、遮"均为俗语、口语，中古时通用。《敦煌变文·燕子赋》："者汉大痴，好不自知。"②

中牧和尚工于绘画、行书，所作自赞偈语语句精巧，非寻常人所能道。其人"来自远方"，可知其人本非原籍山东，"楚僧元瑛"或即其人。

三　顾炎武与王夫之

《楚僧元瑛谈湖南三十年来事，作四绝句》，由康熙十五年逆推"三十年来"，当是顺治三年（1646）。顺治二年清兵入南京，明亡，南明福王（弘光）、唐王（隆武、绍武）、鲁王（监国）、桂王（永历）相继起兵抗清。

---

① 光绪《惠民县志》卷末《杂论》，清光绪二十五年柳堂校补刻本。
② 马积高、万光治主编：《历代词赋总汇》唐代卷第3册，湖南文艺出版社2014年版，第2691页。

其一"共对禅镫说楚辞"云云,顾炎武自注:"《宋史·朱昂传》:父葆光,当梁氏篡唐,与唐旧臣颜荛、李涛辈挈家南渡,寓潭州。每正旦冬至,必序立南岳祠前,北望号恸,殆二十年。"

"颜荛",《四部丛刊》景上海涵芬楼藏原刊本《亭林诗文集》,光绪二十三年徐氏味静斋刻本《顾亭林先生诗笺注》,光绪三十三年刻本《船山师友记》,王蘧常辑注、吴丕绩标校《顾亭林诗集汇注》,均误作"颜荛"或"颜荛",据《宋史》当作"颜荛"。

清邓显鹤编《沅湘耆旧集》卷三十四《船山先生王夫之近体诗一百六十五首》,附录亭林先生《楚僧元瑛谈湖南三十年来事,作四绝句》,邓显鹤按:"亭林先生此四诗,见诗集。次三两首,为陶密翁、杨长苍作,自注甚明。第一首、第四首未注何人。今以诗意观之,末首殆指些公,第一首则船山先生无疑也。录此见当日遗民故老,心心相印如此。此天地闲集之所以不可少也。"①

清罗正钧纂《船山师友记》第十六《顾处士炎武》:"《亭林诗集》有《楚僧元瑛谈湖南三十年事七绝四首》……原注云云。"罗正钧按语援引邓显鹤之说,云:"此四诗次三两首为陶密翁、杨长苍作,自注甚明。第一首、第四首未注何人,今以诗意观之,末首殆指些翁,第一首则船山先生无疑也。录此见当日遗民故老,心心相印如此。"罗正钧并且说到清中期道光年间朝廷对于明末抗清志士态度的转变,云:"臣谓明臣黄道周负隅屈强,抗我颜行;故儒孙奇逢助守容城,曾撑螳臂;我宣宗成皇帝特允礼臣之请,从祀孔子庙廷。炎武虽抱不仕之节,实为盛世之民。伏读《国史·儒林传》,列于诸儒之首。《钦定四库全书》收其著作甚多。儒者自全其高节,圣世廓然而大公,列之祀典,夫何疑焉?"②

咸丰年间,郭嵩焘也赞同邓显鹤之说。《郭嵩焘日记》记载,咸丰十一年八月,"初五日。雨。重至坳上会议团事,因过周半溪饭。景乔言,《顾亭林诗》卷五,有《楚僧元瑛谈湖南三十年来事,作四绝句》……惟首尾二首不著名,首诗乃谓王而农,末诗谓郭些庵也。而农先生时隐南岳

---

① 邓显鹤:《沅湘耆旧集》,清道光二十三年邓氏南村草堂刻本。
② 罗正钧:《船山师友记》,清光绪三十三年刻本。

之石船山，故其诗云然"①。左宗植，字景乔，左宗棠之兄。

此后学者大多承认《楚僧元瑛谈湖南三十年来事，作四绝句》其一记述王夫之。顾炎武通过楚僧元瑛听到了王夫之敢于捐躯赴死的事迹，故以《楚辞》中《国殇》《山鬼》作比，又以同在衡岳的南唐朱葆光作比。这首珍贵的绝句便成为顾炎武与王夫之两位遗民精神交往的唯一见证。即如杨坚先生说："顾炎武之诗、刘继庄之文、陆陇其之日记、潘宗洛之潜序，诸人皆与船山同时而不相识，慕其志节，形诸纸墨，亦可贵也。"②

民国间李宗邺编《注释中国民族诗选》选其一"共对禅镫说楚辞"。③近年姚载熙、张永绵主编《历代爱国诗选》亦选"共对禅镫说楚辞"一首，但不言纪颂何人，却注云："元瑛：和尚，俗名陶汝鼐，字仲调，湖南长沙人，明亡，薙发沩山，号忍头陀。"④是明显的张冠李戴。

衷尔钜认为："顾炎武在四首题为《楚僧元瑛谈湖南三十年事》诗第一首中，把船山比作朱全忠篡唐后挈家南渡寓居潭州而北望号恸二十年的朱葆光，颂其志士节操。"⑤是对的。值得补充的是，朱葆光之子朱昂，也与湖南关系密切。

《沅湘耆旧集》卷十七收录《朱侍郎昂》一首，作者小传云："昂字举之，其先京兆人，天复末徙南阳。朱温篡唐，父葆光与唐旧臣颜荛、李涛数辈，挈家寓潭州。……公当生于潭州，李涛北归，公父遂家衡山。公虽归老江陵，始终于楚，不敢谓公非楚人也。顾亭林先生有《听楚僧元瑛谈湖南三十年事》诗，首云'伤心南岳祠前路，如见唐人望哭时'，用公父故事也。"⑥

咸平间陈瞻新任永州知州，朱昂与同僚洪湛、刘鹭、孙冕、李防五人赋诗送行，陈瞻后将五人之诗刻石于永州城南朝阳岩，诗刻至今保存完好。诗题《送新知永州陈秘丞瞻赴任》，署款"翰林学士知制诰判史馆事朱昂"。诗云："赴郡逢秋节，晨征思爽然。过桥犹见月，临水忽闻蝉。野

---

① 郭嵩焘：《郭嵩焘日记》第一卷，湖南人民出版社1981年版，第490页。
② 杨坚：《杨坚编辑文存》，岳麓书社2012年版，第195页。
③ 李宗邺编：《注释中国民族诗选》第2集，上海中华书局1935年版，第80页。
④ 姚载熙、张永绵主编：《历代爱国诗选》，广西师范大学出版社1990年版，第176页。
⑤ 衷尔钜：《论王船山哲学思想的当代理论意义》，《船山学刊》2004年第3期。
⑥ 邓显鹤：《沅湘耆旧集》，清道光二十三年邓氏南村草堂刻本。

色藏溪树,香风撼渚莲。此行君得意,千里独摇鞭。"①

四　顾绷与陶汝鼐

《楚僧元瑛谈湖南三十年来事,作四绝句》其二,顾炎武自注:"先兄同年友长沙陶君汝鼐。"

"先兄",即顾炎武的本生母兄顾绷,字遐篆。

顾炎武祖父顾绍芳,父亲顾同应,长兄顾绷。顾炎武为次子。崇祯六年(1633)顾绷中举,故顾炎武文中又称顾绷为"兄孝廉"。

张穆《顾亭林先生年谱》:(崇祯)六年癸酉,二十一岁:"二月,流贼犯畿南河北。七月,大清兵取旅顺。十一月,流贼渡河,陷渑池诸县,分掠南阳、汝宁,遂犯湖广。本生母兄绷遐篆中式顺天举人。谦案《昆新合志》:'绷天才俊逸,世传其《两京赋》埒平子,《时务策》比长沙。年未四十卒。'绷以天下多故,好言兵事。举乡试,一上公车而卒。见健庵《舅母朱孺人寿序》。绷有同年长沙陶汝鼐,见先生《楚僧元瑛谈三十年来事诗》注。"②

所引道光《昆新两县志》卷二十三《儒林》顾同应传附传,又见光绪《昆新两县续修合志》卷二十六《儒林》。

《两京赋》,汉张衡所作,张衡字平子。《时务策》,汉贾谊所作,贾谊为长沙王太傅,世称贾长沙。史志以张衡《两京赋》、贾谊《时务策》称道顾绷之才,而惜其早逝。

陶汝鼐,字仲调,一字燮友,别号密庵,又号石溪农,明亡削发为僧,号忍头陀,湖南宁乡人。《清史稿·遗逸传》有传,云:"陶汝鼐,字仲调,一字密庵,宁乡人。与(郭)都贤交最笃。崇祯初,充拔贡生。会帝幸太学,群臣请复高皇积分法,祭酒顾锡畴奏荐汝鼐才,特赐第一,诏题名勒石太学。除五品官,不拜,乞留监肄业。癸酉举于乡,两中会试副榜。南渡后,薙发沩山,号忍头陀。生平内行笃,父殁,哀慕终身。事母曲尽孝养,处族党多厚德。尝为人雪奇冤,冒险难,活千余人,然不自言

---

① 张京华、侯永慧、汤军:《湖南朝阳岩石刻考释》,中国社会科学出版社2018年版,第108页。

② 张穆:《顾亭林先生年谱》,清道光二十四年刻本。

也。诗古文有奇气,著有《广西涯乐府》《嚱古集》《寄云楼集》《褐玉堂集》《嘉树堂集》,都贤为序而行之,有'生同里、长同学、出处患难同时同志'之语。"①

事迹又见李元度《国朝先正事略》、徐鼒《小腆纪传》等。

《国朝先正事略》卷四十五云:"少奇慧,甫龀应童子试,督学徐亮生惊喜得异才,拔冠湖南数郡。……诗古文有奇气,书法险劲,名动海内,有'楚陶三绝'之目。所与游皆天下名士,而与些庵先生尤笃。……楚南遗献,以些庵、密庵两先生为最著云。"②

《小腆纪传》卷五十六云:"癸酉举于乡,两中会试副榜,官广东新会教谕。南渡后由翰林院待诏,改兵部职方司郎中,复授检讨,监五省军,捍御乡邦有力。旋祝发,号忍头陀。"③

陶汝鼐著述颇夥,但检《荣木堂合集》凡三十五卷,并无顾绅之名,可能与顾绅早逝有关。陶汝鼐"癸酉举于乡",即崇祯六年与顾绅同时在天顺府参加乡试,皆中举人,故为"同年"。虽然陶汝鼐只是"两中会试副榜",但他在国子监读书时,已曾获得国子生考试的第一名,名声赫赫,所以不仅顾绅引以为荣,而且顾炎武也记得其名。

陶汝鼐事迹中比较特殊的是险遭清朝文字狱的牵连。据《清实录》记载,陶汝鼐《荣木堂集》及其孙陶煊编选的《国朝诗的》,均有违碍语。但乾隆帝提出三条理由,将其宽免,与受到严厉处置的徐述夔、冯王孙案有别。一、其人系明季科目,在本朝未经出仕。二、选刻《国朝诗的》在未曾查禁之前。三、本人久已身故,其子孙亦无另行刊刻之事。详见《清高宗实录》卷一千七十五乾隆四十四年正月甲寅条,及卷一千七十九乾隆四十四年三月庚子条。

民国故宫博物院文献馆《清代文字狱档》,"陶煊、张灿同辑《国朝诗的》案"内有李湖奏查办违悖诗集折、军机处奏、陶士俢等免其治罪旨三件,"陈希圣诬告邓譓收藏禁书案"内有李湖奏经手事件料理清楚恭报交印起程日期折一件。

---

① 赵尔巽等:《清史稿》,吉林人民出版社1995年版,第4480页。
② 李元度:《国朝先正事略》,清同治八年循陔草堂刻本。
③ 徐鼒:《小腆纪传》,清光绪十三年金陵刻本。

此案一方面说明陶汝鼐等人确有抗清之举，另一方面也说明乾隆帝对不同情况的文字狱案加以分疏，分别对待，一定程度上接受了传统汉文化的影响。

五 杨山松

《楚僧元瑛谈湖南三十年来事，作四绝句》其三，顾炎武自注："武陵杨公子山松。"

杨山松《孤儿吁天录·凡例》写于康熙十九年（1680），顾炎武作《楚僧元瑛谈湖南三十年来事，作四绝句》时尚健在，诗云"两世心情知不遂"，"两世"当指杨嗣昌、杨山松父子两代。

徐嘉《顾亭林先生诗笺注》引邓显鹤增辑《楚宝·孝友》："杨山松，字长苍，督师嗣昌长子，袭锦衣卫指挥，改授监纪同知。有才略，嗣昌督师，山松筹昼军务，每夜达曙，军中有'小杨'之号。嗣昌卒，哀毁不欲生，著《孤儿吁天录》以雪父冤。弟山梓，字仲丹，著《辩冤录》。山檖，字季元。流寇陷常德，与两兄募义复仇。山松有与黄石斋先生唱和诗，陶密庵有《孤儿吁天录序》。又献忠陷武陵，恨嗣昌发其七世祖墓，焚嗣昌夫妇柩，断其尸见血。"[1]

杨山松之父杨嗣昌，字文弱，武陵人。万历三十八年进士，崇祯十年任兵部尚书，崇祯十四年卒于军。著有《督师纪事》五十卷，又有《杨文弱先生集》五十七卷，署名"孤儿山松、山梓、山檖同辑"。

杨山松《孤儿吁天录》，清代在"外省移咨应毁各种书目"中，见清姚觐元编《清代禁毁书目四种》。前有乾隆硃点，见《湖南巡抚刘墉奏查缴应毁书籍摺》，载中国第一历史档案馆编《清代档案史料·纂修四库全书档案》。

《国榷》载："崇祯十二年九月，命大学士杨嗣昌以原官兼兵部尚书，督师讨流寇，赐上方剑，宴于平台后殿上，手觞嗣昌三爵，赐以诗。"[2]

《孤儿吁天录》载崇祯帝御制诗云："盐梅今暂作干城，上将威严细柳

---

[1] 徐嘉笺注：《顾亭林先生诗笺注》，清光绪二十三年徐氏味静斋刻本。
[2] 谈迁：《国榷》卷七十七，清抄本。

营。一扫寇氛从此靖,还期教养遂民生。""书用黄色金龙蜡笺,厚如指甲,长四尺余,阔一尺六七寸,字大二寸余,后一行署云'赐督师辅臣嗣昌',又一行署云'崇祯十二年九月',前钤御笔之章,引首一宝,上方中书一押,大体似'明德'二字合成者,钤一表正'万邦之宝'。"①

邓显鹤特别强调将陶汝鼐、杨山松的事迹与顾炎武的抗清之志相联系,如说:"如密公《孤儿吁天录序》、亭林先生《闻楚僧元瑛谈湖南三十年事诗》之类,此又事关清议,义系诗史,当谨书于册者也。"②

《沅湘耆旧集》收录《忍古头陀杨山松十四首》,作者小传云:"山松字长苍,一字龙髯,别号忍古头陀,武陵人。文弱相国长子,以祖荫袭锦衣卫指挥,行军监纪同知。幼在军中,才略明敏,目光如电,军中有'杨家小飞将'之号。相国综核军实,露章千奏,皆出其手。相国卒,哀毁甚,几不得生。入国朝,撰《孤儿吁天录》雪父冤,购求祖、父文集,哀录不遗余力。吴逆之变,欲访杨氏子孙授伪职,乃遁之江南得免。所存诗不多,隽杰廉悍,刚劲沈郁,使人不敢亵视。顾亭林先生诗云:'督师公子竟头陀,诗笔峥嵘浩气多。两世心情知不遂,待谁更奋鲁阳戈。'可以想见其人品诗格矣。"诗后附录陶汝鼐《孤儿吁天录序》。③

陶汝鼐为《孤儿吁天录》作序云:"嗟夫!卿大夫处天步艰难之时,而能于君亲朋友间,畅然无憾于志者,岂理也哉?……武陵相公夺情孤立,独蒙宸鉴。然天子授钺,群工张弧,謇謇焉矢报国之心,以竭办贼之力,二三年暴露行间,转战数千里,歼除解散之盗十数万。迨玛瑙山之役,狡脱者金山之逸魇耳。如是而终不济济,则以死继之,鞠躬尽瘁之义,亦无忝矣。"④

清平步青《霞外攟屑》卷五《髡残非杨山松》辨杨山松与髡残及江苏上元人释明明,并非同一人,说明杨山松与髡残事迹交错,志行相仿,而影响广泛。

潘耒有《阅〈孤儿吁天录〉》长诗,见《遂初堂集》卷十二。潘耒写

---

① 于敏中:《日下旧闻考》卷三十四引《孤儿吁天录》,文渊阁四库全书本。
② 邓显鹤:《南村草堂文钞》卷三《沅湘耆旧集序例》,清咸丰元年刻本。
③ 邓显鹤:《沅湘耆旧集》,清道光二十三年邓氏南村草堂刻本。
④ 陶汝鼐:《荣木堂合集》卷四,清康熙间刻世彩堂汇印本。

此诗,不知是否受到其师顾炎武的影响,至少二人对待杨嗣昌、杨山松的态度是一致的。二人的诗,正面谈的是讨寇,实际歌咏的是忠君,而忠君亦暗示着抗清,所以诗云"待谁更奋鲁阳戈"。

六　郭都贤

《楚僧元瑛谈湖南三十年来事,作四绝句》其四,邓显鹤云:"末首殆指些公。"

郭都贤,字天门,出家后号顽石,又号些庵,别号佛癫子。"些"又写作"芕",读 suǒ。湖南益阳人,著有《衡岳集》《止庵集》《秋声吟》《西山片石集》《破草鞋集》《补山堂集》《些庵杂著》。

郭都贤,字天门,出家后号顽石,又号些庵。湖南益阳人,天启二年进士,历官四川参议、江西学政、岭北分守道、江西巡抚。北京陷,悲愤不食。南都建号,授以官,辞不赴。桂王立肇庆,以兵部尚书召,而郭都贤已祝发为僧。《清史稿》有传,云:"笃至性,哀乐过人,严而介,风骨崚然。博学强识,工诗文,书法瘦硬,兼善绘事,写竹尤入妙。僧茹苦,无定居。初依熊开元、尹民兴于嘉鱼,住梅熟庵;已,流寓海阳,筑补山堂,前后十九年。归,结草庐桃花江。客死江宁承天寺。"[①]

传记又见《国朝先正事略》、孙静庵《明遗民录》、同治《益阳县志》卷十四《人物》。其嫡长孙郭宏碧有《先祖考芕庵公年谱》,见同治《益阳县志》卷二十三《艺文志下》。近年有陶新华点校《些庵诗钞》,岳麓书社2010年出版;关加福《郭都贤年谱》,华南师范大学硕士学位论文,2014年。

郭都贤《祝发文》:"先帝蒙尘,南北陆沉,华夷云扰,干戈载道。苦兵火者,已及五年。文武开疆,历湖南者,又将半载。夷归周土,甘采蕨以何辞;宋有叠山,恐征书之不免。……虽作空门之癫子,依然亡国之逋臣。"[②]

郭都贤《些庵自叙》:"仆以衰老,回念生平,无一足状。犹记四十年前,曾榜一联于厅右曰:'何以副生平,试清夜自思,在国在家曾行几事;

[①] 赵尔巽等:《清史稿》,吉林人民出版社1995年版,第4480页。
[②] 同治《益阳县志》卷十四《人物》,清同治十三年刻本。

不须谭特起,但设身处地,于今于古像个甚人?'此足以知其自省而愧矣。兵燹以后,濒死者数四。……丙戌四月,清兵入定湖南,予即披剃为僧,至今二十余载,未尝通一刺走谒当路,忍死蒙难,一身以外,孑然罕遗,守此经经,留残躯于荒滨寂寞之乡,但得皇天憨遗,蚤填沟壑,便足了此身,末后一著,死有余荣。"①

史可法与魏禧皆为郭都贤弟子。

魏禧《魏叔子文集外篇》卷六《上郭天门老师书》:"先生抱道履德,二十年间,所著述之文与所交游造就之士,必有伟论奇人,足以振天下之聋聩,开后世之太平者。……他日授经之暇,倘得因束脯之余资,沿江溯汉,泛洞庭,稽天之浸,登先生之堂,瞻望容貌,读其书,交其士,然后返迹杜影,老死穷山之中,无所复恨。"②

李元度《国朝先正事略》卷四十五:"宁都魏禧,先生抚江西时所得士也。……论者谓先生门下,史忠正之节义、经济,魏叔子之文章,得一已足不朽,可想见师友渊源之盛矣。"③

邓显鹤《资江耆旧集》收录郭都贤诗八十六首,作者小传评云:"先生负经世才,思匡屯难,及遭时多故,知事不可为,销声晦迹,至于祝发空门,流离转徙,客死荒寺。远则郑所南、谢皋羽,近则熊鱼山、方密之,心事一辙,高风千古。乡曲小儿,无稽横议,蝇蠓蜉撼,不值一哂。先生诗,当海内鼎沸未流横决之日,不暇自命风雅,而才气卓越,凌厉一世。感时伤故,多凄戾之音。"④

郭都贤作《洞庭秋》六十首(一说九十首),相和者数十家,清吏指为怨望,逮捕入长沙狱,康熙十一年,"以诗累,竟客死于江陵之承天寺"⑤。顾炎武诗"不知今日沧浪叟,鼓枻江潭何处深",对郭都贤的晚年境况极表关切,不知郭都贤已于此前四年辞世了。

---

① 同治《益阳县志》卷十四《人物》,清同治十三年刻本。
② 同治《益阳县志》卷十四《人物》,清同治十三年刻本。
③ 李元度:《国朝先正事略》卷四十,清同治八年循陵草堂刻本。
④ 邓显鹤:《资江耆旧集》卷三,岳麓书社2010年版,第49页。又邓显鹤《沅湘耆旧货集》卷二十八收录郭都贤诗九十七首。
⑤ 同治《益阳县志》卷十四《人物》,清同治十三年刻本。

第四节　辨《顾亭林母王氏弥留书》为拟作

顾炎武祖父顾绍芳，父顾同应，生母何氏，兄顾缃，顾炎武为次子。嗣祖父顾绍芾，嗣父顾同吉，嗣母王氏。

王氏逝后，顾炎武作《先妣王硕人行状》，其中节引了昆山县学教谕沈应奎的一篇记文《王贞姑小传》、同县张大复的一篇传文《贞孝传》。沈应奎，字伯和，常州武进人，钱谦益有《沈伯和逸事》。张大复，字符长，苏州昆山人，著有《梅花草堂集》《梅花草堂笔谈》，钱谦益有《张元长墓志铭》。张大复的传文又见《梅花草堂集》卷七，题为《贞孝传》。顾炎武又有致叶方蔼的《与叶讱庵书》，也说到王氏。

王氏的生平事迹的确不同寻常，顾炎武对她的评价最重要在一始一终的两件事。顾炎武说："未嫁过门，养姑抱嗣，为吴中第一奇节。蒙朝廷旌表，国亡绝粒，以女子而蹈首阳之烈。"① 又说："《柏舟》之节纪于《诗》，首阳之仁载于《传》，合是二者而为一人。"② 前者是说王氏在顾同吉病逝之际嫁到顾家，其志节可以比拟《柏舟》的作者；后者是说王氏以朝廷命妇的身份为明朝殉节，其志节可以比拟于伯夷、叔齐。前一件事有沈应奎的记文和张大复的传文为据，后一件事则是顾炎武一人所亲历，由顾炎武之笔而传扬，其中最感人的一节写道："兵入南京。其时炎武奉母侨居常熟之语濂泾、介两县之间，而七月乙卯昆山陷，癸亥常熟陷。吾母闻之，遂不食，绝粒者十有五日，至己卯晦，而吾母卒。八月庚辰朔，大敛，又明日而兵至矣。呜呼痛哉！遗言曰：'我虽妇人，身受国恩，与国俱亡，义也。汝无为异国臣子，无负世世国恩，无忘先祖遗训，则吾可以瞑于地下。'呜呼痛哉！"③

此外，顾炎武还有一些记述，如说"吾母居别室中，昼则纺绩，夜观

---

① 顾炎武：《与叶讱庵书》，黄珅、严佐之、刘永翔主编：《顾炎武全集》第21册，上海古籍出版社2011、2012年版，第105页。
② 顾炎武：《先妣王硕人行状》，黄珅、严佐之、刘永翔主编：《顾炎武全集》第21册，上海古籍出版社2011、2012年版，第226—228页。
③ 顾炎武：《先妣王硕人行状》，黄珅、严佐之、刘永翔主编：《顾炎武全集》第21册，上海古籍出版社2011、2012年版，第226—228页。

书至二更乃息。……尤好观《史记》《通鉴》及本朝政纪诸书。……自炎武十数岁时即举以教","炎武幼时,而吾母授以《小学》"①,也很感人。《清史稿》本传:"明南都亡,奉嗣母王氏避兵常熟。昆山令杨永言起义师,炎武及归庄从之。鲁王授为兵部司务,事不克,幸而得脱,母遂不食卒,诫炎武弗事二姓。唐王以兵部职方郎召,母丧未赴,遂去家不返。"②《清史稿》言王氏"诫炎武弗事二姓"即本于顾炎武《先妣王硕人行状》。

王氏《明史》有传。《明史·列女传三》:"王贞女,昆山人,太仆卿宇之孙,诸生述之女,字侍郎顾章志孙同吉。未几,同吉卒。女即去饰,白衣至父母前,不言亦不泣,若促驾行者。父母有难色,使妪告其舅姑,舅姑扫庭内待之。女既至,拜柩而不哭,敛容见舅姑,有终焉之意。姑含泪曰:'儿不幸早亡,奈何累新妇!'女闻姑称'新妇',泪簌簌下,遂留执妇道不去。早晚跪奠柩前,视姑眠食外,辄自屏一室,虽至戚遣女奴候视,皆谢绝,曰:'吾义不见门以外人。'后姑病,女服勤,昼夜不懈。及病剧,女人候床前,出视药灶,往来再三,若有所为,群婢窥之,而莫得其迹。姑既进药则睡,觉而病立间,呼女曰:'向饮我者何药?乃速愈如是。'欲执其手劳之,女缩手有难进之状。姑怪起视,已断一指,煮药中矣。姑叹曰:'吾以天夺吾子,常忧老无所倚。今妇不惜支体,以疗吾疾,岂不胜有子耶!'流涕久之。人皆称'贞孝女'云。"③

《古今图书集成·明伦汇编》家范典、闺媛典,同治《苏州府志》卷一百二十三《列女十一》,道光《昆新两县志》卷三十四《列女四》,光绪《昆新两县续修合志》卷四十一《列女六》等有传。

康熙《苏州府志》、同治《苏州府志》、光绪《昆新两县续修合志》有"后立同吉从兄同应子绛为嗣,即炎武也。(原注:崇祯九年旌表。)及遭国变,不食而卒,年六十"一节,《明史》删去。

顾炎武之母王氏年表:

万历十四年(1586):六月二十六日,王氏生。此前一年,顾同吉生,

---

① 顾炎武:《先妣王硕人行状》,黄珅、严佐之、刘永翔主编:《顾炎武全集》第21册,上海古籍出版社2011、2012年版,第226—228页。
② 赵尔巽等:《清史稿》,吉林人民出版社1995年版,第10016页。
③ 张廷玉等:《明史》,吉林人民出版社1995年版,第5081页。

大王氏一岁。

万历二十八年（1600）：王氏十五岁，及笄，与顾同吉订婚。顾同吉十六岁。沈应奎记文："年将笄，嫁有日矣。"① 张大复传文："王与顾为同年家，因许女与之。"②

万历三十年（1602）：王氏十七岁，待嫁。此年，顾同吉十八岁，某月病逝。顾炎武《先妣王硕人行状》："年十七而吾父亡。"张大复传文："生年十八夭。"

王氏为顾同吉服素。沈应奎记文："已而顾生寻病卒。氏不食数日，衣素。"张大复传文："无何，生年十八夭。父母意甚彷徨，欲未令贞孝知，而贞孝已窃闻之，亟脱步摇，衣白布浣衣，色意大怆。"

王氏祭奠顾同吉。沈应奎记文："告父母曰：'儿愿一奠顾郎，归乃食。'父母知不可夺，为治奠挈氏往。氏拜顾生柩，呜咽弗哭。"张大复传文："婉婉至父母前，不言亦不啼，若促驾而行者。父母初甚难，而念女至性不可夺，使妪告其翁姑。翁姑悲怆不胜，洒扫如迎妇礼，然不敢言去留也。贞孝既至，面生柩拜，而不哭。"

王氏出嫁，为已卒之顾同吉妻。未谋面，未行婚礼，未合卺，法律上有顾氏之妇的名分，实际上无法生子。沈应奎记文："奠已，入拜太姑淑人、姑李氏，请依居焉。谓父上舍曰：'为我谢母，儿不归矣。'父为之敛容不能语。舅绍苇者，名士，晓大义，泣谓氏曰：'多新妇卒念存吾儿，然未讲伉俪，安忍遂妇吾子？'氏曰：'闻之《礼》："信，妇德也。"曩已请期，妾身为顾氏人矣，去此安往？'"张大复传文："敛容见翁姑，有终焉之色。而姑李氏故以德闻，拭泪谓贞孝曰：'妇岂圣耶？奈何以吾儿累新妇？'贞孝闻姑称'新妇'，泪簌簌下，交于颐。"

以上传、记所言，生死交集，哀乐交集。已死而不能哭，因为未有夫妻名分；已婚而不能喜，因为亡人正在丧葬。王氏遭遇此种不幸，确实表现出了超出世俗的志节。

---

① 沈应奎：《王贞姑小传》，见顾炎武《先妣王硕人行状》节引，黄珅、严佐之、刘永翔主编：《顾炎武全集》第21册，上海古籍出版社2011、2012年版，第226—228页。

② 张大复：《贞孝传》，见顾炎武《先妣王硕人行状》节引，黄珅、严佐之、刘永翔主编：《顾炎武全集》第21册，上海古籍出版社2011、2012年版，第226—228页。又见张大复《梅花草堂集》卷七，明崇祯刻本。

张大复《贞孝传》："不称妇，未褵也。在顾，不复称女。"

徐松《顾亭林先生年谱》云："贞孝之归顾，当在万历二十九年辛丑，其年贞孝十六岁。"① 此说有误。王氏出嫁在顾同吉病逝之后。

万历某年：舅顾绍芾去南京，姑李氏病，王氏"断一小指和药煮之"（张大复传文）。

万历四十一年（1613）：王氏二十八岁。顾炎武生，过继为顾同吉、王氏为嗣子。顾炎武《先妣王硕人行状》："生炎武，抱以为嗣。"② 张大复传文："贞孝既侍翁姑十二年，而翁姑为其子定嗣，贞孝抚之如己生。"张穆《顾亭林先生年谱》："明万历四十一年癸丑五月二十八日，先生生。……绍芾生同吉，早卒，聘王氏，未婚守节，抚先生为嗣。"③

万历四十三年（1615）：王氏三十岁。顾炎武三岁。昆山知县陈祖苞来，拜于王氏之庐。顾炎武《先妣王硕人行状》："又二年而知县陈君祖苞拜其庐。"④

万历四十六年（1618）：王氏三十三岁。顾炎武六岁。王氏以《大学》授顾炎武。

此年十一月，姑李氏卒。⑤ 顾炎武《先妣王硕人行状》："又三年，先王母李氏卒，丧之如礼。""吾母为妇十有七年，家事并王母操之。……及王母亡，董家事，大小皆有法。"

崇祯七年（1634）：王氏四十九岁。顾炎武二十二岁。苏松巡按御史祁彪佳旌表王氏之门。顾炎武《先妣王硕人行状》："又十六年而巡按御史祁君彪佳表其门。"

崇祯九年（1636）：王氏五十一岁。顾炎武二十四岁。苏松巡按御史王一鹗，奏请旌表王氏之门，礼部尚书姜逢元上奏，崇祯帝准奏，建贞孝坊。顾炎武《先妣王硕人行状》："又二年，母年五十有一，而巡按御史王

---

① 张穆：《顾亭林先生年谱》引，清道光二十四年刻本。
② 黄珅、严佐之、刘永翔主编：《顾炎武全集》第21册，上海古籍出版社2011、2012年版，第226页。
③ 张穆：《顾亭林先生年谱》，清道光二十四年刻本。
④ 黄珅、严佐之、刘永翔主编：《顾炎武全集》第21册，上海古籍出版社2011、2012年版，第228页。
⑤ 张穆：《顾亭林先生年谱》，清道光二十四年刻本。

君一鹗奏旌其门曰贞孝，下礼部。礼部尚书姜公逢元奏如章。八月辛巳上，其甲申，制曰可。……莫不牵羊持酒，踵门称贺。……怡怡一门之内，徼天子之恩以为荣也。"

光绪《昆新两县续修合志》卷八《牌坊》："贞孝坊：在千墩镇，为顾同吉聘妻王氏立。"①

平常受到旌表人，或贞，或孝，或节，王氏则是兼有三种品德。由王家而言，她是贞女；由顾家而言，她是孝妇，又是节母。

崇祯十四年（1641）：王氏五十六岁。顾炎武二十九岁。顾绍芾卒，享年七十九。② 顾炎武《先妣王硕人行状》："又五年，先王父卒。……而家事日益落。"

崇祯十七年（清顺治元年，1644）：王氏五十九岁。顾炎武三十二岁。崇祯帝崩，明亡。顾炎武《先妣王硕人行状》："又三年，而先皇帝升遐。"

南明弘光元年（清顺治二年，1645）：王氏六十岁。顾炎武三十三岁。七月三十日，王氏卒，享年六十。顾炎武《先妣王硕人行状》："又一年而兵入南京。其时炎武奉母侨居常熟之语濂泾、介两县之间，而七月乙卯昆山陷，癸亥常熟陷。吾母闻之，遂不食，绝粒者十有五日，至己卯晦，而吾母卒。""卒于弘光七月三十日，享年六十。"

清末乌程人张廷华（虫天子）所辑《香艳丛书》，共二十集八十卷，收书335种，宣统元年至三年由上海国学扶轮社出版，其实既有历代文献，也有新著作品。其中第十一集卷二《闺墨萃珍》中有《顾亭林母王氏弥留书》一篇，全文如下：

> 呜乎武儿！余与尔将永诀矣，不得不临别赠言。昨梦尔父同吉，携余行于沙漠之地，此大不祥也。然国事至此，死且嫌迟，死又何惜？惟余拳拳于尔者，不在言而在行，不在学而在品。尔固明之遗民也，则亦心乎明而已矣。余尝苛论古人，谓夷齐扣马而谏，是也。谏既不从，胡弗殉国？乃登首阳采薇蕨何为乎？噫嘻，夷齐误矣！甲子以后，首阳尚得为商之山乎？薇蕨尚得为商之食乎？噫嘻，夷齐误

---

① 光绪《昆新两县续修合志》卷八，清光绪七年刻本。
② 张穆：《顾亭林先生年谱》，清道光二十四年刻本。

矣！一时侪辈，莫不訾余持论之偏，独黎洲（原注：即黄宗羲）心韪之，则其怀抱可想。且余观尔友中，亦惟黎洲品谊敦笃，尔虽师事之可也。惟尔之子若孙，嘱其为耕读中人，勿为科名中人，则尔方不愧余家肖子也。呜乎武儿！余与尔永诀矣。

无月日时。母氏嘱。

原书按："'月日'合一'明'字，'无月日时'是无明之时也。夫人之不忘故国，亦可哀已。"①

这篇《顾亭林母王氏弥留书》不宜径称之为伪书，但确实是一篇模拟之作，不可用做史料。理由如下。

1. 顾炎武本人没有提到过这篇遗书。

2. 这篇遗书没有新增加的有关时间、地点、事迹等真实性的史料。

3. 遗书中，王氏自谓自己的行为胜过夷齐，类比不当。

4. 将顾炎武与黄宗羲对比，出于后人眼光。（与空空主人《难"天下兴亡，匹夫有责"》一篇相似。）

5. 遗书主要是就王氏"不食而卒"一事发挥，联想到伯夷、叔齐登首阳山，采薇蕨而食，不如当时当地立即绝食，判断"夷齐误矣"，再引论黄宗羲作为援手，嘱咐顾炎武师事黄宗羲。至于心系乎明，不忘故国，都是早已贴好的标签。在文章作法上，遗书用的是空论，这种发挥模拟在清末民国是比较普遍的。

《香艳丛书》中选录的作品，颇多戏谑文字。《闺墨萃珍》中的女性书信，如《宋孤臣谢枋得夫人李氏托孤母氏书》《明杨椒山夫人请代夫罪疏》《明秦良玉守石柱檄文》《李香君在南都后宫私寄侯公子书》《孔四贞致孙延龄书》《陈圆圆致吴三桂书》《郑芝龙妻翁氏由东洋致其夫书》《郑成功妻董氏训子书》等，多难考证。

6. 虽然黄宗羲比顾炎武大三岁，但在崇祯年间，黄宗羲还只是一名复社成员。崇祯十五年科举落第，在余姚家中闲居。崇祯十七年阮大铖逮捕复社成员，黄宗羲入狱，明亡又返回余姚。直到王氏去世的前一个月，鲁

---

① 虫天子：《香艳丛书》第十一集卷二《顾亭林母王氏弥留书》，人民文学出版社1994年影印本，第3册，第3015—3016页。

王在绍兴起兵抗清,顺治二年(1645)闰六月,黄宗羲才开始变卖家产,召集600人,组织世忠营,响应鲁王。黄宗羲的名著《明夷待访录》成书于康熙二年(1663),则已经是十八年以后的事了。

顾炎武与黄宗羲从未谋面。顾炎武有《与黄太冲书》,写于康熙十五年(1676),时顾炎武六十四岁,《亭林文集》未收,见黄宗羲晚年所著《思旧录》,又见黄宗羲《南雷文定》附录。《与黄太冲书》所说"辛丑之岁,一至武林,便思东渡娥江,谒先生之杖屦,而逡巡未果"①,辛丑为顺治十八年(1661)。所以,在明亡之后第二年的背景下,不仅王氏,而且顾炎武本人,都不可能知晓黄宗羲其人,反之,黄宗羲对于顾炎武也是一样。

1916年5月22日《民国日报》刊出署名子愚的短文《亭林母》,首列顾炎武《与叶讱庵书》,说"辞决志哀,可歌可泣",然后写道:"按先生母王氏当弥留时遗书云……'无月日时'即无明之时也,当与所南翁之名思肖同一,苦心孤旨,夫人之拳拳祖国可悲也。"

1936年,《大侠魂》刊出署名血轮的短文《顾亭林之母教——儿童节之名贵礼物》,写道:"顾亭林先生自明亡后即不应试,往来南北,谒胜国诸陵,所过访山川险塞、农田利病,结交其豪杰。所为诗歌,情辞激楚,若有甚痛不能言者。此实其太夫人有以训迪之也。盖其太夫人弥留时,有遗书给亭林,甚以明亡为耻,勖亭林笃行敦品,为耕读中人。兹将其遗书录后,或亦足以羞当世之士大夫也。书云:……所谓'无月日时',即无明之时也。夫人之不忘故国有如此!"(《大侠魂》1936年第5、6期。血轮即喻血轮,鸳鸯蝴蝶派作家。此篇又见喻血轮《绮情楼杂记》。)

1937年《国专月刊》刊出吴方圻的短文《药愚札记》,写道:"明末大儒顾炎武氏,遭家国覆亡之惨,遂奔走四方,窜身于榛莽穷谷之中,六谒孝陵,六谒思陵,孤忠奇节,终不仕清。然其母王太夫人亦深明大义者也,乙酉避兵常熟,母氏以不食卒,遗言后人勿事二姓,其弥留书载《闺墨萃珍》中,词极沉痛。其书曰:……'无月日时'是无明之时也。夫人之不忘故国,亦可哀已。"(《国专月刊》1937年第2期)

1937年《政训半月刊》刊出署名熙志的短文《顾亭林母遗书》,写

---

① 黄宗羲:《黄宗羲全集》第1册,浙江古籍出版社1985年版,第290页。

道:"昔婴母知废,陵母知兴,史大书之,以为巾帼伟丈夫。吾读《闺墨萃珍》所载亭林母氏弥留遗书。谆谆以敦品励行诫其子,义正辞严,凛然有节概,岂不与婴母、陵母先后争光哉!原书云:……按此顾母乙酉避兵常熟,以不食死,临终时遗书也。是岁清兵陷南京,执福王,适为顺治二年,其书'无月日时'者,谓明已败亡,不忍书明年月也。亭林孤忠亮节,照耀千古,可谓能成母志者矣。谨拈出之,以愧世之不惜名节而腼颜事人者。"(《政训半月刊》1937年第13期。"不忍书明年月也"当作"不忍书清年月也"。)

1940年《艺风月刊》刊出署名圣旦的《顾亭林新传》,其中写道:"当失败的消息传到常熟,他的嗣母即绝食殉国,在弥留的时候,写了极沉痛的遗书给他,说:……当然,像如此沉痛的遗言,怎么会使他遗忘呢?即使遭遇到极度的困难,仍然绝对地遵守着。"[1]

除以上五篇外,《顾亭林母王氏弥留书》又见于以下十余种书:

清阙名编:《笔记小说大观》(五编),《闺墨萃珍》一卷,进步书局1918年版。

储菊人校订:《古艳情书·历代名媛杰作》,上海中央书店1935年版,第52—53页。

叶玉麟选注:《历代闺秀文选》,上海广益书局1936年版,第121—122页。

孙一芬编著:《青年守则十二讲》,上海商务印书馆1947年版,第25页。

王藩庭:《中华历代妇女》,台北广龙文具印刷有限公司1966年版,第106页。

王秀琴编集、胡文楷选订:《历代名媛书简》,长沙商务印书馆1940年版,第44页。

赵树功:《中国尺牍文学史》,河北人民出版社1999年版,第59—60页。

王兆祥主编:《家书撷金·家书篇》,山西人民出版社2003年版,第

---

[1] 圣旦:《顾炎武新传》,《艺风月刊》1940年第8期。以上见林辉锋主编《顾炎武研究文献集成(民国卷)》,古吴轩出版社2019年版。

127—128页。

赵雪沛:《明末清初女词人研究》,首都师范大学出版社2008年版,第89页。

王进珊:《王进珊选集·谈宋明两朝末代妇女》,文化艺术出版社2000年版,第297页。

嶙峋编:《闺海吟:中国历代妇女文学作品精选》,《闺海吟:中国古代八千才女及其代表作》,华龄出版社2012年版,第217—218页。

以上各书中的《顾亭林母王氏弥留书》均为同一文献来源,即《香艳丛书》中的《闺墨萃珍》。

第二章 《日知录》的点校和注释

第一节 《日知录》的版本形态

《日知录》一书就内容而言，涵括经学、史学、文学、边疆、地理、小学、校勘诸多领域，荟萃顾炎武一生著作的精华，"尤为先生终身精诣之书，凡经史之粹言具在焉"①，为清初学术名著，影响有清一代近三百年，学术价值极高。

《日知录》在形态上有稿本、抄本、刻本之别；在篇卷上有八卷本、三十二卷本之别；在文本上有删改本、节选本、集释本、附录本（如《谲觚十事》）、补编本（如《日知录之余》）之别。

《日知录》的成书过程，先有顾氏生前所刻康熙九年（1670）符山堂八卷本，又有顾氏卒后所刻康熙三十四年（1695）潘耒遂初堂三十二卷本，至道光十四年（1834）黄汝成西谿草庐刻成《日知录集释》，稍后又刊出《刊误》《续刊误》。嗣后学者陆续考订，有清李遇孙《日知录续补正》、清丁晏《日知录校正》、清俞樾《日知录小笺》，及民国潘承弼《日知录补校》、黄侃《日知录校记》、张继《日知录校记》、徐文珊《日知录校记补》等。

总括《日知录》一书的版本渊源，依次经历了顾炎武稿本、符山堂初刻八卷本、清初三十二卷旧抄本、遂初堂三十二卷初刻本、四库全书本、黄汝成西谿草庐集释本，共六种形态。

---

① 全祖望：《亭林先生神道碑》，《鲒埼亭集》卷十二，清借树山房刻本。

《日知录》一书是顾炎武在一个相当长的时期内，不断抄录、增补、评断、分类、截取、誊写、传抄的累积成果。目前《日知录》八卷本仍存稿本，其卷次、条目和文字内容与后来各本多有不同，是顾炎武生前随时与学友切磋交流的未定本。（顾炎武《初刻日知录自序》："友人多欲抄写……故先以旧本质之同志。"①）康熙九年顾炎武自己刊刻的符山堂八卷本的早印本与再印本仍存。其中再印本已收入《中华再造善本》扫描出版。

　　顾炎武生前，《日知录》已编订为三十余卷的规模，基本定稿，但未付印。顾炎武卒后，嗣子顾衍生将遗稿存徐乾学、徐元文处。（张穆《顾亭林先生年谱》引原谱："大云叔于三月望前抵曲沃，简阅遗书文稿……所有遗书、文券皆携往都中，致之健庵、立斋两表兄。"②）原件已佚，兹将其假定为"遗稿本"。

　　清初下迄雍正间，《日知录》往往有抄本流传。如黄汝成曾得《日知录》原写本以校潘刻。张穆《顾亭林先生年谱》引许瀚按语："吴县王亮生藏一抄本，黄曾借校其本，乃未经清删者耳，瀚亲见之。"③民国以来迄今，确定的传抄本有张继购藏抄本、北京大学图书馆藏抄本、陈垣所藏抄本，共三部，均为完整的三十二卷。此外，张继曾见山东图书馆王献唐购藏的"鲁抄本"。在顾炎武遗稿本整体不存的情况下，目前以清初旧抄本最接近《日知录》的原貌。其中张继购藏抄本经黄侃写出校记，徐文珊加以点校，最先出版。

　　康熙三十四年，顾炎武门弟子潘耒由徐乾学处取出遗稿，重新编次，并加删削，成《日知录》三十二卷，以遂初堂之名，在福建建阳刊刻。（潘耒《日知录序》："先生没，复从其家求得手稿，校勘再三，缮写成帙，与先生之甥刑部尚书徐公健庵、大学士徐公立斋谋刻之而未果。二公继没，耒念是书不可以无传，携至闽中。"④）其后各种《日知录》刊本多祖此本。原刻尚存，但多年以来未有影印本，学者其实不易看到。

　　乾隆间，《四库全书》开馆，收入《日知录》三十二卷，其底本"内

---

① 顾炎武：《日知录》，国家图书馆出版社 2009 年影印本，《中华再造善本》清代编。
② 张穆：《顾亭林先生年谱》，清道光二十四年刻本。
③ 张穆：《顾亭林先生年谱》，清道光二十四年刻本。
④ 潘耒：《日知录序》，黄珅、严佐之、刘永翔主编《顾炎武全集》第 18 册，上海古籍出版社 2011、2012 年版，第 12 页。

府藏本"只能是潘刻本。20世纪50年代河南省图书馆由民间采购获得馆臣删改《日知录》散页计42页,2000年由中华全国图书馆文献缩微复制中心影印出版,题为《〈日知录〉文渊阁本抽毁余稿》。"抽毁余稿"保存了四库全书的编纂过程,但散页上的圈删标记并未全被文渊阁《四库全书》本《日知录》所接受,二者可以对读。

道光九年,阮元在广州学海堂刊刻《皇清经解》,以顾炎武五种著作居首,但《皇清经解》所收均为节本,此本《日知录》的内容仅限于说经七卷,并且删节压缩,编为二卷。道光十二年,鄂山在成都锦江书院重刻《日知录》,倡言"考证之学莫盛于本朝,而开之者自亭林先生始"①。稍后至道光十四年,黄汝成西谿草庐刊刻《日知录集释》三十二卷,集注90余家校勘,刻成《刊误》四卷,成就最著。(钱穆《跋黄汝成〈日知录集释〉》认为《日知录集释》成书,李兆洛、毛岳生居功为多,黄汝成年仅三十六,任其剞劂而已。)其后集释本重刊最多,流通之广超过了潘耒初刻本。潘承弼《日知录补校附版本考略》甚至认为:"自潘刻行而八卷本废,《集释》继起,举世推重,而潘刻又废。"②

清初抄本和潘耒刻本均源于顾炎武遗稿本。《四库全书》本、《日知录集释》本均源于潘耒刻本。但潘耒刻本、《四库全书》本、《日知录集释》本均经过编者的删削和校勘,因此形成了各自独立的形态。

有学者认为,《日知录》的刻本有三个系统:一为顾炎武自刻八卷本,一为潘耒遂初堂本,一为黄汝成《集释》本,又认为遂初堂本"最接近顾炎武《日知录》之原貌"。③ 所谓"三个系统"之说未将清初旧抄本、《四库全书》本考虑在内,并且仅限于刊刻本,显然失于狭隘。

笔者曾提出《日知录》的版本渊源大体经历了符山堂初刻本、遂初堂刻本、《四库全书》官修抄本、黄汝成《日知录集释》本、《日知录》原抄本五个时态。④ 现在需补充顾炎武八卷本稿本,故《日知录》一书实则

---

① 鄂山:《重刻日知录序》,顾炎武《日知录》,清道光十二年锦江书院刻本。
② 潘承弼:《日知录补校附版本考略》,《制言》半月刊1937年第37、38期。
③ 陈智超:《日知录校注·前言》,又见陈智超《陈垣与史源学及〈日知录〉研究》,《安徽大学学报》(哲学社会科学版)2007年第3期;严文儒:《顾炎武全集·日知录·点校说明》;又见严文儒《关于顾炎武〈日知录〉的撰修时间及版本》,《昆山文化研究》2008年10月创刊号。
④ 参见笔者《〈日知录〉的版本与研究》,《衡阳师范学院学报》2014年第4期。

具有顾炎武原稿本、清初抄本、符山堂八卷初刻本、遂初堂三十二卷初刻本、《四库全书》官修抄本、黄汝成《日知录集释》本，总共六种形态。

```
                                    ┌─ 张继所藏抄本
                                    ├─ 陈垣所藏抄本
                          ┌─ 清初传抄本 ┤
                          │         ├─ 北大图书馆藏抄本
顾氏稿本 ── 符山堂刻本 ── 顾氏遗稿本 ┤         └─ 山东图书馆藏抄本
 （8卷）    （8卷）    （30余卷） │
                          │         ┌─ 《四库全书》本
                          └─ 遂初堂刻本 ┤
                                    └─ 集释本
```

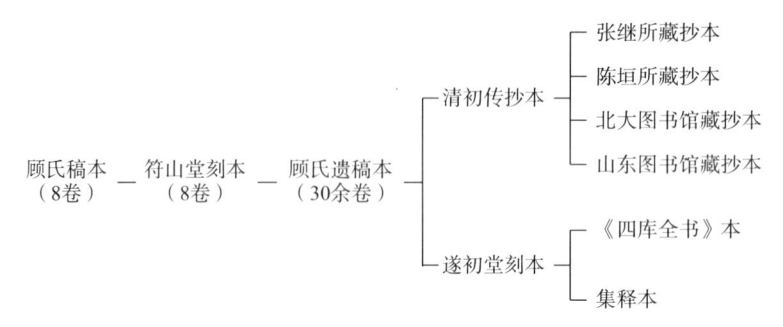

图 2-1　《日知录》版本形态谱系图示

《日知录》版本的六种形态，同时亦反映了《日知录》影响与流传的六个时态。由《日知录》的撰写与流传过程，即可以反映出其时代语境的变迁。

1. 稿本及符山堂初刻本为顾炎武亲为，反映着作者作为亡明遗臣的政治立场和文化心态。

2. 遂初堂刻本为顾炎武弟子刊刻，反映着明末清初鼎革的政治背景和夷夏文化之争的语境。

3. 《四库全书》抄本为清朝官修，反映着康乾时期稳定的政治局面与深度汉化的文化政策。

4. 黄氏《日知录集释》反映了清代学者研究《日知录》的整体水平，亦可见顾炎武对清初学风的影响。

5. 锦江书院重刻本、《皇清经解》本，与《集释》本大约同时，反映了道咸时期学者对《日知录》以及考据学方法的认同。

6. 抄本《日知录》虽然抄于雍正年间，却发现于民国初年，一方面引起学者对《日知录》的研究高潮，另一方面在清算清政府、鼓动民族情绪方面起了显著作用。

表 2-1　　　　　　　《日知录》版本总表

版本	时间	藏板	刊刻者	备注
符山堂本（早印本）	康熙九年（1670）	符山堂	张弨	八卷本

续表

版本	时间	藏板	刊刻者	备注
符山堂本（再印本）	康熙十五年（1676）	符山堂	张弨	八卷本
北京大学馆藏稿本	康熙九年（1670）后	写本	顾炎武自笔	八卷本
遂初堂初刻本	康熙三十四年（1695）	遂初堂	潘耒	三十二卷本
遂初堂重订本		遂初堂	潘耒	三十二卷本，朱色钤印"重订式字无误"
光霁堂发兑本	不晚于康熙四十七年（1708）	遂初堂	周氏书林	三十二卷本，朱色长方条钤印三行"江南省状元境内光霁堂周氏书林发兑书记"
张继旧藏原抄本	雍正元年至十三年（1723—1735）	写本		三十二卷本，张继、崔振华夫妇旧藏，杨崇和递藏
北京大学馆藏抄本	雍正元年至十三年（1723—1735）	写本		三十二卷本
吴骞、陈鳣旧藏抄本	乾隆五十一年（1786）之前	写本		三十二卷本，吴骞、陈鳣、陈垣、范景中递藏
山东图书馆藏抄本	清初	写本		三十二卷本，王献唐收得旧抄全本，与张氏所藏相同，字句尚有差异
四库全书	乾隆三十八年至五十二年间（1773—1787）	写本	四库全书馆	三十二卷本，七阁皆藏
四库全书抽毁余稿	乾隆三十八年至五十二年间（1773—1787）	写本	四库全书馆	残页，2000年中华全国图书馆文献缩微复制中心影印
经义斋藏板本	乾隆初期	经义斋	坊本	三十二卷本
乾隆癸丑重镌大开本	乾隆五十八年癸丑（1793）	本衙藏板	坊本	三十二卷本
乾隆乙卯新镌巾箱本	乾隆六十年乙卯（1795）	本衙藏板	坊本	三十二卷本，同时附刊《日知录之余》
《皇清经解》节本	道光九年（1829）	学海堂	阮元	二卷
锦江书院翻刻本	道光十二年（1832）	成都锦江书院藏板	鄂山	同时翻刻《日知录之余》《菰中随笔》
黄汝成《集释》本	道光十四年（1834）	西谿草庐藏板	黄汝成	三十二卷本

续表

版本	时间	藏板	刊刻者	备注
黄汝成《集释》本	道光十六年（1836）	西谿草庐藏板	黄汝成	三十二卷本，嘉定黄氏西谿草庐重刊定本
《日知录》史评	道光十五年（1835）	青照堂丛书	李元春辑刘际清刻	一卷，刘俊文、宫晓卫主编，齐鲁书社影印
朝宗书室聚珍本	同治七年戊辰（1868）	汉阳朝宗书室藏板		翻刻《集释》本木活字本
述右堂重刻《集释》本	同治八年（1869）	广州述古堂藏板	黎召民	翻刻《集释》本番禺陈璞跋
崇文书局重刻《集释》本	同治十一年壬申（1872）	湖北崇文书局		翻刻《集释》本
《日知录集释》翻刻本	光绪三年（1877）	高要冯誉骥署检，阳羡徐人骥署签		翻刻《集释》本
黄氏详注《日知录》	光绪三年丁丑（1877）	京都善成堂		翻刻《集释》本
详注《日知录集释》	光绪二十五年（1899）	京都琉璃厂		翻刻《集释》本，陈璞跋本，寄售银式两
上海点石斋石印本	光绪十二年（1886）	上海点石斋印书局		翻刻《集释》本
同文书局石印本	光绪十三年（1887）	上海同文书局石印本		翻刻《集释》本
锦章图书局石印本	光绪及民国间	上海锦章图书局石印本		翻刻《集释》本
湖北官书处翻刻本	民国元年（1912）	武汉鄂官书处		翻刻《集释》本
扫叶山房石印本	光绪三年（1877）、民国十七年（1928）	上海扫叶山房石印本		翻刻《集释》本
中华图书馆石印本	民国四年（1915）、民国十七年（1928）	上海中华图书馆		翻刻《集释》本
上海商务印书馆排印本	民国二十二年（1933）	上海商务印书馆		《集释》本，收入《万有文库》《国学基本丛书》
上海中华书局仿宋聚珍版本	约民国二十四年（1935）	上海中华书局仿宋聚珍版本		《集释》本，收入《四部备要》

续表

版本	时间	藏板	刊刻者	备注
十三经考义	天保八年（道光十七年，1837）	日本江户和泉屋庄次郎等刊本		即《日知录》前七卷
《日知录集释》翻刻本	明治十七年（1884）	京都乐善堂	巾箱本	翻刻《集释》本铜刻五册

第二节　《日知录》的黄汝成集释

一　《日知录集释》还原"李贽""钟惺"二条之贡献

潘耒遂初堂刊本《日知录》卷十八，抄本《日知录》为卷十九。抄本在"朱子晚年定论"与"窃书"二条之间，有"李贽""钟惺"二条，刊本全删，但《日知录集释》则予以补刻，是其一大胆识。

此事曾经黄侃揭示，但语焉不详。

黄侃《日知录目次校记》云："卷十八：李贽：潘本李贽作□□，录中删，黄本删句。钟惺：潘本钟惺作□□，录中删，黄本改句。"[1]

黄侃《日知录校记》："卷十八：李贽条：潘本无此条。'而其书之行于人间自若也'下，小注'谢在杭《五杂俎》言'上，钞本正文多出数十字，文如下：……九十二字。又小注'闽人持论之公如此'下，钞本正文又多出数十字，文如下：……五十八字。钟惺条：潘本无此条。小注'钱氏谓古人之于经传'，钞本'钱氏'作'钱尚书谦益文集'。"[2]

栾保群、吕宗力《日知录集释》（全校本），栾保群《日知录集释》（校注本），陈垣《日知录校注》，均据黄侃校记补足全文。严文儒、戴扬本校点《顾炎武全集·日知录》底本为遂初堂刊本，则据旧藏手批校记补写全文。

抄本《日知录》卷十九"李贽""钟惺"二条原文云：

---

[1] 黄侃：《日知录校记》，国立中央大学出版组 1933 年铅印本，第 3 页。
[2] 黄侃：《日知录校记》，国立中央大学出版组 1933 年铅印本，第 10 页。

李贽

《神宗实录》：万历三十年闰二月，"乙卯，礼科给事中张问达疏劾李贽：'壮岁为官，晚年削发。近又刻《藏书》《焚书》《卓吾大德》等书，流行海内，惑乱人心。以吕不韦、李园为'智谋'，以李斯为'才力'，以冯道为'吏隐'，以卓文君为'善择佳偶'，以秦始皇为'千古一帝'，以孔子之是非为'不足据'。狂诞悖戾，不可不毁。尤可恨者，寄居麻城，肆行不简，与无良辈游庵院，挟妓女，白昼同浴，勾引士人妻女入庵讲法，至有携衾枕而宿者，一境如狂。又作《观音问》一书，所谓"观音"者，皆士人妻女也。后生小子喜其猖狂放肆，相率煽惑，至于明劫人财，强搂人妻，同于禽兽而不之恤。迩来缙绅士大夫亦有诵咒念佛，奉僧膜拜。手持数珠，以为律戒；室悬妙像，以为皈依。不知遵孔子家法，而溺意于禅教沙门者，往往出矣。近闻贽且移至通州，通州距都下四十里，倘一入都门，招致蛊惑，又为麻城之续。望敕礼部檄行通州地方官，将李贽解发元籍治罪。仍檄行两畿及各布政司，将贽刊行诸书，并搜简其家未刻者，尽行烧毁，无令贻祸后生，世道幸甚！'得旨：'李贽敢倡乱道，惑世诬民，便令厂卫、五城严拏治罪。其书籍已刻未刻，令所在官司尽搜烧毁，不许存留。如有徒党曲庇隐藏，该科道及各有司访奏治罪。'已而贽逮至，惧罪不食死"。愚按自古以来，小人之无忌惮而敢于叛圣人者，莫甚于李贽。然虽奉严旨，而其书之行于人间自若也。昔晋虞预论阮籍，"比之伊川被发，所以胡虏遍于中国，以为过衰周之时"。试观今日之事，髡头也，手持数珠也，男妇宾旅同土床而宿也，有一非贽之所为者乎？盖天将使斯人有裂冠左衽之祸，而豫见其形者乎？殆亦《五行志》所谓"人痾"者矣！（谢在杭《五杂俎》言："李贽先仕宦至太守，而后削发为僧，又不居山寺，而遨游四方，以干权贵，人多畏其口而善待之。拥传出入境，髡首坐肩舆、张黄盖，前后呵殿，郡县有司莫敢与，均茵伏。无何，入京师，以罪下狱死。此亦近于人妖者矣。"闽人持论之公如此。）然推其作俑之繇，所以敢于诋毁圣贤，而自标宗旨者，皆出于阳明、龙溪禅悟之学。后之君子悲神州之陆沉，愤五胡之窃据，而不能不追求于王、何也。

天启五年九月，四川道御史王雅量疏："奉旨：李贽诸书怪诞不经，命巡视衙门焚毁，不许坊间发卖，仍通行禁止。"而士大夫多喜其书，往往收藏，至今未灭。

钟惺

钟惺，字伯敬，景陵人。万历庚戌进士。天启初，任福建提学副使，大通关节。丁父忧去职，尚挟姬妾游武夷山，而后即路。巡抚南居益疏劾有云："百度踰闲，《五经》扫地。化子衿为钱树，桃李堪羞；登驵侩于皋比，门墙成市。公然弃名教而不顾，甚至承亲讳而冶游。疑为病狂丧心，讵止文人无行？"（辛酉，福建提学佥事。癸亥，丁忧。甲子，京察。）坐是沈废于家。乃选历代之诗，名曰《诗归》，其书盛行于世。已而评《左传》、评《史记》、评《毛诗》，好行小慧，自立新说，天下之士靡然从之，而论者遂忘其不孝贪污之罪，且列之为文人矣。（钱尚书谦益文集谓："古人之于经传，敬之如神明，尊之如师保，谁敢僭而加之评骘？评骘之多，自近代始，而莫甚于越之孙氏、楚之锺氏。孙之评《书》也，于《大禹谟》则讥其文之排偶。其评《诗》也，于《车攻》则讥其'选徒嚣嚣'非'有闻无声'之义。尼父之删述，彼将操金椎以挕之，又何怪乎孟坚之《史》、昭明之《选》，诋诃如蒙僮而挥斥如徒隶乎？锺之评《左传》也，它不具论，以'克段'一传言之：'公入而赋'、'姜出而赋'，句也；'大隧之中'，凡四句，其所赋之诗也。锺误以'大隧之中'为句断，而以'融融'、'洩洩'为序事之语，遂抹之曰'俗笔'。句读之不析，文理之不通，而俨然丹黄甲乙衡加于经传，是之谓'非圣者无法'，是之谓'侮圣人之言'，而世方奉为金科玉律，递相师述。学术日颓而人心日坏，其祸有不可胜言者。"孙氏名鑛，今世所传'孙月峰'者是也。）余闻闽人言："学臣之鬻诸生，自伯敬始。"今之学臣，其于伯敬，固当如茶肆之陆鸿渐，奉为利市之神，又何怪读其所选之诗，以为《风》《骚》再作者耶？其罪虽不及李贽，然亦败坏天下之一人。

举业至于抄佛书，讲学至于会男女，考试至于鬻生员，此皆一代之大变，不在王莽、安禄山、刘豫之下。故书其事于《五经》诸书之后。呜呼！"四维不张，国乃灭亡！"管子已先言之矣。

以上原文中偶有笔误,均随文改正。

"李贽"条,北大馆藏抄本与台版原抄本同。潘耒遂初堂刻本全删,四库本因之亦删。黄汝成《集释》本补刻,而删"昔晋虞预"至"于王何也"正文一百五十字。

"钟惺"条,北大馆藏抄本与台版原抄本同。潘耒遂初堂刻本全删,四库本因之亦删。黄汝成《集释》本补刻,而改"钱尚书谦益文集"为"钱氏",改"今"字为"当时"。

观黄侃校记,行文隐微。其意似仍突出《集释》本对《日知录》之删改,而隐没了《集释》本相对于潘耒刊本的还原。

今按:《日知录》"科场禁约"条中,已对李贽有两次批评。顾炎武对李贽、钟惺之批评,措之于文辞,较之区辨夷夏,更加激烈。潘耒对此完全回避,删之务尽。《集释》本据原抄本还原条目,虽然未能恢复全文,但亦足以见其担当与胆识,故当加以表彰。

二 《日知录集释》作者署名之疑谳

司马朝军《续修四库全书杂家类提要》:"《日知录集释刊误续刊误》,清黄汝成撰:关于此书编纂者,历来聚讼不已。光绪间藏书家朱记荣断言纂辑者为李兆洛,黄汝成窃李稿为己有。宣统初名儒李详《愧生丛录》卷二称此书系李兆洛与吴育、毛岳生共撰,借刻于黄氏。王欣夫亦云:'顷以黄汝成《集释》本对读,乃恍然知为宝山毛生甫手校,即为黄氏纂《集释》之初本。案《李申耆年谱》,黄氏之纂《集释》,虽李主之,实出自吴山子、毛生甫二人之手。'惟陈祖武独持异议,力证此书不伪。"[①]

王欣夫藏有《日知录》王岳生手样本,著录云:"余初得是书,见其用元刻分类本,校其异同,凡元刻所有各条,题下注元字,于修改之处,必详识之。兼采何义门校,又遇引书之脱误,必据元书以正之。博采阎百诗、全谢山、钱竹汀诸家说,而自案各条,议论卓绝,考证缜密,功力湛

---

① 司马朝军:《续修四库全书杂家类提要》,商务印书馆2013年版,第199页。大意又见司马朝军《四库全书总目精华录》,武汉大学出版社2008年版,第522页。

深，不在阎、全、钱诸老之下。小楷圈点，亦工整无匹。乃遍查全帙，竟不留一姓名，疑在装订时为无识者割弃，然决其必在嘉、道间硕学之手，每为抚卷叹息不置。顷以黄汝成《集释》本对读，乃恍然知为宝山毛生甫手校，即为黄氏纂《集释》之初本。案《李申耆年谱》，黄氏之纂《集释》，虽李主之，实出自吴山子、毛生甫二人之手。"①

蒋彤编李兆洛年谱载：道光十三年癸巳五月，"始校刊顾氏《日知录》。先是，嘉定钱氏大昕评释《日知录》百数十则，生甫录以示先生，乃谋推其义例，通为笺注，有资实学。嘉定黄潜夫汝成，肯任剞劂之费。既又得杨南屏诸家，皆尝用功于是书者，有可采录悉收之。山子、生甫分司之，彤亦与校雠焉"。又载：道光十四年四月，"刊《日知录》成，生甫又为《刊误》一卷附其后。"② 李详《窥记》（又名《愧生丛录》）据此判断："详案：今传《日知录集释》，题嘉定黄汝成名。……今黄氏《集释》亦附有刊误。是先生是书，与吴、毛诸君共撰，借刻于黄氏，此不可不知者也。"③ 顾颉刚《清代著述考》、谢国桢《顾亭林学谱》、张舜徽《清人文集别录》均引李详之说。

钱穆在1936年有《跋黄汝成〈日知录集释〉》一文，专论黄汝成署名之伪，原文刊天津《益世报·读书周刊》1936年7月9日第56期。稍后，又有滕固撰文《黄汝成与〈日知录集释〉》，刊天津《益世报·读书周刊》1936年7月30日第59期④，与钱穆争辩，认为《日知录集释》有黄汝成自撰部分。

钱穆认为，《日知录集释》一书成于李兆洛（字申耆）、毛岳生（字生甫）、吴育（字山子）三人之手，黄汝成只是出资刊刻者，但因毛岳生与黄汝成交好，故将署名权让给了黄汝成。

钱穆《跋黄汝成〈日知录集释〉》云：

> 今刻《日知录集释》，径署"嘉定后学黄汝成"，《叙录》一篇，

---

① 王欣夫：《蛾术轩箧存善本书录》，上海古籍出版社2002年版，第1467—1468页。
② 蒋彤：《武进李先生年谱》卷三，民国嘉业堂丛书刻本。
③ 李详：《愧生丛录》卷二，清宣统元年江宁刻本。
④ 此文后收入滕固著，沈宁编《抱芬室文存》，辽宁教育出版社2003年版。

亦署黄名,并称"钻研是书,屡易寒暑,又得潘检讨次耕删饰元本,阎征君百诗、沈鸿博冠云、钱宫詹晓徵、杨大令简在四家校本",又博采诸家疏说,自谈氏允厚以下凡九十一人,而绝无一辞及于李氏(引注,指李兆洛)。惟《刊误》前有云:曩为定本,纂成《集释》,曾就正于武进李申耆、吴江吴山子、宝山毛生甫三先生。此书(引注,即《刊误》)又乞生甫删定。复有《续刊误》二卷,则云王君巨川佐为之,而曰:"余之治是书,殚刊心力,抉择搜访,不厌奥阻,数年于兹。"若其书故出黄氏,与李无涉者。

考李申耆为《黄潜夫家传》,称其"少承家业,习闻乡先生端绪,宗贯浩博,达于精邃。……学不泥章句,而务合体用。自古昔礼乐、德刑,以及赋税、田亩、职官、选举、钱币、权量、水利、河渠、漕运、盐铁诸事,参校理势,损益迁嬗,而折衷于顾氏《日知录》,条比义类,及所以施设者。……余友宝山毛君生甫数叹美之……后潜夫尝诣余暨阳书院,留信宿,听其论识,明玮达理道,益信生甫为知人"。又称其所著书,"惟成《日知录集释》三十二卷,《刊误》二卷",亦径以是书归黄氏,并所谓"就正"之说而不自居。

论三人年事,黄辈行最后,毛氏自谓"弟畜之",其卒年仅三十九。《日知录集释》刊成,李年六十六,毛年五十二,黄年三十六。遂奇俊之士,成书不论于年岁,然当时所重于《日知录》者,在经义考核,不在时务政论。(潘次耕一序,与《四库提要》抑扬轩轾,显然倒置。)晚明致用之意久歇,乾隆博雅之风方张。而《集释》为书,颇存矫挽,若于李氏论学途辙尤合也。

且《集释》之创于李氏,不仅蒋氏言之,即李氏亦自道之。其为《抱经堂诗钞序》曰:"所锓刻载籍,为当代最,以梓人自随。兆洛亦与校雠之役。……今兆洛亦以梓人自随,而先生所刊荀、扬、贾、董,宏伟卓绝,兆洛所刊则《日知录》、《绎志》及邹道乡、瞿忠宜之集而已。不能纪远,乃纪于近,自度才所堪耳。"此李氏自道刊行《日知录》之明证也。

然则李氏为黄氏《家传》,何以终讳不言,而以《集释》归之黄氏?曰:《集释》成书,盖李氏发踪指示,总其大义,吴氏、毛氏勤而成之,而黄氏任其剞劂之费,因遂以名为酬,且亦毛氏之志也。毛与黄皆籍嘉定，为同乡，黄富而毛穷，毛之志黄墓，称其"乐任人艰巨，无亲疏厚薄，苟当其意，告以缓急，卒累出千金不悔"。又曰："视余困亨如己……又数济余急而诚敬。率有余于财。其家世居西溪上，溪旁颇饶竹木，尝欲买田筑室佚余老，虽勿果，意谊笃矣。"此两人之交谊也。黄之死，毛感其情不忘，因亦不之争。黄之见李由毛介，李之传黄由毛请，毛既不之争，李亦因毛之心以为言，故亦不之辨也。（朱记荣《国朝未刊遗书志略》谓此书乃黄氏假之李而纂为己著，恐不如蒋《谱》之明确。）[1]

钱穆《跋黄汝成〈日知录集释〉》一文举出四项文献。前两项，毛岳生《黄潜夫墓志铭》和李兆洛《黄潜夫家传》，均言《日知录集释》为黄汝成所著。后两项，李兆洛《抱经堂诗钞序》和蒋彤《李申耆先生兆洛年谱》，均言《日知录集释》为李兆洛自己所著。

由于钱穆引文不全，字句亦有删略，故兹再将四篇文献的全文录出于下。

1. 毛岳生《休复居文集》有《泗州训导黄潜夫墓志铭》[2]

> 余友潜夫名汝成，字庸玉，世为嘉定人，黄忠节公族裔也。其暴疾亡，余哭视其殓，又为文以祭，后又序传其遗书。
>
> 潜夫为人仁厚豪达，状貌瑰伟，善辩说戏谑，乐任人艰巨，无亲疏厚薄，苟当其意，告以缓急，卒累出千金不悔，而内行则亟诚谨，无过差，平居衣服饮食率俭节。其为学，自天文、舆地、历律、训诂，以及水利、河渠、漕运、赋税、盐铁、钱币，莫不洞其奥赜，参诸世会，详其所以，利病得失。而为文则又明博简慎知要。
>
> 呜呼！学问人材之衰，其贤者务殚穷于名物度数，弗尚气节，至于施设张弛，激昂奋发，以求利济，卒惟综核补苴而已。其明道术之

---

[1] 钱穆：《跋黄汝成〈日知录集释〉》，《益世报·读书周刊》1936年7月9日第56期。
[2] 毛岳生：《黄潜夫墓志铭》，《休复居文集》卷五，清道光二十四年嘉定黄氏刻本；又见沈粹芬《国朝文汇》卷五、吴曾祺《涵芬楼古今文钞》卷七十六，及张建华、陶继明主编《嘉定碑刻集》，上海古籍出版社2012年版，第2108—2110页。

原，知变通，壹出闳廓，动合体用者，鲜矣。余穷于世，颇以冀望潜夫，或显达有所建白，为不负学识。乃久困伏，遽丧，悲夫！

始余与潜夫尊亲子仁善，少时数往来其家，潜夫时年十三四，熟习文史，已博辩古昔贤奸治乱。后更潜辟深造，余远游归，辄累月留其家，益相从讲说德业，间或赋诗饮酒，登陟笑语为乐。余性隘，文行岂无可议，尝面折其短，而潜夫则自少至壮，群居独处，无片言不足余者，闻余言善则幡然从意，不合则必积日逾时论定乃止。视余困亨如己，忧愤悦豫，无弗同，又数济余急而诚敬。率有余于财。其家世居西溪上，溪旁颇饶竹木，尝欲买田筑室俟余老，虽弗果，意谊笃矣。昔惠子死，庄子曰："自夫子之亡也，吾无以为质矣。"余自潜夫殁，居恒怅怅，出入语默，若失其宗形，然后知庄子之言为悲。夫庄子达于死生存亡，邈然于万物之表，而其言之悲犹若此，矧惠子虽贤，未必过庄子，而潜夫学行论著，则实有助余者也。潜夫著书，成者《日知录集释》《刊误》《古今岁朔实校补》《文录》，凡四十四卷，未成者《春秋外传正义》若干卷。

少为县学廪膳生，岁饥，劝分议叙得通判衔，后入资为县学官，选安徽泗州直隶州训导，以忧未赴。娶秦氏，生子三：宗鲁、宗文、宗英。女三：长字张修事。潜夫殁于道光十七年二月十二日，春秋三十九。以二十年三月二十二日葬于寒号十二图李圩。初，潜夫世父损之先生无子，以潜夫为后。先生少与先府君同受业于钱少詹事，将殁，属余志其窆。余故弟畜潜夫，而往为之铭。又潜夫亡时，武进李先生兆洛已为之传，世系皆具，乃略次其生平趣舍游从长言，志余恸焉。

词曰：垓埏为隩兮，附嵝见崇。传学无命兮，淳仁以凶。义为其质兮，德为华。奚不逮兮，陨厥躬。数逢其否兮，匪其穷。安其藏兮，岁窈而隆。

《墓志铭》中说到，毛岳生的父亲毛际盛，与黄汝成的继父黄钟（字损之），同随钱大昕问学；毛岳生又与黄汝成的生父黄鋐（字子仁）友善；故毛岳生视黄汝成如胞弟。黄汝成对毛岳生"数济余急"。

2. 李兆洛《养一斋文集》续编《黄潜夫家传》①

黄潜夫名汝成，字庸玉，太仓嘉定人。其先居今宝山江东，镇忠节公族裔也，后迁嘉定者，四世潜德弗耀。曾祖曰国楷，尝刲股以疗其亲疾。祖曰通理，考曰钟，皆恢然长者。钟无子，以母弟鋐之子为后，即潜夫也。鋐字子仁，亦县学附生，议叙主簿衔，有文行。

潜夫器局瑰伟，而才识敏达。善读书，自年十四五时，已博涉能文。逾冠为县学廪膳生，益有名。嘉定气节、文学，自南宋来，亮硕鸿奥，重于海内。潜夫少承家业，习闻乡先生端绪，宗贯浩博，达于精邃。又善为文章，论议闳整，叙事繁简廉肉，率中体要。学不泥章句，而务合体用。自古昔礼乐、德刑，以及赋税、田亩、职官、选举、钱币、权量、水利、河渠、漕运、盐铁诸事，参校理势，损益迁嬗，而折衷于顾氏《日知录》，条比义类，及所以施设者。居间，复以声音、训诂、名物、度数之学，纂述为《春秋外传疏补》《诸经正义》，名实益高。尤为今宫保两江总督安化陶公、今江西巡抚江夏陈公所知重。乃殚竭心力，以体过肥，猝疾作，弗治殒，年止三十九。悲夫！

黄氏世有穆行。其祖考好施与，凡邑禓，辄先出巨资佐赈。潜夫性益豪达轻财，喜蓄古书画碑刻鼎彝钱鉴，而族姻交友乡里婚丧急难，凡求者无弗应，几耗其资之半。余颇以不节过之，然自少至壮，衣服饮食，无改于旧。又猝以千金周人困，终无悔心与德色。比殁，郡邑识与不识，都悼惜而来，哭者辄恸，抑亦贤已。始余闻潜夫名而材之，而余友宝山毛君生甫数叹美其学行，生甫不妄誉者。后潜夫尝诣余于暨阳书院，留信宿，听其论识，明玮达理道，益信生甫为知人，而决潜夫学可深造大成，虽颇忧其弗寿，而不虞其遽止斯也。呜呼！人世利禄贵显，不过数十寒暑，人之死生其间者何限？自古鸿材硕儒间，亦弗克永年，奚足致憾？矧潜夫有可自传述于后世耶？余独惜其志业未竟，子仁以年老遽丧贤子，且辱厚余而仅一见已也。潜夫前已入粟议叙通判衔，后入赀为县学官，选安徽泗州直隶州训导，以

---

① 李兆洛：《黄潜夫家传》，《养一斋文集》续编卷五，清道光二十三年活字印、二十四年增修本。

忧未赴。所著书惟成《日知录集释》三十二卷，《刊误》二卷，《袖海楼文稿》若干首。

子三：宗鲁、宗文、宗英。余既重其人，又哀其志。生甫书来，乞为传，乃次序行事，使附于家乘后云。

《家传》中说到，黄汝成早卒，独惜其三事：一曰志业未竟，二曰其父以年老遽丧贤子，第三事最可注意，曰"且辱厚余而仅一见"。"辱厚余"当指馈赠钱财。

诸可宝《畴人传》三编卷二《黄汝成传》，大体采用李兆洛《家传》，云："黄汝成，字庸玉，号潜夫，嘉定人。用县学廪膳生入赀为校官，铨授泗州直隶州学训导，以忧未之官也。因其友宝山毛文学岳生，交于武进李大令兆洛训导。器局瑰伟，而才识敏达，善读书，学不泥章句，而务合体用。自古昔礼乐德刑，以及赋税、田亩、职官、选举、钱币、权量、水利、河渠、漕运、盐铁诸事，参校理势，损益迁嬗，而折衷于顾氏《日知录》，条比义类，及所以施设者。居闲复以声音、训诂、名物、度数之学，纂述为《春秋外传疏补》《诸经正义》，名实益高，尤为安化陶文毅公、江夏陈侍郎銮所知重。以体过肥，猝疾作，弗治殒，年止三十有九。所著惟成《日知录集释》三十二卷，《刊误》二卷，又《袖海楼文稿》若干首，藏于家。（《养一斋文集》《嘉定县志》）"[1]

3. 李兆洛《养一斋文集·抱经堂诗钞序》[2]

乾隆五十四年己酉，先生主讲常州之龙城书院。兆洛才弱冠，从受业，讲习制举文而已，于先生之学无所窥也。同几席者，臧在东、顾子明，颇能研求一二，私心喜之，不能专意。

甲寅岁，先生之钟山，道毗陵，示疾于书院，遽捐馆舍，兆洛侍属纩焉。时《抱经堂集》已付梓而未竟。阅十年来，始见刊本，怆然如接音容也。先生音和而亮，容舒而肃，教弟子不强以所不习，而诱掖如不及。学务实践，未尝甲乙流辈，惟津津道其所长。所为文章，

---

[1] 诸可宝：《畴人传》三编卷二，清光绪十四年南菁书院刻本。
[2] 李兆洛：《养一斋文集》卷二，清道光二十三年活字印、二十四年增修本。

举肖其为人也。常患世俗刊书，不知雠校，鱼豕淆讹，点画狼籍，疑误后学，尘点前贤。故得一旧本书，悉心钩订。闻人有善本，必借之。丹铅陈前，穷日夜不休止，随时缮录，成《群书拾补》若干卷，为后之读书者法。精深小学，以今文合诸许氏《说文》，通其意而结撰之，义取其当，形求其完，不泥不诡，故所锓刻载籍，为当代最，以梓人自随。在龙城时，兆洛亦与校雠之役。

先生自谓不娴于诗，酬应颇少，故文集中不载篇什，手所定也。道光十六年丙申秋，先生季子庆录杠存予于暨阳书院，携诗一编，授之曰："先子殁后，于丛残遗稿辑录成此，思以授梓，而未能也，子将有意乎？"兆洛受而读焉，而益泫然于先生也。先生不欲以诗名世间，而先生立身得于诗教至粹。其出之也，宅心乐易，安节庄诚，鳃理缜粟，朴斫完固，性真见焉，学问流焉，夫非来学轨范哉？先生主讲暨阳，为乾隆丙子，盖在主讲龙城前，题咏怀人诸诗，皆见集中。阅四十年，而兆洛继践斯席，向时弟子，略无在者，庭中花木，多先生所植，其人士犹设先生位于寝楼，岁时释菜，兆洛摄衣冠拜焉。兆洛亦以梓人自随，而先生所刊荀、扬、贾、董，宏伟卓绝，兆洛所刊则《日知录》《绎志》及邹道乡、瞿忠宜之集而已。不能纪远，乃纪于近，自度所堪耳。尚能再侍先生，一开固陋乎？道德负于师承，崦嵫促其短景，所为自怨自艾，欲追悔而无从者也。刻先生诗，附于文集后，敬识之。

4. 蒋彤《李申耆先生兆洛年谱》[①]

道光十三年癸巳，先生年六十有五。夏五月：始校刊顾氏《日知录》。先是，嘉定钱大昕评释《日知录》百数十则，生甫录以示先生，乃谋推其义例，通为笺注，有资实学。嘉定黄潜夫汝诚（引者注，即黄汝成）肯任剞劂之费。既又得杨南屏诸家，皆尝用功于是书者，有可采录悉收之。山子、生甫分司之，彤亦与校雠焉。先生尝谓中言实务八卷，此为有用，乃全书之精华，亭林所云为王者取法。故漕运、

[①] 蒋彤：《李申耆先生兆洛年谱》，民国嘉业堂丛书刻本。

盐政诸大端，博采名臣奏议及近儒论议，慎取详说，与本义相发明，凿凿可见诸施行，非视《困学纪闻》诸家笺释，只取该博而已。

道光十四年甲午，先生年六十有六。夏四月：刊《日知录》成。生甫又为《刊误》一卷，附其后。

今按：李兆洛另有三篇诗文言及黄汝成，亦均只言《日知录集释》为黄氏所著。补充于下：

第一，《养一斋文集》中有《黄潜夫文集序》① 云：

英哲之士，垂英光于奕世，岂不各有其时命哉？时也者，一代之好尚乖合也；命也者，一身之通塞修短也。才宜于世，为世所需，其命必达且修；反是，必厄塞甚且短折。而要其才之所裕，塞于时而通于后，短其身而修其名，此则天之生才，所谓不虚生也。吾友黄君潜夫，诚笃暗默，为学务于实而不趋于名，其诚暗者，不合于时者也，务实又非时之所需。幸席丰厚，年不四十而逝，尊甫子仁，哀其所未定之稿若干，属其友毛君生甫，计而刻之。生甫，君之至交也，亦辱交于兆洛。既定其遗书，为之序。

第二，《养一斋文集》又有《练伯颖集序》② 略云：

黄潜夫，嘉定人，席丰厚，而屹然能求友力学，著《日知录集释》等，又有遗书数种。年三十有九卒，即生甫之至友，校定遗书而刊之者。

第三，《养一斋诗集》中有《黄潜夫话庐图，应毛生甫属》③ 云：

穷年呫哔如酞醄，发覆喜见经师毛。口间泉流漉秋瀑，为我宿物

---

① 李兆洛：《养一斋文集》卷四，清道光二十三年活字印、二十四年增修本。
② 李兆洛：《养一斋文集》卷四，清道光二十三年活字印、二十四年增修本。
③ 李兆洛：《养一斋诗集》卷二，清道光二十三年活字印、二十四年增修本。

胸中浇。一空氛垢抉文葩，流别细辨秋禽毫。十年足迹遍扬粤，一时侨胗皆论交。为言叔度特超渺，行不可柬言无骜。常与贫人共年谷，不曾曲径争邪蒿。结庐何必东山谢，高兴聊托柴桑陶。柴桑之情形问影，柴桑之话诗存骚。斜川濮下恣历览，丁庞周邓相招要。我思晤语且未得，欲言又苦同调刁。却从老苌寻故训，退不谓矣心忉忉。

钱穆《中国近三百年学术史》亦间接说到《集释》著作权之事，云："道光十三年癸巳，阳湖李兆洛申耆、嘉定黄汝成潜夫为《日知录》作笺注，始谓'中言时务八卷，乃全书精华，亭林所云为王者取法也。欲于漕运、河务、盐政诸大端，皆博采名臣奏议及时贤论议，与相发明'。（原注：语见蒋彤《李申耆年谱》。）先是，泾县包世臣慎伯，于申耆处得读《日知录》，亦谓'其书经国硕猷，足以起江河日下之人心风俗而大为之防；惟摘章句以说经，及畸零证据，犹未免经生射策之习'。而同时邵阳魏源默深为贺长龄编《经世文编》，亦多采此书，《日知录》评价遂又一变。"①

此外，顾颉刚对李详之考辨，曾加引用。顾颉刚《顾炎武著述考》："《日知录》三二卷：清黄汝成集释，后附刊误。今人李详《愧生丛录》二，叶二五云：'《李申耆先生谱》三卷……今黄氏《集释》亦附有《刊误》，是先生是书，与吴、毛诸君共撰，借刻于黄氏，此不可不知者也。'"②

张舜徽对此亦有考辨。《清人文集别录》中《湖海楼文录六卷》一条云："此外尚有《日知录集释》三十二卷，则别行于世，汝成亦竟以是书致大名于身后。独清末朱记荣，谓李兆洛《日知录集释》，汝成窃其稿（见《国朝未刊遗书志略跋》)，近世李详，亦谓是书为李氏与吴育、毛岳生诸家共撰，汝成假署其名（见《寙记》)。余尝推寻其迹，知两家之言，盖亦有所据而云然也。考蒋彤所编《李兆洛年谱》有云……据此，可知兆洛当日，实尝鸠合同志，详校《日知录》，且已为之笺注，并成《刊误》之作矣。汝成特以家雄于财，初但任刊布之费耳。迨刊成而遽署以己名，宜其来后人之讥也。然考之李兆洛为汝成所撰《家传》，及蒋彤为汝成《文录》所撰序，皆道及汝成著有《日知录集释》及《刊误》之作，而无

---

① 钱穆：《中国近三百年学术史》，商务印书馆1997年版，第159页。
② 顾颉刚：《顾炎武著述考》，《国立中山大学图书馆周刊》1928年5月第2卷第2期。

丝毫可疑之迹。或者兆洛原书，但有详校笺注，汝成即以此为底本，广采众说，附以己见，乃标集释之名乎？不然，兆洛在当时最为老师，门徒甚众，岂有并世小生剽窃其书，而不群起以攻之者？况《文录》所载汝成与友朋论学诸书，亦常讨论《日知录》中疑义。知其寝馈是书，为日亦久，又非全不读书，但事盗袭者可比也。是集中如《日知录集释序》、《日知录刊误序》、《日知录续刊误序》，皆不失为佳作。"①

第三节　徐文珊点校的《原抄本日知录》

一　张继、崔震华、徐文珊保存整理抄本《日知录》的贡献

清雍正间抄本《日知录》三十二卷，1949年被携至台湾，1958年整理出版为《原抄本日知录》，1970年代重印，张继、崔震华、徐文珊对此作出了重大贡献。

张继（1882—1947），初名溥，字溥泉，河北沧县人。1897年就读于保定莲池书院，1899年留学日本。1903年回国，参与创办《国民报》《苏报》《国民日报》《民报》《新世纪周刊》。1912年任中华民国临时参议院参议员、同盟会本部交际部主任。1914年被选为参议院议长。1917年任护法军政府驻日代表。1921年任国民党特设广州办事处干事长、国民党宣传部长、北京支部部长。1924年当选为国民党中央监察委员。1928年历任国民党中央政治会议委员、司法院副院长、北平临时政治分会主席、中央监察委员、国史馆馆长。1947年12月在南京病卒。著作编为《张溥泉先生全集》及《张溥泉先生全集补编》。

张继于民国二十二年在北平书肆偶得抄本《日知录》，章太炎得见抄本，交弟子黄侃写出《日知录校记》，章太炎为之作《序》，发表于期刊，后又单行出版，"抄本"一事遂公之于众。民国间正值伪满洲国成立，"于时戎祸纷拏，倭为溥仪踩热河之岁也"②，舆情反满情绪严重，"抄本"一事迅疾成为轰动事件，详见黄侃《寄勤闲室日记》。

---

①　张舜徽：《清人文集别录》，中华书局1963年版，第432—434页。
②　章太炎：《日知录校记·序》，南京量守庐1936年刊本。

张继还获见山东省立图书馆收藏的另外一部《日知录》抄本,张继称之为"鲁抄本",于1941年写有校记(未完成)。张继谢世后,抄本原稿由其夫人崔震华带到台湾。

崔震华(1886—1971),一作振华,字皙云,河北庆云人。[①] 天津北洋女子师范学堂第一届毕业生。1911年初加入中国同盟会,1912年与张继结婚,1915年去日本。曾任天津竞存(静存)学校校长,历任国民大会代表、国民参政会参政员、国民党中央监察委员、监察院监察委员。被称为"革命女杰""辛亥革命女同志""妇女先进",江浙秋瑾、两广徐宗汉、燕赵崔震华三人齐名。抗战胜利后,张继被任命为北方宣慰使,崔震华任宣慰副使。1949年赴台湾,负责整理张继遗稿。1971年3月在台北病逝。

杜元载主编《革命人物志》及《国史馆现藏民国人物传记史料汇编》有崔震华传记,其中说道:

> (民国)三十八年,夫人来台,随身仅携溥泉先生之遗稿及藏书若干……嗣又检出溥泉先生所珍藏之《顾亭林日知录》原抄本,以及傅青主、张廉卿墨迹,自筹资金,重新付梓。此或以民族大节而见重,或以书法精妙而见珍,他如明太祖自制之《皇陵碑文》,亦因其有助于励忠与教孝而刊布之。[②]

由于《日知录》抄本内容与潘耒刻本差别很大,因而其书的学术价值也很大。其最大价值在于使学者得知抄本内容,将抄本全文公之于世,而其最大的问题则是没有公布抄本原件。对抄本的行款、板框、册数等,均无描述,对递藏家之印鉴也没有考证。

章太炎《日知录校记·序一》云:"丹黄杂施,不可摄影以示学者。"黄侃《日知录校记·序二》云:"书中有朱笔、蓝笔评校。"[③] 所说"摄影",按照当时黑白照相技术,丹黄朱蓝均变成深浅不同的黑色,页码就

[①] 庆云县民国属河北沧州,今属山东德州。一说崔震华为庆云镇人,今属河北沧州盐山县。

[②] 杜元载:《革命人物志》第九集,"崔震华"条目及附录《辛亥革命女同志崔震华》,台北中国国民党中央委员会党史委员会1972年版,第126—131页。又见"国史馆"编《国史馆现藏民国人物传记史料汇编》第2辑,《崔震华女士行状》,台北"国史馆"1989年版,第403—407页。

[③] 顾炎武:《原抄本日知录》,台中市河北同乡会1958年铅排本。

会模糊成一片。但按现代彩色摄影技术，则丹黄朱蓝恰好摄影。这在1970年代尚且没有条件做到，因此最为遗憾。但如初版或重印时附上一二幅黑白书影，也能传达不少信息。

自民国以来，得见抄本原帙者寥寥无几。今张继、崔震华、徐文珊诸人已相继去世，抄本原帙收藏何处，消息不明。

自2010年至2017年，陆续有蒋中正、张人杰、孙科、黄兴、蔡元培、章太炎致张继信札原件，及张继致蒋介石与张人杰、张继致朱家骅、张继致冒广生信札，共十余通[1]，在北京海王村拍卖有限责任公司、中贸圣佳国际拍卖有限公司、北京华夏国拍国际拍卖有限公司、北京匡时国际拍卖有限公司、北京诚轩拍卖有限公司、北京泰和嘉成拍卖有限公司、北京东正拍卖有限公司、中国嘉德国际拍卖有限公司拍卖，注明"藏家直接得自张继家属"。

据台湾刊载崔震华传记，"夫人生二女一男，长女瑛，留学法国，适黄克强先生之次子一美；次女琳，适黄定……公子琨，留法习艺，不幸返国后，为强寇误戕于成都"[2]。张鸿举《张继家世述闻》亦载："张继有两个儿子，两个女儿。长子名雄，早夭。次子名琨，抗日战争时期，在陕北大学上学时，因奸杀人命，一九四四年被对方买通的流氓刺杀于四川省成都市，毙年二十四岁。长女张瑛，法国留学生，是黄兴子媳，丈夫黄一美。次女张琳，西北大学毕业，是山西省土皇帝阎锡山兵站总监黄国良（引者注：当作黄国梁）子媳，丈夫黄定。张琳现住北京，为北京市政协委员。"[3]

张瑛、黄一美夫妇有二女黄仪庄、黄仪娴，一子黄仪恭。张琳，中国戏剧家协会退休干部，副译审。黄定，中国戏曲学院教师、中国戏剧家协会会员、民革中国戏曲学院支部主委、著名京剧艺术家姜妙香先生的弟子和传人，1994年去世。

---

[1] 均为张继手笔，但信札称谓等处有涂改，似为作者所留底稿。

[2] 杜元载：《革命人物志》第九集，"崔震华"条目及附录《辛亥革命女同志崔震华》，台北中国国民党中央委员会党史委员会1972年版，第126—131页。又见"国史馆"编《国史馆现藏民国人物传记史料汇编》第2辑，《崔震华女士行状》，台北"国史馆"1989年版，第403—407页。

[3] 张鸿举：《张继家世述闻》，中国人民政治协商会议山西省南皮县委员会编《南皮县文史资料》第1辑，中国人民政治协商会议山西省南皮县委员会1989年版，第50页。

徐悲鸿夫人蒋碧微曾回忆："张溥泉先生和他的夫人崔震华女士，知道我们有欧洲之行，特地把他们的女公子张瑛和公子张琨，托我们带到法国去读书。民国二十二年一月二十二日，我们一行四人在上海乘法国轮船博多士号启程，到码头来送行的，有张溥泉先生暨夫人、褚民谊先生、盛成先生夫人和许多亲戚朋友。"①"张瑛女士长得很漂亮，高个子，方脸，有明艳照人的风韵。她在北平念法国天主教学校，法文、中文、英文都够水准，性格开朗，富于少女的幻想，因此每每使我为她耽心，唯恐她感情浮动，把握不住自己。"②"（1937年10月）九号，我们到了汉口，立刻便去打听到重庆的船期，据说最快也得在一星期以后才有船西行，我们只好在璇宫饭店辟室住下。当时张溥泉先生的夫人崔震华女士和她的两位小姐张瑛、张玲③都在汉口，我们常到她们家去玩，相约着一道逛逛公园，看看电影，伯阳和丽丽还在汉口公园拍了良多的照片。"④

关于张琳、张琨，又见范子昌《母校生活琐忆》。⑤

徐文珊（1900—1998），河北遵化人，燕京大学中文系毕业，受教于顾颉刚、胡适、钱穆，曾与顾颉刚合作出版《史记白文之部》。曾任北京大学教授，1945年以后从政，任国民党中央文化运动委员会委员、国民党中央党史编纂委员会处长、国史馆筹备委员会委员。1949年至台湾，1959年退出政界，任东海大学兼职教授。著有《中华民族之研究》《中国文化概论》《中国文化新探》《先秦诸子导读》《史记评介》《四书发微类编》等。

《原抄本日知录》出版后，胡适有简要的评语，见1958年12月22日胡适复徐文珊信札：

文珊先生：
谢谢你十二月十七日的信，更谢谢你寄赠的校点的《原抄本日知录》！

---

① 蒋碧微：《我与悲鸿》，岳麓书社1986年版，第142页。
② 蒋碧微：《我与悲鸿》，岳麓书社1986年版，第143页。
③ 张玲当作张琳，音近而讹。
④ 蒋碧微：《我与悲鸿》，岳麓书社1986年版，第204页。
⑤ 范子昌：《母校生活琐忆》，李鸿林、韩大钧主编《留住记忆：北洋大学校友回忆录》，天津大学出版社2010年版，第119页。

> 这个本子的底本，诚如黄季刚先生说的，当是"自原本移写"的抄本。季刚先生的校记，我已读了，其中"素夷狄行乎夷狄"一条，"胡服"一条，固是极可宝贵的补亡原料，就是避明帝讳诸条，也可以使我们明了当日遗民志士的心理。
>
> 你校点这部大书，功力浩大而精细，真可以对得住张溥泉先生和崔震华女士表彰亭林原稿真面目的苦心了，佩服佩服！
>
> 敬此道谢，并祝新年百福。
>
> 胡适敬上 一九五八，十二，二十二①

徐文珊本人对《原抄本日知录》的整理过程，也有叙述。

《张继先生百年诞辰口述历史座谈会纪实》内有徐文珊发言，其中记载：

> 现任东海大学教授徐文珊说："张溥老对我恩重如山。"
>
> 他是于抗战期间，在重庆参加河北省同乡聚会的场合中，认识溥老的。到了抗战末期，因有感于学历史的人，最好趁着战争结束之前尽快设法收集第一手史料，乃写了一篇建议性的文章，在发表前送给溥老指正。当时溥老掌理党史会及国史馆筹备委员会，看完徐文珊的文章后，十分赞同及欣赏他的见解。过了一年多，徐文珊突然接到溥老的电话，提到党史会有个征集处长的缺，问他愿不愿去会内工作？徐文珊当即赶到溥老家中，表明心意，愿追随他老人家，可是却不便向他任职的文化运动委员会主管张道藩先生请辞，溥老马上答应出面解决此问题，就这样，徐文珊成为党史会的一员。
>
> 不多久抗战胜利了，溥老接受徐文珊的建议，成立党史会、国史馆联合接收档案办事处，并为这个临时机构请了一笔经费，由徐文珊主持，分别在重庆、南京、北平展开收集抗战史料的工作。前后历时一年多，收获颇丰，徐文珊特写了一份书面的工作报告，登在国防部的刊物上。

---

① 胡颂平：《胡适之先生年谱长编初稿》，台北联经出版公司1984年版，第2778页；又见《胡适全集》第26卷，安徽教育出版社2003年版，第204—205页。

到台湾以后，徐文珊奉命编纂张溥老全集和一本补充文集，透过文稿上的一字一句，徐文珊更深一层地了解到溥老的思想、学识，受益甚深，感触也甚多。接着张夫人又将溥老于民国二十二年得到的顾炎武《日知录》原抄本，交徐文珊教授整理出版，他费了两年的时间点、校、编，出书之后在文化［界］很受重视。①

此外，徐文珊曾为《中华百科全书》撰写《日知录》条目，其中说道："……顾氏殁后，门人潘耒（次耕）汇刻行世。黄汝成为之集释，传衍至今，为士林所推重。不料本书通行已久之后，忽于民国二十二年，张继（溥泉）先生无意中在北平购得原抄本《日知录》。持与通行本对勘，竟多出数篇：纳公孙宁仪行父于陈、素夷狄行乎夷狄、心学、胡服……等。又书中称谓亦多不同，如称明曰本朝、明太祖称我太祖、崇祯曰先帝、明初曰国初……等。又原抄本中曰胡，曰虏，通行本则改为边、塞、外国。中原左衽改为中原涂炭。前后比观，原抄本表现着民族立场、敌我阵线；指清为胡、为虏、为敌，明为我。所表现之《春秋》精神、民族立场，明朗而坚定，极富教育价值。清人刻书，为免避祸，遂不得不删削改窜，而作者真精神，为之沈埋者，近三百年。原抄本之发现，为顾氏之幸，亦民族之幸。张继先生阻于抗战戡乱，未遑付印而归道山。张夫人崔震华女士携原抄本来台，嘱东海大学教授徐文珊点校断句考证。然后自节廉俸付梓发行。'民国四十七年'明伦出版社出版②，内附章太炎、黄侃、张继《序文》，及黄侃、张继《校记》，于右任题写封面，徐文姗撰写初版《叙例》、《再版赘言》、《校记补》。并代崔震华作《跋》，另作《原抄本日知录评介》附再版之末。出版后士林称快。"③

徐文珊所论原抄本的民族立场，与作者的真精神，又详见《原抄本顾炎武日知录评介》一文。

---

① 中国国民党中央委员会党史委员会编：《张溥泉先生全集》续编，台北"中央"文物供应社1982年版，附录二，第544—545页。

② "明伦出版社"有误，当为"台中市河北同乡会"。

③ 中国文化大学、中华学术院、中华百科全书编纂委员会编辑：《中华百科全书》，台北"中国文化大学"出版部1981年版，第164页。

二 《原抄本日知录》的版本

台湾版徐文珊点校本《原抄本日知录》共有两个版本，即初版本和挖补重印本。

初版本于1958年由台中市河北同乡会铅印出版。到1970年，徐文珊将初版本作了修改，挖补以后，影印再版，今所见有明伦出版社/明伦书局（1970、1979）、平平出版社/粹文堂（1974、1975）、唯一书业中心（1975）、文史哲出版社（1979）四种版本，均为影印制版，各版版心完全相同。

明伦出版社/明伦书局在台北。此书一为1970年9月再版，发行人陈明鉴，有徐文珊版花。一为1970年10月三版，发行人陈明鉴。一为1979年版，发行人濮存详。

平平出版社/粹文堂在台南，有三种，分别为1974年1月初版、1974年9月再版、1975年7月三版。

文史哲出版社在台北，社长彭正雄，此书邮政划拨账户彭正雄。

唯一书业中心在台南，负责人陈许碧珠，此书发行人署名许碧珠。

明伦出版社与粹文堂书局地址均为台北市复兴南路一段295巷26号。1974年影印版《孤本元明杂剧》，封面署粹文堂，书脊署明伦出版社，版权页署平平出版社。

如徐文珊《再版赘言》所说"爰与出版界洽商再版"，《原抄本日知录》的挖补重印本乃是由徐文珊联络了多家出版社刊印发行，各出版社之间往往都有联系，而此书的版心也都相同，应当是相互借版印刷。这一情形符合20世纪70年代台湾学术著作的出版状况。

1.《原抄本日知录》的初版本

初版本《原抄本日知录》，平装二册，1958年4月出版。

版权页及书脊题"原抄本日知录"，扉页题"顾炎武日知录"。

封面为于右任行书手迹四行："章太炎先生序文"，"黄季刚、张溥泉先生校记并序"，"原抄本顾亭林日知录"，"于右任（钤印）"。

扉页又题"旧题何义门批校精抄本"。

版权页标明：校勘者：黄侃、张继。原稿收藏兼发行者：崔震华。点校者：徐文珊。经售处：台中市河北同乡会。印刷厂：中台印刷厂。

内容包括四个部分：①《叙例》：共十一条，徐文珊写于 1958 年 1 月。②正文：三十二卷。③附录一：黄侃、张继校记，章炳麟、黄侃、张继校序、崔震华校记跋。④附录二：徐文珊校记补。

2.《原抄本日知录》的重印本

挖补重印本《原抄本日知录》，精装一册。本人所用一种为 1974 年版，封面标明"萃文堂"，版权页标明"平平出版社"。

版权页、扉页、书脊题"原抄本日知录"。封面行书二行："原抄本顾亭林日知录"，"于右任（钤印）"。

封面、扉页又题："顾炎武著，中国学术名著，札记类"，"萃文堂"。

内容包括六个部分：①《叙例》。②《点校原抄本日知录再版赘言》，徐文珊写于 1970 年 7 月。③正文：增加了顾炎武《初刻日知录自序》、顾炎武与友人书。④附录一。⑤附录二。⑥《原抄本顾炎武日知录评介》：徐文珊写于 1959 年，原刊东海大学《图书馆学报》1959 年 1 月创刊号。

20 世纪五六十年代内地报刊发表的顾炎武研究文章，大约有 36 篇，最多只提到黄侃校记。少数学者如潘景郑（潘承弼）、邓之诚、陈垣等曾经接触抄本原书，但在此期间未见撰文发表。

其间报刊文章编年目录如下：

赵俪生：《爱国主义思想家顾炎武的反清斗争》，刊《文史哲》1951 年第 1 期创刊号。

谢兴尧：《爱国主义者顾炎武》，刊《光明日报》1951 年 2 月 16 日。

马汉麟：《爱国诗人顾炎武》，刊《光明日报》1951 年 9 月 22 日。

王显：《清代的古音学创始人顾炎武》，刊《中国语文》1957 年第 6 期。

北京大学哲学系中国哲学史教研室：《顾炎武的哲学观点与政治思想》，刊《新建设》1957 年第 12 期。

白坚：《关于顾炎武》，刊《新华日报》1957 年 7 月 15 日。

陈监先：《评新版〈顾亭林诗文集〉》，刊《光明日报》1960 年 1 月 17 日。

华忱之：《论顾炎武的"蒋山佣残稿"》，刊《四川大学学报》（社会科学版）1959 年第 5 期。

何九盈：《顾炎武的〈日知录〉》，刊《光明日报》1961 年 7 月 22 日。

友前：《略论顾炎武的治学精神》，刊《重庆日报》1961年8月25日。

洪焕椿：《顾炎武的治学精神与方法》，刊《新华日报》1961年8月25日。

高志新：《严谨治学的爱国诗人顾炎武》，刊《黑龙江日报》1961年10月22日。

沈起炜：《顾炎武受的家庭教育》，刊《文汇报》1961年12月13日。

吴晗：《爱国学者顾炎武》，刊《人民日报》1962年2月7日。

张岂之：《明末清初进步思想家顾炎武》，刊《北京日报》1962年2月15日。

邹贤俊：《顾炎武的史学》，刊《北京师范大学学报》1962年第1期。

邱椿：《顾炎武论学习》，刊《北京师范大学学报》1962年第3期。

张维华：《顾炎武在山东的学术活动及其与李焕章辩论山东古地理问题的一桩学术公案》，刊《山东大学学报》1962年第4期。

张岂之：《顾炎武的思想风格》，刊《人民日报》1963年5月25日。

吴泽、袁英光：《顾炎武的社会政治思想和爱国思想》，刊《文汇报》1963年6月23日。

容肇祖：《顾炎武与北京》，刊《北京日报》1963年6月14日。

钱仲联：《顾亭林的文学思想》，刊《雨花》1963年第1期。

黄淬伯：《近代语文学史上的顾炎武》，刊《南京大学学报》（人文科学）1963年第3—4期。

王气中：《顾炎武的诗歌与散文》，刊《南京大学学报》（人文科学）1963年第3—4期。

刘毓璜：《论顾炎武的〈日知录〉》，刊《南京大学学报》（人文科学）1963年第3—4期。

傅衣凌：《顾炎武与十七世纪中国社会》，刊《江海学刊》1963年第12期。

蒋祖安：《顾炎武反道学的斗争》，刊《江海学刊》1963年第12期。

周予同、汤志钧：《从顾炎武到章炳麟》，刊《学术月刊》1963年第12期。

华山、王赓唐：《论顾炎武思想》（上下），刊《文史哲》1963年第2—3期。

沈嘉荣：《论顾炎武的爱国思想——与华山、王赓唐两先生商榷》，刊《文史哲》1964 年第 1 期。

洪焕椿：《对顾炎武政治思想的重新评价》，刊《南京大学学报》（人文科学）1964 年第 1 期。

赵俪生：《顾炎武〈日知录〉研究——为纪念顾炎武诞生 350 周年而作》，刊《兰州大学学报》1964 年第 1 期。

徐震堮：《读中华书局〈顾亭林诗文集〉》，刊《华东师大学报》1964 年第 1 期。

冉昭德：《坚持反清斗争的爱国学者顾炎武》，刊《历史教学》1964 年第 2 期。

陈友琴：《略论顾炎武的诗》，刊《光明日报》1964 年 6 月 14 日。

蒲鲁实：《关于顾炎武研究中的若干问题》，刊《华东师大学报》1965 年第 2 期。

2011 年（含 2011 年）以前，内地的学术出版社和学术期刊引用《原抄本日知录》者很少，并且基本上没有提及过台中市河北同乡会 1958 年版的《原抄本日知录》，而仅限于 1970—1979 年的挖补重印本，表明学界对《原抄本日知录》一书基本上是到 70 年代以后才反应过来的。

在"读秀"数据库中检索"《原抄本日知录》"和"《原抄本顾亭林日知录》"，1980—2011 年的大陆出版物（著作、论文集）仅有大约 14 项，其中无一提及"台中市河北同乡会"。

条列如下：

余英时：《曹雪芹的反传统思想》，刊《红楼梦研究集刊》第五辑，上海古籍出版社 1980 年版。引文为：《原抄本日知录》，台北明伦出版社，一九七〇年。

姜胜利：《清人明史学探研》，南开大学出版社 1997 年版。引文为：原抄本《顾亭林日知录》，台湾明伦出版社。

黄进兴：《优入圣域：权力、信仰与正当性》，中华书局 1998 年版。引文为：顾炎武：《原抄本顾亭林日知录》（台北，文史哲出版社，1979）。

林存阳：《清初三礼学》，社会科学文献出版社 2002 年版。引文为：顾炎武：《原抄本日知录》卷九，《素夷狄行乎夷狄》，台湾 1970 年徐文珊先生点校本。

陈俊民：《三教融合与中西会通：中国哲学及其方法论探微》，陕西师范大学出版社2002年版。引文为：《原抄本顾亭林日知录》（经义论策）（台北：文史哲出版社，1979）。《原抄本日知录》（台北：文史哲出版社，1979）。

陈瑛珣：《从清代台湾托孤契约文书探讨闽台女性财产权的变与不变》，刊《闽南文化研究》下册，海峡文艺出版社2004年版。引文为：顾炎武著：《原抄本日知录》卷一七《分居》，铅印标点本，台北市，文史哲出版社，1979年。

朱晓海：《汉赋史略新证》，陕西人民出版社2004年版。引文为：黄侃、张继，《原抄本日知录》（台北：明伦出版社，1970）。

李孝悌编：《中国的城市生活》，北京大学出版社2006年版。引文为：［清］顾炎武：《原抄本日知录》（台北：文史哲出版社，1984）。

苏雪林主编：《屈赋论丛》，武汉大学出版社2007年版。引文为：《原抄本日知录》，明伦出版社。

潘朝阳：《台湾汉人通俗宗教的空间与环境诠释》，厦门大学出版社2008年版。引文为：［晚明］顾炎武：《日知录》（原抄本顾亭林《日知录》）（台北：明伦出版社，1970年）。

温显贵：《〈清史稿·乐志〉研究》，崇文书局2008年版。引文为：清·顾炎武《原抄本日知录》卷9《素夷狄行乎夷狄》，台湾1970年徐文珊点校本。

安介生、邱仲麟主编：《边界、边地与边民：明清时期北方边塞地区部族分布与地理生态基础研究》，齐鲁书社2009年版。引文为：顾炎武：《原抄本顾亭林日知录》卷二十九"烧荒"条，台北：明伦出版社1971年版。

李炳武总主编：《长安学丛书·文学卷》，三秦出版社2009年版。引文为：顾炎武《日知录》，台湾明伦出版社。

陈瑛珣：《中国社会经济史研究丛书·清代民间妇女生活史料的发掘与运用》，天津古籍出版社2010年版。引文为：顾炎武：《原抄本日知录》铅印标点本，台北市：文史哲出版社，1979。

"读秀"数据库中所见台湾出版物不甚充分，检索"《原抄本日知录》"和"《原抄本顾亭林日知录》"，仅有5项，其中也都不提"台中市河北同乡会"。

条列如下：

黄景进：《王渔洋诗论之研究》，文史哲出版社1980年版。引文为：《原抄本日知录》，顾炎武，明伦出版社。

古国顺：《清代尚书学》，文史哲出版社1981年版。引文为："民国六十三年"元月，台南平平出版社印行，《原抄本顾亭林日知录》。

丁原基：《清代康雍乾三朝禁书原因之研究》，华正书局1983年版。引文为：见《原抄本顾亭林日知录·叙例》，徐文珊撰，明伦出版社印行。

陈芳：《晚清古典戏剧的历史意义》，台湾学生书局1988年版。引文为：顾亭林"原抄本日知录"（台北，明伦，五十九年）。

胡楚生：《清代学术史研究》，台湾学生书局1988年版。引文为：文史哲出版社，"民国六十八年"出版之《原抄本日知录》。

（胡楚生另有《顾亭林日知录研究》，台湾学生书局2014年版，其书未见待访。）

"知网"数据库（期刊论文）统计如下：

在"知网"数据库中检索"《原抄本日知录》"和"《原抄本顾亭林日知录》"，2011年以前（含2011年）的期刊论文，检索"主题""关键词""篇名""摘要"4项，均不显示。检索"被引文献"，仅有大约4项。条列如下：

彭静：《刍议中国大学培养世界公民之内涵》，《四川师范大学学报》（社会科学版）2009年第3期：顾炎武．日知录：卷十七（原抄本）［M］．台北：明伦出版社，1970。

陈俊民：《道学与宋学、新儒学、新理学通论》，《渭南师范学院学报》2000年第3期：原抄本顾亭林．日知录［M］．台北：文史哲出版社，1980。

许富宏：《汉代祠太一的方位与"东皇太一"名称的来源》，《云梦学刊》2008年第1期：顾炎武．原抄本顾亭林日知录（卷三十）［M］．台北：文史哲出版社，1979。

郭静云：《〈缁衣〉"君以民芒"原义之推论》，《湖南大学学报》（社会科学版）2009年第2期：清．顾炎武．原抄本顾亭林日知录［M］．台北：文史哲出版社，1979。

第四节　陈垣的《日知录校注》

一　古籍整理中的"史源学"

顾炎武《日知录》的研究整理有三个大的方向最可注意，一为以清黄汝成《日知录集释》为代表的校勘、集释工作，一为以原抄本《日知录》的整理、出版为代表的寻求原貌的工作，一为陈垣先生所倡导的史料学、史源学的研究。

陈垣校注、陈智超等整理的《日知录校注》，2007年由安徽大学出版社出版，顷又收入陈智超主编《陈垣全集》中，2010年5月仍由安徽大学出版社出版。顾炎武为清学的开山人物，著述甚多，而《日知录》则凝聚了顾氏一生的学术精华，其重要的学术意义学界早有公论。上述二书的出版，表明《日知录》的研究、整理在寻求原貌及史源学两个大方向上接连获得了重大进展。

《日知录校注》实为陈垣先生遗著。陈氏为海内名家，早年就有《〈日知录〉引唐割属东川六州制考》《〈日知录〉"停年格"条注引辛琛考》《〈日知录〉"部刺史"条唐置采访使原委》《〈日知录〉"江乘"条〈蔡宽夫诗话〉考证》（发表时更改了标题）四文，刊于《辅仁学志》及天津《益世报·人文周刊》。《日知录校注》出版时，四文作为附录，题为《四篇史源学杂文》。

陈垣在史学研究中，提倡"史源学"方法，讲授"史源学实习"课程，借助《日知录》《廿二史札记》等作为教材。按赵翼《廿二史札记》及《陔余丛考》明显受《日知录》影响，频见引用，世人称"或以比顾亭林《日知录》"（见该书《小引》）。钱穆称："钱氏（钱大昕）《十驾斋养新录》大旨似《日知录》。"[1] 故陈氏此举极有见地。

民国间，陈垣先生倡导史源学，杨树达先生倡导语源学，都颇具活

---

[1] 钱穆：《中国近三百年学术史》，商务印书馆1997年版，第159页夹注。

力。至于何者为史源学，有陈派弟子认为："什么是史源学？简而言之，史源学就是一门寻考史料来源的学问。"①

《日知录》重在言事，不专为引文，故凡旁征博引多与自家叙述合为一体，加之常在旅途，善本难求，故文字多歧。由今日处境而言，详细分辨引文，加以清晰的现代引号，是必要的、有益的。故陈垣先生说道："《日知录》引书例不注卷数，又不注起止，每每与自己文章相混，故意做成天衣无缝，读者不能分辨何者为引文，何者为亭林议论。有时原文整段中，完全是引文，只最后有一两句为亭林议论，因此其中'今'、'余'、'国朝'等字，不辨为谁，或以古人语为亭林语。"②

因之《日知录校注》一书最为显著的特色，即在于史源学的研究整理方法。栾保群、吕宗力校点的《日知录集释（全校本）》以黄汝成《日知录集释》道光十四年西谿草庐本的剜补重印本为底本，又择要吸收了清李遇孙《日知录续补正》、丁晏《日知录校正》和俞樾《日知录小笺》。书中原文经过核校，引文注明出处，书后并附《谲觚十事》和《日知录之余》二种，是一部比较重要的现代版本，其集释、校记迄至目前最全。（"全校"二字当只是相对而言，如谓一条不可添加、将来亦无可补则未必。）与栾保群、吕宗力校点的《全校本》相比，如果说《全校本》尚有未达于一间，则正在于对于《日知录》引文的钩沉索赜，不如史源学所设定的目标彻底。

二 《日知录校注》之误注

但《日知录校注》亦非没有不足。

（1）其书为陈垣先生未完成的遗著。陈氏于 1971 年谢世，书稿经儿孙辈陈乐素、陈约之、陈智超、陈致易及陈祖武五人整理，所谓陈氏自著"历时近三十年"、全书"历经三代人八十多年的努力"③，断续不齐，与顾氏《日知录》三十年日夜寻究矻矻不已不可同日而语。书中间有误字，

---

① 刘重来、陈晓华：《陈垣开设"史源学实习"课的启示》，刊《光明日报》2002 年 5 月 28 日。
② 陈垣校注：《日知录校注·前言》，安徽大学出版社 2007 年版，第 4 页。
③ 陈垣校注：《日知录校注·前言》，安徽大学出版社 2007 年版，第 8 页。

亦不及《全校本》精确。

（2）陈垣自著原稿本是批札，写于《日知录》刻本天头空白处，原非正规的校注体例。其研究以考究史源为宗旨，而所采用的底本仅为民国元年鄂官书处翻刻粤刻《日知录集释》本，版本不精，只因价廉易得、天头宽阔便于书写之故。其中如"保举"一条，正文引《唐书》一节，校注忽用〇符号代《新唐书》，△符号代《旧唐书》，与全书体例不同。而"鸿渐于陆"条"云路"注云"亦未想及有飞机也"，"凶礼"条"降于丧食"注云"犹今之静默纪念"，"乐章"条"后世徒琴"注云"今谓之独奏"，皆为泛泛议论，非校注语。

（3）即由史源学而论，其书亦非无可议论者。

其一，陈氏所注篇卷并非皆属必要。

如常见史部书，顾氏正文已言书名篇名，而陈氏皆详注卷次。如卷一中，原书正文已言《汉书·五行志》，而注卷廿七；原书正文已言《汉书·律历志》，而注卷廿一；原书正文已言《金史·方伎传》，而注卷一三一。[①]如此之类不少，所谓"史源"不当如此无谓。若曰不厌其精，则校注又多用别称简称，如"铨选之害"条引温公曰，注曰出"《宋史》三三六温公传"而不曰《司马光传》之类。

其二，陈氏校注间有误注之处。

"承筐是将"条"拾遗金而对管宁，倚被囊而酬温峤"，校注曰："管宁见《三国志》十一，温峤见《晋书》六七。"[②]按当注事典，前见《世说新语·德行》，后见《太平御览》引《语林》。

"夸毗"条"谓之'如脂如韦'"，四字已加引号，而未注出《楚辞·卜居》。[③]

"木铎"条"先王之制，所以'军容不入国'也"，未注出《司马法》，亦未加引号。[④]

"乐章"条原注"宋国子丞王普言……"校注曰："王普，史无传，

[①] 陈垣校注：《日知录校注》，安徽大学出版社2007年版，第25、26、59页。
[②] 陈垣校注：《日知录校注》，安徽大学出版社2007年版，第131页。
[③] 陈垣校注：《日知录校注》，安徽大学出版社2007年版，第145页。
[④] 陈垣校注：《日知录校注》，安徽大学出版社2007年版，第255页。

有《官历刻漏图》二卷。"① 未注所言出《宋史·乐志五》。

"邾娄考公"条"徐子章羽",校注曰:"传作'章禹',潘本已作'羽'。"② 按阮刻《十三经注疏》本《左传》经文作"章羽",传文作"章禹"。《穀梁传》亦作"章羽",惟《公羊传》作"章禹"。顾氏从经文,校注义不明。

"先古"条"《诗》曰:'以似以续,续古之人。'"校注在前四字下,曰出《诗经·周颂》,不言篇名《良耜》,故整理者引号亦不引后四字。③

"省官"条:"晋荀勖之论以为:'省官不如省事,省事不如清心。昔萧、曹相汉,载其清静,民以宁一,所谓清心也。抑浮说,简文案,略细苛,宥小失,有好变常以徼利者,必行其诛,所谓省事也。'"校注曰:"《晋书》三九本传有《省吏议》,《全晋文》三一。此隐括其词。"④ 按引文见《资治通鉴》卷八十,又见《通典》卷十九,非顾氏隐括之。《全晋文》清严可均辑,为顾氏身后之书。

"选补"条:"宋白曰:长名榜,定留放,留者入选,放者不得入选。"校注在"宋白"下,曰:"宋白,《宋史》四三九《文苑传》。"⑤ 按"留者入选,放者不得入选"一句,宋白语,见《资治通鉴》卷二百九胡三省注引。宋白著《续通典》二百卷,已佚,胡三省注《资治通鉴》多引之。"长名榜,定留放"一句见《新唐书·奸臣传上》。顾氏以宋白解此,故二句引文间宜加冒号。陈氏能作《通鉴胡注表微》,而不能注此。

"水利"条"乾时著于齐人",校注在"乾时"下,曰:"乾时,齐地名。《左传》庄九年:'师及齐师战于乾时'。"⑥ 按"乾时"当云出《春秋经》,"著于齐人"则事见《公羊传》。

"正始"条"《晋书》言……足参诸正始",校注征引《世说》及注,又征引《高僧传》,曰:"此云'参诸正始',亭林误记也。"⑦ 按今见《晋

---

① 陈垣校注:《日知录校注》,安徽大学出版社2007年版,第266页。
② 陈垣校注:《日知录校注》,安徽大学出版社2007年版,第335页。
③ 陈垣校注:《日知录校注》,安徽大学出版社2007年版,第353页。
④ 陈垣校注:《日知录校注》,安徽大学出版社2007年版,第477页。
⑤ 陈垣校注:《日知录校注》,安徽大学出版社2007年版,第484页。
⑥ 陈垣校注:《日知录校注》,安徽大学出版社2007年版,第703页。
⑦ 陈垣校注:《日知录校注》,安徽大学出版社2007年版,第722页。

书·郗鉴传》，引文全同无误。

"重厚"条：张说论"阎朝隐之文，如丽服靓妆，燕歌赵舞，观者忘疲；若类之风雅，则罪人矣"。校注曰："《大唐新语》八《文章篇》。张说，旧新《唐书》传均不载。阎，旧新《唐书》传均不载。"① 按引文今见《旧唐书·文苑传上》，又见《新唐书·文艺传上》。

同条：谢灵运之"每出入，自扶接者常数人"，校注曰："《宋书》、《南史》均不载。"② 按今见《宋史·五行志一》。

"范文正公"条"终思少游之言"，校注在"少游"下，曰："少游，援从弟。"未明出处。③ 按马援曰："吾从弟少游尝哀吾慷慨多大志。……"见班固《东观汉记》，又见袁宏《后汉纪》。

"圣节"条：原注：《册府元龟》：开元二十三年，"八月癸巳，千秋节，命诸学士及僧道讲论三教同异"。陈垣校注：《册府》二《诞圣门》作开元"二十三年八月五日千秋节宴群臣"，无讲论三教同异。开元二十三年八月甲申朔，癸巳，十日，不合。④ 今按：陈说非是。顾氏原注出《册府元龟》卷三十七《帝王部·颂德》：开元二十三年"八月癸巳，千秋节命诸学士及僧道讲论三教同异，中书令张九龄上言曰"。

"配享"条：原注：汉文翁成都石室"设孔子坐像，其坐敛跽向后，屈膝当前，七十二弟子侍于两旁"。引文见元代司居敬至元三十一年《尼山孔子石像记》。校注曰："此语不知所出"，整理者未加引号。⑤

"墓祭"条："十七年正月，明帝当谒原陵，夜梦先帝、太后如平生欢……"校注曰出《册府》二八《奉先门》，《通鉴》四五。⑥ 按当云出《后汉书·皇后纪上》。

"火葬"条："所诛甚多，及死，仇家欲烧其尸，尸亡去归葬。"校注曰：《汉书》九十《酷吏传》。⑦ 按引文出《史记·酷吏列传》。《汉书》

---

① 陈垣校注：《日知录校注》，安徽大学出版社2007年版，第746页。
② 陈垣校注：《日知录校注》，安徽大学出版社2007年版，第746页。
③ 陈垣校注：《日知录校注》，安徽大学出版社2007年版，第774页。
④ 陈垣校注：《日知录校注》，安徽大学出版社2007年版，第807页。
⑤ 陈垣校注：《日知录校注》，安徽大学出版社2007年版，第820页。
⑥ 陈垣校注：《日知录校注》，安徽大学出版社2007年版，第835页。
⑦ 陈垣校注：《日知录校注》，安徽大学出版社2007年版，第867页。

"尸亡去"作"妻亡去"。

"勘书"条：唐阎朝隐《送金城公主适西蕃》诗"还将贵公主，嫁与仮檀王"，注曰出《全唐诗》。① 按当云出《初学记》。《全唐诗》清人编，为顾氏身后之书。

"召诰"条"师渡孟津"，源出《尚书·武成》"师逾孟津"，而误注出《泰誓》。②

"诸姑伯姊"条"其君之袂，不如其娣"，校注出《易·归妹卦》，曰："娣"下原有"之袂"二字。③ 按当为"之袂良"三字。

"所见异辞"条末句"《春秋》之失乱"，校注不曰出《礼记·解经》，而曰"《经解》隐公二年"，误混下条"纪履緰来逆女"原注于此。④

"六牲"条"秦德公'用三百牢于鄜畤'"，校注曰出《史记·秦本纪》。⑤ 按当为《史记·封禅书》。

"用火"条："《素问》：黄帝言：'壮火散气，少火生气。'"校注曰：《素问集注》卷二《阴阳应象大论篇第五》。⑥ 按此为《素问》本经，非集注。

"未有义而后其君者也"条"大夫不收公利"下，校注曰：《晏子春秋》。⑦ 按此下直至"礼之善物也"均出《左传》昭公二十六年。

"关防"条正文引《太祖实录》：洪武二十年八月壬申，校注曰："壬申"原作"壬戌"。⑧ 按《太祖实录》卷一百八十四作"壬申"无误。

"财用"条"四海困穷，天禄永终"，校注曰：《论语·尧曰》。⑨ 按当云出《尚书·大禹谟》。

同条"长国家而务财用者，必自小人矣"，校注曰：《礼记·大传》二。⑩ 按当云出《礼记·大学》。

---

① 陈垣校注：《日知录校注》，安徽大学出版社2007年版，第1039页。
② 陈垣校注：《日知录校注》，安徽大学出版社2007年版，第89页。
③ 陈垣校注：《日知录校注》，安徽大学出版社2007年版，第124页。
④ 陈垣校注：《日知录校注》，安徽大学出版社2007年版，第237页。
⑤ 陈垣校注：《日知录校注》，安徽大学出版社2007年版，第257页。
⑥ 陈垣校注：《日知录校注》，安徽大学出版社2007年版，第274页。
⑦ 陈垣校注：《日知录校注》，安徽大学出版社2007年版，第406页。
⑧ 陈垣校注：《日知录校注》，安徽大学出版社2007年版，第507页。
⑨ 陈垣校注：《日知录校注》，安徽大学出版社2007年版，第671页。
⑩ 陈垣校注：《日知录校注》，安徽大学出版社2007年版，第675页。

"言利之臣"条"此则唐太宗责权万纪之遗意也",校注曰:《新唐书》一〇〇。① 按事见《贞观政要·贪鄙》,又见《资治通鉴》卷一百九十四,《新唐书》本传不载。

"家事"条:"以'正色立朝'之孔父,而艳妻行路,祸及其君。"校注曰:《左传》桓公二年、三年。② 按当云出桓公元年、二年。又"正色立朝"语出《公羊传》,陈氏未注,整理者未加引号。

"本朝"条:"宋胡三省注《资治通鉴》,书成于元至元时,注中凡称宋皆曰'本朝'。"校注曰:"胡注全部称'本朝'者只二次:一九一、二〇一。"③ 按胡注称宋曰"本朝",陈氏所言以外尚有卷一二〇"武兴"条、卷二二〇"寿阳"条,凡四见。

"同年"条引汉《敦煌长史武班碑》,校注曰出《金石萃编》八。④ 按当云出《隶释》卷四,《金石萃编》清王昶著,为顾氏身后之书。

"徙戎"条"吴于是伐楚取巢",校注曰:"句见《左传》襄二十六年。"⑤ 按当作成公七年。

同条:"先是,天授三年,左补阙薛谦光上疏曰"一大节,出《唐会要》卷五十六,又见《通典》卷二百,又见《册府元龟》。校注曰:"薛谦光后改名登,见《旧唐书》一〇一、《新唐书》一一二。此疏《旧书》不载,《新书》略载之。《册府元龟》五三二《规谏门》、五四四《直谏门》均载。此盖采自五四四,较详。亦见《全唐文》二八一。"⑥ 按此疏与《两唐书》无关,《全唐文》在顾氏身后,惟《唐会要》《通典》二书有关而陈氏不及之。

"里"条:《穀梁传》:"古者三百步为里。"校注曰:《穀梁传》定十五年。⑦ 按当作宣公十五年。

其三,《日知录校注》断句之误。

---

① 陈垣校注:《日知录校注》,安徽大学出版社2007年版,第677页。
② 陈垣校注:《日知录校注》,安徽大学出版社2007年版,第766页。
③ 陈垣校注:《日知录校注》,安徽大学出版社2007年版,第789页。
④ 陈垣校注:《日知录校注》,安徽大学出版社2007年版,第966页。
⑤ 陈垣校注:《日知录校注》,安徽大学出版社2007年版,第1679页。
⑥ 陈垣校注:《日知录校注》,安徽大学出版社2007年版,第1678页。
⑦ 陈垣校注:《日知录校注》,安徽大学出版社2007年版,第1837页。

陈氏虽详注史源，但当时未用现代通用引号（《日知录校注·前言》中说明"原文只有断句，现加标点符号"），皆需后来整理者按图索骥，重加标点。此种情形设如整理者未能竟其事，则不免于前功尽弃。不幸此书的标点断句，失误最多。略举41条如下。

"子卒"条"叔仲惠伯从君而死"，整理者误断为"叔仲、惠伯"①，遂误以一人为二人。

"汉书"条："《汉书·王子侯表》：长沙顷王子高成节侯梁。"误作"长沙顷王子高、成节侯梁"。② 遂误一人为二人。"史文重出"条同误。③

"晋国"条："平公用荀吴，败狄于太原。"整理者断句误作："平公用荀、吴。"④ 似误以荀、吴为二姓，故误判一人为二人。

"昌黎"条："而《列传》如韩麒麟、韩秀、谷浑、孙绍之伦，皆昌黎人。"按此四人，史皆有传。而断句误作："韩麒麟、韩秀谷、浑孙绍之伦。"⑤ 遂误四人为三人。

"杜子美诗注"条："袞衣，汉世出陈留襄邑所织。"陈留为郡，襄邑为属县。整理者断句误作："汉世出陈留、襄邑所织。"⑥ 遂误一地为二地。

"昔阳"条："乐平沽县东有昔阳城。"沽县属乐平郡，而整理者断句误作："乐平、沽县东有昔阳城。"⑦ 遂误一地为二地。

"糊名"条："'太和初，礼部侍郎崔郾试进士东都'，吴武陵出杜牧所赋《阿房宫辞》，'请以第一人处之'。"原注已云出《武陵传》。而整理者断句作："礼部侍郎崔郾试进士，东都吴武陵出杜牧所赋《阿房宫辞》。"亦未加引号。⑧《新唐书》谓吴武陵为信州人，今遂成为东都人。

"噫歆"条引文："声者，噫。歆也，将启户，警觉神也。"误作："声者，噫歆也，将启户，警觉神也。"⑨

---

① 陈垣校注：《日知录校注》，安徽大学出版社2007年版，第195页。
② 陈垣校注：《日知录校注》，安徽大学出版社2007年版，第1437页。
③ 陈垣校注：《日知录校注》，安徽大学出版社2007年版，第1448页。
④ 陈垣校注：《日知录校注》，安徽大学出版社2007年版，第1787页。
⑤ 陈垣校注：《日知录校注》，安徽大学出版社2007年版，第1775页。
⑥ 陈垣校注：《日知录校注》，安徽大学出版社2007年版，第1594页。
⑦ 陈垣校注：《日知录校注》，安徽大学出版社2007年版，第1794页。
⑧ 陈垣校注：《日知录校注》，安徽大学出版社2007年版，第953页。
⑨ 陈垣校注：《日知录校注》，安徽大学出版社2007年版，第316页。

同条引文："声，噫。歆，警神也。"误作："声，噫歆警神也。"①

"黄金"条："《尚书》疏：'汉、魏赎罪，皆用黄金。'后魏以金难得，令金一两收绢十匹。今律乃赎铜。"校注在"皆用黄金"下，曰出"《舜典》'金作赎刑'疏"，引号因之只引二句。② 按此节至末均为孔颖达正义文。

"钱面"条：《仪礼》疏："筮法，古用木画地，今则用钱。以三少为重钱，重钱则九也。三多为交钱，交钱则六也。两多一少为单钱，单钱则七也。两少一多为折钱，折钱则八也。"校注在"画地"下，曰出"《少牢馈食礼》"，引号因之只引二句。③ 按此节至末均为《仪礼·士冠礼》贾公彦正义文。

"伪银"条：正文当作："孝景中六年十二月，'定铸钱、伪黄金弃市律'。造伪黄金与私铸钱者，同弃市。"校注在"同弃市"下，曰："《汉书》五《景帝纪》"，引号遂加于全句，又错断为："伪黄金弃市。律：造伪黄金……"④ 按《汉书》原文只有定律一句。

"破题用庄子"条原注："罗氏《困知记》谓：'"无极之真，二五之精，妙合而凝。"太极与阴阳、五行非二物也。'"按罗钦顺所引为周敦颐《太极图说》，整理者标点误作："无极之真，二五之精妙，合而凝太极。与阴阳五行非二物也。"⑤

"文人求古之病"条："《唐书》郑余庆'奏议类用古语，如"仰给县官"、"马万蹄"，有司不晓何等语。'"整理者断作"仰给县官马万蹄"，⑥遂连二事为一。

"史书下两曰字"条原注：《孟子》书多有两"曰"字，如"公都子曰：'告子曰'"、"公孙丑问曰：'高子曰'"、"公孙丑曰：'伊尹曰'"、"公孙丑曰：'《诗》曰'"。整理者乃错断为：《孟子》书多有两"曰"字，如"公都子曰"、"告子曰"、"公孙丑问曰"、"高子曰"、"公孙丑曰"、

---

① 陈垣校注：《日知录校注》，安徽大学出版社2007年版，第316页。
② 陈垣校注：《日知录校注》，安徽大学出版社2007年版，第625页。
③ 陈垣校注：《日知录校注》，安徽大学出版社2007年版，第657—658页。
④ 陈垣校注：《日知录校注》，安徽大学出版社2007年版，第666—667页。
⑤ 陈垣校注：《日知录校注》，安徽大学出版社2007年版，第1021页。
⑥ 陈垣校注：《日知录校注》，安徽大学出版社2007年版，第1066页。

"伊尹曰"、"公孙丑曰"、"《诗》曰"。① 两"曰"字遂成一"曰"字。

"金石录"条：《后汉志》：壮武："故夷国。《左传》隐元年'纪人伐夷'。"按此出《后汉书·郡国志四》李贤注。而整理者误断句作："《后汉志》：壮武故夷国。《左传》隐元年，纪人伐夷。"② 所谓史源不知何在？

"亭"条原注：《西京赋》曰："旗亭五重。"薛综注："旗亭，市门楼也。""立旗于其上，故取名焉。"整理者误断句为：薛综注："旗亭，市门楼也，立旗于其上，故取名焉。"③ 按《西京赋》及薛综注，为《史记》裴骃集解所引。"立旗于其上"二句为裴骃语。

"都乡"条：《集古录·宋宗悫母夫人墓志》："涅阳县都乡安众里人。"又云："窆于秭陵县都乡石泉里。都乡之制，前史不载。"校注在"石泉里"下，曰出《集古录》卷四。④ 按"前史不载"二句亦《集古录》文，整理者引号未包在内，则此条史源所止已不明。

"孔颜孟三氏"条："《春秋》齐有孔虺，卫有孔达，陈有孔宁，郑有孔叔、孔张。"陈氏接连下五校注曰：襄公卅一年、文公元年、宣公九年、僖公三年、昭公十六年。⑤ 而整理者于"春秋"不加书名号，所谓史源自亦弃置不顾。

"司业"条：梁刘勰《文心雕龙》谓："《论语》以前，经无'论'字。《六韬》三论，后人追题。"校注误在"论字"下，整理者遂漏引后二句。⑥

"湘君"条"郭璞注曰"以下至"此辨甚正"前一大段，皆郭注文。校注曰："此辨何人所辨，不明，似是郭璞。"整理者不加补阙，郭璞注引文仅加引号至"天帝之二女，而处江为神"二句。⑦

"宋书"条：《宋书·州郡志》"广陵太守"下云："《永初郡国》又有舆、肥如、潞、真定、新市五县。"《永初郡国》当为书名，整理者未加书

---

① 陈垣校注：《日知录校注》，安徽大学出版社2007年版，第1138页。
② 陈垣校注：《日知录校注》，安徽大学出版社2007年版，第1191页。
③ 陈垣校注：《日知录校注》，安徽大学出版社2007年版，第1225页。
④ 陈垣校注：《日知录校注》，安徽大学出版社2007年版，第1221页。
⑤ 陈垣校注：《日知录校注》，安徽大学出版社2007年版，第1259页。
⑥ 陈垣校注：《日知录校注》，安徽大学出版社2007年版，第1355页。
⑦ 陈垣校注：《日知录校注》，安徽大学出版社2007年版，第1401页。

名号。①

"汉书注"条:"从东方来,集于祠城。若雄鸡,其声殷云,野鸡夜鸣。""殷云",今《汉书》作"殷殷云",《史记·封禅书》作"殷云",犹曰"殷殷然"。整理者断句误作:"若雄鸡,其声殷,云野鸡夜鸣。"②

"杜子美诗注"条:"注引《苏秦传》'秦虎狼之国',甚为无理。"后四字本为顾氏语,而注在"无理"下,整理者引号遂误包顾氏语在内。③

"王女弃归"条:"以王女之贵,为人妻而犹有见弃者。"整理者误断句作:"以王女之贵为人妻,而犹有见弃者。"④ 似因为人妻而贵,是何语也?

"正五九月"条原注:诏曰:"释典微妙,净业始于慈悲;道教冲虚,至德去其残杀。……"见《唐大诏令集》卷一一三,又见《老学庵笔记》卷八。陈氏无注,而整理者断句误作:"释典微妙净业,始于慈悲;道教冲虚至德,去其残杀。"⑤ "微妙净业"连读,不可解。

"古今神祠"条:"杜主,故周之右将军。其在秦中,最小鬼之神者。"按《史记》司马贞索隐云:"谓其鬼虽小而有神灵",是也。而整理者断句误作:"其在秦中最小,鬼之神者。"⑥

"史记菑川国薛县之误"条:《续汉·郡国志》:"薛:本国。"注引《地道记》曰:"夏车正奚仲所封,冢在城南二十里山上。"整理者断句误作:"夏车正奚仲所封冢,在城南二十里山上。"⑦ "封冢"二字连读,不可解。

"曾子南武城人"条:齐威王曰:"吾臣有檀子者,使守南城,则楚人不敢为寇东取,泗上十二诸侯皆来朝。"整理者断句误作:"则楚人不敢为寇。东取泗上,十二诸侯皆来朝。"⑧ 按"东取泗上"者楚,非齐也。

---

① 陈垣校注:《日知录校注》,安徽大学出版社2007年版,第1454页。
② 陈垣校注:《日知录校注》,安徽大学出版社2007年版,第1544页。
③ 陈垣校注:《日知录校注》,安徽大学出版社2007年版,第1583页。
④ 陈垣校注:《日知录校注》,安徽大学出版社2007年版,第1651页。
⑤ 陈垣校注:《日知录校注》,安徽大学出版社2007年版,第1724页。
⑥ 陈垣校注:《日知录校注》,安徽大学出版社2007年版,第1727页。
⑦ 陈垣校注:《日知录校注》,安徽大学出版社2007年版,第1748页。
⑧ 陈垣校注:《日知录校注》,安徽大学出版社2007年版,第1751页。

"无终"条:"《史记》:项羽封韩广为辽东王,'都无终'。"按《史记》只云"徙齐王田市为胶东王",此处述其事,非直引。"都无终"则出裴骃集解引徐广曰。陈氏于"都无终"下注曰:《史记》七。整理者遂全引为《史记》之文。①

"柳城"条:史言:"慕容皝以柳城之北,龙山之西,福德之地,乃营立宗庙宫阙,命曰龙城。"陈氏于"龙城"下注曰:"语见《十六国春秋·慕容皝传》。《寰宇记》七一《营州》条,《御览》一六二《营州》条均引之。《水经注》十四《大辽水》条白狼水下亦用其语,而未著书名。《通鉴》九六咸康七年正月作'龙城之西'。"按又见《通典》卷一百七十八、《辽史·地理志三》。② 陈氏接连校注五项出处,而整理者不能加一引号。

"昌黎"条:"《唐书》载韩氏世系则云:汉弓高侯颓当,裔孙世居颍川,徙安定武安、常山九门,而生安定桓王茂。"按"武安"当作"安武",属安定郡,见《汉书·地理志下》。《魏书·韩茂传》:"韩茂,字元兴,安定安武人也。"常山九门,九门属常山郡,亦见《汉书·地理志上》。《魏书·韩茂传》:韩茂"父耆,字黄老;永兴中自赫连屈丐来降,拜绥远将军,迁龙骧将军、常山太守,假安武侯。仍居常山之九门。"整理者断句误作:"汉弓高侯颓当裔孙世居颍川,徙安定、武安、常山、九门。"③ 二地而误作四地矣。

"代"条:《孝文纪》则云"都中都",而文帝过太原,"复晋阳、中都二岁",又立子武为代王,都中都。按此云复租税,"二岁"犹"二年"。今本《史记》《汉书》均作"三岁"。"二岁"下有原注,云:"如淳以为先都晋阳,后迁中都。"则明知当自此断句,而整理者仍误作:"复晋阳中都。二岁又立子武为代王。"④

"语急"条原注:《仪礼·聘礼》:"辞曰:'非礼也,敢对。'曰:'非礼也,敢(辞)。'"注:"敢,言不敢。"整理者断句误作:辞曰:"非礼也敢。"对曰:"非礼也敢。"注:"敢言不敢。"⑤ 则全不通矣。

---

① 陈垣校注:《日知录校注》,安徽大学出版社2007年版,第1769—1770页。
② 陈垣校注:《日知录校注》,安徽大学出版社2007年版,第1770—1772页。
③ 陈垣校注:《日知录校注》,安徽大学出版社2007年版,第1776页。
④ 陈垣校注:《日知录校注》,安徽大学出版社2007年版,第1799页。
⑤ 陈垣校注:《日知录校注》,安徽大学出版社2007年版,第1830页。

"期功丧去官"条：荀爽"引据大义，正之经典，虽不悉变，亦颇有改者"。校注已曰出《后汉书》九二，而整理者犹误断作："荀爽引据大义正之，'经典虽不悉变，亦颇有改者'。"①

"经义论策"条：元祐八年三月庚子，"中书省言：'进士御试答策，多系在外准备之文，工拙不甚相远，难于考较。祖宗旧制，御试进士赋、诗、论三题，施行已远，前后得人不少。况今朝廷见行文字多系声律对偶，非学问该洽不能成章。请行祖宗三题旧法。'诏来年御试，将诗赋举人复试三题经义，举人且令试策，此后全试三题"。校注曰："略见《宋史》十八《哲宗纪》。"整理者曰："超按：'与《长编》四八二全同。'"②此则已知出处而不加引号，致此节首尾不详。

"除贪"条："南郊大赦，十恶、故劫杀及官吏受赃者不原。"出《宋史·太祖本纪二》，陈氏未注出处，而于"劫杀"下注："故，有意也。"③标点者未加引号，而又以"十恶故劫杀"连读，陈氏之史源校注遂同虚设。

"说文长笺"条：王僧孺诗云："散度广陵音，参写渔阳曲。"自注云："参，音七绀反。"乃"曲奏之名"。校注曰："王僧孺诗及自注，皆贤注所引。"而断句仍误作："自注云：'参，音七绀反，乃曲奏之名。'"④按"曲奏之名"为《后汉书》"臣贤按"，今则与王僧孺自注误连为一句，而陈氏校注遂为虚设。

"佛寺"条：宋明帝"以故第为湘宫寺，备极壮丽。欲造十级浮图而不能，乃分为二。新安太守巢尚之罢郡入见，上谓曰：'卿至湘宫寺未？此是我大功德，用钱不少。'通直散骑侍郎虞愿侍侧，曰：'此皆百姓卖儿贴妇钱所为，佛若有知，当慈悲嗟悯。罪高浮图，何功德之有！'"按此节自"宋明帝"以下，均出《南齐书》及《南史》。陈氏校注曰："《通鉴》一三三泰始七年条，亦见《南齐书》五三《虞愿传》，又见《南史》七十。《册府元龟》一九四引，无'罪高浮图'句。"⑤史源详尽如此，而整

---

① 陈垣校注：《日知录校注》，安徽大学出版社2007年版，第869页。
② 陈垣校注：《日知录校注》，安徽大学出版社2007年版，第908页。
③ 陈垣校注：《日知录校注》，安徽大学出版社2007年版，第753—754页。
④ 陈垣校注：《日知录校注》，安徽大学出版社2007年版，第1180页。
⑤ 陈垣校注：《日知录校注》，安徽大学出版社2007年版，第1733页。

理者仅在二"曰"字下加引号，终难明其史源起止。

"三年之丧"条原注："自唐以前礼制"至"从之"六行，陈氏惟注曰出《旧唐书·礼仪志七》，今检出五段引文，二段出《旧唐书·礼仪志七》，一段出《新唐书·儒学列传下》，一段出《资治通鉴》卷二百一十二，一段出《通典》卷八十九。兹录于下：

> 自唐以前礼制，"父在，为母一周除灵，三年心丧"（见《旧唐书·礼仪志七》）。高宗上元元年十二月，"天后上表，请父在为母服齐衰三年"（见《旧唐书·礼仪志七》），从之。玄宗开元五年，右补阙卢履冰上言："孝莫大于严父，故父在为母服齐衰周，心丧三年，情已申而礼杀也。"（见《新唐书·儒学列传下》，作"元行冲议"。）"'则天皇后改服齐衰三年，请复其旧。'上下其议。左散骑常侍褚无量以履冰议为是。诸人争论，连年不决。七年八月辛卯，敕'自今五服并依《丧服传》文'，然士大夫议论犹不息，行之各从其意。无量叹曰：'圣人岂不知母恩之厚乎？厌降之礼，所以明尊卑、异戎翟也。俗情肤浅，不知圣人之心。一紊其制，谁能正之！'"（见《资治通鉴》卷二百一十二《唐纪二十八》。《通典》卷八十九作"元行冲曰"。）"二十年，中书令萧嵩改修五礼，复请依上元敕，父在为母齐衰三年"（见《通典》卷八十九），从之。①

整理者于此段原注无一引号。

"饭糗茹草"条："而周之后妃，亦必'服浣濯之衣，修烦缛之事，及周公道变，陈后稷先公王业之所由者，则皆农夫女工衣食之务也'。"句下原注："干宝《晋纪论》。"陈氏校注曰："此注知所止，而不知所起。"盖讥原注难明。而陈氏已知起止，却不言引文有删节，中间当断作二句，作"服浣濯之衣，修烦缛之事"，"及周公道变，陈后稷先公王业之所由者，则皆农夫女工衣食之务也"。而此条最末原注引《朱子语类》言：

> 舜之耕稼陶渔，"夫子之钓弋，子路之负米，子贡之埋马"，皆贱

---

① 陈垣校注：《日知录校注》，安徽大学出版社2007年版，第283—284页。

者之事，而古人不辟也；"有若三踊于鲁大夫之庭，冉有用矛以入齐军，而樊须虽少能用命"，此执干戈以卫社稷，而古人所不辞也。"后世骄侈日甚，反以臣子之职为耻。"

陈氏无注，起止无引号，朱子所引文亦无注、无引号。今按语见《朱子语类》卷十三。"子钓而不纲，弋不射宿"，见《论语·述而》。子路"负米"，见《孔子家语》及《说苑》。子贡"埋马"，见《礼记·檀弓下》。有若三踊，见《左传》哀公八年。冉有"用矛"、樊须"用命"，见《左传》哀公十一年。整理者于此段原注无一引号。①

其四，《日知录校注》之误字错字。

《日知录校注》间有误字错字，略举如下。

"仲婴齐卒"条"貍脤"误作"貍脤"。②

"君有馈焉曰献"条原注引《荀子》，注曰出《荀子·尧问》，误作"贡问"。③

"士何事"条"'四民'其说始于《管子》"，注曰：《管子·小匡》："士农工商四民者，国之在民也。"④ "在"当作"石"。

"州县赋税"条：校注曰："崔铣，《明史》二八二《儒林传》，安陆人。"⑤ "安陆"当作"安阳"。

"乡亭之职"条：原注"追界旧德，有此特诏。"⑥ "追界"当作"追思"。

"掾属"条：功曹范滂、功曹岑晊下，注曰："《后汉书》九七《党锢传》。"⑦ "九七"当作"六七"。

"苏松二府田赋之重"条，校注曰："《元史》卅一《成宗纪》。"⑧ "卅一"当作"二十一"或"廿一"。

---

① 陈垣校注：《日知录校注》，安徽大学出版社2007年版，第424—425页。
② 陈垣校注：《日知录校注》，安徽大学出版社2007年版，第243页。
③ 陈垣校注：《日知录校注》，安徽大学出版社2007年版，第334页。
④ 陈垣校注：《日知录校注》，安徽大学出版社2007年版，第424页。
⑤ 陈垣校注：《日知录校注》，安徽大学出版社2007年版，第445页。
⑥ 陈垣校注：《日知录校注》，安徽大学出版社2007年版，第451页。
⑦ 陈垣校注：《日知录校注》，安徽大学出版社2007年版，第463页。
⑧ 陈垣校注：《日知录校注》，安徽大学出版社2007年版，第591页。

"皇伯考"条"春陵之寝"①,"春陵"当作"舂陵"。

"内禅"条:"《左传》:齐景公有疾"②,"齐景公"当作"晋景公"。

"墓祭"条:"鲁昭公之孙于齐也,'与臧孙如墓谋,遂行'。"校注曰:"《左传》昭十五年。"按当作二十五年。

"破题用庄子"条:徐氏《说文系传》"从目从乚。八,其所乘也。"误作:"从目从匕,入其所乘也。"③

"科场禁约"条:"自分两岐"④,"两岐"当作"两歧"。

"文章繁简"条原注:"《容斋随笔》论《卫青传》封三校尉语。"校注曰:"《容斋随笔》卷一《文章烦简有常》条。"⑤按当作"文烦简有当"条。

"古文"条:《汉汾阴宫鼎》其盖铭曰:"汾阴供官铜鼎盉二十枚。"⑥"盉"当作"盖"。

"说文"条:公孙述引《援神契》曰:"西太守,乙卯金。"校注曰:"《后汉书》四三。"⑦按《后汉书·公孙述传》当为卷十三。

"草书"条原注:《隋书·文苑传》:"秦王俊令潘徽为《万字文》。""王"误作"于"。⑧

"亭"条:"权出都亭侯贞"⑨,"侯"当作"候"。

"互辞"条:"女丧而宗室","丧"误作"畏"。⑩

"将军"条:"太子申生将下军",漏"生"字。⑪

"江乘"条:"插木以塞江口","江口"误作"江石"。⑫

---

① 陈垣校注:《日知录校注》,安徽大学出版社2007年版,第795页。
② 陈垣校注:《日知录校注》,安徽大学出版社2007年版,第800页。
③ 陈垣校注:《日知录校注》,安徽大学出版社2007年版,第1020页。
④ 陈垣校注:《日知录校注》,安徽大学出版社2007年版,第1024页。
⑤ 陈垣校注:《日知录校注》,安徽大学出版社2007年版,第1063页。
⑥ 陈垣校注:《日知录校注》,安徽大学出版社2007年版,第1171页。
⑦ 陈垣校注:《日知录校注》,安徽大学出版社2007年版,第1174页。
⑧ 陈垣校注:《日知录校注》,安徽大学出版社2007年版,第1186页。
⑨ 陈垣校注:《日知录校注》,安徽大学出版社2007年版,第1225页。
⑩ 陈垣校注:《日知录校注》,安徽大学出版社2007年版,第1332页。
⑪ 陈垣校注:《日知录校注》,安徽大学出版社2007年版,第1351页。
⑫ 陈垣校注:《日知录校注》,安徽大学出版社2007年版,第1780页。

"魁"条原注:《甘泉赋》:"冠伦魁能。""伦"误作"沦"。①

又"部刺史"条:"玄宗开元二十二年二月,辛亥,置十道采访处置使。"按刻本作"二十二年",陈氏校注详论年月,又曾撰文专考其设置,而错排作"二十三年"②(论文引作"廿二年"不误)。又此处北京大学图书馆旧藏抄本《日知录》作"二十三年",徐文珊点校的《原抄本顾亭林日知录》误排作"一十三年"。

抄本《日知录》三十二卷始见于1932年,黄侃《日知录校记》于次年刊出,而陈氏1947年发表《〈日知录〉"停年格"条注引辛琜考》仍谓《日知录》通行本"可大别为二类"。③《原抄本顾亭林日知录》出版于1958年,陈氏及后来整理者仍仅据《校记》,而不求访见抄本,则于所谓"史源"亦有憾焉。

史源学的关键在于判断引文,体现为标点引号。陈垣能注史源,整理者承其学而不能加引号。虽然陈氏标注出处备至,而整理者恰不核对原书,引号或不加,或随意错加,致使引文首尾起止终究不明,结果与初衷适得其反。

陈氏以一名家,所作《校注》为近代以来研究《日知录》最早著作,而最晚出(且为国家古籍整理出版"十一五"重点规划项目);以史源为宗旨,而标点引文尚不如《全校本》为可信。(《校注前言》中说明"全部引文与原书复查一遍",不可信。)其错误之处,各卷各条各节所在多有,连篇累牍皆满,不可具数。予固曰《校注》几于已成为一部不可用之书。假使"史源学"之说为可谅,而后来整理者之狼跋苟简,则信不可谅也。

其五,《日知录校注》之失于规范。

更进而论之,在陈垣先生的史学研究中,史料学、校勘学等方法性、技术性的因素,占有很大地位,这本是民国初年学界的常态。陈氏关于《日知录》的史源研究,大约只可算是其史料学研究中的一部分。实际上,陈氏自早年所撰论文起,对顾炎武的感情世界,多有批评。陈氏讥驳原

---

① 陈垣校注:《日知录校注》,安徽大学出版社2007年版,第1873页。
② 陈垣校注:《日知录校注》,安徽大学出版社2007年版,第515页。
③ 陈垣校注:《日知录校注》,安徽大学出版社2007年版,附录,第1890页。

著，不仅已打破"疏不破注"之常规，而更强加现代"史观"于古人。其中评注"幼稚可笑""无聊"之处，亦往往多有。略举如下。

"扶君"条：三代之世，"侍御仆从，罔非正人"，"缀衣、虎贲"，"皆惟吉士"，与汉高之"独枕一宦者卧"异矣。校注曰："是古皆好的。"①

"黄金"条："建大圣寿万安寺……凡费金五百四十两有奇。"校注曰："'五百四十两'？不多。"②

"钱法之变"条："古制不可得而复矣"下，校注曰："以复古为标榜。"③

"铜"条："而此日之钱，固无长存之术矣"下，校注曰："使亭林生于今，必效法泰西，游历各国，考察善政，倡言变法，一易其复古思想为'法西'思想也。"④

"水利"条："崇祯时，有辅臣徐光启作书，特详于水利之学。"校注曰："指泰西水法。观此则亭林不一定复古。"⑤

"贵廉"条：汉元帝时贡禹之议"今亦可行"。校注曰："可以取法于古，即可以取法于外国。"⑥

"乳母"条："安帝封乳母王圣为野王君，亦致地震京师。"校注曰："岂成理由。"⑦

"禁锢奸臣子孙"条，校注曰："惩恶何如劝善？"⑧

"制科"条引宋徐度《却扫编》，校注曰："引文太长。"⑨

"鸿渐于陆"条："云路"：校注曰："亦未想及有飞机也。"⑩

"凶礼"条："降于丧食"，校注曰："犹今之静默纪念。"⑪

---

① 陈垣校注：《日知录校注》，安徽大学出版社2007年版，第330页。
② 陈垣校注：《日知录校注》，安徽大学出版社2007年版，第631页。
③ 陈垣校注：《日知录校注》，安徽大学出版社2007年版，第649页。
④ 陈垣校注：《日知录校注》，安徽大学出版社2007年版，第654页。
⑤ 陈垣校注：《日知录校注》，安徽大学出版社2007年版，第703页。
⑥ 陈垣校注：《日知录校注》，安徽大学出版社2007年版，第760页。
⑦ 陈垣校注：《日知录校注》，安徽大学出版社2007年版，第804页。
⑧ 陈垣校注：《日知录校注》，安徽大学出版社2007年版，第761页。
⑨ 陈垣校注：《日知录校注》，安徽大学出版社2007年版，第901页。
⑩ 陈垣校注：《日知录校注》，安徽大学出版社2007年版，第31页。
⑪ 陈垣校注：《日知录校注》，安徽大学出版社2007年版，第263页。

"乐章"条:"后世徒琴",校注曰:"今谓之独奏。"①

"四书五经大全"条:"仅取已成之书抄誊一过,上欺朝廷,下诳士子。"校注曰:"官书多如此。"②

同条"后之君子欲扫而更之,亦难乎其为力矣",校注曰:"其后何尝不扫而更之,正不必长吁短叹也。"③

"文不贵多"条:"春秋以降之文多于《六经》,而文衰矣。"校注曰:"是说不尽然,时代不同也。"

"文人之多"条:原注:"见《停骖录》。"校注曰:"安得全书皆有此等原注。"④

"二字姓改一字"条:"氏族之紊,莫甚于此。"注曰:"此势所必至,而无可如何者。"⑤

"妻子"条:"今人谓妻为'妻子',此不典之言。"整理者曰:超案:"集释此下引'钱氏曰',引《诗》'妻子好合'。援庵批:'《诗》既有之,何谓不典?'"⑥

"日食"条:"然则谓日食为一定之数……"句末校注曰:"幼稚可笑。"⑦

"黄河清"条:"泰昌河清,先帝以信王即位。"校注曰:"无聊。"⑧

"外国应天象"条:"而以华夷为限断,乃儒生之见,不可语于天道也。"校注亦曰:"无聊。"⑨

"潮信"条:"小月二十八回,亦无三十回也。"校注曰:"独不可举大数乎?顾说刻。"⑩

"岁"条:"古人但曰年几何,不言岁也,自太史公始变之。"校注曰:

---

① 陈垣校注:《日知录校注》,安徽大学出版社2007年版,第268页。
② 陈垣校注:《日知录校注》,安徽大学出版社2007年版,第1009页。
③ 陈垣校注:《日知录校注》,安徽大学出版社2007年版,第1009页。
④ 陈垣校注:《日知录校注》,安徽大学出版社2007年版,第1054页。
⑤ 陈垣校注:《日知录校注》,安徽大学出版社2007年版,第1273页。
⑥ 陈垣校注:《日知录校注》,安徽大学出版社2007年版,第1331页。
⑦ 陈垣校注:《日知录校注》,安徽大学出版社2007年版,第1696页。
⑧ 陈垣校注:《日知录校注》,安徽大学出版社2007年版,第1704页。
⑨ 陈垣校注:《日知录校注》,安徽大学出版社2007年版,第1710页。
⑩ 陈垣校注:《日知录校注》,安徽大学出版社2007年版,第1786页。

"此说根本不成立。"①

诸如此类，或者非校注言语，或者意含讥讽，或者以某种史观作议论。而如"妻子"条陈氏称《诗经》已有出典而驳顾炎武，按《毛诗》正义解"子"为"孥"，"妻子"犹妻与子女，实未证明其是。

而陈氏校注中所津津乐道者，又往往在于"索引"。"索引"也是民国初的一大热门概念。陈氏校注中，如称"自邑告命"条为"邑"字索引，"博学于文"条为"文"字索引，"去兵去食"条为"兵"字索引，"鼎荡舟"条为"荡"字索引，"黄金"条为"金"字索引，"非三公不得称公"条为一篇"公"字索引，"快手"条为"快手""精手"索引，"白衣"条为"白衣"索引，"郎"条为"郎"索引，"门生"条为"门生"索引，"上下通称"条曰"殿"字索引，"陵"字索引，"押字"条为"押字"索引，"驿"条为"驲"字索引，"陕西"条为"陕西"索引，"吴会"条为"吴会"索引，"乾没"条为"乾没"索引，"信"条为"信"字索引、"写"条为"写"索引，"罘罳"条为"罘罳"索引，"关"条为"关"字索引等，其发例似乎比标示引文更高一层，但却仍然是将《日知录》置于史料学之下。

实际上，陈氏早年发表关于《日知录》的四篇文章，也多为"校勘学"而作。

史源之义，当不只在引文断句，不只在分别前书后书，更在知经史子集之别，学术之源，政教之本。我国学术自来讲求本原，至清章学诚有"考镜源流"之说，而四库馆臣所做的工作，其大者莫过于承接经史子集四部的系统，以经史统领子学和集部，以国家学术统领全局。这既是三代王官学的精神，也是汉唐经学的精神，到了清代，可谓重新振起。近代以来引进的学科分类与职业化观念，降经为史，降史为史料，迄今一级学科二级学科层层骈列，泛无所归，天下莫知祈向，难言其为学术的进步。反观《日知录》之博极群书，看似琐碎，其实所寄寓的却是一种整体的观念。书中所述，不只传记所以辅经，诸子及集部之书所以辅经，即小学文字皆以辅经，故顾氏自称其学为"笃志经史"，而非所谓"杂考证"。

---

① 陈垣校注：《日知录校注》，安徽大学出版社2007年版，第1832页。

《日知录》抄本卷四为《春秋经》，自"王贰于虢"条以下为卷五，为《春秋三传》，刻本相连，合为一卷。而陈氏校注，于《春秋经》及《三传》无甚区别。经传不分，即源流不分。略举如下：

"仲子"条"考仲子之宫"，校注曰《左传》隐五年。① 按见《春秋经》及《三传》，不只《左氏》。

"君氏卒"条"献六羽"，校注曰《左传》隐五年。② 按亦见《三传》，不只《左氏》。

"夫人孙于齐"条"三月，夫人孙于齐"，校注曰《左传》庄元年；"十有二月，夫人姜氏会齐侯于禚"，注曰庄二年。③ 按均当注见《春秋经》。

"及其大夫荀息"条，校注曰《左传》僖十年。④ 按当注见《春秋经》。

"纳公孙宁仪行父于陈"条"纳公孙宁、仪行父于陈"，校注曰《左传》宣十一年。⑤ 按当注见《春秋经》。

"三国来媵"条"子同生"，校注曰《左传》桓六年；"伯姬归于宋"注曰《左传》成九年。⑥ 按均当注见《春秋经》及《三传》。

如果说"史源学"当有一会归境界，正当使现代自由独立的诸多学科重新整合，为其注入活力，以应对时变。故昔日讲求"辨章考镜"，今日讲求"史源语源"，乃皆为读书治学第一步所要做的工作。

三　陈垣手批《日知录》

《日知录校注》书首有陈垣先生手批《日知录》照片八页（含八个筒子页）插页，其中《日知录集释》扉页、序文二页，正文六页。目前陈垣《日知录校注》原稿只看到这些。

对比手批《日知录》原稿照片和《日知录校注》正文中的引文之处，其中有手批与正文均标引号且正确者，有手批未标引号、正文补标引号者，有手批只有后引号、正文补标前引号者，有手批引号标错、正文改正

---

① 陈垣校注：《日知录校注》，安徽大学出版社2007年版，第176页。
② 陈垣校注：《日知录校注》，安徽大学出版社2007年版，第181页。
③ 陈垣校注：《日知录校注》，安徽大学出版社2007年版，第186页。
④ 陈垣校注：《日知录校注》，安徽大学出版社2007年版，第192页。
⑤ 陈垣校注：《日知录校注》，安徽大学出版社2007年版，第196页。
⑥ 陈垣校注：《日知录校注》，安徽大学出版社2007年版，第197页。

者，有手批与正文均漏标引号者，有手批引号标错或正文引号标错者。这些情况说明，《日知录校注》虽然提出了"史源学"的引文标点目标，但实际上则远远没有做到；甚至可以说，《日知录校注》的引文标点错误之多，恰与其所提出的史源学目标相违背。

以下将《日知录校注》书首陈垣手批《日知录》照片六页中的引文逐句摘出，并与正文部分互相对比。

（一）陈垣先生手批《日知录》照片三，对应《日知录校注》正文第36—38页。

妣

1

……平公之去邑姜，盖二十世矣。《仪礼·士昏礼》："勖帅以敬先妣之嗣。"盖继世主祭之通词。

手批、正文均正确。

2

"过其祖，过其妣"，据文义，妣当在祖之上。

手批、正文均正确。

3

"不及其君，遇其臣"，臣则在君之下也。昔人未论此义。

手批、正文均正确。

4

周人以姜嫄为妣，《周礼·大司乐》注："周人以后稷为始祖，而姜嫄无所配，是以特立庙祭之，谓之閟宫。"

手批、正文均正确。

5

《周语》谓之"皇妣大姜"，是以妣先乎祖。

手批误作："谓之皇妣大姜"，正文改正。

6

《周礼》，大司乐"享先妣"在"享先祖"之前，而《斯干》之诗曰"似续妣祖"。

手批 3 处未标引号，正文补标。

7

笺曰："妣，先妣姜嫄也。祖，先祖也。"或乃谓"变文以协韵"，是不然矣。

手批、正文均正确。

8

朱子《本义》以《晋》六二为享先妣之吉占。或曰：《易》爻何得及此？夫"帝乙归妹"、"箕子之明夷"、"王用享于岐山"，爻辞屡言之矣。

手批3处未标引号，正文补标。

9

《易》本《周易》，故多以周之事言之。《小畜》卦辞："密云不雨，自我西郊。"《本义》："我者，文王自我也。"

手批误作："《易》本《周易》，故多以周之事言之。《小畜》卦辞：'密云不雨，自我西郊。'《本义》：我者，文王自我也。"正文改正。

东邻

10

驭得其道，则天下皆为之臣。驭失其道，则强而擅命者谓之邻。"臣哉邻哉！邻哉臣哉！"

手批、正文均正确。

11

《汉书·郊祀志》引此，师古注："东邻谓商纣也，西邻谓周文王也。"

手批、正文均正确。

游魂为变

12

"精气为物"，自无而之有也。"游魂为变"，自有而之无也。夫子之答宰我曰："骨肉毙于下，阴为野土。其气发扬于上，为昭明焄蒿凄怆。"

手批、正文均正确。

13

朱子曰："昭明，露光景也。"郑氏曰："焄，谓香臭也。蒿，气蒸出见。"许氏曰："凄怆，使人惨栗感伤之意。"鲁庵徐氏曰："阳气为魂，附于体貌，而人生焉。骨肉毙于下，其气无所附丽，则发散飞扬于上，或为朗然昭明……"

手批 4 处未标引号，正文补标。

（二）陈垣先生手批《日知录》照片四，对应《日知录校注》正文第 446—449 页。

州县赋税

1

"……润负心'。"嗟乎！今之牧守，其能不徇于私而计民之便者，吾未见其人矣。

手批、正文均正确。

属县

2

自古郡县之制，惟唐为得其中。今考《地理志》属县之数：京兆、河南二府各二十，河中、太原二府各十三，魏州十四，广州十三，镇州、桂州各十一。其它虽大，无过十县者。此其大小相维，多寡相埒，均安之效，不可见于前事乎？后代之王，犹可取而镜也。但其中一二县之郡，亦有可并。

"亦有可并"下，手批误标后引号，正文改正。

3

宪宗元和元年，割属东川六州，制曰："分疆设都，盖资共理。形束壤制，亦在稍均。将惩难以销萌，在立防而不紊。故贾生之议，以楚益梁；宋氏之规，割荆为郢。酌于前事，宜有变通。"此虽一时之言，亦经邦制郡之长策也。

手批未标前引号，正文补标。

州县品秩

4

汉时县制，万户以上为令，秩千石至六百石。减万户为长，秩五百石至三百石。唐则州有上中下三等，县有京、畿、上、中、中下、下六等，品各有差。

此处无引文。

（三）陈垣先生手批《日知录》照片五，对应《日知录校注》正文第 743—745 页。

流品

1

"……就席,酬接甚欢。既而呼左右曰:'移吾床远客!'赳等失色而去。"

手批未标单引号,正文补标。

2

《世说》:"纪僧真得幸于齐世祖,尝请曰:'臣出自本县武吏,遭逢圣时,阶荣至此。无所须,惟就陛下乞作士大夫。'上曰:'此襞江斆、谢瀹,我不得措意,可自诣之。'僧真承旨诣斆,登榻坐定,斆顾命左右曰:'移吾床远客!'僧真丧气而退。以告世祖,世祖曰:'士大夫故非天子所命。'"

手批4处未标单引号,正文补标。

3

《梁书·羊侃传》:"有宦者张僧胤候侃,侃竟不前之,曰:'我床非阉人所坐!'"

手批未标前引号及单引号,正文补标。

4

自万历季年,缙绅之士不知以礼饬躬,而声气及于宵人,如汪文言一人为东林诸公大玷。诗、字颁于舆皂,至于公卿上寿,宰执称儿。而神州陆沉,中原左衽,夫有以致之矣!

此处无引文。

重厚

5

世道下衰,人材不振,王伾之"吴语",郑綮之"歇后",薛昭纬之"浣溪沙",李邦彦之"俚语辞曲"。

手批、正文4处均未标出引号。

6

莫不登诸岩廊,用为辅弼。至使在下之人慕其风流,以为通脱,而栋折榱崩,天下将无所芘矣。及乎板荡之后而念老成,《大雅·荡》。播迁之余而思耆俊,《文侯之命》。庸有及乎?有国者登崇重厚之臣,抑退轻浮之士,此移风易俗之大要也。

此处无引文。

7

侯景数梁武帝十失,谓皇太子"吐言止于轻薄,赋咏不出桑中"。

手批、正文均误标作:谓"皇太子吐言止于轻薄,赋咏不出桑中"。

8

张说论阎朝隐之文,"如丽服靓妆,燕歌赵舞,观者忘疲;若类之风雅,则罪人矣"。

手批未标前引号。正文误标作:张说论"阎朝隐之文,如丽服靓妆,燕歌赵舞,观者忘疲;若类之风雅,则罪人矣"。

9

今之词人,率同此病。淫辞艳曲,传布国门。有如北齐阳俊之所作六言歌辞,名为《阳五伴侣》,"写而卖之,在市不绝"者。诱惑后生,伤败风化,宜与非圣……

手批、正文均未标出引号。

(四)陈垣先生手批《日知录》照片六,对应《日知录校注》正文第1012页。

内典

1

《黄氏日抄》云:"《论语·曾子三省章》,《集注》载尹氏曰:'曾子守约,故动必求诸身。'"语意已足矣。

手批未标前引号,正文补标。

2

又载谢氏曰:"诸子之学,皆出于圣人,其后愈远而愈失其真。独曾子之学,专用心于内,故传之无弊。"

手批、正文均正确。

3

"夫心所以具众理而应万事,正其心者,正欲施之治国平天下。孔门未有专用心于内之说也,用心于内,近世禅学之说耳。象山陆氏因谓曾子之学是'里面出来',其学不传。诸子是外面入去,今传于世者,皆'外入之学',非孔子之真。遂于《论语》之外自谓得不传之学。凡皆源于谢氏之说也。"后有朱子,当于《集注》中去此一条。

手批、正文2处单引号均未标出引号。

4

褚少孙补《滑稽传》，以传记、杂说为"外家"，是以《六经》为内也。

手批未标出前引号，正文未标出引号。

5

东汉儒者则以七纬为内学，《六经》为外学。《后汉书·方术传》"自是习为内学"，注："内学，谓图谶之书也。其事秘密，故称内。"《逸民传》："博通内外图典。"《魏志·管宁传》："张琇学兼内外。"

手批3处未标出前引号，正文补标。

6

举图谶之文，一归之"性与天道，不可得闻"。

手批、正文均未标出引号。

7《后汉书·桓谭传》："天道、性命，圣人所难言也。自子贡以下，不可得闻。"指谓谶记。而今百世之下，晓然皆悟其非。今之……

手批、正文均误标作：《后汉书·桓谭传》："天道、性命，圣人所难言也。自子贡以下，不可得闻。指谓谶记。"

（五）陈垣先生手批《日知录》照片七，对应《日知录校注》正文第1448—1450页。

史文重出

1

……天下郡国中少二城矣。

此处无引文。

2

《汉书·吴王濞传》："吴有鄣郡铜山。"

手批未标前引号，正文补标。

3

误多一"豫"字。

手批无引号，正文补标。

4

《后汉书·光武纪》："以前密令卓茂为太傅。"

手批无引号，正文补标。

5

误多一"高"字。

手批无引号，正文补标。

6

《党锢传》："黄令毛钦操兵到门。"

手批无引号，正文补标。

7

误多一"外"字。

手批无引号，正文补标。

8

《后汉书·皇后纪》："桓思窦皇后父讳武。"

手批无引号，正文补标。

9

后父不当言讳，"讳"字衍。

手批无引号，正文补标。

10

《儒林传》："立《五经》博士，各以家法教授。《易》有施、孟、梁丘、京氏，《尚书》欧阳、大小夏侯，《诗》齐、鲁、韩、毛，《礼》大小戴，《春秋》严、颜，凡十四博士。太常差次总领焉。"

手批无前引号，正文补标。

11

按此则十五，非十四也，盖衍一"毛"字。

手批无引号，正文补标。

12

其下文载建初中诏有"《古文尚书》《毛诗》《穀梁》《左氏春秋》，虽不立学官"之语。《本纪》建初八年诏同。

手批无引号，正文补标。

13

又下卷云"赵人毛苌传《诗》，是为《毛诗》，未得立"。

手批无前引号，正文补标。

14

《贾逵传》:"建初八年,诏诸儒各选高才生,受《左氏》《榖梁春秋》《古文尚书》《毛诗》,由是四经遂行于世。"

手批无前引号,正文补标。

15

而《百官志》"博士十四人",本注曰:"《易》四,施、孟、梁丘、京氏。《尚书》三,欧阳、大小夏侯氏。《诗》三,鲁、齐、韩氏。《礼》二,大小戴氏。《春秋》二,《公羊》严、颜氏。"

手批无前引号,正文无后引号。

16

《徐防传》注引《汉官仪》曰:"《易》有施、孟、梁丘贺、京房,《书》有欧阳和伯、夏侯胜、建,《诗》有申公、辕固、韩婴,《春秋》有严彭祖、颜安乐,《礼》有戴德、戴圣,凡十四博士。"

手批无引号,正文补标。

17

则此"毛"字明为衍文也。

手批无引号,正文补标。

18

《灵帝纪》:光和三年,"六月,诏公卿举能《尚书》《毛诗》《左氏》《榖梁春秋》各一人,悉除议郎"。

手批无前引号,正文补标。

史文衍字

19

《尚书》上脱"古文"二字。

手批无引号,正文补标。

(六)陈垣先生手批《日知录》照片八,对应《日知录校注》正文第1676—1677页。

徙戎

1

武后时,"四夷多遣子入侍,其论钦陵、阿史德元珍、孙万荣等,皆因充侍子,得遍观中国形势,其后竟为边害"。

手批、正文均未标引号。

2

先是,"天授三年,左补阙薛谦光上疏曰:'臣闻戎夏不杂,自古所诫。夷狄无信,易动难安,故斥居塞外,不迩中国。前史所称,其来久矣。然而帝德广被,有时朝谒,受向化之诚,请纳梯山之礼,贡事毕则归其父母之国,导以指南之车,此三王之盛典也。自汉魏以后,遂革其风,务饰虚名。征求侍子,谕令解辫,使袭衣冠,筑室京师,不令归国,此又中叶之故事也。较其利害,则三王是而汉魏非;论其得失,则距边长而征质短。殷鉴在昔,岂可不虑?昔郭钦献策于武皇,江统纳谏于惠主,咸以戎狄入居,必生事变。晋帝不用二臣之远策,好慕向化之虚名,纵其习《史》《汉》等书,官之以五部都尉,此皆计之失也。窃惟突厥、吐蕃、契丹等,往因入侍,并叨殊奖。或执戟丹墀,策名戎秩;或曳裾庠序,高步黉门。服改毡裘,语兼中夏。明习汉法,睹衣冠之仪;目览朝章,知经国之要。窥成败于图史,察安危于古今,识边塞之盈虚,知山川之险易。或委以经略之功,令其展效;或矜其首丘之志,放使归蕃。于国家虽有冠带之名,在夷狄广其纵横之智。虽有慕化之美,苟悦于当时,而狼子野心,旋生于异日。及归部落,鲜不称兵,边鄙罹灾,实繇于此。故老子曰:"国之利器,不可以示人。"在于齐人,犹不可以示之,况于夷狄乎?谨按楚……'"

先是,"天授三年,左补阙薛谦光上疏曰:'臣闻戎夏不杂……'"手批未标引号。正文误标作:先是,天授三年,左补阙薛谦光上疏曰:"臣闻戎夏不杂……"

"国之利器,不可以示人。"手批无引号,正文补标。

由上可知,实际上,倡导"史源学"的陈垣本人恰没有使用引号的习惯。如其自述所言:

> 胡适之云,你的文章太好了,只是无标点。其实我已注明人言与己言。胡适云,仍有不明白者,何不加引号?顾亭林则极力使己文与他人文相合,我已尽量使人能知己文与他人文,尚且如此,况《日知录》乎?

亭林引书时如何删书,可以薛谦光疏为例。引书删节有多法,如加删节符号,最不好看,文气又不接,为懒法;又如不加"中略",亦懒法;又如加"又曰"、"又曰",此为司马温公法。亭林与我皆不用此三法,删之而又不使人看出,为技术。文章有定例,许删不许改。——删节之后,引文仍一气呵成,此为技术。

我作书不加引号,有一种毛病,即不知起止。书名在前而不知所止,此段则书名注于后而不知所起。[①]

[①] 陈垣著,陈智超编:《史源学实习及清代史学考证法》,商务印书馆2014年版,第28、60、112页。

第三章 《日知录》的文本和批校

第一节 黄侃的《日知录校记》

抄本《日知录》的发现和流传,与张继、章太炎、黄侃三人相关,黄侃为抄本作校勘,推助此书最力,同时《日知录校记》也成为黄侃的一部主要的代表作。譬如包华德主编的《中华民国史资料丛稿·译稿·民国名人传记辞典》写道:

> 黄侃(1886—1935.10.8):音韵学家,诗人。以研究刘勰的《文心雕龙》和顾炎武的《日知录》而知名。……黄侃对顾炎武的《日知录》刊本下了很大功夫。虽然《日知录》的标准版本是潘耒刊印的,但章炳麟长期怀疑该著述有几种不同稿本。1931 年张继发现了清初刊刻的《日知录》珍本,其中有些条为潘耒本所缺,所缺各条是遵奉当时的禁例而删去的,说明了著作者是明代的忠贞遗民。黄侃校刊两种版本,于 1933 年出版《日知录校记》,标出了潘耒本中的改动。①

黄侃《日知录校记》常见于各种新版的《日知录》中。其最早的版本,计有如下数种:

1. 《日知录校记》,稿本,上海图书馆藏。《中国古籍总目·子部》著

---

① [美]包华德主编:《中华民国史资料丛稿·译稿·民国名人传记辞典》,第六、七、八分册,上册,沈自敏译,中华书局 1986 年版,第 58—59 页。今按:"清初刊刻"当为"清初抄写"。

录,中华书局、上海古籍出版社2010年版,第1810页。

2. 《归纳》杂志1933年第1、2、3期连载。《中国哲学史论文索引》第一册(1900—1949年)著录,中华书局1986年版,第408页。

3. 国立中央大学出版组1933年排印白纸本。版心左右标明:"国立中央大学文学院""中国文学系专篇"。《黄侃日记》称其"款式甚劣,讹脱甚多"①。

4. 黄侃弟子龙沐勋(龙榆生)万载龙氏南京量守庐1936年刊本。扉页题"丙子重阳后二日弟子龙沐勋校刊",书口题"量守庐",木刻,线装,蓝墨印刷(蓝印本)一册。"蓝印本共计二百册,章氏国学讲习会代为发售。"②《黄侃日记》载1934年4月4日:"门人万载龙沐勋榆生自上海来,久谈;以手稿《日知录校记》赠之,属其录一清本见还。"4月5日:"以章君手书《日知录校记序》及签条付榆生摹刊,属以元迹见还。"③黄侃卒于1935年,"丙子重阳后二日"即龙榆生获闻凶问一周年之日,"南京量守庐"即黄侃之故宅。上海古籍出版社《日知录集释(外七种)》1985年版,有《日知录校记》,"据龙沐勋校刊本影印"。龙榆生另有《蓝印本〈日知录校记〉跋尾》一文,后题《黄侃日知录校记跋》,收入张晖主编《龙榆生全集》第九卷,上海古籍出版社2015年版,第226页。

5. 黄侃、张继同校《日知录校记》,单行本,1955年由崔震华刊印于台湾,共计62面。

6. 徐文珊点校《原抄本日知录》,台中市河北同乡会1958年初版,及各种再版本,附录。

当日学界对《日知录校记》,反应强烈,至有专文阐发议论。如:

1. 台静农(署名孔嘉)《读〈日知录校记〉》,刊重庆《抗战文艺》1941年3月第7卷第2、3期合刊。

2. 金性尧(署名文载道)《关于〈日知录〉》,刊《古今》1943年11月第35期。

---

① 黄侃:《黄侃日记》,中华书局2007年版,第895页。
② 张晖:《龙榆生先生年谱》,上海学林出版社2001年版,第79页。
③ 黄侃:《黄侃日记》,中华书局2007年版,第976页。

3. 冯超人《读〈日知录校记〉》,刊《古今》1944年5月第47期。

台静农写道:"偶在友人处得到此书,颇为之喜,尤其是初印蓝字本,有龙教授亲笔'刊者寄赠',下印以白文'风雨龙吟室'小章。"

一 《日知录校记》的三序三跋

章太炎序[①]

见量守庐刊本《日知录校记》卷首,为章太炎行书手写体原稿。

> 昔时读《日知录》,怪顾君仕明至部郎,而篇中称"明",与前代无异,疑为后人改窜。又"素夷狄行乎夷狄"一条有录无书,亦以为乾隆抽毁也。后得潘次耕初刻,与传本无异,则疑顾君真迹已然,结轖不怡者久之。去岁闻友人张继得亡清雍正时写本,其缺不书者故在,又多出"胡服"一条,繼繼千余言。其书"明"则"本朝",涉明讳者则用之字,信其为顾君真本,曩之所疑于是犁然冻解也。顾君书丹黄杂施,不可摄影以示学者。今岁春,余弟子黄侃因为校记一通,凡今本所缺者具录于记,一句一字皆著焉,其功信勤矣。颇怪次耕为顾君与徐昭法门下高材,造膝受命,宜与恒众异。乃反剗定师书,令面目不可全睹,何负其师之剧耶?盖亦慑于史祸,有屈志而为之者也。今《校记》既就,人人可检读以窥其真,顾君千秋之志得以无恨,而侃之功亦庶几与先哲并著钦!于时戎祸纷挐,倭为溥仪躁热河之岁也。
>
> 章炳麟序。

今按:"躁热河之岁",即1933年,日本宣称热河省属于"满洲国"。"涉明讳者则用之字","之"字费解。然章太炎手迹确为"之"字,自《太炎文录续编》以下诸家引文亦均认作"之"。检抄本涉明讳均不讳,而以小字注明"讳"或"讳阙",以备刊刻。疑"之"字当作"々",读作"某"。

[①] 黄侃:《日知录校记》,国立中央大学出版组1933年铅排本,卷首。

黄侃序[1]

  沧县张继溥泉以所得旧抄本《日知录》见示。其题签云"何义门批校精钞本"，书前有光熙、李慎、冰翠堂、殷树柏诸家印记，书中有朱笔、蓝笔评校。书道停劣，改字又多不当，评语或近庸陋，谅非何焯所为。抄者避清讳至"胤"字而止，盖雍正时人也。取黄汝成《集释》及《刊误》与抄本对校，则《刊误》所云"原写本作某"者，抄本类与之同。如卷一《既雨既处》条"唐高宗"之"唐"字，《游魂为变》条"昧于散者"之"昧"字，《兑为口舌》条"故舜之御臣也"之"御"字。

  《集释》中据原本及引沈彤校本补今本者，抄本亦多完具。如卷十一《黄金》条"江左至十三换"下，汝成案"元本有'以后贱至六换，而今又十三换'十二字"，抄本正同。惟"江左"作"南渡"，则汝成所不言。卷十八《内典》条"而佛氏乃兼之矣"下，汝成案"自'由清净'起至此，从沈氏校本增"，抄本正同。惟今本此下有"其传寖盛"四字，抄本所无，相其文义不当有，汝成未及删。

  知抄本实自原本移写，诚可宝也。考今本所刊落有全章：卷二十八《对襟衣》条下、《左衽》条上，有《胡服》一条，抄本目次中列之，存文及小注千余字，潘本目作方空，黄本径删之。卷六《素夷狄行乎夷狄》条，今本存其目，删其文，抄本存文及小注数百字。

  有全节：卷四《纳公孙宁、仪行父于陈》条，卷七《考次经文》条，卷十二《助饷》条，卷十八《朱子晚年定论》条，抄本各多一节。

  有数行至一句：卷十八《心学》条，抄本前后共多五十余字。《李贽》条，抄本前后共多百四十余字。

  满于此者难悉数。凡皆顾君微言所在，刊本既删之，而汝成亦未敢言。卷二十八《左衽》条末，汝成称："沈氏曰：'此为第二条。'"向读此语，不知何施？今见抄本，乃知沈彤意隐指其前尚有《胡服》一条，而《左衽》条则居下之次条也。

---

[1] 《黄侃日记》1933年2月16日所载初稿，江苏教育出版社2001年版，第852—854页。

自余单辞丽字,今本缘避忌而改者,如"皇明"、"我朝"、"虏"、"夷"、"狄"、"达子",虽可揣测,而终不如抄本。足见顾君思故国、尊中夏之心。

侃既获睹秘文焉,可以无纪乎?顾君书中尝论《古文未正之隐》云:"文信国《指南录序》中'北'字皆'虏'字也,后人不知其意,不能改之。"因历举《西台恸哭记》中谬为"鲁公"、"季汉"之称,《通鉴注》中所阙蒙古灭宋之文,以为有待于后人之改正与补完。

终篇曰:"汉人言:'《春秋》所贬损大人、当世君臣、有畏权势力者,其事皆见于书。'(自注曰:《汉书·艺文志》)故'定、哀之间多微辞'矣,况于易姓改物、制有中华者乎?孟子曰:'不知其人可乎?是以论其世也。'习其读而不知,无为贵君子矣。"

今清命已终,奇书了出,侃撰斯记,倘亦顾君所许欤?至抄本讹字(段字皆误为叚字,傅字皆误为博字)、俗书(如劉、舉、學、盡诸字,多作俗体),驳文(如检简、较校、由繇、註注、于於、尔爾、修脩之类),与夫小有异同、无关大旨者,固可后而略也。

中华民国二十二年二月七日,蕲春黄侃。

今按:以上黄侃原文酌加标点分段,《日知录》原文据抄本卷二十一校录。

黄侃序[1]

沧县张继溥泉以所得旧抄本《日知录》见示。其题签云"何义门批校精钞本",书前有光熙、李慎、冰翠堂、殷树柏诸家印记,书中有朱笔、蓝笔评校。书法颇拙,改字又多不当,评语时伤庸陋,必非何焯所为。抄者避清讳至"胤"字而止,盖雍正时人也。以黄汝成《集释》及《刊误》与抄本对校,则《刊误》所云"原写本作某"者,抄本类与之同。如卷一《既雨既处》条"唐高宗"之"唐"字,《游魂为变》条"昧于散者"之"昧"字,《兑为口舌》条"故舜之御臣也"之"御"字。

---

[1] 见量守庐本所刊定稿,原书无标点,由笔者标点分段。

《集释》中据原本及引沈彤校本补潘未刻本者，抄本亦多完具。如卷十一《黄金》条"江左至十三换"下，汝成案"元本有'以后贱至六换，而今又十三换'十二字"，抄本正同。惟"江左"作"南渡"，则汝成所不言。卷十八《内典》条"而佛氏乃兼之矣"下，汝成案"自'由清净'起至此，从沈氏校本增"，抄本正同。惟今本此下有"其传寖盛"四字，潘本所改，汝成未能删。

知抄本实自原本移写，良可宝也。考今本所刊落有全章：卷二十八《对襟衣》条下、《左衽》条上，有《胡服》一条，抄本目次中列之，存文及小注千余字，潘本目作方空，黄本径删之。卷六《素夷狄行乎夷狄》条，今本存其目，删其文，抄本存文及小注数百字。

有全节：卷四《纳公孙宁、仪行父于陈》条，卷七《考次经文》条，卷十二《助饷》条，卷十八《朱子晚年定论》条，抄本各多一节。

有数行：卷十八有《李贽》条，黄本所补，抄本多百余字。《心学》条，抄本多五十余字。

自余删句换字，不可遽数。凡皆顾子精义所存，今本既失其真，而汝成虽见原本，亦未敢言。《录》中论《古文未正之隐》曰："文信国《指南录序》中'北'字皆'虏'字也，后人不知其意，不能改之。"因历举《西台恸哭记》中谬为"鲁公"、"季汉"之称，《通鉴注》所空蒙古取宋之文，以为有待于后人之改正与补完。窃谓世人刊刻古书，廋辞阙文，以避时难，又与皋羽、身之之书出于自为者不同。善读书者，虽可揣测而知，犹不如亲见本书之为快。况于删削章句，深没其文，则更非亲见本书，无道以知之矣。今清命已讫，神州多虞，秘籍复章，宁非天意？侃得因以撰成斯记，使人知今本之失真，其亦顾子所许与？至抄本讹字、驳文，与其小小异同、无关大义者，固可得而略也。

中华民国二十二年二月二十一日，黄侃。

黄侃二序文本对比，有较大差异：

其一，初稿有四段，均为具体列举，有助于了解抄本与刊本的差别，而定稿则删去：

1. 卷二十八《左袵》条末，汝成称："沈氏曰：'此为第二条。'"向读此语，不知何施？今见抄本，乃知沈彤意隐指其前尚有《胡服》一条，而《左袵》条则居下之次条也。

2. 自余单辞丽字，今本缘避忌而改者，如"皇明"、"我朝"、"虏"、"夷"、"狄"、"达子"，虽可揣测，而终不如抄本。足见顾君思故国、尊中夏之心。

3. 终篇曰："汉人言：'《春秋》所贬损大人、当世君臣、有畏权势力者，其事皆见于书。'（自注曰：《汉书·艺文志》）故'定、哀之间多微辞'矣，况于易姓改物、制有中华者乎？孟子曰：'不知其人可乎？是以论其世也。'习其读而不知，无为贵君子矣。"

今按：以上《日知录》原文据抄本卷二十一标点校录，《黄侃日记》整理者标点有误。

4. 讹字：段字皆误为叚字，傅字皆误为博字；俗书：如劉、舉、學、盡诸字，多作俗体；驳文：如检简、较校、由繇、註注、于於、尔爾、修脩之类。

今按：劉、舉、學、盡诸字多作俗体，俗体即今之简化字也。

其二，初稿所无，定稿增加一段，指出抄本的体例与价值，即"窃谓世人刊刻古书，廋辞阙文，以避时难，又与皋羽、身之之书出于自为者不同"云云。

今按：《日知录校记》稿本有墨笔涂改，有朱笔眉补，介于初稿与定稿之间，痕迹显然。

初稿中有难于明了之处及整理者断句讹误之处：

"满于此者难悉数"，据按语，初稿又改作"满于此者不遑悉数"。"满"字费解，疑当是"类"字。

"奇书了出"，"了"字费解，疑当是"乃"字。

"书前有光熙、李慎、冰翠堂、殷树柏诸家印记"，整理者吴永坤断句误作："书前有光熙李慎冰、翠堂、殷树柏诸家印记。""光熙李慎"二人未断开，又误将"李慎冰"为一人，"翠堂"为一人。按语云："永坤案：

冰，钞本误公。"① 今按，"冰翠堂"，量守庐刻本作"仌翠堂"，原书钤印亦作"仌翠堂"。"冰"，小篆从仌从水，古文作"仌"。与"公"字形近而讹，故吴永坤谓"钞本误公"。

"江左至十三换"，本《日知录》原文，"至"为乃至于之意，吴永坤标点作："'江左'至'十三换'"，理解为自某至某，亦误。

"其传寖盛"四字，吴永坤认作"共传寖盛"，亦误。

"汉人言：'《春秋》所贬损大人、当世君臣、有畏权势力者，其事皆见于书。'（自注曰：《汉书·艺文志》）""畏权"，《日知录》原文有误，《汉志》原文作"威权"。"威权"是名词，"畏权"则是动词。大人、当世君臣、有威权势力者，三者平行，中间当加两顿号。吴永坤不核《汉志》原文，先加顿号，后加逗号，标点作："汉人言：'《春秋》所贬损大人、当世君臣，有畏权势力者，其事皆见于书"，有误。

"习其读而不知，无为贵君子矣"，"无为"意为不能成为。吴永坤断句作："习其读而不知无为贵，君子矣。"自"无为贵"处断句，解为以无为贵，大谬。"习其读而不知"，意指上句习其读而不知其人，古人习语，如胡广《春秋集传大全》云："主人习其读而不知，学者原其事而知之"，魏了翁云："习其读而不知其所由来"，吕祖谦云："习其读而不知其义"，朱彝尊云："习其读而不知其旨"，皆是也。

叶继元主编《南京大学百年学术精品·图书馆学卷》，据《江汉学报》1933年第1期收录《日知录校记·序》，为二月二十一日之定本，录文作："书前有光熙李慎冰之翠堂殷树柏诸家印记"，四家之间未能断句，且"仌翠堂"误作"之翠堂"。②

张继序③

见《原抄本日知录》附录一，《张溥泉先生回忆录·日记》《张溥泉先生全集》待查。

---

① 《黄侃日记》，江苏教育出版社2001年版，第852页。
② 叶继元主编：《南京大学百年学术精品·图书馆学卷》，南京大学出版社2002年版，第32—33页。
③ 顾炎武：《原抄本日知录》，徐文珊整理，台中市河北同乡会1958年铅排本，第961页。

山东图书馆藏有抄本《日知录》（简称"鲁抄本"），取与余所藏较，全相同，其目次及字句皆自原本移写，空格处亦多相同，信为亭林先生之真本也。民国三十年十二月三十一日略对校一过，未卒业也。张继识

山东省图书馆藏的这部抄本《日知录》，王献唐先生亦曾言及。据王献唐1934年所述，张继校勘"鲁抄本"当由黄侃介绍。王献唐《跋〈日知录〉初刻八卷本》云："旧岁张溥泉先生得清初旧抄全本，示季刚先生，惊为秘笈，季刚先生为作校勘记，由中央大学印行，太炎先生作序，以为得未曾有，取一册见赠，欲余为之重印。先时余为山东图书馆亦收得旧抄全本，与张氏所藏相同，字句尚有差异，季刚先生且未见此八卷本，拟并寄去，重为校勘记。书告先生，闻之狂喜，未及付邮，即归道山矣。此书仅为清初所刻，去今尚近，以季刚先生之宏雅，竟不知有八卷本，沅叔先生幸见之矣，又不知尚有初印次印之不同。甚矣，版本学之难理也。"[1]

黄侃《〈日知录校记〉跋》[2]

黄侃《〈日知录校记〉跋》原件在张继旧藏《日知录》抄本书尾，徐文珊据黄侃手书录出，在《原抄本日知录》正文之后，附录《校记》之前，量守庐单行本《日知录校记》未收，他处未见。撰文经过见《黄侃日记》1933年1月21—25日。

中华民国廿二年一月廿一夕，蕲春后学黄侃校讫，恭诵先生诗云："忽见奇书出世间，又惊胡骑满江山"，诚不胜其痛愤也！溥泉尊兄得此秘籍，其思所以流布之，厪厪藏诸箧衍，则可惜已。检先生与友人书云："所著《日知录》三十余卷，平生之志与业皆在其中，惟多写数本以贻之同好，庶不为恶其害己者之所去。"此本翳藏二百余年，突为溥泉所得。其中如卷四"纳公孙宁、仪行父"一条，卷十"考次经文"一条，卷廿"心学"一条、"朱子晚年定论"一条、"李贽"一条，皆比今本多一节或数十字。卷九"素夷狄行乎夷狄"一

---

[1] 见王献唐《跋〈日知录〉初刻八卷本》，作于1934年，刊《文教资料简报》1983年第1期。
[2] 顾炎武：《原抄本日知录》，徐文珊整理，台中市河北同乡会1958年铅排本，第953页。

条,今本有目无文。卷廿九"胡服"一条有三纸之长,今本既缺其文,亦泯其目。黄汝成作《集释》,屡言"以元本校",今本此诸条汝成即见之而亦讳言之。天运循环,坏陂终复。此书卒为我溥泉所得,其亦先生灵爽默相之哉!侃幸觏典经,亦不虚此生矣!黄侃

今按:"忽见奇书出世间,又惊胡骑满江山",语出顾炎武《井中心史歌》。厪厪,同仅仅。默相,默助。

黄侃《〈日知录校记〉跋》,原件粘贴在《原抄本日知录》原帙之尾,楷书手写体,无标题,末有黄侃钤印。文中"先生"三处均指顾炎武,敬语挪抬,提行另写,顶上一格;"溥泉"三处,亦敬语挪抬,提行另写,不顶格。据《日记》,跋文应当是专为赠予张继而撰写的,誊抄以后用于与抄本《日知录》原书相配,属于收藏鉴定性质,而非自序自跋之类。故徐文珊整理点校本将此跋与《原抄本日知录》合帙,而不与黄侃《日知录校记》合帙。徐氏录出,加标点,并加标题,敬语挪抬仍保持原件书仪格式,惟徐氏并未加一语说明。笔者近获目睹抄本原帙,乃知此跋愈加珍贵。

此后龙榆生、崔震华续有跋语。
龙榆生《蓝印本〈日知录校记〉跋尾》[①]

右《日知录校记》一卷,先师蕲春黄先生所撰,遗命付刊者也。

去年春为先生五十寿旦,沐勋自上海入京祝嘏,其夕侍宴于浣花酒楼,先生携诸子侄,及弟子广汉、刘颐等皆在座。酒半,忽举杯相属曰:"子往年为朱彊邨先生校刻遗书甚善,吾亦将以此事累子矣。"归检此手稿及余杭大师手书序文见授,并谆嘱以刊印行款,令自题端。当时颇心讶其出语之不祥,乃勉应曰:"沐勋当寿此书于梨枣,藉当九如之颂何如?"先生颔首者再。其秋,沐勋尽室徙岭表,于兹事犹有未遑。不料重阳后二日而先生凶问至,抚卷怆痛,真不知涕泪之何从也。逾岁北还上海,值先生逝世周年,诸及门会奠于南京量守庐,群议校理遗著,因亟以此付吴门写样,逾月刊成,盖距先生之殁

[①] 见龙沐勋(龙榆生)南京量守庐1936年刊本《日知录校记》书尾。

忽已越岁。念自弱冠请业于武昌，先生所以诱掖教诲之者甚至，而十数年来江湖流浪，曾不得少成其志业，以报答师恩。即当时授此册以勖不才，虽稍窥微言之所在，而戅戅靡骋，又顽钝不足以阐扬先烈，未尝不掩袂自伤也。

中华民国二十五年十一月十五日，万载弟子龙沐勋谨跋

崔震华《重印〈日知录校记〉跋》[1]

顾炎武《日知录》刊行已久，其考据之精博，素为士林所推重。先外子溥泉先生以亭林先生为明抗节不仕清，素重其人，尤爱其书。独疑其为明遗臣，而书中于明讳不避，称明亦不曰本朝，非孤臣孽子所宜出。民国二十一年在北平书肆偶得抄本《日知录》，以与刻本对校，则文之涉及明清与民族大义者，悉遭改窜。昔之所疑，乃得冰释。爱之如至宝，以示友人章太炎炳麟、黄季刚侃两先生，俱同感，为之拊掌。咸以顾氏冤抑，今始得明，不可不有以昭雪之。缘由季刚先生持与刻本逐字校雠，成《日知录校记》。太炎先生为之序，交中央大学，先以《校记》付梓，以见顾氏《春秋》夷夏之防，国家民族之义。嗣又见山东图书馆藏抄本《日知录》，偶有小异，先外子复亲为之逐一记录，虽未蒇事，要已过半，可资参证。今此书仅存孤本，虑有淹没，爰在台湾以《校记》重行付梓，而以溥泉手泽补入之。请徐文珊君董其事，并加标点。至《日知录》全书之校正印行，则以卷帙浩繁，不得不俟之异日。今当《校记》重版，爰述其始末如上。其亦有助于民族复兴之业欤！是为记。

"中华民国"四十三年十一月，河北崔震华谨跋。

黄侃《日知录校记》后来有潘承弼（潘景郑）《日知录补校》和徐文珊《日知录校记补》，两种补校题下均有识语。

---

[1] 顾炎武：《原抄本日知录》，徐文珊整理，台中市河北同乡会1958年铅排本，第991页。崔氏重印之《日知录校记》将黄侃校记与张继校记合璧为一。

二 黄侃校勘抄本《日知录》的学术状态

黄侃在校勘抄本《日知录》之际的学术宗旨和政治立场，略举四端。

第一，反对日本侵华，对本国政府表示不满。

黄侃日记1931年5月20日："报载，倭人已为中国预备后事，其果实情耶？亡其危言耸听、俾邦人专忧外患而不侵执事耶？姑录其说于此：'倭人目中，固未尝有中国。盖熟知我武人、政客徒知角逐私利，必无抗彼之能。谓欲定满蒙，惟当与俄决之耳，且深惧俄五年经济计划成就，国力愈充愈难敌也。故求及此五年之内，速战而速决。战时吾国必守中立，固不烦言矣。其与美争霸太平洋，亦宜早分强弱。故战俄而胜，即战美时也。初，欧战既罢，彼即斥金币五千万，购得德国潜艇计划，岁可成七百艘，此为战时杜塞海洋之利器。而美之潜艇，今尚未充，又可乘也。凡战，不独须财，尤恃物产。倭固岛夷，必难久支。彼预计裁用兵两师团、四巡舰，已足闭绝我之江海不与他国通，而物产皆任彼取求矣。当民国十七年，其所谋者，犹曰若何而取济南，今其某愈厉，曰若何取江苏以北而已。彼军官案头，殆无不有军用精密之地图，至于驻军、屯粮，部署安详，各有处所，时会一至，我为鱼肉矣。'"①

1931年12月20日："倭又欲取锦州，而朔方亦危矣。国事坏烂至此，略有人心，能无愤痛？乃彼哉之徒，见敌则如犬羊之值屠伯，宛转畏避，冀延瞬息之命，而御民犹欲保其大风猰㺄之故常。且缪为恭敬，养祸于前，为阱国中，伺机而发。坐令莘莘学子，多化桓东少年。以讲舍为京观，以诸生为鲸鲵。国土外输，淫威内肆。神州将变蒿里，贤愚同穴。悲夫！毕竟爱国爱种之心，难以按抑，又发狂言，违昨日之戒矣。"②

1931年5月9日："升中央大学讲堂。车声、人声、铜铁声、飞机声，万声杂动，其中杂以书声，大奇大奇！予告诸生：'心者，虚壹而静。尔曹能在此处听讲，即能在十字街头做百韵长律，亦即能泛海遇风而神色不变，亦即能履虎尾而神气恬然矣。'"③

---

① 《黄侃日记》，中华书局2007年版，第707—708页。
② 《黄侃日记》，中华书局2007年版，第761页。
③ 《黄侃日记》，中华书局2007年版，第703页。

第二，对宋明理学不满。

黄侃日记载其看十三经，看《宋儒学案》，又看《明儒学案》，其实对儒家宋明理学一派不满。

1931年12月28日："'子罕言利与命与仁。''性与天道不得而闻。'宋明儒者常言之矣，学其学者备闻之矣。呀，可怪也！"①

1931年12月3日载章太炎复函："前得书，问研究宋元明学案，并及《论语》疑义。宋元案所包者广，其人不尽是理学一流，明案稍纯，盖太冲精力在此不在彼也。……大抵理学高者，皆走入天乘。世人谓理学是禅，要只佛家所谓四禅八定，通于外道者。唯杨慈湖、林子春，庶几超出耳。然因是谓理学可废，佛法可以专尊，则又不然。人世纪纲，佛书言之甚略，五戒十善，不如儒书详备多矣。"②

第三，对"新古学"不满。

黄侃日记1931年2月17日载："以敦煌出书及龟壳文字寘之屋中架上，近世之所谓'古学'也；无暇观之，姑以自娱。亦犹乡人偶入城市，归诧家人以未尝到者而已。"③

今按："城市"，喻古典之外表热闹处。"乡人"，谓近世所谓治"新古学"如甲骨文、敦煌学者。"归诧家人"，谓外国汉学家与本国学子也。

第四，积学积书，保存国故。

黄侃日记1931年3月5日载："焯为取得《四部丛刊》第一期，凡五十四包。全书三百二十三部，八千五百七十三卷（四种无卷数），二千一百一十二册，于是全矣。计自戊戌夏，节缩日用必须之资，以四百三十元决意买之，首尾四年，乃获全部，欣喜不已，夜以名酒庆之。戊辰买书从此起，约用三千三百元，己巳用二千元有奇，庚午用二千元有奇。三年来，买书几斥去八千元矣。旧有书亦当费千元有奇。寒士为此，宁非甚痴？但愿于学略有成就，而我子孙亦稍能诵读爱惜之。"④

1931年12月3日载章太炎复函："《鲁论》'期斯已矣'一条，最为

---

① 《黄侃日记》，中华书局2007年版，第763页。
② 《黄侃日记》，中华书局2007年版，第756—757页；又见马勇编《章太炎书信集》，河北人民出版社2003年版，第210—211页。
③ 《黄侃日记》，中华书局2007年版，第687页。
④ 《黄侃日记》，中华书局2007年版，第687页。

难说,俟他日审思之。锦州撤兵,似已有放弃关东之决心。虽会之先生复作,其智谋不过如此也。吾辈但当保存国故,作秦代之伏生耳。"(第757页①)

今按:会之先生,即秦桧,字会之。"期斯已矣",今本《论语》无此语。《论语·微子》:"楚狂接舆歌而过孔子曰:'凤兮凤兮,何德之衰?往者不可谏,来者犹可追。已而已而,今之从政者殆而。'"郑玄注:"鲁读'期斯已矣,今之从政者殆今从古'。"

1932年4月29日,黄侃与章太炎在北平论学。"诣太炎师。师鼻虽割治,尚齆塞。为言小学、易学、诗学、《汉书》、《礼记》,凡数十事,师多称善。又论人事及今日传学之方,语尤深。但祈师寿考康强,常聆要道,真此生之幸也。"②

以上四点,是黄侃当日校勘《日知录》的具体背景,《日知录校记》的时代局限大体不出此范围。

三 黄侃校勘抄本《日知录》的经过

张继、章太炎、黄侃三人相识极早。辛亥前,张继、章太炎先后主编同盟会的机关报《民报》,黄侃、汪东、刘师培等均为撰稿人。1903年张继翻译幸德秋水日译的意大利马拉叠斯达《无政府主义》,亦由章太炎、刘师培、黄侃分别作序。

潘重规追忆:"时章太炎、张溥泉两先生相继主编《民报》,季刚师和刘申叔、汪旭初诸先生时为《民报》撰文,鼓吹革命。""有一次,季刚师邀请张溥泉(继)先生吃四川馆,吃完,茶房递上账单,察觉比平时昂贵得多,茶房解释,账单内有一项是客人司机的餐费。季刚师立刻对溥泉先生说溥泉,我请你,并没有请你的司机呀!溥泉先生连忙将司机餐费剔去,说:'你们真正胡闹。'我们随侍在旁,均觉得待客不够客气。民国二十四年重阳后二日,季刚师逝世。家中安设灵堂,溥泉先生刚从中央党部会议场所活捉刺客孙凤鸣后,立刻赶来吊唁,我们才发现他们交谊是如此

---

① 《黄侃日记》,中华书局2007年版,第757页;又见马勇编《章太炎书信集》,河北人民出版社2003年版,第211页。

② 《黄侃日记》,中华书局2007年版,第797页。

之笃。"①

汤国梨追忆："太炎与张继（溥泉）、章士钊（行严）三人在上海为义结金兰的盟兄弟。我和张继的夫人崔振华（曾任监察委员）亦亲密如姊妹。"②

黄侃《寄勤闲室日记》详细记载了他校勘抄本《日知录》的经过。③

1932年2月1日起，至5月29日止，黄侃日记题名为"避寇日记"。3月1日，黄侃在北平见章太炎，"至舍饭寺胡同花园饭店谒太炎师，师以二十号自上海仓促避兵来"。12日，在章太炎处见到张继，"遇溥泉访师，与略谈"。

1932年9月、12月，黄侃与张继来往频繁。

8月31日："午后张溥泉过访，久谈，致废昼眠。与言北方音及《楚辞》文例二事。"

9月2日："报又言房或犯南京，予更无资以避寇也。竟日胸腹不畅，惟读《御览》七卷。"

4日："竟日不适，胸腹觉胀懑。晚饭约溥泉、觉生、旭初共食，久谈。溥泉以宋本《离骚集传》托代圈点。"（今按：居正字觉生，汪东字旭初。）

5日："溥泉将暮又来小坐，言文化区及陪都二事。"

6日："与觉生同车诣旭初小坐，忽罗家伦至，不及避，寒温毕，趋徐悲鸿家，承其当面画碧桃便面见贻。俄而罗又迫见余，强相留，予为作诚言，规之甚多，未识不以规为瑱否？"

7日："冯贾来，买其《耋阳全集》，三元，《周益公集》，廿元，并以片介绍之于溥泉。"

11日："旭初来书，示以罗家伦致邹海滨留予电稿。徐悲鸿夫妇来。读《御览》十卷，至六十。暮，溥泉来，遂同出，食于浣花［酒店］。徐

---

① 潘重规：《母校师恩》，载张晖编《量守庐学记续编：黄侃的生平和学术》，生活·读书·新知三联书店2006年版，第69—70页。
② 汤国梨口述，胡觉民整理：《太炎先生轶事简述》，《苏州文史资料选辑》第7辑《纪念辛亥革命七十周年专辑之二》，1981年版，第63页。崔振华即崔震华。
③ 《黄侃日记》，江苏教育出版社2001年版，第835—909页。另见《黄侃日记》，中华书局2007年版，第832—892页。

氏为主人，座客盈数，菜极恶劣。余食臭鱼糕一方，甚厌恨。饭后，罗与溥泉同至其所寓，久谈，看书。溥泉言：今之治国学者，自言以科学方法整理，而实奉外域之人言为圭臬，案上无不有倭书，甚且攘倭虏之言为己有；独章君及予绝此病。予愧不敢当。"

13日："罗志希送旭初聘书至，求转致。邵元冲约饭于立法院西苑，张佩纶旧居也，二枞尚为前代物。坐间，溥泉、觉生、旭初外，楚伧亦故人，与对饮殊畅。"

15日："溥泉来告将如鄂，并邀同出访旭初，有所说，不值，即别去。"

12月1日："晨借《清代文字狱档》五册。"（今按：可知黄侃此时关注点是清政府问题。）

7日："溥泉来，翻书。溥泉借校本小板《日知录》十六册。"（今按：小板《日知录》当指乾隆六十年所刊巾箱本《日知录》，张继用以与抄本核校。张继最早对比了《日知录》抄本和刊本，并且大致了解到了二者的差异。）

18日："溥泉借《学术丛编》十三、十四、十六，凡三册。"

25日："所借《学术丛编》已还来。鼎臣来，同赴安乐酒店，座有溥泉、觉生、刘守中、罗家伦。食罢，至溥泉处，借其近买抄本《日知录》，称何义门校本，中如'素夷狄行乎夷狄'一条，诸本有目无文，此本文全，洵异书也。"（今按：张继先从黄侃借得乾隆六十年刊本《日知录》，此时黄侃再向张继借得抄本《日知录》。）

26日："上海车站为倭奴所毁，颓壁犹存，见之悲愤。晨至太炎师寓，师犹未起。"（今按："倭奴"指本年1月28日爆发的淞沪抗战，3月3日停战。）

今按：张继购买抄本《日知录》的时间，学者或称1932年，或称1933年。章太炎1933年所作《日知录校记·序》称"去岁"，崔震华《重印〈日知录校记〉跋》称"民国二十一年在北平书肆偶得"，徐文珊《原抄本日知录·叙例》《原抄本顾炎武日知录评介》及《中华百科全书》"日知录"条目均误作"民国二十二年"。兹据《黄侃日记》，当以1932年为准。但张继具体于何月何日购得抄本，及书肆书贾来源，尚不得知。据张继回忆录，1932年他在各地奔走不暇，1月到北平，4月到西安，7月到洛阳，9月由南京到武汉。1933年仍然奔波各地，"余或往长安，或到北平，或留洛阳"。但在1929—1931年，张继"居平为多"，常住北平景山后门慈慧殿，"入城则到头发胡同书摊寻异书及孤本"。①

徐文珊为《中华百科全书》撰写"日知录"条目："忽于民国二十二年，张继（溥泉）先生无意中在北平购得原抄本《日知录》。"②

另据陈垣所说，张继"以重价买之"，"以三十元买之"。③

1933年，1月4日，黄侃"看《日知录》三卷。夜又嗽甚。"（今按：黄侃动笔校勘《日知录》自此日起。他最初的校本应当即是借给张继的乾隆六十年刊本。）

5日："《中央日报》载山海关三号晚七时失守。其社评有曰：'今后日人是否将由榆关而平津，由热河而察绥，吾皆不必问；榆关事发，长江及沿海是否将次第发生同样之事态，亦不必问。所欲问者，吾立国之大经与常道、全国人民所以助其政府坚守者至何种程度而已。'"黄侃谓："予阅其言，怒不可遏。鼎臣来，与之纵言时事，亦惟扼腕而已。校《日知录》卷四。卧看《日知录》。夜嗽甚，检遗山诗阅之，桭触悲怀，久不成寐。"

6日："奉太炎师五号书，即复。……卧看《日知录》。"（今按：黄侃此札现藏温州博物馆。）

7日："校《日知录》至抄本卷七。"

9日："看《日知录》抄本卷九，未讫，内有'素夷狄行乎夷狄'一条，今本有目无文，抄本俱在，手录一过，知少日早怀匡复，虽见讥于宗族、姻戚、乡党、旧知，而未尝获罪于圣哲贤豪。虏清虽覆，伺国瑕隙者何时蔑有？无论为文为野，为貌与我周旋，为实朘我膏髓。所以待之者，亦仍用少年之心而已矣。"（今按：黄侃早年入武昌湖北普通学堂，因宣传排满被开除，清廷捕革命党，遂赴日。辛亥前回国，筹设孝义会，宣讲种

---

① 《近代中国史料丛刊三编》第3辑，《张溥泉先生回忆录·日记》，台北文海出版社1982年版，第17—18、55—56页。

② 中国文化大学中华学术院、中华百科全书编纂委员会：《中华百科全书》，台湾"中国文化大学"出版部1983年版，第164页。

③ 见《李瑚听讲笔记》，写于1947年9月至1949年6月，载陈垣著，陈智超编《史源学实习及清代史学考证法》，商务印书馆2014年版，第104页。

族大义。1911年7月26日，黄侃在武汉《大江报》撰写时评《大乱者救中国之妙药也》。辛亥革命后，黄侃在上海主办《民声日报》。故黄侃被称为"辛亥革命先驱"。"少日""少年之心"指此。）

10日："校《日知录》抄本卷十讫。"

11日："校《日知录》抄本卷十一。"

13日："校《日知录》抄本卷十四。"

19日："看《日知录》抄本讫。"

20日："看《日知录刊误》，以抄本校，未竟。去年此夕，方在浦口车中听倭奴炮声也。"

21日："校《日知录刊误》讫。点《日知录》一卷。作跋于抄本《日知录》之尾。报载平津危。"（今按：黄侃《日知录校记·跋》全文见上。）

22日："点《日知录》二卷，仅校一卷。"

23日："看《日知录》一卷，校抄本两卷。"

24日："看《日知录》卷五，校抄本六、七，未竟。"

25日："溥泉来，以抄本《日知录》跋语示之。校《日知录》，集释本卷六竟，抄本卷八未竟。"

28日："夜校《日知录》卷十未竟。"

29日："校《日知录》今本八讫，抄本十二未讫。中夜咳甚。"

30日："看《日知录》，校抄本至十三，看刻本至十。"

31日："看《日知录》，校抄本十四讫，十五未讫，点今本十一讫。看《六十年来中国与日本》。"

2月1日："看《日知录》，抄本十五讫，十六未讫，今本十二讫。看倭患始末，即昨书。"

2日："看《日知录》，校十六，点十三。"

3日："看《日知录》，校十八未讫，点十四。"

4日："溥泉及刘守中允丞来，允丞久谈后去。看《日知录》，校十八，点十五。"

5日："看《日知录》，抄本十九未竟，刊本十六竟，十七未竟。"

6日："看《日知录》，抄本十九讫，刊本十八未讫。"

7日："看《日知录》，抄本廿一未竟，刊本十九竟。"

8日："看《日知录》,讫抄本廿二,刊本廿一。"

9日："章师君二月七日来书：'……《日知录》胡服一条,今本所无；素夷狄行乎夷狄一条,今本有目无辞。初以为乾隆抽毁,及读潘稼堂原刻,乃亦如是,则稼堂负其师深矣。《论语》皇疏夷狄之有君章,日本文明本疏义,与知不足斋印本疏义大异。鲍书本进呈者,其改窜又不足怪也。今将文明本皇疏录寄足下,当更以《日知录》二条饷我也。'""文明本皇疏：'此章重中国、轻夷狄也。诸夏,中国也。亡,无也。言夷狄虽有君主,而不及中国无君也。故孙绰曰：诸夏有时无君,道不都丧；夷狄强者为师,理同禽兽也。释慧琳云：有君无礼,不如有礼无君也。刺时季氏有君无礼也。'""看刊本《日知录》二卷,至廿三,抄本不盈一卷。"

10日："与袭善及念容书,以'夷狄之有君'章皇疏示之。看《日知录》至廿五,未校抄本。"

11日："看《日知录》刊本至廿八。"

12日："看《日知录》刊本至卅。"

13日："看《日知录》,点刊本讫,校抄本竟廿五。"

14日："校《日知录》抄本廿八,未了。"

15日："斠《日知录》至廿九卷,未能毕。"

16日："斠《日知录》抄本毕,又三校之。作《日知录校记［序］》至丙夜,写得三纸。"（今按：黄侃《日知录校记·序》写于此日。《黄侃日记》中"序"字脱漏。"丙夜"犹言三更。以下录《日知录校记·序》全文,署款"中华民国二十二年二月十七日蕲春黄侃"。此日期为天亮后之次日。量守庐本《日知录校记·序》与此文略有小异,署款"中华民国二十二年二月二十一日黄侃",则是序文改定之日。）

17日："撰《日知录校记·序》,又写《校记》十余纸,腕为之痛。"

18日："昨夜失眠,甚倦。写《校记》十余纸,改定《校记·序》,至丙夜始眠。"

19日："抄《日知录校记》数纸。"

20日："抄《日知录校记》毕,又作《目次校记》,至十二时乃讫,疲极。薄暮,溥泉来,印《日知录校记》事。"（今按：次日,黄侃次子黄念宁出生。取名念宁,小字师绛,显然与顾炎武相关。黄侃记云："一祝他日师宁人先生之淑身淑世,二愿天下安宁,三不忘辽宁之事,四以示生于江宁也。"其实亦颇有纪念《日知录校记》完成之意。)

以下又载《日知录校记》的迻录和刊印。

21日:"抄《日知录校记·序》毕,全书告成。"

22日:"以《日知录校记》付焞迻录。"

3月1日:"焞抄成《日知录校记》,又令抄师稿三册,以手校《日知录》全部借之。立意细读《清史稿》。"

3日:"上师书,贻以《日知录校记》一册,求题签、作序。"

23日:"奉太炎师廿二日书。师书中附有为侃撰《日知录校记》序及题签。看《倭名类聚抄》。"此后到4月25日,日记言,"倭人寄其《古纽研究》来。今时何时,予岂屑与岛夷谈学乎?"29日,日记言,"离明言,胡适运动美国,不允缓付庚款,此真叛国也,奈何不捉将官里去?"

30日:"校中送所为代印《日知录[校记]》样本来,款式甚劣,讹脱甚多。"此条之后即载:"汪兆铭近有《老话》一篇登诸报,其警语曰:'因为不能战,所以抵抗;因为不能和,所以交涉。政府不是不和不战,而是抵抗与交涉并行。'应诘之曰:抵抗即难成交涉,交涉又何须抵抗?真抵抗即是战,真交涉即是和。政府欲避不战不和之名,而为且战且和之计,外不能欺强虏也,所欺未知为谁?'有前死一尺,无后退一寸',愿以告言抵抗者;'命之罔极,亦云亡矣',愿以告言交涉者。"

5月22日:"吴伯陶来,以《日知录校记》付之缮写,并手写太炎师序予之。"此条下录《读史至靖康之事,感而有作》律诗一首,并载其"竟夕失眠"。诗云:"天心人意两茫茫,时事何期似靖康。城闭言开终不听,师全地丧倍堪伤。乞灵六甲皆儿戏,卖国三川足货郎。犹幸东南能退保,主和无用责汪黄。"

6月30日:"旭携来中央大学予及焞聘约,食后,以《日知录校记》稿付旭,托其与中央大学为予印本之样本校勘。"

10月1日:"陆颖民寄《清代文字狱档》七、八册来。买得《贼情汇纂》六册,诚异书页,急览一过,未免有丘貉之感。"

2日:"金陵大学请演说。溥泉于饭时来,久谈,贻以《日知录校记》廿册。"

这个《日知录校记》的初印本,民国二十二年(1933)由南京国立中央大学出版组出版,铅印本一册。线装,18叶。版心下印:"国立中央大学文学院（A面）/中国文学系专篇（B面）"。

四 黄侃、章太炎、张继论《日知录》往来书札

黄侃与章太炎论《日知录》信札

《黄侃日记》载1933年1月6日，"奉太炎师五号书，即复"。这封信札原件现藏温州博物馆。信札全文云：

> 先生尊鉴：
> 还自上海，受寒苦欶［嗽］，入夜发热，至今未瘥。东寇侵陵，北方想无术可保，江海间亦或见扰，多方误人。侃圈［眷］属甚多，无处徙避。邦家鼎沸，天地纮张，思之诚悲，涕沾衣也。
> 奉尊旨，令更缮录《春秋答问》，谨即开械迻写，不敢怠忽。书言古文字，多作数用，洵属精辟，绅绎有得，当更请益也。
> 顷借得清雍正中抄本《日知录》，中如"素夷狄行乎夷狄"一条，全文具在，其他异于今本者不可悉数。忆顾君诗有云："忽见奇书出世间，又惊胡骑满江山。"不觉废书兴叹，绕室旁皇也。国论蜩螗，筑室谋道。愿尊凤翔千仞，以避险征，龙蛰三冬，而期时举。拳拳之意，伏求裁鉴。肃此，恭叩道安。
> 弟子侃谨言，一月六日。①

章太炎与张继论《日知录》信札

1933年4月8日，章太炎《致张继书》：

> 溥泉老弟左右：印泉②来述弟言，谓"大哥当安心讲学，勿议时事"。吾老矣，岂复好摘发阴私以示天下不广？顾同盟会之遗老，岂得弁髦视之！曩时所务，惟在排斥满人政权，今满人又复然其死灰，而更挟强国以为重。吾辈往日之业，至今且全堕矣，谁实为之？吾辈

---

① 详见陈伟欢《黄侃、吴承仕、于右任致章太炎信札》，《文献》2012年第3期。
② 今按：李根源，字印泉。

安得默尔而息也?

吾之于人,不念旧恶,但论今日之是,不言往日之非。五年以来,当局恶贯已盈,道路侧目。及前岁关东事起,吾于往事,即置之不言。幸其兵力尚盛,谓犹有恢复之望也。不图侵寻二岁,动与念违。迩者中日暧昧之议,腾于众口,朝野哗然,不可掩秘。马相伯以九十老人,阮富贵以纺织厂贾人之子(事见《大晚报》),靡不窥其隐慝,愤而疾之,虽金陵仕宦诸子,亦曾不能为尊亲讳也。前月大军北上,处处以奋死抵抗为名,而平津吏民亦固心知其意。东人之来者何姓何名,此方之所与议者何事,北人类能胪列疏举,较江南言者益为明了。事虽阴秘,举国已明知之,独吾弟尚在枌中,欲为隐其事耳。栋折榱崩,吾辈亦将受压,而弟欲使人人不言,得无效厉王之监谤乎?

闻弟近得《日知录》抄本,付季刚校勘。其间如《胡服》一事,《素夷狄行乎夷狄》一事,论管仲一事,论公孙宁、仪行父一事,此皆宁人先生发愤之笔,而弟所引为典言者也。尊前贤文论则如此,处今日之事则如彼,此与曾国藩刻《船山遗书》,而身为清胡戮力者岂有异耶?

吾之持论,特为温润,虽明知当局之有阴私,犹不欲讼言斥之,盖亦宁人先生之志而已。年已耆艾,唯望以中华民国人民之名表吾墓道,乃今亦几不可得。谁使吾辈为小朝廷之民者,谁使同盟会之清名而彼人揶揄嘲弄者?愿弟明以教我。①

马勇编《章太炎书信集》收录。此书收录章太炎致张继信札仅二通,其一1912年3月,其二1933年4月8日。此通信札据《苏州文史资料》

---

① 马勇编:《章太炎书信集》,河北人民出版社2003年版,第461—462页。又见朱维铮、姜义华等编注《章太炎选集》(注释本),上海人民出版社1981年版,第631—634页,说明:本篇选自章太炎家藏手稿;蔡尚思《中国现代思想史资料简编》第三卷,浙江人民出版社1983年版,第644—645页,题为《致张继书》;沈延国《章太炎先生在苏州》,载中国人民政治协商会议江苏省苏州市委员会文史资料研究委员会编《文史资料选辑》第12辑,1984年版,第59—60页,题为《答张溥泉书》;章念驰编《章太炎生平与思想研究文选》,浙江人民出版社1986年版,第52—53页;陈平原、杜玲玲《追忆章太炎》(修订本),生活·读书·新知三联书店2009年版,第323—324页;姜义华编《中国近代思想家文库·章太炎卷》,中国人民大学出版社2015年版。

1984年第12辑收录，编者注明信札为手书信稿，苏州章氏家藏。

黄侃与抄本《日知录》关系至深，不仅写出《日知录校记》，更能投之以怀抱，每每以抄本《日知录》与反满、抗日的民族气节联系在一起。正如尚笏、陆恩涌《季刚师得病始末》所说："先生固富具民族意识者，平时恒以顾亭林、黄梨洲之节操，勉励学生。尝言明末清初，学者能秉承此旨，故卒得光复。读《日知录》校记即可见先生之怀抱焉。"①

黄侃是章太炎弟子，章黄二人以治古文经、训诂、音韵著名，学界称之为"章黄学派"。章黄学派是近代学林中独树一帜的学者，二人既是辛亥革命的元老、先驱，是中华民国的缔造者，同时又都处于在野的立场，而不在民国政权的核心。在撰写《日知录校记》的1930年代，黄侃在学术和政治立场上，反对日本侵华，对政府的内外政策不满，对宋明理学不满，对"新古学"也不满，独抱一种积学积书、保存国故的态度。

不过，由于他对日本侵华具有刻骨的感受，进而将对日本侵华的民族仇恨转移到已经退位的清朝政权身上，这就反而影响了二人对于民国政权以及国家将来的思考。换言之，二人所从事的《日知录》研究，其最大贡献是对文化传统的揭示，但这种文化揭示却不免陷入了民族血缘的困扰。借用顾炎武本人的话说，他们所研究的本当是匹夫有责的"亡天下"问题，但是他们费力处理的却是匹夫无责的"亡国"问题。也许这就是史家常言的"历史局限"之所在吧。

1903年，张继以"自然生"笔名借助人文文献编译意大利马拉叠斯达《无政府主义》一书出版，以"燕客"笔名撰写自序，提出："吾愿杀尽满洲人，以张复仇大义，而养成复仇之壮烈国民；吾愿杀尽亚洲特产之君主，以洗亚人之羞辱，为亚人增光；吾愿杀尽政府官吏，以去一切特权之毒根；吾愿杀尽财产家、资本家，使一国之经济均归平等，无贫富之差；吾愿杀尽结婚者，以自由恋爱为万事公共之基础；吾愿杀尽孔孟教之徒，使人人各现其真性，无复有伪道德者之迹。"②

---

① 程千帆、唐文编：《量守庐学记：黄侃的生平和学术》，生活·读书·新知三联书店1985年版，第103页；2006年第2版，第93页。

② 马拉叠斯达原著，自然生（张继）译：《无政府主义》，日本东京天义报社1907年版。其书共上下二编，正文题为"绝大怪物无政府主义"，署名"自然生纂"，序于"黄帝四千四百一十四年秋八月"。

第二节 《日知录》"素夷狄行乎夷狄"条

一 "素夷狄行乎夷狄"等十条的删改

顾炎武《日知录》中"素夷狄行乎夷狄"一条，向来为研究清代思想史与政治史的学者所重视，但各家所依据的文本略有小异，所作诠释尤其大不尽同。

民国间学者评论前清学术思想与政治，喜言《日知录》，而最为关心的则是《日知录》的删削问题。此书各个版本的异同也莫不以条目、字句的删存与否为主要区分。就今日已知的情况来看，大致上，八种重要版本内有三种抄本内容完整，未经删削，三种文字所不同之处只是抄胥的手误，而潘耒刻本、《四库全书》本及黄汝成《集释》则均各有不同程度的删削。

比对抄本及抽毁余稿可知，刻本中，卷六"素夷狄行乎夷狄"条，潘本删，但有存目，《四库》本删目录，黄汝成《集释》又重新恢复了目录。卷二十九"胡服"条，潘本删，但有存目，《四库》本删目录，黄汝成亦删目录。

《四库》本《日知录》删改最严重的是完全删除了"左衽""徙戎""三韩""胡咙""胡"五条。卷二十八"左衽"条，《抽毁余稿》墨圈半页，《四库》全删。卷二十九"徙戎"条，《抽毁余稿》墨圈八页，《四库》删正文，存目录。卷二十九"三韩"条，《抽毁余稿》墨圈五页，《四库》删正文，存目录。卷二十九"胡咙""胡"二条相连，《抽毁余稿》墨圈共六页，《四库》全删。"徙戎""三韩"二条目录的保留应当不是有意为之，或许是抄胥之误。这五条潘本未删，而黄汝成《集释》亦加以恢复。

卷十八"李贽""钟惺"二条，潘刻本全删，《四库》本亦随之全删，黄汝成《集释》恢复了条目，但内容亦删削若干文字。"李贽"条自"昔晋虞预"以下150字，原抄本、北大抄本有，为黄汝成所删。"钟惺"条，黄汝成改"钱尚书谦益文集"为"钱氏"，又改"今"字为"当时"，原抄本、北大抄本未改。

另外卷二十九"夷狄"一条，潘本改题为"外国风俗"，《四库》本、黄汝成《集释》均因之改题，原抄本、北大抄本未改。

《日知录》的删削，有整条删、删目录、改目录、改文字等四种形式。就以上十条情况而论，可见对《日知录》的删削是一个潘耒、《四库》馆、黄汝成三家相继的递删过程，始作俑者是顾炎武的弟子潘耒。《四库》本对《日知录》的抽毁、删削确属事实，但《四库》本的删削是在潘刻的基础上操作的，当时似不知有完整的抄本存在。而黄汝成《集释》虽然晚出，却获见完整抄本，也依然沿袭删削的文本，迟至道光中仍在继续删目，或删改字句，值得引起注意。

二 "素夷狄行乎夷狄"条文本新校

"素夷狄行乎夷狄"一条，原抄本、北大抄本在卷九，刻本在卷六。潘本"素夷狄行乎夷狄"和"胡服"二条全删，但尚保留目录。黄汝成《集释》本保留了"素夷狄行乎夷狄"的目录，而删除了"胡服"目录。《四库》本既不见正文，遂将目录删去。如果潘本未加删削，则《四库抽毁余稿》将如何对待，已不便猜测。

此条黄侃据雍正抄本作有校记，张继又据鲁抄本作校记，徐文珊据雍正原抄本及张继校记又作校注。今以徐文珊校本为底本，再据北京大学旧藏抄本核校，以期获得迄今最为完整的文本。兹为排录、标点、校注如下：

素夷狄行乎夷狄[1]

"素夷狄，行乎夷狄"，然则将居中国而去人伦乎？非也。处夷狄之邦，而（不失[2]）吾中国之道，是之谓"素夷狄，行乎夷狄"也。《六经》所载，帝舜"猾夏"之咨[3]，殷宗"有截"之颂[4]，《礼记》明堂之位[5]，《春秋》（朝）会[6]之书。凡圣人以为内夏[7]外夷之防也，如此其严也。文中子以《元经》之"帝魏"，谓"天地有奉，生民有庇，即吾君也"，[8]何其语之偷[9]而悖乎！宋陈同甫谓："黄初以来，陵夷四百余载，夷狄异类迭起，以主中国，而民生常觊一日之安宁于非所当事之人。"[10]以王仲淹之贤而犹为此言[11]，其无以异乎凡民矣。[12] 夫（兴[13]）亡有迭代之时，而中华（无[14]）不复之日，若之何以万古之心胸，而区区于旦暮乎?[15]（杨循吉作《金小史》，序曰："由当时观之，则完颜氏，帝也，盟主也，大国也；由后世观之，则夷狄也，盗贼也，禽兽也。"）此所（谓）"偷"也。[16] 汉和帝时，侍御史鲁恭上疏曰："夫戎[17]狄者，四方之异气，蹲夷踞肆，与鸟兽无别。若杂居中国，则错乱天气，污辱善人。"[18] 夫以乱辱天人之世，而论者欲将毁吾道以殉之，此所谓"悖"也。孔子有言："居处恭，执事敬，与人忠，虽之夷狄，不可弃也。"[19] 夫是之谓"素夷狄，行乎夷狄"也。若乃相率而臣事之，奉其令，行其俗[20]，甚者导之以为虐于中国，而藉口于"素夷狄"之文，则子思[21]之罪人也已。

[1]《礼记·中庸》："君子素其位而行，不愿乎其外。素富贵，行乎富贵；素贫贱，行乎贫贱；素夷狄，行乎夷狄；素患难，行乎患难。君子无入而不自得焉。""素"，本作"傃"，解为"嚮（向）"。孔颖达疏："向夷狄之中，行道于夷狄。"

《原抄本日知录》徐文珊曰："编者按：刻本无此章。又文中颇有脱误，今据张继校依鲁抄本改，加（ ）以别之。"

黄侃《日知录目录》校记："今本有目无文，钞本全章具存。"

栾保群、吕宗力《日知录》（全校本）注："按《校记》，原本此条有目无文，今依钞本补入全文，凡三百五十七字，小注四十一字。"

陈垣《日知录校注》："此条刻本有目无文，据抄本补。"

今按：《〈日知录〉文渊阁本抽毁余稿》、文渊阁《四库全书》本目录均无此条，知为潘耒所删。

[2] "不失"：张继抄本有朱笔乙正符号。北大抄本有"不失"二字。徐文珊引张继校记："继案：鲁钞本'失不'，二字乙。"黄侃校记作"失不"，栾吕全校本因之，而注曰："'失不'二字疑倒。"陈垣校注本作"不失"，无注。

[3] "滑夏"：北大抄本同。按"滑"当作"猾"。《尚书·舜典》："蛮夷猾夏。"孔安国传："猾，乱也。"《左传·僖公二十一年》："蛮夷猾夏，周祸也。"亦作"猾"。栾吕全校本作改为"猾"，黄侃校记、陈垣校注本作"滑"。今按：古"滑""猾"通用，陆德明《庄子》释文："滑，

音骨，乱也。"

[4]《诗经·商颂·长发》："相土烈烈，海外有截。"

[5]《礼记·明堂位》："九夷之国，东门之外，西面北上；八蛮之国，南门之外，北面东上；六戎之国，西门之外，东面南上；五狄之国，北门之外，南面东上。"

[6]"朝会"：张继抄本蓝笔补"朝"字。北大抄本作"会潜"。《春秋经·隐公二年》："二年春，公会戎于潜。"《穀梁传》："会者，外为主焉尔。知者虑，义者行，仁者守，有此三者然后可以出会。会戎，危公也。"量守庐刊本黄侃《日知录校记》、陈垣校注本、栾吕全校本均只有"会"字。栾吕全校本注："'会'之前疑脱一'盟'字。"

今按：栾吕说非，当依北大抄本作"会潜"。《春秋经·僖公十九年》："夏六月，宋公、曹人、邾人盟于曹南，鄫子会盟于邾。"《春秋》载"会盟"惟此一见。《左传》："宋公使邾文公用鄫子于次睢之社，欲以属东夷。"然亦讥之曰："六畜不相为用。"疑作"会盟"非是。徐文珊点校本"会"字前补"朝"字，加（ ）区别，然并不见张继校记。书后所附黄侃校记（有张继按语）作"春秋□会之书"，但量守庐刊本黄侃校记并无空字，知"朝会"二字为抄本批较者及徐文珊后补。今按《春秋经》无"朝会"，仅《左传·僖公四年》一见，意为或朝或会，谓王事，与内外之义无关，徐说非是。

[7]"夏"：北大抄本作"忧"，形近而误。黄侃校记、陈垣校注本、栾吕全校本作均作"夏"。

[8]见隋王通《中说·述史篇》。

[9]偷：苟且。《左传·文公十七年》："齐君之语偷。"《襄公三十一年》："赵孟将死矣，其语偷。"

[10]见南宋陈亮《龙川集》卷三《问答》。文渊阁《四库全书》本《龙川集》"夷狄异类"改为"刘石诸姓"，"中国"改为"神器"。

[11]《旧唐书·文苑列传上·王勃传》谓王通"依《春秋》体例，自获麟后，历秦、汉至于后魏，著纪年之书，谓之《元经》"，有"拟圣"之称，故此称其曰"贤"。上言"文中子"，下言"王仲淹"，对文。

[12]"凡民"：谓无所作为之人。《孟子·尽心上》："待文王而后兴者，凡民也。若夫豪杰之士，虽无文王犹兴。"朱熹集注："凡民，庸常之

人也。"

[13]"兴":张继抄本有朱笔增字符号,但未补字。北大抄本有"兴"字。徐文珊引张继校记:继案:"'亡'字上应加'兴'字。"黄侃校记无"兴"字。陈垣校注本有,栾吕全校本无,皆无注。今按:当依北大抄本补"兴"字。

[14]"无":张继抄本脱漏北大抄本有"无"字。徐文珊引张继校记:"继案:鲁抄本'华'下有'无'字。"黄侃校记无"无"字。陈垣校注本有,栾吕全校本无,皆无注。今按:当依北大抄本补"无"字。

[15]顾炎武原注:今按:杨循吉,字君谦,明吴县人。《明史·文苑传》有传,《明史·艺文志二》载其《辽金小史》九卷。内《辽小史》一卷、《金小史》八卷。

[16]"此所谓'偷'也":北大抄本同。张继抄本脱漏"谓"字。黄侃校记作"□此所偷也",栾吕全校本因之,而注曰:"此句疑当作'此所谓偷也'。"陈垣校注本作"此所谓偷也",无注。今按:当依北大抄本补"此"字。

[17]"戎":北大抄本误作"我"。

[18]语见《后汉书·卓鲁魏刘列传》。

[19]语见《论语·子路》。

[20]"俗":北大抄本误作"浴"。

[21]郑玄《三礼目录》:"《中庸》者,孔子之孙子思伋作之。"故云。

三 "素夷狄行乎夷狄"条的思想意义

"素夷狄行乎夷狄"一条,解《中庸》"君子素其位而行,不愿乎其外。素富贵行乎富贵,素贫贱行乎贫贱,素夷狄行乎夷狄,素患难行乎患难,君子无入而不自得焉"一节。郑玄注:"'傃'皆读为'素'。"可知原本作"傃"。阮元校勘记又谓注文误倒,宋本作"'素'读皆为'傃'",亦通。"傃"解为平傃,又解为向傃。古文又"素""傃"通用,《博雅》:"素,本也"。谓君子平常本来如此,向他处而行犹然如此。谓随处可行可遇,而守道则不可移不可改之意。《横渠易说》解《艮卦》云:"'位',

所安之分也。如'素夷狄行乎夷狄，素患难行乎患难'。"顾亭林于此节不解富贵、贫贱、患难（解"素贫贱"见《日知录》"异乎三子者之撰"条），而惟解夷狄。"中华无不复之日"则显然为夷狄入主中国后之语，故潘刻本、《四库》本、《集释》本畏忌而删之。

此条中顾炎武引用宋代陈亮的话："黄初以来，陵夷四百余载，夷狄异类迭起，以主中国，而民生常觊一日之安宁于非所当事之人。"出自《龙川集》卷三《问答》。文渊阁《四库全书》本《龙川集》"夷狄异类"改为"刘石诸姓"，"中国"改为"神器"。可知《四库》馆的抽毁办法并不专门针对明朝遗臣，宋人违碍文字亦包括在内。

在《〈日知录〉文渊阁本抽毁余稿》中，标有"删""涂处全删"者十余处，另有墨圈多处，其他则标为"抽""换""换写""接写""照写""另行写""提另下行""提起另行写"等，最多的是标出某行某行。因《四库全书》抄本每页均为八行，每行均为二十一字，要想更改文字而又使篇卷紧密衔接，非常麻烦，占据了馆臣很大的工作量。

细看《日知录》前后被删的九条、改题的一条，"李贽""钟惺"二条为批评学者文人；"胡咙""胡"二条在第三十二卷，居全书之末（《四库提要》谓之"杂考证"）；"胡服""左衽""三韩""徙戎"四条及被改换题名的"夷狄"条在第二十九卷中（《四库提要》谓之"兵及外国事"），其删削的重点多在字句，而不是文意。

就顾炎武一面而言，"夷狄"条开头就说："历九州之风俗，考前代之史书，中国之不如夷狄者有之矣。"列举契丹、女直、回纥、匈奴各族旧日风俗，叹其淳朴简易。引据经史，自祭公谋父、由余、中行说皆备，最后提出"弃二国之所长，而并用其所短"的主张。可见顾氏持论，确实是准于后王求治取法，正如他在《又与人书二十五》中所说："有王起者，将以见诸行事，以跻斯世于治古之隆"，而非刻意含沙射影、口诛笔伐，顾氏不可能以一部书而达致驱逐鞑虏之目的。

徐仁甫先生曾由文字训诂的方面，解释《中庸》"夷狄"二字"应该取平易的意思"，与《中庸》下文"居易""行险"相应。谓"狄"字通"易"，又谓"夷狄"借为"侇䄏"，为"易"的合音。见徐仁甫《〈中庸〉"素夷狄行乎夷狄"解》，其说有据。果真如此，则《中庸》"素夷狄行乎夷狄"一句的含义其实原本最平易不过了。

"素夷狄行乎夷狄"在第六卷"经传"部分,出于《礼记·中庸》,并非顾氏自己的发明。民国以后,学者多将《四库》馆臣删改《日知录》一事阐释为清廷的一大罪状,而借以推翻满族的统治,言辞夸大,恐非平心之论。而偏离理性的结果,也必然是影响了对于夷夏之分的真义的理解,反而导致了更加严重的民族、文化问题的产生。

章太炎自述其早年读书,曾怀疑《日知录》遭清官方抽毁。《日知录校记·章序》中说:"昔时读《日知录》,怪顾君仕明至部郎,而篇中称'明'与前代无异,疑为后人改窜。又'素夷狄行乎夷狄'一条有录无书,亦以为乾隆抽毁也。……去岁闻友人张继得亡清雍正时写本,其缺不书者故在,又多出'胡服'一条,纚纚千余言,其书'明'则'本朝',涉明讳者则用之字,信其为顾君真本,曩之所疑于是焉然冻解也。……颇怪次耕为顾君与徐昭法门下高材,造膝受命,宜与恒众异,乃反剟定师书,令面目不可尽睹,何负其师之剧耶!"①

章太炎的质疑是对的。到原抄本出现,章氏的疑问遂完全真相大白。照说,"原抄本"既然可以证明章氏的质疑,同时也可使"乾隆抽毁"的猜疑得以平息。但是章太炎话语一转,重新将笔锋对准了清朝,说道:"盖亦惩于史祸,有屈志而为之者也。"《章序》署款"于时戎祸纷拏,倭为溥仪蹂热河之岁"(1933年日本宣称热河省属于"满洲国"),更策应了这一倾向。

就发挥华夷之辨的古老话题而言,《日知录》"正始"条中"有亡国,有亡天下,亡国与亡天下奚辨"一语,态度表现最为激烈。和章太炎类似,金性尧(笔名文载道)也怀疑到了清朝。在1943年发表的《关于〈日知录〉》这篇杂文中,金性尧议论道:"专制时代的帝皇,何以全是那种小心眼儿,如目录卷六中明明有'素夷狄行乎夷狄'一条,待我翻了正文之后,却大有踏破铁鞋之概。其他的想必还有,足见清初文网之森严,真也无微不至了。然如卷十三'正始'章第二节:'有亡国,有亡天下。亡国与亡天下奚辨?……'若论'禁毁',则这一节似乎大有资格——而且据说收入《四库》时,已遭清廷的'化装'了。"②

---

① 章太炎:《日知录校记·序》,南京量守庐1936年刊本,卷首。
② 金性尧(署名文载道):《关于〈日知录〉》,《古今》1943年第35期。

清朝的禁毁是确实存在的，但金性尧并没有得到具体的证据，就说"正始"一条文字"有资格"遭禁毁。而他自己的这篇杂文，却是发表在日伪杂志《古今》上。实际上，《四库全书》本的《日知录》"正始"条中，这段敏感的辨析全文俱在，并未删改。当时原抄本已经发现，但金性尧似乎也不知道。于是潘耒的责任便被改换为清朝的罪行了。

第三节 《日知录》"风俗"五条

一 一部古代风俗简史

顾炎武《日知录》抄本卷十七、刻本卷十三，论风化、士习。本卷前五条的标题，"周末风俗""秦纪会稽山刻石""两汉风俗""正始""宋世风俗"，蝉联相接（抄本、刻本均同，初刻本仅有秦、汉二条），实际上构成了一部风俗史的简史或纲要。

在《日知录·廉耻》中，顾炎武已曾引罗从彦说："教化者，朝廷之先务；廉耻者，士人之美节；风俗者，天下之大事。朝廷有教化，则士人有廉耻；士人有廉耻，则天下有风俗。"[①]《与人书九》又说："目击世趋，方知治乱之关，必在人心风俗，而所以转移人心，整顿风俗，则教化纪纲不可阙焉。百年必世养之而不足，一朝一夕败之而有余。"[②] 可见他对风俗、教化的极端重视。此必由其日见时弊，不与同流，积数十年，故能有言如此。

本卷标题，周末、两汉、宋世称"风俗"，"南北风化之失"则言"风化"。细加分辨，"风俗"是自下言之，"风化"是自上言之，二者含义不同。"俗"解为"欲"，而性善者少，性恶者多（本卷所引《觳性赋》谓"人最为劣"），故"俗"是一存在层面，也是一本能层面，不可掩盖，亦无可称述。"风化"谓教化，诱导民俗，使归于人文，故至于教化，乃

[①] 黄坤、严佐之、刘永翔主编：《顾炎武全集》第18册，上海古籍出版社2011、2012年版，第537页。

[②] 黄坤、严佐之、刘永翔主编：《顾炎武全集》第21册，上海古籍出版社2011、2012年版，第141—142页。

得以称之为文化、文明。我国传统自本至末，只是将本能培养成为人文，故一言以蔽之可称之为教化的学问。

我国古代学术的中心是经学，经学为官学，故可称为国家学术，而风俗则是民间状况。古人重经学，而未尝不论风俗。

即以《诗经》而论，《诗经》的目的在于改变风俗。古人所说有"风俗"，有"风化"，有"风教"。"俗"字解为"欲"，"欲"字又从"心"写作"慾"，大抵指人类一种向恶的性情。《释名·释言语》："俗，欲也，俗人所欲也。"《说文》："欲，贪欲也。"而《诗经》的目的，就是通过"教化"的过程来改变人的恶欲，称之为"移易风俗"。

如《礼记·乐记》说："乐也者，圣人之所乐也，而可以善民心，其感人深，其移风易俗，故先王著其教焉。"

卫宏《毛诗序》说："《风》，风也，教也，风以动之，教以化之。"又说："上以风化下，下以风刺上……是以一国之事，系一人之本，谓之风。"

《中说·王道》阮逸注："下从上曰化。"《慧琳音义》注引《珠丛》："教成于上而易俗于下谓之化。"王聘珍《大戴礼记解诂》："化，谓教成于上而易俗于下也。"《增韵》："凡以道业诲人谓之教。躬行于上，风动于下，谓之化。"段玉裁《说文解字注》："教行于上，则化成于下。"

刘昼《刘子·风俗》说："风者，气也；俗者，习也。土地水泉，气有缓急，声有高下，谓之风焉；人居此地，习以成性，谓之俗焉。风有薄厚，俗有淳浇，明王之化，当移风使之雅，易俗使之正。是以上之化下，亦为之风焉；民习而行，亦为之俗焉。"①

今人论风俗史，多与民俗、民间文学相关。但顾炎武本卷并不论民，所论实为士大夫之辈，可称之为"社会中层"。士大夫层面对上与治道相关，对下则承担移风易俗之责任。

熙宁初苏轼上书说："国家之所以存亡者，在道德之浅深，不在乎强与弱。历数之所以长短者，在风俗之厚薄，不在乎富与贫。"② 顾炎武称之

---

① 刘昼：《刘子》，卷九，明正统道藏本。另见《刘子集校》（题刘勰撰），上海古籍出版社1985年版，第251页。

② 苏轼：《上皇帝书》，《东坡七集》卷一，匋斋校刊本。

为从未有过的"深切"和"根本之言"。

司马光曾论当世学者:"读《易》未识卦爻,已谓《十翼》非孔子之言。读《礼》未知篇数,已谓《周官》为战国之书。读《诗》未尽《周南》、《召南》,已谓毛、郑为章句之学。读《春秋》未知十二公,已谓《三传》可束之高阁。"① 而其标题则为《论风俗札子》。

实际上,自周秦以来,士大夫杰出者皆知以转移风俗为己任,以顺遂世情为可耻,而为官之人亦皆以淳美风俗为首要之政绩。

由此而言,前五条所述的风俗简史,实际上正是一部文化史或教化史的简史。(汉字中"文化""教化"二义最为接近。)

本卷前五条排列比对,明显可以看出:周末(战国),世乱,顾氏以为风俗甚恶;秦代,世治,顾氏以为风教可取;两汉,世治,顾氏以为风俗甚美;正始(魏晋),世乱,顾氏以为风俗甚恶;两宋,世治,顾氏以为风俗甚美。大抵凡在治世,则风俗率多可观;凡在乱世,则风俗往往浇漓。此又与今人所见,往往相反。

清末民初以来,学者构建现代学科体系,撰写文化史、思想史,往往推崇"先秦诸子",称颂"百家争鸣",而忽略战国天下大乱的事实。后见秦汉结束诸子,故又往往贬抑两汉,认为经学缺乏思辨、缺乏本体论,而面对秦汉之强盛,则惟称之为"集权专制"。下至魏晋又乱,则称道玄学富于创新。下至唐代又治,又再贬抑其经学不能发展,唐人只有佛教,没有哲学。大凡治道上之正面,现代学者皆以为思想史之反面;治道上之反面,现代学者皆以为思想史之正面。这种局面的产生,大概与清末民初学者自身所处的乱局相关,换言之,大约只是清末民初学者自身的镜像。

西洋学者论历史哲学,有人认为,是个人为自身谋求利益的动机,推动了人类文明的发展,而那些提倡道德的人们,并没有起到作用。顾炎武斥责战国人的"功名势利",称道汉人的"正谊明道",大体上也是一种为公与为私(宋儒称为"天理"与"人欲")的"二分法"。在我国传统中,几乎所有学者都将历史的演变判断为节节退化(其中亦有深意,另当别论),同时历朝历代都有提倡道德的人们,提撕风俗,收拾人心,

---

① 司马光:《论风俗札子》,《温国文正司马公文集》卷四十五,宋绍兴刊本。

将道德重新提升起来。看起来，应当不是个人私欲推动了文明的发展，而是每一次的历史延续，都由上一次的道德提升获得能量而加以释放。道德一次次提升，私欲一次次释放。三代四代之治释放而为战国之争、诸子之鸣，两汉之治释放而为魏晋之玄学清谈。道德有时而尽，故历史有时而止。

二 会归三代之旨

本卷第一条"周末风俗"，是比较春秋战国而言，故所见为春秋至战国间的转变。指出春秋各国尊礼重信、宗周王、严祭祀与重聘享、论宗姓氏族、宴会赋诗、有赴告策书，六个方面，至战国或无或否。"俗"解为"欲"，"周末风俗"犹言战国人的欲望。

比较的方法也可以视为"以今论古"的方法。盖亭林如果生逢治道之隆盛，可能不会注意及此；而他生逢百罹，处于末世乱世，自然就会使人增多识见，比较到上古明王，而看出这一重变局。如赵俪生先生的《〈日知录〉导读》所称道："这六点顾氏看的准、列举的好，所以不少当代的通史讲到战国秦汉社会大转变时，都引用这一段。但对这个转变，不同的史学分期观点，则给予不同的解释。"[①] 以今论古，世变焉廋哉？

此条题名，单称则为"周末"，文中并称，则为"春秋""七国"。今学者一般称为"战国"。"战国"一语，有掩盖周天子存在的嫌疑。当时周室已异常虚弱，然而历史特别是文化史往往并不以实际的强弱定是非的。

此条题名"周末"，叹惋"文武之道尽矣"，而自称"亦《春秋》之意也"。明显可以看出顾炎武的本旨所在，是会归三代。

较顾炎武稍晚，赵翼在《廿二史札记》"汉初布衣将相之局"条中说道："盖秦汉间为天地一大变局。自古皆封建诸侯各君其国，卿大夫亦世其官。"[②] 所以汉初布衣将相"盖秦汉间为天地一大变局"。赵氏此条实际是承接亭林而来，亭林说到战国，赵氏转过来就考察了秦汉。亭林是站在春秋上说话，赵氏书成于乾隆六十年，正所谓康乾盛世，故转到秦汉一面

---

① 赵俪生：《〈日知录〉导读》，巴蜀书社1992年版，第111页。
② 赵翼：《廿二史札记》卷二，清嘉庆五年刻本。

说话。(当然赵氏重在秦汉,未必等于即此否认春秋三代。)

赵俪生先生《〈日知录〉导读》说:"但对这个转变,不同的史学分期观点,则给予不同的解释。"所说"不同的解释"可说从赵翼已经开始。

三 "秦纪会稽山刻石"条

"秦纪会稽山刻石"一条,论秦代风俗。秦政当日声威并赫,但史籍上所保留下来的有关记载却极其稀少,故顾炎武所论也只是借助六篇石刻,论此一事。(参见《日知录》"泰山立石"条。)但他所论实际为"秦代风俗",准确说是秦政下的"秦代风化"。

秦政是结束战国乱世,而回归正题。治道有体有用,秦政是"体"上无误,"用"上有失。如民国学者推崇诸子"百家争鸣",即便在"用"上有得,而在"体"上已有大误。

秦始皇刻石只是说男女,只是说絜诚、不淫佚,所谓"男乐其畴,女修其业",只好说该是乡三老一辈人所掌管,但三代四代王道恰在于此。

王充《论衡》称:"秦始皇东南游,升会稽山,李斯刻石,纪颂帝德。至琅琊亦然。秦无道之国,刻石文世,观读之者见尧舜之美。"[①] 是他已经看出秦始皇刻石中的"文化渊源",是根柢三代四代。

但王充认为秦始皇是溢美,故其篇名题为"须颂"。而顾炎武对照《吴越春秋》所载东南土俗,看出秦始皇是真有所指,"其坊民正俗之意,固未始异于三王"[②]。

黄汝成《集释》评论说:"先生颇取秦法,其言政事急于综核名实,稍杂申韩之学。"[③] 这是他不明追踪三代王政之旨,只从孟、荀、申、韩上立论,故而误会亭林。

四 "两汉风俗"条

"两汉风俗"一条,实际上只论东汉,称道"三代以下风俗之美,无尚

[①] 王充:《论衡》卷二十《须颂篇》,明通津草堂刻本。
[②] 黄珅、严佐之、刘永翔主编:《顾炎武全集》第18册《日知录》,上海古籍出版社2011、2012年版,第523页。
[③] 黄汝成集释:《日知录集释》(全校本),上海古籍出版社2006年版,第752页。

于东京者"①。因为西汉是治道好，东汉治道稍弱，但在士大夫层面上却好。

文中所引范晔《后汉书·儒林传》，本论经学，故皮锡瑞《经学历史》则称："顾炎武以范氏为知言。然则，国家尊经重学，非直肃清风化，抑可揩拄衰微。"② 经学与风化之关系，由此可见一斑。

东汉光武帝推崇经术，表彰节义，故士大夫多能讲论名节。所谓"名节"，按其字面意思是有所不取、有所不为，似乎只是清修耐寂寞而已，（《晋书》列传每五下六载宋矩曰："辞父事君，当立功义。功义不立，当守名节。"）实际上当家国危亡之际，率能忠君赴难，不惜一死。

稍后赵翼《廿二史札记》有"东汉尚名节"一条，说道："东汉尚名节：自战国豫让、聂政、荆轲、侯嬴之徒，以意气相尚，一意孤行，能为人所不敢为，世竞慕之。其后贯高、田叔、朱家、郭解辈，徇人刻己，然诺不欺，以立名节。驯至东汉，其风益盛。盖当时荐举征辟，必采名誉，故凡可以得名者，必全力赴之，好为苟难，遂成风俗。"③ 明显是承接亭林而来。

但此条中，又兼论了汉魏之际的风俗转变：自蔡邕推崇文章，"而转移天下之风气"，一变。自曹操"赏功能"，"一人变之而有余"，一变。自正始习老庄，"风俗又为之一变"，一变。

五 "正始"条

"正始"一条，以年号为题。因为此条是批评魏晋士大夫的清谈、放达，致使西晋南迁，五胡乱华，这一时期的应有之义当是夷夏之防。此则亭林自知忌讳，故隐约不言了，所以只题年号。

"有亡国，有亡天下"，古无此语。如《韩非子·说林上》说："桀以醉亡天下。"《韩诗外传》说："纣杀王子比干而亡天下。"《论衡·实知》说："二世胡亥竟亡天下。"白居易《二王后》诗："周亡天下传于隋，隋人失之唐得之。"所说"亡天下"都是指的"亡国"，二者均无区别。分辨"国"与"天下"二者之不同，这是顾炎武的一大贡献。（此语为《日

---

① 黄珅、严佐之、刘永翔主编：《顾炎武全集》第18册《日知录》，上海古籍出版社2011、2012年版，第524页。
② 皮锡瑞：《经学历史》，清思贤书局刻本。
③ 赵翼：《廿二史札记》卷二，清嘉庆五年刻本。

知录》全书中最为激烈的一句,《四库全书》抄本幸未删除。)

顾炎武批评魏晋士大夫,"视其主之颠危,若路人然",已经很不对,然而更有甚者,"国亡于上,教沦于下"①。他分辨"国"与"天下"二者,引证的是孟子,但孟子斥责杨墨同乎禽兽,而杨墨却与五胡无干。由此可见,顾炎武此条所说的"亡教""亡天下",其含义乃是现代语汇中所说的"文化"。如此则他所力抵的五胡,所针对的也并非种族血缘,而是文化的差异。(譬如"反清复明"一语,如以亭林"有亡国,有亡天下"为口号,明亦可用,清亦可用。故知清末孙中山倡言"驱逐鞑虏,恢复中华"实有语病。)

种族与文化有时是捆绑在一起的,但未必不可分离。与顾炎武同时的王夫之,更着力于区分种族,如说"族类之不能自固,而何他仁义之云云也哉!"②(《黄书后序》)萧公权《中国政治思想史》评价说:"其论种族,尤为透辟精警,直可前无古人。""船山所揭橥者,不仅为二千年中最彻底之民族思想,亦为空前未有最积极之民族思想也。""抛弃传统思想中以文化为标准之民族观,而注重种族之界限,尤为前人所罕发。""许衡之流遂得援'用夏变夷'之旨以屈膝于蒙古。船山乃就地理环境以解释种类之差别,而认文化上之差别生于种类上之差别。……船山此言严正深刻,直可断绝文化汉奸之门路。"③

但细加分辨,王夫之咬死不放的种族,实际上指的是地域。如《读通鉴论》说:"夷狄之与华夏,所生异地。其地异,其气异矣。气异而习异,习异而所知所行蔑不异焉。"④ 地域与文化之难于融通,可能比种族血缘尤难。然此姑置不论。

"保天下者,匹夫之贱,与有责焉"一语,后来被视为"天下兴亡,匹夫有责"的出处。但这句话的重点,应该不在兴亡,也不在种族,而在文化。并非一有危险,就站出来承担责任;甚至一见风吹草动,也站出来。至清末民初,"天下兴亡,匹夫有责"作为口号衍生出来,成为大规

---

① 黄珅、严佐之、刘永翔主编:《顾炎武全集》第18册《日知录》,上海古籍出版社2011、2012年版,第524页。
② 王夫之:《黄书》,古籍出版社1956年版,第37页。
③ 萧公权:《中国政治思想史》,商务印书馆2017年版,第610—625页。
④ 王夫之:《船山全书》第10册《读通鉴论》,岳麓书社1988年版,第502页。

模社会运动的情感生发剂,而此语的文化主题反被掩盖。按此条文意,顾炎武的态度可以理解为:亡国则无奈而也可以搁置,亡天下则无可退避故不得已;若只是亡国而非亡天下,则匹夫可以无责。因为文化本质上是生存方式,故"亡国(指朝代)"与匹夫无关,而生存方式的突变则与每个人都相关。

六 "宋世风俗"条

"宋世风俗"一条,表彰宋代风俗醇厚,士大夫"以名节为高,廉耻相尚,尽去五季之陋","及宋之亡,忠节相望"。①

近人追述传统,亦往往表彰宋代。如陈寅恪《赠蒋秉南序》云:"欧阳永叔少学韩昌黎之文,晚撰《五代史记》,作《义儿》、《冯道》诸传,贬斥势利,尊崇气节,遂一匡五代之浇漓,返之淳正。故天水一朝之文化,竟为我民族遗留之瑰宝。孰谓空文于治道学术无裨益耶?"②

所说欧阳修《新五代史·冯道传》所引"四维"一节,已见本卷"廉耻"条。《冯道传》又说:"予于五代,得全节之士三,死事之臣十有五,而怪士之被服儒者以学古自名,而享人之禄、任人之国者多矣,然使忠义之节,独出于武夫战卒,岂于儒者果无其人哉?"③

义儿、冯道,其事本皆出于非正,欧阳修感激于此,以致诱导士习大变,下开风俗,上开治道,遂成为一代典范。如欧阳修、顾炎武、陈寅恪诸人,皆身处其境,以感而发,所见略同,诸人宗旨所寄托,当有殊途同归之致。

(《日知录》有"书传会选""四书五经大全"二条,论两宋以后至当世士风之变有云:"愚尝谓自宋之末造,以至有明之初年,经术人材,于斯为盛。自八股行而古学弃,《大全》出而经说亡,十族诛而臣节变,洪武、永乐之间,亦世道升降之一会矣。"④ 大约可以作为以上五条的接续。)

---

① 黄珅、严佐之、刘永翔主编:《顾炎武全集》第18册《日知录》,上海古籍出版社2011、2012年版,第527页。
② 陈寅恪:《寒柳堂集》,生活·读书·新知三联书店2001年版,第182页。
③ 欧阳修:《新五代史》,吉林人民出版社1995年版,第347页。
④ 黄珅、严佐之、刘永翔主编:《顾炎武全集》第18册《日知录》,上海古籍出版社2011、2012年版,第417页。

七 "清议"条

前五条以下,"清议"条极言"天下风俗最坏之地,清议尚存,犹足以维持一二","名教"条极言"虽非纯王之风,亦可以救积污之俗","廉耻"条极言"朝廷有教化,则士人有廉耻;士人有廉耻,则天下有风俗","重厚"条极言抑退"俚语辞曲"为"移风易俗之大要"。而"流品""耿介""乡原"各条,则论以"同乎流俗,合乎污世"为大戒。大抵与前五条相补充。以下"俭约""大臣""除贪""贵廉"各条,论士人为官,兼论士风。"禁锢奸臣子孙""家事""奴仆""阉人""田宅"各条,论士人为官当自知约束。"南北风化之失""南北学者之病"二条,言"江南之士""河北之人",又言"今日北方""今日南方",当出于亭林所亲见亲感。《明遗民录》云:"炎武生性兀傲,不谐于世,身本南人,好居北土。尝谓人曰:'性不能舟行食稻,而喜餐麦跨鞍。'又谓:'北方之人,饱食终日,无所用心。南方之人,群居终日,言不及义,好行小慧。'其评论切中南北学者之病。"[①] "士大夫晚年之学""士大夫家容僧尼""贫者事人""分居""父子异部""生日""纳女",仍论士风士习,皆为官所当警诫之事。"降臣"条与上文"禁锢奸臣子孙"条、"召杀"条相近,乃警诫之意,出语尤其严重。"本朝"与"书前代官"二条,既为史官书法,又关大臣风节。所说"臣子之辞,无可移易,而当时上下亦不以为嫌者",大抵亦以君臣名分大义为归旨。顾炎武已入清,书中行文均称"本朝",称"先帝",故此二条又不啻为顾氏之自注。

第四节 《日知录》附刻的《谲觚十事》

一 《谲觚十事》的文本

《谲觚十事》由顾氏手定,附刻于《日知录》八卷的重印本之后。《日知录》八卷的重印本,前有顾炎武《初刻日知录自序》,末为《谲觚

[①] 孙静庵:《明遗民录》,浙江古籍出版社1985年版,第205页。

十事》，十事前有一节顾炎武的小引。

所辩论的十事为：

一、辩淄川非薛

二、辩营丘所在

三、辩潍水本字本音及得名

四、辩曲阜城吴门

五、辩周景公墓主

六、辩逄萌隐于逄山

七、辩劳山吴子宫得名

八、辩泰山无字碑年代

九、辩丈人别称泰山出典

十、辩太公封营丘

今据康熙十五年刊《日知录》初刻八卷本的重印本略作校注。

小引

仆自三十以后，读经史，辄有所笔记。岁月既久，渐成卷帙，而不敢录以示人。语曰："良工不示人以朴。"虑以未成之作误天下学者。若方舆故迹，亦于经史之暇时一及之。而古人之书既已不存，齐东之语多未足据，则尤所阙疑而不敢妄为之说者。忽见时刻尺牍，有乐安李象先（原注：名焕章）《与顾宁人书》，辩正地理十事。窃念十年前与此君曾有一面，而未尝与之札，又未尝有李君与仆之札；又札中言仆读其所著《乘州人物志》、《李氏八世谱》而深许之，仆亦未尝见此二书也。其所辩十事，仆所著书中有其五事，然李君亦未尝见，似道听而为之说者。而又或以仆之说为李君之说，则益以征李君之未见鄙书矣。不得不出其所著以质之君子，无俾贻误来学，非好辩也，谅之。

良工不示人以朴：见《后汉书·马援传》。朴，繁体作"樸"，未经雕斫之材。

齐东之语：出《孟子·万章上》，谓野史、私乘。

【1】

来札（原注：据李君，谓仆与之札）："孟尝君封邑在般阳，不当名薛。薛与滕近，《孟子》篇中'齐人将筑薛'。"此足下泥古之过。汉淄川郡即今寿光，今淄川即汉淄川郡所属之般阳。孟尝封邑在淄川今寿光地，墓在寿光西四十里朱良镇。后人以淄川之般阳为淄川，如以琅邪之临沂为琅邪，乐安之博昌为乐安，孟尝封邑偶名同薛国耳。不然，今肥城有薛王城，考其地去滕颇远，当何说也？

鄙著《日知录》有辩淄川非薛一事，曰："汉鲁国有薛县。《史记·公孙弘传》：'齐菑川国薛县人也。'言'齐'，又言'菑川'，而薛并不属二国，殊不可晓。正义曰：'《表》云："菑川国，文帝分齐置，都剧。"《括地志》云："故剧城，在青州寿光县南三十一里。""故薛城，在徐州滕县界。"《地理志》："薛县属鲁国。按薛与剧隔兖州及太山，未详。"'今考《儒林传》言'薛人公孙弘'，是弘审为薛人，上言'齐菑川'者误耳。今人有谓孟尝君之封在菑川者。太史公曰：'吾尝过薛，其俗闾里率多暴桀子弟，与邹鲁殊。问其故，曰："孟尝君招致天下任侠奸人入薛中，盖六万余家矣。"'若在菑川，其壤地与齐相接，何不言'齐'而言'邹鲁'乎？又按《后汉志》云：'薛，本国，夏车正奚仲所封，冢在城南二十里山上。'《皇览》曰：'靖郭君冢，在鲁国薛城中东南陬。''孟尝君冢，在城中向门东。向门，出北边门也。'《诗》云：'居常与许。'郑玄曰：'常，或作"尝"，在薛之旁，孟尝邑于薛城。'《括地志》曰：'孟尝君冢在徐州滕县五十二里。'益可信孟尝君之封不在菑川也。"又曰："又按《地理志》：菑川国三县：剧、东安平、楼乡。剧在今寿光县西南，东安平在今临淄县东南一十里，楼乡未详所在。今之淄川不但非薛，并非汉之菑川，乃般阳县耳。以为汉之菑川，而又以为孟尝君之薛，此误而又误也。"

仆所考论如此，乃言孟尝君之薛不在般阳，不曰孟尝君封邑在般阳而不当名薛也。李君之辩既已失其指矣，且凡考地理，当以《水经》、《皇览》、《郡国志》等书为据，昔人注书皆用之，若近年郡邑志乘，多无稽之言，不足信。今日孟尝君墓在寿光，其昉于何书邪？

《史记·孟尝君传》："湣王即位三年，封田婴于薛。"正义曰："薛故城在今徐州滕县南四十四里。"今日孟尝封邑偶同此名，是古人之所传皆非也。又《汉书》有菑川国，无淄川郡，而般阳县自属济南。今日"汉淄川郡所属之般阳"，李君既博考地理，何乃舍近而求远，并《史记》、《汉书》而不之考邪？

以上二节，见《日知录》卷三十一"史记菑川国薛县之误"条。"今人有谓"以下，与今本不同，当有修改。此条初刻八卷本未见。

太史公曰：见《史记·孟尝君列传》。

《皇览》曰：见《史记》裴骃集解引。

《诗》云：见《诗经·鲁颂·閟宫》。

【2】

来札："营丘在临淄，今营丘、营陵俱非。"此足下泥古之过。太公初封齐营丘，即今临淄。齐三迁，一蒲姑，今博兴；一营陵，今昌乐；后又迁临淄。统名营丘，后改临淄，而营丘之名遂废。

鄙著无此一事。今考《史记》："武王封师尚父于齐营丘。"正义曰："《括地志》云：'营丘在青州临淄北百步外城中，太公后五世胡公徙都蒲姑。'"正义曰："《括地志》云：'蒲姑城在青州博昌县东北六十里，胡人弟献公徙治临菑。'"据此所引《括地志》，营丘与临菑乃一地。又考《汉书》：齐郡治临淄，北海郡治营陵，"或曰营丘"，二郡并云"师尚父所封"。而臣瓒与应劭之说各主其一，则当时已不能明矣。今昌乐、潍县之间亦有营丘城，按《史记》云"营丘边莱"，而不言献公之临菑即太公之营丘，则《括地志》谓营丘在临淄者失之也。

鄙著无此一事：《日知录》卷十"象封有庳"条有云："又考太公之于周，其功亦大矣，而仅封营丘。营丘在今昌乐、潍二县界。"

【3】

来札："潍水今呼淮水，古唯字似淮，当是点画差讹。"此足下泥

第三章 《日知录》的文本和批校　　183

古之过。伏生授《书》曰："潍淄其道。"欧阳生、兒生、张生诸博士岂考究之未详邪？《史》：韩淮阴破龙且潍水上，以淮阴故。如浙水国钱鏐曰钱塘，姚水因曹娥曰曹江，笼水因颜文姜曰孝妇河也。如以唯似淮，则潍水在今潍邑，不闻古作唯县也。

　　鄙著《日知录》有辩淮河一事，曰：潍水，土人名为淮（原注：户佳反）河。《齐乘》云："《汉书·地理志》'潍'或作'淮'，故俗亦名淮河。"《诸城志》："俗传箕屋山旧多产櫰（原注：《尔雅》：'櫰，槐大叶而黑。'《汉书·西域传》：'奇木：檀、櫰、梓、竹、漆。'），水从櫰根出，故呼为淮河，以音之同也。"并误。愚按古人省文，"潍"字或作"维"，或作"淮"，总一字也。《汉书》或作"淮"者，从水，从"鸟佳"之佳，篆作𠂤，即"潍"字而省其中"系"耳。今呼为淮，则竟为"江淮"之淮，从水，从"佳人"之佳，篆作𣴭。于隶则差之毫厘，于篆则失之千里矣。如开封之汜水，《左传》本音凡，从水从巳，而今呼为"濛汜"之汜，音祀，亦以字形之似而讹也。又曰：又如《三国志·吴主传》："作堂邑涂塘，以淹北道。"《晋书·宣帝纪》："王凌诈言吴人塞涂水。"《武帝纪》："琅邪王伷出涂中。"并是"滁"字。古"滁"省作"涂"，与"潍"省作"淮"正同。韵书并不收此二字。

　　户佳反之音出于土俗，本不足辩，仆与李君皆臆为之说尔。审如所言，欲表韩侯之功，则木罂所渡之津，破赵所背之水，皆可名之为淮，而地志中又添一西淮、北淮之目，岂不益新而可喜乎？

《日知录》卷三十一有"潍水"条，与此处所引不同，当由后来修改。"又如《三国志·吴主传》"以下，见《日知录》卷三十一"潍水"条，但无《海西公纪》《孝武纪》《安帝纪》《南史·程文季传》四条，当由后来增补。"堂邑"，"潍水"条作"棠邑"。

韩淮阴破龙且潍水上：事见《史记·淮阴侯列传》。

"江淮"之淮：《尚书·禹贡》"潍淄其道"，有本作"惟"，又作"维"。顾炎武考辨潍水之"潍"或省作"维"，又省作"淮"，又作"惟"。王鸣盛《尚书后案》、段玉裁《古文尚书撰异》均赞同之，谓

"潍、维、惟、淮一也"。顾炎武谓其字从"佳"而"佳"声,而"江淮"之淮则从"佳"而"佳"声,俗读作"懐""槐"为讹误。故此处"江淮"之淮原刻均作"淮"。

【4】

来札:"孔子虽圣,亦人尔,何能泰巅一千八百里外观吴门之马?"足下未深思,故有此疑。曲阜城有吴门,直吴,如苏州北门曰齐门之类是也。

鄙著无此一事。今之曲阜并无吴门,古之鲁城亦不载有此,李君何以知之?且此事本出王充《论衡》,云:"书或言:颜渊与孔子俱上鲁泰山,孔子东南望,吴阊门外有系白马,引颜渊指示之曰:'若见吴阊门乎?'颜渊曰:'见之。'孔子曰:'门外何有?'曰:'有如系练之状。'孔子抚其目而止之,因与俱下。下而颜渊发白齿落,遂以病死。"今详其文,于泰山则系以鲁,于阊门则系以吴,古人之文不苟如此,安得谓是鲁城之门?又云:"人目所见,不过十里,鲁去吴千有余里,使离朱望之,终不能见,况使颜渊,何能审之?"此又《论衡》之言,而非仆之言也。

【5】

来札:"景公墓在临淄东南十二里淄河店桓公墓旁。"又曰:"在长白山下,今长山境内。"又云:"周景公墓,景姓稀少,更无多为官者,必景延广。"延广,陕州人,后晋出帝,与桑维翰同时,非周臣,又不当云周景公墓。考《五代史·周列臣传》:"景范,邹平人。世宗显德中,官宰相。显德六年罢。"故云周景公墓。墓在邹平,今割入长山界。在临淄淄河店者,春秋周齐景公墓,非周世宗景公墓也。

鄙著《金石文字记》有后周《中书侍郎景范碑》一目,曰:"邹平县南五里有景相公墓。《通鉴》:五代周显德元年七月,'癸巳,以枢密院直学士、工部侍郎长山景范为中书侍郎同平章事'。此地唐时属长山也。景氏之裔,自洪武间有两举人,今亦尚有诸生,不能记其祖矣。不知何年谬传为晋之景延广,而邑志载之。以后《山东通志》

等书袭舛承讹,无不以为延广墓。后有令于此者,谓延广于晋为误国之臣,遂至笞其后人而毁其祠。昔年邑之士大夫亦有考五代事而疑之者,予至其邑,有诸生二人来,称景氏之孙,请问其祖为谁。予乃取《通鉴》及《五代史·周世宗纪》示之,曰:'显德相公近是。'又示以《景延广传》曰:'延广,字航川,陕州人也,距此远矣!'乃谢而去。间一日,往郊外视其墓碑,其文为翰林学士朝议郎尚书水部员外知制诰柱国扈载撰,虽剥落者什之一二,而其曰'故中书侍郎平章事景公讳范',字甚明白。且生封上柱国、晋阳县开国伯,没赠侍中,而其文有曰'我大周圣神恭肃文武孝皇帝,建大功于汉室,为北藩于魏郡',又曰'今皇帝嗣位,登用旧臣',又曰'冬十一月,薨于淄川郡之私第',其末曰'显德三年岁次丙辰十二月己未朔,越十日戊辰'。因叹近代士人之不学,以本邑之人书本邑之事而犹不可信,以明白易见之碑而不之视,以子孙而不识其先人。推之天下郡邑之志,如此者多矣!"又曰:"王元美作李于鳞友人袭克懋妻景氏墓志铭,亦以为延广之后。虽本其家之行状,然王、李二公亦未尝究心于史学也。"

此仆在邹平,与邑人宛斯马君(原注:名骕)亲访其墓而录之者,不知李君何所闻之,而剿为己说。且与齐之景公何涉,而横生此一辩?又此墓旧属长山,今割入邹平,今反曰旧属邹平,今割入长山。又景相长山人,今反曰邹平人。知李君之道听而途说也。

王元美作李于鳞友人袭克懋妻景氏墓志铭:见王世贞《弇州四部稿》卷九十三,题为《袭妇景孺人墓志铭》。王世贞,字元美,明太仓人。李攀龙,字于鳞,明历城人。与王世贞并见《明史·文苑传》。以上二节见顾炎武《金石文字记》卷五。

【6】

来札:"临朐西十里逢山,俗传逢萌隐处。"《史》:逢萌浮海,归隐大劳,东莱守聘不出。又萌,都昌亭长,墓在今营丘昌乐地。又都昌,昌邑也。皆与临朐远。《史》:夏东方诸侯逢伯陵居青州,旧城在郡西二十里马山,李于鳞所谓"龙斗马山之阳"是也,距逢山四十里,逢山以伯陵,非以萌也。

鄙著无此一事。《汉·地理志》:"临朐有逢山祠。"则先逢萌而有此山矣,李君言是。《左氏·昭十年传》:"逢公以登。"注云:"逢公,殷诸侯,居齐地者。"《二十年传》:"有逢伯陵因之。"注云:"逢伯陵,殷诸侯,姜姓。"今李君以殷为夏,未知其何所据也。

逢伯陵,事见《左传·昭公二十年》。
逢萌:《后汉书·逸民传》有传。

【7】

来札:"黄冠别说劳山有吴子宫,是吴子夫差请《灵宝度人经》处。"《春秋》:"吴伐齐",至艾陵。艾陵,齐南境,今郯城,去劳六七百里,甚为牵合难据。足下未读道书,道书云:"许旌阳弟子吴猛,东昌人,入劳,请《灵宝度人经》。吴子,吴猛,非夫差。道家所居皆曰宫,不仅王侯也。"

此道家荒唐之说,不足辩。《莱州府志》"传疑"一条云:"春秋时,吴王夫差登劳山,得《灵宝度人经》。"今欲去其年代,而改为吴猛,庸愈乎?按《晋书》:"吴猛,豫章人。"晋时亦未有东昌之名也。

【8】

来札:"泰山无字碑非始皇,乃汉武时物。"别史:"始皇移徂徕石,命李斯篆文,如琅邪、之罘碑。因阻暴风雨,大怒,罢。"此可信者。汉武何故立无字碑?未敢以足下言为是。

鄙著《日知录》有考泰山"无字碑"一事,曰:"岳顶'无字碑',世传为秦始皇立。按秦碑在玉女池上,李斯篆书,高不过四五尺,而铭文并二世诏书咸具,不当又立此大碑也。考之宋以前亦无此说,因取《史记》反复读之,知为汉武帝所立也。《史记·秦始皇本纪》云:'上泰山,立石,封,祠祀。'其下云:'刻所立石。'是秦石有文字之证,今李斯碑是也。《封禅书》云:'东上泰山,泰山之草木叶未生,乃令人上石,立之泰山巅,上遂东巡海上。''四月,还至奉高。'上泰山封而不言刻石,是汉石无文字之证,今碑是也。《后汉书·祭祀志》亦云:'上东上泰山,乃上石,立之泰山巅。'然则此'无字碑'明为汉武帝所立,而后之不读史者误以为秦耳。"又曰:"始皇刻石之处凡六,《史记》书之甚明。于邹峄山,则上云'立石',下云'刻石颂秦德'。于泰山,则上云'立石',下云'刻所立石'。于之罘,则二十八年云'立石',二十九年云'刻石'。于琅邪,则云'立石刻颂秦德'。于会稽,则云'立石刻颂秦德'。无不先言'立'、后言'刻'者。惟于碣石则云'刻碣石门',门自是石,不须立也。古人作史,文字之密如此。使秦皇别立此石,秦史焉得不纪?使汉武有文刻石,汉史又安敢不录乎?"

　　李君似未见仆此论,不知其所谓"别史"者何书?将考千载以上之事,乃不征《史记》而征别史乎?古人立石以表其功德,元不必有字,今曰以风雨之阻,大怒,罢之。且如《水经注》孔子庙:"汉魏以来列七碑,二碑无字。"此又何所怒而不刻也?又始皇之刻,李斯之文,其录于《史记》而立之山者,固至今存矣。罢其一,不罢其一,此又何解也?史言下山"风雨暴至",在"立石"之后,刻石之前,今曰阻此而罢刻石,似以上山之日即刻石之时,又谬矣。又曰"篆文如琅邪、之罘碑",琅邪在本年封泰山之后,之罘在二十九年,天下有今年行事而比来年之例者乎?史言"立石",不言"碑",而碑之为制始于王莽,则见于刘熙《释名》之书可考。今以后人之名碑也而名之,抑又谬矣。是其所引"别史"不过二十余字,而谬妄已有数端。又考《山东通志》曰:"上有石表巍然,俗云'秦无字碑'。"此志作于嘉靖中,曰"俗"者,言其不出于古书之传也。又从而文之,无乃为前人所笑乎?

鄙著《日知录》有考泰山"无字碑"一事:此一节见《日知录》卷三十一"泰山立石"条,文字全同。此条已见初刻八卷本,文字全同。
【9】

　　来札:"俗以丈人为泰山。唐明皇封禅,张说婿韦晤扈驾,以说婿,增三级。后帝忘其故,问群臣。伶官黄幡绰曰:'泰山之力也。'

因以丈人为泰山。"不知春秋时已有丈人峰,孔子遇丈人荣启期处也。未敢以足下言为是。

此俚俗之言,亦不足辩。乃谓春秋时有丈人峰,其何所据?《列子》:"孔子游于泰山,见荣启期行乎郕之野。"无"丈人"字。夫纪载之文,各有所本。今欲实此峰之名,即添一"丈人"字;欲移吴门于曲阜,即去一"阊"字。用心之不平如此,而谓天下遂无读《列子》、《论衡》二书之人哉?

此俚俗之言,亦不足辩:见宋晁说之《晁氏客语》。

【10】

来札:"太公封营丘,地泽(原注:《史》作"舄"。)卤,人民寡。因上古封建,各有其国,未便夺其地,遂就其隙封之,非不置太公于上游也。"古史万国,商三千,周千八百,当伐纣时不知其如何变置?殷都朝歌千里内不免改王畿为侯国,周都镐京千里内不免改侯国为王畿。洞水东、澶水西皆诸侯,营雒后能各守其地乎?王以东方诸侯附纣者众,故封大公以弹压耳。足下乃过信《货殖传》,未敢以足下为是。

鄙著经解中一事曰:"舜都蒲阪,而封象于道州鼻亭,在三苗以南,荒服之地,诚为可疑。如孟子所论,'亲之欲其贵,爱之欲其富',又且欲其'源源而来',何以不在中原近畿之处,而置之三千余里之外邪?盖上古诸侯之封万国,其时中原之地必无闲土可以封,故也。又考太公之于周,其功亦大矣,而仅封营丘。营丘在今昌乐、潍二县界,史言其地'潟卤,人民寡',而孟子言其'俭于百里',又莱夷偪处,而与之'争国'。且五世反葬于周,而地之相去二千余里。夫尊为尚父,亲为后父,功为元臣,而封止于此,岂非中原之地无闲土,故至薄姑氏之灭,而后乃封太公邪?或曰:禹封在阳翟,稷封在武功,何与?二臣者,有安天下之大功,舜固不得以介弟而先之。故象之封于远,圣人之不得已也。"

《汉书》曰:"齐地,虚、危之分野也。少昊之世有爽鸠氏,虞夏时有季崱,汤时有逢公柏陵,殷末有薄姑氏,皆为诸侯,国此地。至周成王时，薄姑氏与四国共作乱，成王灭之，以封师尚父，是为太公。"而《史记》以太公为武王所封。当武王之时，而太公至国修政，人民多归齐，为大国矣。考《左氏传》管仲之对楚子，展喜之对齐侯，并言成王，不言武王。而郑康成注《檀弓》，谓"太公受封，留为大师，死葬于周"。又《金縢》之书有"二公"，则太公在周之明证。二说未知孰是？李君"变置"、"弹压"之论，恐亦是以后世之事而测量古人也。

鄢著经解中一事：此节见《日知录》"象封有庳"条。解《孟子》，古曰"经解"。初刻本在卷三。三十二卷本在卷七，无"且五世反葬"二句，而卷八另有"太公五世反葬于周"一条。

二 《谲觚十事》对《日知录》的补充

《谲觚十事》是顾炎武答复李焕章的有关山东地理的十条考辨。

"谲觚"题名出自《论语》。《宪问》篇云："子曰：'晋文公谲而不正，齐桓公正而不谲。'"《雍也》篇云："子曰：'觚不觚，觚哉！觚哉！'"寓意为辩论诡正名实。

李焕章，字象先，号织斋，山东乐安人，明诸生。著述甚丰，《四库总目》著录有《织斋集钞》八卷，称道其"弃举子业，专肆力于诗文古词，所著有《龙湾集》、《无学堂集》、《老树村集》，凡百余万言，后合诸集而刊削之，定为此本。其文跌宕排奡，气机颇壮，而汪洋纵放，未免一泻无余。至于明季忠烈诸臣，多为立传，其表微阐幽，亦可谓留意史学"。

顾炎武将《谲觚十事》附刻于《日知录》卷之后，即可说明它与《日知录》的补充关系。这十条的内容，与《日知录》初刻本的第八卷、三十二卷本的第三十一卷性质相同。关于山东地理的考辨，顾炎武还另有《山东考古录》一书单行。诸书所论可以互相补充发明。所以，《谲觚十事》所要辨正的首先是古今地理变迁的真实状况。

《谲觚十事》每事前，顾炎武都抄录有李焕章的原札，而原札前又都抄录有顾炎武的"来札"。但据顾炎武说，他并不曾有信札写给李焕章，也没有收到过李焕章的信札。这些信札顾炎武是在"时刻尺牍"中看到的，题名

《与顾宁人书》。他判断李焕章所据是"道听途说",《四库总目·谲觚提要》也认为:"时有乐安李焕章,伪称与炎武书,驳正地理十事,故炎武作是书以辨之。"① 但实际上信札是否真出于李焕章之手,仍有待于确证。所以,其次,《谲觚十事》所要辨正的是由书贾冒名刻印产生的学术混乱,"无俾贻误来学"。

乱中有乱,误中有误,此顾氏所以题名为"谲觚"也。

《菰中随笔》三卷本最后一卷载有顾炎武生前所撰的一副对联:"六十年前二圣升遐之岁,三千里外孤忠未死之人。"顾衍生谨识:"前明万历泰昌二圣是也。庚申元旦作对一联,遂成绝笔之谶。"庚申为康熙十九年(1680)。雷博撰文推测《菰中随笔》题名的原因是顾衍生依据父亲遗意对其身份的界定即"孤忠"之臣,加草去心,变成"菰中"随笔。②

今按:"谲觚十事"亦然。《谲觚十事》又题《谲觚》(《四库总目提要》及《指海》本)。"谲觚"即"绝孤",兼寓"吊诡""隐语"之意。

细看十事中二人之论异同,并非都完全相反。如第六条李焕章认为逢山得名不自逢萌,而自逢伯陵,顾炎武认为"李君言是"。第五条李焕章认为周景公墓主为景范,顾炎武认为乃是由他首先提出,而李氏"剿为己说"。

甚至这十条考辨中,与顾炎武相关的实际上只有五条,却都以反驳顾炎武为因由。五条中,又只有潍水得名、泰山无字碑、太公封营丘三条,观点与顾炎武正相针对。其余如辩淄川非薛一条,《日知录》中"史记蒥川国薛县之误"条"乃言孟尝君之薛不在殷阳,不曰孟尝君封邑在殷阳而不当名薛也",李焕章则称"来札:孟尝君封邑在殷阳,不当名薛",所以辩论本身乃是出于误解。

所以,《谲觚十事》的学术意义,除了对山东古今地理的考辨"皆于地理之学有所补正"之外,则是提供了一个辨正误解的很好范例。在学术讨论中,误解的频频出现与问题本身的多少,往往不相上下。

对待误解及造伪,顾炎武只有一个办法,就是求真求实的研究方法。如指出"考千载以上之事"当求征于《史记》,批评了李焕章的求征于

---

① 纪昀等:《四库全书总目提要》,河北人民出版社2000年版,第2051页。
② 雷博:《顾炎武〈菰中随笔〉版本研究及题名推考》,《江苏师范大学学报》2015年第4期。

"别史""俗书"。如顾氏自己的考辨,潍水一条参证了古文篆书的字形,周景公墓一条参证了他亲自采集的《中书侍郎景范碑铭》。顾炎武所著《金石文字记》六卷,《四库总目》曾给予极好评价,说:"前有炎武自序,谓抉剔史传,发挥经典,颇有欧阳、赵氏二录之所未具者。今观其书,裒所见汉以来碑刻,以时代为次,每条下各缀以跋,其无跋者亦具其立石年月,撰书人姓名。证据今古,辨正讹误,较《集古》、《金石》二录实为精核,亦非过自标置也。"[1] 顾氏的考辨有此坚实基础,其足以服人定谳就毫不奇怪了。

即使在文字表述上,顾炎武的方法仍然严谨求实。他不仅严格抄录李焕章的原札,并且也严格抄录自己的《日知录》原文。如泰山无字碑一条,《日知录》初刻本有,三十二卷本也有,经核对与此条引文完全相同。如淄川非薛一条,《日知录》初刻本无,三十二卷本有,应当尚在传抄中,并非刻本定本,而此条引文也先连引二节,然后另行分段继续讨论。如各条前,顾氏均首先交代"鄙著《日知录》"有某某一事,或"鄙著《金石文字记》"有某某一目,或"鄙著无此一事"。其中只有劳山吴子宫、丈人别称泰山二条,顾氏没有明言《日知录》无此一事,盖由"荒唐之说""俚俗之言","不足辩",实不屑言之。

因此,《谲觚十事》在严谨之中实际上也提供给了学者一个研究《日知录》版本流传的参照。除了初刻八卷本与三十二卷本文字全同的条目以外,如"象封有庳"条,三十二卷本少了"且五世反葬"二句,而另增加了"太公五世反葬于周"一条。如"潍水"条初刻八卷本无《海西公纪》《孝武纪》《安帝纪》《南史·程文季传》四条引文,三十二卷本则有增补。由此可以推知,初刻八卷本重印时顾炎武《自序》所说《日知录》已得"二十余卷"一语,及抄本在当时已甚为流行的情况,当属确实。

《谲觚十事》虽考地理,又为辩难,于体裁最为驳杂,但作者大旨仍明晰可寻。如篇中引顾氏自著《金石文字记》而感慨士人之不学,身为诸生而不能记其祖,"以本邑之人书本邑之事而犹不可信,以明白易见之碑而不之视,以子孙而不识其先人",颇中古今通弊。若曰学术有根本、有精义,岂不正在于此。

---

[1] 纪昀等:《四库全书总目提要》,河北人民出版社2000年版,第2227页。

三　顾炎武与李焕章

1. 李焕章其人，在气节、文采、著作各方面的声誉不在顾炎武之下

《织水斋集》乾隆间抄本中，有康熙丁卯三月《游劳山记》、康熙丁卯九月《复游劳山记》，又有《辔大和尚游劳山序》。《织水斋集》光绪丁亥刻本中，有《劳道人求雨记》。

周至元《崂山志·艺文志》收录了李焕章《与顾亭林论劳山书》，当取自《谲觚十事》。（周至元，1910—1962年，山东即墨人。《崂山志》由齐鲁书社于1993年刊行。）

可知李焕章确实对劳山有所了解，有可能参与顾炎武关于劳山地名沿革的讨论。

而《四库全书总目提要》称："时有乐安李焕章，伪称与炎武书，驳正地理十事，故炎武作是书以辨之。"[①] 如此将李焕章视为无行文人、反派人物，则是对李焕章不公正的误解。

《广饶文史资料》第十八辑《广饶风物》载李焕章传云：

> 李焕章，字象先，号织斋，乐安县李家桥（即今广饶县大王镇李桥村）人。明万历四十一年（1613年）生于一个诗书门第、官宦家庭。其父李中行，是万历庚戌（1610年）进士，曾任镇江知府，后官晋参政。明亡后，李焕章不胜亡国之痛，于是漫游四方，饱赏山水风光，研求历史古迹，借以排解心中的忧愤。倦游归来，李焕章便隐入青州法庆寺内，专心致志地研究古诗文词。当世名流学士读后无不啧啧惊叹，纷纷与之攀交，并将李焕章与寿光的安致远、诸城的李澄中、安丘的张贞合称"四大家"。
>
> 　　康熙十年（1671年），清帝诏令天下修志，以汇成一统鸿文（指《大清一统志》），因而各地遍开修志之馆。李焕章修完乐安、五莲、临淄等《县志》和《青州府志》后，于康熙十二年（1673年）春，又应山东方伯（布政使）施泰瞻的邀请，与益都薛凤祚、济阳张尔岐

[①] 纪昀等：《四库全书总目提要》，河北人民出版社2000年版，第2051页。

等人一起来到济南紫薇署中编修《山东通志》，与著名思想家、学者顾炎武结为莫逆之交。①

以上先录现代人的传记。

李焕章最早且详细的传记，见于民国《续修广饶县志》卷十九《人物志》，云：

> 李焕章，字象先，号织斋。参政中行子也。少承家学，博极群书。为邑名诸生，与参军徐太拙相友善，夙以古志节之士互为期待。鼎革后，太拙既赍恨以终，焕章即亦不复应举，益肆力古文词。好太史公书，于唐宋诸家独喜柳州，为文雄杰有奇气，与寿光安致远、安丘张贞、诸城李澄中齐名。祥符周亮工者，以风雅进退士类，文坛主盟也。其兵备青州尝刊行焕章所著，以与商丘侯朝宗、新建陈石庄、南昌王于一相比，并世所谓《四家刻》者是也。又尝被聘，与昆山顾炎武、济阳张尔岐、益都薛逢祚、修《山东通志》，一时号为杰作。而各邑志之经其手辑，或叙述论列者，为尤夥。初，焕章尝梦星冠紫衣人授以二笔，文思由是大进，才名噪一世。当是时，清廷方以人心未附，收招英俊，藉资镇抑，官吏承风，争先罗致，以故有明遗老迫而不得，遂所初赋者，未易以更仆数。焕章独竣拒者至再至三，情词愤激，其所遗当道书可覆按也。然亦遂以此被忌，不安其家，因混迹缁流，晚岁居青之法庆寺者为多。著有《龙湾》《老树村》等稿。焕章既殁，澄中订其生平所为文，统曰《织斋文集》，凡八卷。清《四库全书》录其目，详《艺文》。子新命，举人，官至宁南州知州。

李澄中，咸丰《青州府志》卷四十七载："李澄中，字渭清。旦孙。年十九，补诸生。青州兵备副使周亮工按部至县，见其诗，叹曰：'谢茂秦、卢次楩不逮也。'引为上客。日与寿光安致远、乐安李焕章、安丘张

---

① 见《广饶文史资料》第十八辑《广饶风物》，政协广饶县文史资料委员会2007年版，第352页。更详细的传记参见李汝生、高清云《名冠齐鲁的清代文学家李焕章》，《东营历史人物》第二辑，东营市地方史志编纂委员会办公室1989年版，第205—214页。

贞，讲业真意亭。致远、焕章、贞专攻古文，澄中兼为诗，与县人刘翼明、徐田、张衍、衍弟侗，诸人日放浪山海间，醉歌淋漓，有终焉之志。"①

此外，咸丰《青州府志》卷四十六载："李焕章，字象先。中行子，明生员。才名噪一时，鼎革后不复应举，专力于古文辞。好《史记》，于唐宋诸大家独喜柳州，故其为文雄杰有奇气。祥符周亮工为青州道，刊其《遁山堂集》，与寿光安致远、安丘张贞、诸城李澄中并称。焕章既殁，澄中订其生平所为文，为《织斋集》八卷。《四库全书》录其目。兄含章，字绘先；弟斐章，字茂先，皆善诗。子新命，举人，宁南州知州。"②

乾隆《诸城县志》卷四十四载："李焕章，字象先，乐安人。为古文，冠一时。与兄灿章主于衍，衍为筑'二李轩'，县先辈志传多出其手。"③

李焕章有《织斋集钞》八卷，有光绪十三年（1887）李振甲尚志堂刻本。《织斋集钞》八卷、《织斋诗》一卷、《织斋文集》八卷，今存李董集钞录本。《织斋集》一卷，今存抄本，李澄中批校本。《青州法庆寺开山志》一卷。崔俊修、李焕章纂《青州府志》二十卷，康熙十二年（1673）刻本。④

李焕章祖李尚思，字希圣。父李中行，字与之，号二水。兄李含章，字绘先，号浮玉。弟李斐章，字茂先。弟李玉章，字琳先。数人均有列传。

李焕章又喜交游，曾有《真意亭雅集诗》，参加者共十二人，李焕章作序云："康熙三年甲辰，少司农周公栎园大会燕享，来集者有斟李子乾一震，安子静子致远，潍蔡子漫夫宗襄，殷袁子宣四藩，渠丘王子国儒翰臣，张子杞园贞，稷下薛子仪甫凤祚，房子枢辅星显，又乔尔祯，杨子辅峭涵，余东武弟渭清澄中，日照弟吉甫惠迪，十二人。酒酣乐作，少司农公促诸子诗，各工所赋。少司农餍甚，长啸曰：兹宵尽齐门风雅矣！乃延入真意亭，焚香小坐，拣古拓，翻逸笈。少司农谓诸君宜有句，句未暨而

---

① 咸丰《青州府志》，清咸丰九年刻本。
② 咸丰《青州府志》，清咸丰九年刻本。
③ 乾隆《诸城县志》，清乾隆二十九年刻本。
④ 《织斋文集》八卷，清光绪十三年乐安李氏家刻本。收入《清代诗文集汇编》第45册，上海古籍出版社2000年影印本，第617—704页。

东方曙矣。余谓诸子握手言笑，意气伟然，又得一大君子为之依归，若今日者，宁不叹为仅事哉！他时花晨月夕，鸟啼虫吟，展其诗读之，亦足见交友散聚之难，而一觞一勺，皆学问性情之助也。"①

周亮工，字元亮，号栎园。李震，字乾一，寿光人。安致远，字静子，寿光人。蔡宗襄，字漫夫，潍县人。袁藩，字宣四，淄川人。王国儒，字翰臣，渠丘人。张贞，字起元，号杞园，安邱人。薛仪甫，字凤柞，北海人。房枢辅，字星显。杨辅，字峭涵。李澄中，字渭清，诸城人。李吉，字惠迪，青州人。可谓荟萃一时之选。

2. 顾炎武与李焕章本是旧识，双方又拥有不少共同的朋友，特别是张尔岐

顾炎武在山东的师友中，张尔岐是突出的一人。顾氏《广师篇》云："独精《三礼》，卓然经师，吾不如张稷若。"②

张尔岐，字稷若，号蒿庵，山东济阳人，所著有《周易说略》四卷、《仪礼郑注句读》十七卷附《监本正误》一卷、《春秋传议》四卷、《石经正误》一卷，又有《风角书》八卷、《老子说略》二卷、《蒿庵闲话》二卷、《蒿庵集》三卷。特别是《蒿菴闲话》为札记文，凡二百九十六条，跋语"以是编为《日知录》之亚"。《清史稿·儒林传》有传，顾炎武列居第一人，张尔岐列居第二。称其"志好学，笃守程、朱之说，著《天道论》、《中庸论》，为时所称。又著《学辨五篇》：曰辨志，曰辨术，曰辨业，曰辨成，曰辨征。又著《立命说辨》，斥袁氏功过格、立命说之非。年三十，覃思《仪礼》，以郑康成注文古质，贾公彦释义曼衍，学者不能寻其端绪；乃取经与注章分之，定其句读，疏其节，录其要，取其明注而止，有疑义则以意断之，亦附于末"③。

张尔岐《蒿庵集》，李焕章作序；李焕章《织斋集》，李澄中、张尔岐均有序；李焕章《织斋集》中，又有《张蒿庵处士传》。

张尔岐《蒿庵集》卷二《织斋集钞·序》云："余固陋，鲜四方交，

---

① 民国《寿光县志》卷十四《艺文志》，民国二十年铅印本。

② 黄珅、严佐之、刘永翔主编：《顾炎武全集》第 21 册，上海古籍出版社 2011、2012 年版，第 197 页。

③ 赵尔巽等：《清史稿》，吉林人民出版社 1995 年版，第 10018 页。

唯曰闭门拥图书自附尚友而已。一日，阅《赖古堂选》，见李君象先文三篇，读而好之。既又知为青之乐安人，抚卷叹曰：乌有文笔如此君，近在眉睫而不知其人者乎？是后见人自东方来，必曰：识象先否？其人苟曰识，必问其里居家世、年齿体貌，以及性情学术，人亦各随所及知为答，不必尽肖。于是敝庐书策笔墨之间，隐隐有一象先位置于其中，而人不知也。今春，有《通志》之役，遇象先于藩署，共事者五月。所携《织斋集》两巨编，得尽阅之。见其为文，有嶔崎磊砢、猝不能句者，有超忽奔放、目不及瞬者，有简质浑穆、时见班剥、如古敦彝器者，有倩妆衱服、香艳自喜、如好女者，有微吟缓咏、冷挑澹喝、如宗门评唱者，有旋风骤雨、霆霰交下者，其雄伟豪迈、岳岳难下之气，随方变现，不执一轨，回视旧日所见三篇，固片羽一鳞，不足概全体也。予亦出其所作相质，颇以雅洁见赏。尝从容顾谓予曰：'人才分不同，善取之则相济。使仆夐遇君，君夐遇仆，当各有所益。今虽老，交资互药，其可乎？'因上下议论，合者水乳，异者亦盐酰，遂定交焉。余取其文钞什之一为一书，杂置古人诸集中不远。役竣，君且返织水旧隐，余亦将息影伊蒿之庐而下之榍。倘遇风物撩人，异香孤赏，必且念君。怅然东望而不可见，则取是钞一寻绎焉，因而夸于人曰：'仆鲜四方交，老而交一织斋，亦差不寂寞矣！'"①

张昭潜有刊刻《织斋文集序》云："织斋先生以明末宦裔，慷慨负大略。鼎革后，弃诸生，不复进取，益肆力于诗古文辞。其为古文，一以《史记》为法，一时名流读其文，争与订交。于江南交顾亭林，于济北交张稷若，于同郡交薛仪甫，而静子、杞园、渔村三先生，尤其平生契友。康熙元年壬寅，大梁周栎园先生为青州兵备金事，于署开真意亭，延静子、杞园、渔村及先生觞咏其中，亟赏先生文，与商丘侯朝宗、南昌王于一、新建陈石庄为《四家文刻》，于是天下士得略读先生文，而山左右、淮东西、大江南北，无不知先生者。先生既殁，渔村又订其生平所为文，为《织斋集》八卷，《四库全书》存其目。嗟乎！先生一前明遗老耳，当易世之际，感怀沧桑，行吟草泽，不无故宫禾黍之感。于是之燕、之赵、之晋、之梁、之吴楚，及倦游，而归卧织水之庐，学益博，气益健，文笔益豪。论者谓先生遨游半天下，得名山大川以助其奇气，而文章乃独有千

---

① 张尔岐：《蒿庵集》，清乾隆三十八年刻本。

古。然亦乌知先生之文，之别有根柢也哉？今《四家文》刊本已销毁无存，其裔孙振甲，奉其家藏巨编，介余及门成子健，求为鉴定。余以乡曲后进，何敢定先生文？既又念先生著作为一代文献所关，而稷若、渔村诸先生辈所订遗帙又皆不可得，忽忽二百四五十年，而余小子适承乏于此。成者文字精光，不可磨灭，先生灵爽，实式凭之，尚有待于后死者之重为表彰也与？爰订其什之一二，序而刊之，俾复显于世。至其文笔优长，稷若先生《序》中已详言之，兹不复赘云。"①

张昭潜（1829—1907），字次陶，潍城区东关人。著有《山东地理沿革表》《潍县地理沿革表》《北海耆旧传》《通鉴纲目地理续考》《潍志纠缪》《无为斋诗文集》等。

《四库全书总目提要》评价云："《织斋集钞》八卷：国朝李焕章撰。焕章字象先，号织斋，山东乐安人。前明诸生，后弃举子业，专肆力于诗文古词，所著有《龙湾集》《无学堂集》《老树村集》，凡百余万言，后合诸集而刊削之，定为此本。其文跌宕排奡，气机颇壮，而汪洋纵放，未免一泻无余。至于明季忠烈诸臣，多为立传，其表微阐幽，亦可谓留意史学，然所载不能一一审核。如周遇吉妻《周夫人传》，载李自成攻宁武，遇吉数大败之，追战陷重围，马蹶，公拔佩刀自杀，夫人贯重铠陷阵，连斩贼骁将，及闻遇吉死，亦自杀云云。案《明史》，遇吉巷战被执，为贼丛射而死，实非自杀。其妻刘氏素勇健，率妇女数十人据山巅公廨，登屋而射贼，贼不敢逼，纵火焚之，阖家尽死。亦与焕章所载陷阵及自杀事不合；且佚其姓，但称周夫人，盖草莽传闻之词，随笔纪录，未足据为定论也。"②

3. 顾炎武北游最先驻足山东

顺治十四年，顾炎武六谒明孝陵之后，开始北游，最先驻足的就是山东、京东，结交一大批学者，很快写出《山东考古录》《营平二州史事》，并修订《邹平县志》。这些著作的内容不少收入《日知录》中，按其内容分类，卷次居于偏后的史部，但是写作时间却是最早的。

张穆《顾亭林先生年谱》载：

---

① 民国《续修广饶县志》卷二十三《艺文志》，民国二十四年铅印本。
② 纪昀等：《四库全书总目提要》，河北人民出版社 2000 年版，第 4895 页。

（顺治）十四年丁酉，四十五岁：元旦，六谒孝陵。春，自金陵仍返昆山。避仇，将北游，同人饯之。至莱州，与掖赵汝彦士完、任子良唐臣定交。过即墨，游劳山。由青州至济南，与徐东痴夜、张稷若尔岐定交。

（顺治）十五年戊戌，四十六岁：春，至泰安，登泰山。旋赴兖州，至曲阜，谒孔林。往邹县，谒周公庙、孟庙。过邹平，游张氏万斛园，与邑人马宛斯骕访碑郊外。抵章丘，访张隐君元明。至长山，主刘隐君果庵家。复至济南，访徐东痴。再赴莱州之潍县，入都，至蓟州，历遵化、玉田，抵永平，登孤竹山，谒夷齐庙。①

《谲觚十事》："此仆在邹平，与邑人宛斯马君名骕，亲访其碑而录之者。"② 可知其记事追溯至此时。

4. 顾炎武与李焕章因编纂《山东通志》公事而相识

顾炎武"曾经三次参与山东地方志的纂修和订正。第一次是顺治十六年（1659年）修订《邹平县志》。第二次是康熙十二年（1673年）订正《德州志》。同年在济南正式参与《山东通志》的纂修"③。

金祖彭修、程先贞纂康熙《德州志》十卷，康熙十二年刊刻，金祖彭为德州知州，序云："会玉峰顾宁人先生至此，相与遡论古昔，考正疑误。"④ 萧惟豫跋云："是编也，捐俸而董其成者，金侯大年也。采辑而纪其事者，故友程子正夫也。考校而力襄其役者，友人赵子仲启、李子霖瞻、李子星来也。操觚而文其辞者，昆山顾子宁人也。读《人物志》而跋于州志之后者，州人萧惟豫也。"⑤ 王道亨修、张庆源纂乾隆《德州志》，乾隆五十三年刊刻，张庆源《纪德州志本末》云："康熙十二年，知州金公祖彭复修志，以州人程正夫先生志草十篇为主，而昆山顾宁人先生适

---

① 张穆：《顾亭林先生年谱》，清道光二十四年刻本。
② 顾炎武：《谲觚十事》，《日知录》符山堂初刻八卷本。
③ 过文英：《顾炎武与济南》，济南社会科学院编《济南名士评传·古代卷》，齐鲁书社2002年版，第537页。
④ 康熙《德州志》，清康熙十二年刻本。
⑤ 康熙《德州志》，清康熙十二年刻本。

至，因而参订之，是为金志。"①

徐政修、马骈纂《邹平县志》，顺治十七年刊刻，顺治己亥九月督学使者施闰章（施尚白）序云："是时，比部张奉之请告家居藏书多善本，博采勤搜，进士马宛斯讨核详实，而吴门顾宁人自上谷来，悉授以校之，书遂成，凡八卷。"②

"康熙十二年，山东省布政司施泰瞻倡修《山东通志》，聘乐安李焕章、昆山顾炎武、济阳张尔岐、益都薛逢祚为编修，一时号为杰作。"③

顾炎武参与编纂《山东通志》事，亦见张穆《顾亭林先生年谱》："（康熙）十二年癸丑，六十一岁：四月，至德州，订州志。八月，游济南，寓通志局。"④

张穆按：《居易录》："《山东通志》修于癸丑，当事既视为具文，秉笔者又卤莽灭裂，不谙掌故。《人物》一门，竟将曹县李襄敏秉、单县秦襄毅纮、沂州王恭简景，三巨公姓名事实削去，不存一字，其余可概见矣。时方伯施泰瞻天裔主其事，聘吴郡顾炎武在局，而不一是正，可惜也。"⑤先生有与颜修来手札云："弟今年寓迹，半在历下，半在章丘，而修志之局，郡邑之书颇备，弟得藉以自成其《山东肇域记》。若贵省之志，山川古迹，稍为删改，其余概未经目。虽抱素餐之讥，幸无芸人之病。然以视令叔先生，则真鲁之两生，不敢望后尘矣。汶阳归我，治之四年，始得皆为良田，今将觅主售之，然后束书西行，为入山读书之计。所刻座右铭一通，并《音学五书》面叶，呈教。近日又成《日知录》八卷，韦布之士，仅能立言，惟达而在上者为之推广，其教于人心世道，不无小补也。率此附候，不宣，弟名正具。"张穆又按："《通志》之役，张稷若亦在局中，见所作李织斋《文钞·序》。李织斋者，即先生《谲觚十事》所云乐

---

① 乾隆《德州志》，清乾隆五十三年刻本。
② 顺治《邹平县志》，清顺治十七年刻本。
③ 见鉴清《李焕章与〈织斋文集〉》，《广饶县文史资料选辑》第二辑，政协广饶县委员会文史资料编辑组1982年版，第15—19页。"一时号为杰作"原文见潘莱峰修，王寅生纂民国《续修广饶县志》卷十九李焕章传。
④ 张穆：《顾亭林先生年谱》，清道光二十四年刻本。
⑤ 张穆：《顾亭林先生年谱》，清道光二十四年刻本。

安李象先也。"①

首先看《居易录》,其评价《山东通志》,虽有所见,亦不可偏执一面之词。

《居易录》,王士祯撰。王士祯,又作王士禛、王士正,字贻上,号阮亭,又号渔洋山人,谥文简。山东新城人,顺治十二年进士,官至刑部尚书。

《四库全书总目提要》认为,《居易录》各卷内容参差不一,体例不齐。"中多论诗之语,标举名俊,自其所长。其记所见诸古书,考据源流,论断得失,亦最为详悉。其他辨证之处,可取者尤多。惟三卷以后,忽记时事。九卷以后,兼及差遣迁除,全以《日历起居注》体编年纪月,参错于杂说之中。其法虽本于庞元英《文昌杂录》,究为有乖义例。"②

《居易录》中关于《山东通志》的记载,见于第二十六卷第一条,正属杂说,是其学问中的弱项。

王士祯博学,善诗文,康熙召对,赋诗称旨,为翰林院侍讲,迁侍读,入直南书房。征其诗,录上三百篇,曰《御览集》。史称王士祯"姿禀既高,学问极博","主持风雅数十年"。但以高才评骘他人著作,难免挑剔太过。

《四库总目》称《居易录》:"前有《自序》,称取顾况长安米贵居大不易之意,末又以居易俟命为说,其义两岐,莫知何取也。……又喜自录其平反之狱辞,伉直之廷议,以表所长。夫邺侯家传乃自子孙,魏公遗事亦由僚属,自为之而自书之,自书之而自誉之,节言言实录,抑亦浅矣。是则所见之狭也。"③又评价其《古欢录》:"是编皆述上古至明林泉乐志之人,盖皇甫谧《高士传》之意。其《自序》称取古诗'良人惟古欢'句为名。案此句见《文选》古诗第十六首,《李善注》曰:'良人念昔之欢爱。'则所谓'良人'者,乃弃妻指其故夫。所谓'惟'者,思维也。

---

① 张穆:《顾亭林先生年谱》,清道光二十四年刻本。顾炎武与颜修来手札,见《顾炎武全集》第21册《亭林诗文集》,上海古籍出版社2011、2012年版,第281—297页;又见《顾亭林诗文集·佚文辑补》,中华书局1983年版;上海图书馆编《颜氏家藏尺牍》第8册,上海科学技术文献出版社2006年版。

② 纪昀等:《四库全书总目提要》,河北人民出版社2000年版,第3160页。

③ 纪昀等:《四库全书总目提要》,河北人民出版社2000年版,第3160页。

'古'者，旧时也。'欢'者，夫妇之私昵也。不识士祯何据，乃以为高隐之目，无乃解为与古为徒之意耶？果若是，则误之甚矣。"①

王士祯讥评《山东通志》，而不知亦有人讥评之，可见学术评论皆有相对性。

再看《山东通志》，本有人物志不与经传重复之体例，故删削者多。

《四库全书总目提要》："《山东通志》三十六卷：国朝巡抚山东都察院右副都御史岳濬等监修。② 初，明嘉靖中，山东巡按御史方远宜始属副使陆钺等创修《通志》四十卷，为目五十有二，附目十。本朝康熙十二年，巡抚张凤仪、布政使施天裔重为修辑。大抵仍旧文者十之八九，新增者十之一二而已。此本乃雍正七年岳濬奉诏重修。延检讨杜诏等开局排纂，至乾隆元年始告成，后任巡抚法敏表进于朝。中间体例，于旧志多有改革。如宦绩人物，旧志于列国卿大夫缕载无遗。此本则以经传所有者概从刊削，而断自汉始。又田赋、兵防，旧志疏略不具，运道、海疆，则并阙如，此本悉为补辑。又《人物》之外，旧志别分《隐逸》、《孝义》、《儒林》、《文苑》诸目，往往配隶失宜，此则悉从删削。又如以北兰陵为南兰陵，以今济阳为唐宋之济阳，以复旧之新泰为两设之新泰，皆沿讹之尤甚者，此本均为辨明，亦多所考证焉。"③

检雍正《山东通志》（《四库全书》本），全书三十六卷，书首为乾隆元年岳濬序，山东巡抚法敏上《山东通志》表。纂修职名，自总裁岳濬、法敏以下，备载提调、监理、协理、采集、分校、绘事名录。《凡例》九条，一曰叙志目，二曰正字体，三曰谨书法，四曰审详略，五曰别异同，六曰信古而择，七曰随俗而迁，八曰正讹而传信，九曰阙疑以慎言，颇有美意。卷二十八之四有张尔岐传。卷首、正文均无李焕章、顾炎武、薛逢祚之名，盖成书之例如此。

《凡例》第四条规定："东省《通志》，于今三修。其目较旧志为减而实增，其敷言较旧志为繁而实约。盖旧志有不应详而详者，如《宦绩》、《人物》并各传是也。有不应略而略者，如《山川》、《古迹》、《田赋》、

---

① 纪昀等：《四库全书总目提要》，河北人民出版社2000年版，第1719页。
② 纪昀等：《四库全书总目提要》，河北人民出版社2000年版，第1813页。
③ 纪昀等：《四库全书总目提要》，河北人民出版社2000年版，第1813页。

《兵防》及《漕河》等志是也。夫三代以上之人物事功，见于《四书五经》者，夫人而知之矣。天下必无不读《四书五经》之人而专读《通志》者，如止求观《通志》而未尝见《四书五经》，纵极搜罗，彼亦茫然不晓。而旧志乃以《四书》《三传》中季文、孟献、史鱼、蘧瑗诸人，点缀三代之《人物·名宦》，是所谓挂一而漏万也。今孔门弟子，另详《阙里》。其志宦绩人物，皆从汉始。凡列国名卿士夫，第于经传中求之，志不具载。盖丰功伟烈，实繁有徒，非如帝迹侯封之可以约略数也。载而不备，毋宁缺而不载，此则旧志之所详，而今从略者也。"①

《四库全书总目提要》评论《山东通志》之"宦绩人物"，即循该书《凡例》而言；而王士禛对于《山东通志》的批评，则似跳过《凡例》不读，未为公允。

再看王士禛《居易录》所说"曹县李襄敏秉、单县秦襄毅纮、沂州王恭简景"三巨公。

李秉，字执中，曹县人。明英宗正统元年进士，官至礼部尚书，赠太子太保，谥襄敏。《明史》卷一百七十七有传。

秦纮，字世缨，单县人。明代宗景泰二年进士，官至三边总制、户部尚书、太子少保，谥襄毅。《明史》卷一百七十八有传。

"王景"当是"王璟"，"恭简"当是"恭靖"。王璟字廷采，沂州人，明宪宗成化八年进士，都察院左都御史，进太子太保，谥恭靖。《明史》卷一百八十六有传。②

颜光敏，字逊甫，又字修来，康熙六年进士，官至吏部郎中。工诗，秀逸深厚，著有《乐圃集》《旧雨堂集》。兄颜光猷、弟颜光敩，为颜回六十七世孙。

颜光敏之父颜伯璟，叔颜伯珣，祖父颜胤绍，一名颜印绍。颜胤绍明末为河间知府，崇祯十五年守城抗清，举火自焚而死。

颜胤绍与二子颜伯璟、颜伯珣事迹，详见屈大均《皇明四朝成仁录》卷三《河间死事传》："长子四氏学生员伯璟，字士莹。当河间陷时，与弟

---

① 雍正《山东通志》，文渊阁《四库全书》本。
② 《居易录》此条，王绍曾、杜泽逊编《渔洋读书记》另加标题，编为"康熙山东通志"条，未校改。青岛出版社1991年版，第83—84页。

伯珩在兖州，敌至亦登陴拒守。比城陷，伯珩掖之以行。伯璟曰：'同死无益，弟亟去，犹可生全也。'伯珩不肯释手，伯璟绐弟他顾，自投睥睨下。伯珩俯视恸哭，矢及其身而卒。伯璟仆地，伤左足，逻卒得之。见其修髯广颐，状甚伟，不敢加害，车畀以告其帅。"① 史书比以唐代颜真卿、颜杲卿兄弟。《史记·叔孙通传》："于是叔孙通使征鲁诸生三十余人，鲁有两生不肯行。"② 顾炎武于是比二人为"鲁之两生"，颇有敬意。

但说到《山东通志》的编纂，顾炎武自己亦坦言承认，他只对《山东通志》的卷六《山川》、卷九《古迹》两卷"稍为删改"，其他三十四卷"概未经目"，没有看过。

顾炎武在正式参加编纂《山东通志》期间，只是借用该处的图书文献，著成了自己的《山东肇域记》和《山东考古录》。至于他的正式工作，连他自己也不能不承认是"抱素餐之讥"。(《诗经·伐檀》："彼君子兮，不素餐兮"，后世有"尸位素餐"一语。) 这之中虽然顾炎武允许有其自己的安排，但若因此而反讥《山东通志》同僚的"卤莽灭裂"，就有失公正了。

要之，《山东肇域记》和《山东考古录》是顾炎武参与编纂《山东通志》"干私活"的结果，而二书又是《日知录》的最初内容。

《四库全书总目提要》："《山东考古录》一卷：考王士禛《居易录》，记炎武尝预修《山东通志》。或是时所遗稿本，亦未可知也。"③

魏小虎指出："《山东考古录》共四十六条，其中十七条与《日知录》卷二十五、卷三十一的内容相同或相似，可视为《日知录》的部分初稿。"④

四　李焕章《遥祭顾宁人先生文》

最引人注意的是，在顾炎武卒后，李焕章有《遥祭顾宁人先生文》一篇长文。

---

① 屈大均：《皇明四朝成仁录》卷三，广东丛书刻本。
② 司马迁：《史记》，北京出版社2006年版，第479页。
③ 纪昀等：《四库全书总目提要》，河北人民出版社2000年版，第2060页。
④ 魏小虎：《四库全书总目汇订》4，上海古籍出版社2012年版，第2479页。

顾炎武撰写《广师篇》，有孔子"三人行必有我师"的谦让，他的《初刻日知录自序》说"先以旧本质之同志"，也颇有求证师友以期改进之意，但是看《谲觚十事》的语气，却是断断强辩、丝毫不让的面貌。

但李焕章身为山东人，其为人雄杰，尚志节，有奇气，颇有山东好汉的豪气，亦不易屈尊人下。

顾炎武与李焕章讨论山东地理的书信，其原始真相如何，今日已经难于确定。但就推测而言，当日在顾、李二人均尚在世的情况下，忽然流出如此学术化的一封书信，恐怕并非常人所能伪造。最可能的解释，是李焕章自己一人虚拟出了与顾炎武的往返通信。

就有关记载来看，顾炎武与李焕章当日共同编纂山东方志，相处之间，双方颇有龃龉，争斗的结果似乎是顾炎武占了上风。而到了顾炎武卒后，李焕章的《遥祭顾宁人先生文》又隐然有盖棺论定、争胜报复的味道。

李焕章《遥祭顾宁人先生文》全文如下：

前年夏四月，於陵涂次，闻先生殁介休，惨失欢累日。然人未来自晋中，幸传闻之误，先生不果死也。客腊之廿五日，遇先生侄司狱君法宁，索先生寄字。司狱君怆然曰：叔父庚申岁殁矣，族子扶柩归葬吴门。某度岁，不得设亡友位而哭。上元日，往历下，别今巡抚施公紫薇署中，是昔与先生共笔砚处，不禁悲伤泫焉出涕，乃为文以祭之。呜呼！此某与先生隔世语也！

先生家苏之昆山，旧朝南礼部侍郎嗣子，明末以贡当得官，值国变，出走四方。顺治丁酉、戊戌间，自山左至登莱，吊逢子庆、管幼安、王伟元，而西抵吾郡，某晤之曹懿臣书舍。时先生年方壮，意气雄盛。平昔慕山左圣贤之乡，文学天性之地，必有名公大儒，起而继洙泗、瑕丘之业，如董仲舒、郑康成，不则如辕固、欧阳、梁丘，不则如左太冲、段柯古辈，今皆鲜其人。先生遂傲忽睥睨，谓齐鲁无一士。某愤甚，作书缕缕数千言责之，先生怒，亦腾书长安，暴某短。久之，稍稍闻先生见周侍郎公所刻某文，乃自悔艾曰："吾奈何失李先生！李先生作书，精古文辞，其传记、书序、志表、碑铭，出入河东、庐陵，小品大有眉山意，吾奈何失李先生！"

癸丑春，艾尚书公荐某于施公，总裁《通志》。比夏，先生亦来，共其役，相持大笑。吾向读先生文，极叹服。吾之来，以山左忠臣义士抗难殉躯，及夫弃妻孥，变姓名，出亡于绝徼异国、深山穷谷，隐于缁衣、黄冠，牛衣市贩，长往不返。慷慨著书，与墨台之《采薇辞》，文山之《正气歌》，郑所南之《井中心史》，谢皋羽之《西台恸哭诗》，王炎午之《生祭文》，程济、史仲彬之《从亡》《致身录》相后先，恐其湮没弗彰，亟为阐扬掇拾，使天下后世不讳所生，归于忠孝。吾今日之所望于先生也。某与先生隔纸帐而居，语笑音响，饮食坐卧，共者两阅岁。如段参议复兴，蔺副宪刚中，高相国宏图，王御史与印，叶工部廷秀，葛吏部含馨，佥宪王公印懋，朱公廷焕，侍郎左公懋第，巡抚徐公标，户部王公若之，杜中书凤征，杨行人定国，何太守复，孙太守康周，钱州守祚征，张生旭，王生某，暨照墙诸女子，激烈大节。先生托某属稿，稿成，则焚香酹酒，拜而读之，悲佗（引者注："佗"当作"沱"）淋漓，乌乌哭失声。更考核景物，诠次山川，与郦道元、沈亚之、李余庆、于钦所纪载相发明。每烛尽更阑，漏残月落，捧襟把袂，共话经史。一时同人，济阳张先生蒿庵，金陵薛先生仪甫，忽忽而叹，谓先生之于某，始而程苏、朱陆之争，终而李杜、元白之合也。呜呼！自某取友订交，如徐太拙、陈友龙、王屋山诸君子，生平无间外，有前合而后离，有前离而后合者，谷风之什，何如回心之词。此某之于先生，不为陈张之投分结契，而为蔺廉之回车负荆也。呜呼！

先生以山左右有孔子、尧、舜、司马迁、左丘明，道德文章，生民来未有。买田章丘、介休、静乐，岁时往来。屡致书织水斋，道某著作之美，寄诗数十首。如《三君咏》《五君咏》，有"性情归元始，文章入上乘"句。又云："我两人谁后死，墓门之石，勿相忘。"今先生物故，某以老病，不能如昔人千里赴吊，鸡黍之谊实缺，有负于先生者多矣。呜呼！

先生学大，遇蹇坎壈，终身飘泊羁旅，未正寝于家，又乏五尺之嗣。广柳迢遥，越江淮数千里，茫茫坏土，野火为邻，先生宁无恨？呜呼！此世俗所为先生悲，非先生所自悲，亦非某所以悲先生者。先生幼忠孝自励，欲大建立于时。当逆闯犯阙，六龙失驭，指天誓日，泣下沾襟，求若宋太学徐公应镳（引者注：《宋史》作"徐应镳"），不留一血印（引者注："印"当作"胤"），至子息之有无，箕裘之断续，先生不之计也。先生之先人，南礼部，天下志乘，悉在其家，藏书千万卷，一一诵之，博综之名满海内。迩者博学名儒之选，众谓先生之三甥皆对大廷，位荣显，必应召。余谓不然。先生古逸民者流，以先生衮衮入洛，毕竟不知先生者。后果如余言。先生如王蠋之雉经，申徒之投河，或如士龙之因树为屋，自同佣人以死，先生之志也，何悲之有？至于攒宫陵寝之恸，黍离麦秀之歌，精魄不散，为风霆，为厉鬼，此先生之悲也，某亦为先生悲焉。呜呼！①

济南府长山县，汉为於陵县。

施天裔，字泰瞻，顺治十七年任左布政使，在任二十四年，康熙二十二年任广西巡抚。《圣祖仁皇帝实录》卷一百十二："康熙二十二年癸亥九月己巳朔：己酉，升山东布政使施天裔为广西巡抚。"② 雍正《山东通志》卷二十五之二《职官二》："施天裔：辽阳人，贡生，顺治十七年任左布政使。"③ 雍正《广西通志》卷五十七《秩官》："施天裔：奉天籍，山东安州人，贡生，康熙二十三年任。"④

所说"别今巡抚施公"，谓施天裔已得巡抚之任命，即将离任而尚未离去。可知祭文作于康熙二十三年正月十五日之后不久。李焕章得知顾炎武去世的讯息，则是康熙二十二年十二月二十五日。

顾炎武在康熙二十一年正月初九日去世。所说"叔父庚申岁殁矣"讯息亦误，庚申为康熙十九年，顾炎武时在陕西富平。庚申前一年为康熙十八年己未，故疑"然人未来自晋中"一句，"人未"当是"己未"之误。而"前年夏四月"则为康熙十七年戊戌，顾炎武亦在陕西富平。

据此可知，李焕章在康熙十七年四月听到顾炎武的以讹传讹的死讯，又在康熙二十二年十二月二十五日听到顾炎武已于康熙十九年去世的讯

---

① 潘莱峰修，王寅生纂：民国《续修广饶县志》卷廿四《艺文志》，民国二十四年铅印本。
② 《圣祖仁皇帝实录》，清内府抄本。
③ 雍正《山东通志》，文渊阁《四库全书》本。
④ 雍正《山西通志》，文渊阁《四库全书》本。

息，实际上顾炎武则是在康熙二十一年正月初九日去世的，到康熙二十三年正月十五日之后不久写出这篇《祭文》，地点是在山东。

这篇《祭文》的第一个特点是记录了顾炎武和李焕章二人之间的接触，包括私密对话。

如说：

（1）某与先生隔纸帐而居，语笑音响，饮食坐卧，共者两阅岁。

（2）每烛尽更阑，漏残月落，捧襟把袂，共话经史。

（3）先生托某属稿，稿成，则焚香酹酒，拜而读之，悲沱淋漓，乌乌哭失声。

（4）更考核景物，诠次山川。

（5）屡致书织水斋，道某著作之美，寄诗数十首。如《三君咏》《五君咏》，有"性情归元始，文章入上乘"句。

（6）又云："我两人谁后死，墓门之石，勿相忘。"

二人不仅通书信、赠诗句，甚至以墓志铭相托，可谓已成最深挚的至交。而当日顾炎武所负责的编纂内容，也确实是《山川》《古迹》两卷。

又如说：

（1）先生遂傲忽睥睨，谓齐鲁无一士。某愤甚，作书缕缕数千言责之，先生怒，亦腾书长安，暴某短。

（2）一时同人，济阳张先生蒿庵，金陵薛先生仪甫，忽忽而叹，谓先生之于某，始而程苏、朱陆之争，终而李杜、元白之合也。

对于自己与顾炎武之间的抵牾，也是直言不讳，并且有其他学者作旁证，可谓言之凿凿。

《祭文》的第二个特点是提及的人物极多，有古人，也有今人，均依类排列。大略分析，共有9类。

（1）"吊逢子庆、管幼安、王伟元。"此类均为古之高士、逸民。

逢萌，字子庆，北海人，事迹见《后汉书·逸民传》。管宁，字幼安，北海朱虚人，事迹见《三国志·魏书》本传。王裒，字伟元，城阳营陵人，事迹见《晋书·孝友传》。

（2）"起而继洙泗、瑕丘之业，如董仲舒、郑康成，不则如辕固、欧阳、梁丘，不则如左太冲、段柯古辈。"此类依次为圣贤、经学大儒、文学博学之士。

洙泗，谓孔孟。

董仲舒，广川人。

郑玄，字康成，北海高密人。

辕固生，齐人。

欧阳生，字和伯，千乘人。

梁丘贺，字长翁，琅琊人。

瑕丘江公，受《穀梁春秋》及《诗》于鲁申公，传子至孙为博士。事迹见《汉书·儒林传》。

左思，字太冲，齐国临淄人。事迹见《晋书·文苑传》。

段成式，字柯古，齐州临淄人。事迹见《两唐书》本传。

（3）"出入河东、庐陵，小品大有眉山意。"此类均为文章家，所谓"唐宋八大家"之类。

柳宗元，河东人。

欧阳修，庐陵人。

苏轼，眉山人。

（4）"墨台之《采薇辞》，文山之《正气歌》，郑所南之《井中心史》，谢皋羽之《西台恸哭诗》，王炎午之《生祭文》，程济、史仲彬之《从亡》《致身录》。"此类均为恪守节义、以身殉国之烈士。

伯夷、叔齐，孤竹人，姓墨台，事迹见《史记·伯夷列传》。

文天祥，号文山，事迹见《宋史》本传。

郑思肖，号所南，事迹见《新元史·隐逸传》。

谢翱，字皋羽，事迹见《新元史·隐逸传》。

王炎午，字鼎翁，庐陵人，宋太学士。文天祥被执赴大都，炎午作文生祭之。事迹见《新元史·隐逸传》。

明建文帝出亡，史仲彬、程济、叶希贤、牛景先皆从亡之臣。史仲彬撰《致身录》，程济撰《从亡随笔》。事迹又见《逊国逸书》《逊国正气纪》。

（5）"如段参议复兴，蔺副宪刚中，高相国宏图，王御史与印，叶工部廷秀，葛吏部含馨，金宪王公印懋，朱公廷焕，侍郎左公懋第，巡抚徐公标，户部王公若之，杜中书凤征，杨行人定国，何太守复，孙太守康周，钱州守祚征，张生旭，王生某，暨照墙诸女子，激烈大节。"此类均为明末守节殉难的山东士女。

段复兴，字仲方，聊城阳谷人。崇祯七年进士，崇祯十六年任分守河西道参议，抗贼自刎。《明史》有传。

蔺刚中，字坦生，山东陵县人。崇祯十六年任山西按察司副使。"甫抵任，而流寇已陷平阳，乃协前巡抚蔡懋德固守太原。会部将张雄缒城出降，告以城中虚实，贼乃焚楼破城入，懋德自缢。刚中急遽中犹结草为二囚状，一标李自成，一标张雄，寸磔于市。贼缚刚中，亦死于其处，尸能跃起丈余，自成令斩雄以谢之。"①（雍正《山东通志》）

高弘图，字研文，胶州人。明万历三十八年进士，崇祯十七年任礼部尚书，北京破，拥立福王，至会稽，绝食而亡。《明史》有传。

王与印，字百斯，山东新城人。崇祯元年进士。"历官监察御史，以言事谪归。甲申闻变，与其子士和拒户自经，妻于氏亦自经。"②（雍正《山东通志》）

叶廷秀，字谦斋，号润山。明末濮州人。天启五年进士，官至兵部右侍郎。"崇祯殁后，披缁匿迹山寺以卒，人无有知其迹者。"③（雍正《山东通志》）

葛含馨，字荐之，字德孚，濮州人。崇祯元年进士，官至吏部考工郎中。"有《清吏》《用人》《请赈》三疏，皆有裨于民。"④（康熙《濮州志》卷三）

王印懋，字有怀，邑城之北郭人也。崇祯四年进士，累官宁武副使。"李自成之寇京西，与总兵周遇吉皆战死。"（咸丰《青州府志》卷六十四）

朱廷焕，字衷白，单县人。崇祯七年进士，历官大名府知府。"崇祯甲申，闯贼刘宗敏移檄谕降，廷焕先作书辞其父，然后缚伪檄使于大磔，向贼营击之。贼怒甚，城陷，支解之。"⑤（雍正《山东通志》）

左懋第，字萝石，莱阳人。崇祯四年进士，北京破，拥立福王，任兵部右侍郎，兼右佥都御史，兵败被杀。《明史》有传。

徐标，字准明，济宁人。天启五年进士。崇祯十六年二月，超擢右佥

---

① 雍正《山东通志》，文渊阁《四库全书》本。
② 雍正《山东通志》，文渊阁《四库全书》本。
③ 雍正《山东通志》，文渊阁《四库全书》本。
④ 康熙《濮州志》，清康熙十二年刻本。
⑤ 雍正《山东通志》，文渊阁《四库全书》本。

都御史,巡抚保定。李自成陷山西,警日逼,加兵部侍郎,总督畿南、山东、河北军务,仍兼巡抚,移驻真定以遏贼。贼遣使谕降,标毁檄,戮其使。后被降将所杀。《明史》有传。

王若之,字香叔,益都人。任南京户部郎中,"南都不守,若之负母遁迹横山,其门人陶我善馆之湖中别墅,十二月被执,三日不屈,被刑于南京之西华门"。①(咸丰《青州府志》卷四十五)

杜嘉胤,字凤征,嘉祥人。杜嘉庆之弟。光绪《嘉祥县志》卷二:"登辛未科,任虞城县知县,调完县,升户部主事、员外郎。卒葬花林山之东,左懋第表其墓。"②

杨行人定国,济宁人,少补州学生。甲申,弃其家,附舟南下,趣金陵。"鲁王监国于越,画江而守,定国杖策渡江上谒,授行人司行人。未几江上师溃,定国一夕呼酒痛饮,阖户雉经以死。贫不能归葬,其子某殡于僧寺。"③(见王士禛《渔洋文集·任民育杨定国传》。)

何复,字见元,平度人。崇祯七年进士,十七年二月擢保定知府。与同知邵宗元,通判王宗周,推官许曰可,清苑知县朱永康,后卫指挥刘忠嗣,及乡官张罗彦、尹洗等,守城抗贼,被焚死。"一时武臣死事者,守备则张大同与子之坦力战死。指挥则文运昌、刘洪恩、戴世爵、刘元靖、吕九章、吕一照、李一广,中军则杨儒秀,镇抚则管民治,千户则杨仁政、李尚忠、纪动、赵世贵、刘本源、侯继先、张守道,百户则刘朝卿、刘悦、田守正、王好善、强忠武、王尔祉,把总则郝国忠、申锡,皆殉城死。"④(事迹见《明史·忠义传》。)

孙康周,字晋侯,安邱人。天启元年举人,崇祯末任太原府知府,"城陷,骂贼而死"。⑤(雍正《山东通志》)"贼薄城,康周守北门力战,贼大委顿。越二日,南门陷,贼入执康周,欲降之。康周骂不绝口,贼不忍害,复使伪将说之,康周骂愈厉,惟求速死,乃杀之。"⑥(咸丰《青州府志》)

---

① 咸丰《青州府志》,清咸丰九年刻本。
② 光绪《嘉祥县志》,清光绪三十四年刻本。
③ 王士禛《渔洋文集》,清康熙五十七年刻本。
④ 张廷玉:《明史》,吉林人民出版社1996年版,第4965页。
⑤ 雍正《山东通志》,文渊阁《四库全书》本。
⑥ 咸丰《青州府志》,清咸丰九年刻本。

钱祚征，字锡吉，披县人。天启元年举人，崇祯末为河南汝州知州。"李自成攻掠洛阳，东下州县，皆望风迎降。祚征誓师固守，环攻五日，城破，不屈而死。"①（雍正《山东通志》）

张生旭，王生某，不详待考。

"照墙诸女子"，雍正《山东通志》卷二十九《列女志》载："货郎妻：逸其姓氏。顺治元年，山寇陷城，有一姑，妇为贼所得，贼杀其姑而悦其妇，妇绐之曰：'葬我姑，始从汝。'贼以尸授之，妇负而投诸井，亦自入焉。又同时有三官阁女子，被杀于三官阁下。又照墙七女子，被杀于县治照墙左右。同时被难，皆莫知其姓氏，见《青州府志》。"②

（6）"与郦道元、沈亚之、李余庆、于钦所纪载相发明。"此类均著书论山东地理。

郦道元，字善长，北魏范阳人，著《水经注》四十卷。

沈亚之，字下贤，长安人，唐元和十年进士，有《沂水杂记》，著作汇编为《沈亚之集》。

李余庆，金代临淄人，著《齐记补》。

于钦，字思容，元代益都人，著《齐乘》六卷。

（7）"一时同人，济阳张先生蒿庵，金陵薛先生仪甫。"此类均为顾炎武、李焕章二人之同事。

张尔岐，字稷若，号蒿庵，济阳人。

薛凤祚，字仪甫，淄川人，一说益都人，一说青州人，自署青齐人。（"金陵"疑误。）习西洋历法，著《天步真原》一卷，《天学会通》一卷，《历学会通》正集十二卷、《考验部》二十八卷、《致用部》十六卷，《乐律》二卷，《两河清汇》八卷，《中西火法》一卷，《运气精微》二卷，又有《圣学心传》（又题《圣学宗传》，无卷数）。《清史稿·畴人传》列居第一。

（8）"如徐太拙、陈友龙、王屋山诸君子。"此类均为李焕章好友。

徐振芳，字太拙，山东乐安人，有《徐太拙诗稿》（无卷数）。

陈荀会，字星占，一字友龙，山东乐安人，康熙三十三年进士，以亲老不仕，有《秋风草》十卷。

---

① 雍正《山东通志》，文渊阁《四库全书》本。
② 雍正《山东通志》，文渊阁《四库全书》本。

王咸照，字闇思，号屋山，山东诸城人，著有《雪舫诗稿》。李焕章《织水斋集》有《寿王屋山先生序》（抄本）、《与王屋山、张蓬海、石民诸友序》（刻本），文中称"闇思屋山先生"者即此人。

（9）"山左右有孔子、尧、舜、司马迁、左丘明。"此类均为古代山东、山西的圣贤人物。

（10）"始而程苏、朱陆之争，终而李杜、元白之合。"此类均为学术流派上的典故。

程苏之争谓程颢、程颐兄弟与苏轼之争。朱陆之争谓朱熹与陆九渊之争。李杜之合谓李白与杜甫之合。元白之合谓元稹与白居易之合。

其他单独援引的人物尚有"巡抚施公"（施天裔）、"周侍郎公"（周亮工）、"艾尚书公"（艾元徵，济阳人，顺治三年进士，官至刑部尚书。）、"宋太学徐公应镳"。

这样大量的古今人物逐类排比，一方面具有文理修辞的意义，一方面也具有博学渊深的风格。

综上所述，对李焕章《遥祭顾宁人先生文》可以提出如下分析：

第一，李焕章对顾炎武十分熟悉，祭文中提到"先生之先人南礼部侍郎""先生之三甥""先生侄司狱君法宁""买田章丘、介休、静乐"等。

第二，祭文中涉及了多位顾、李二人共同认识的人物。

第三，祭文中描述了二人近距离的私人接触，包括对话。

第四，祭文不见于李焕章《织水斋集》（乾隆间抄本）及《顾炎武全集》附录，仅见于民国《续修广饶县志》。

第五，祭文中所述顾炎武事，没有其他文献和学者的旁证。

第六，假使《谲觚十事》的书信往来，《祭文》中的接触与对话，均为假造，那么李焕章不啻为颇具"现代性"的虚构小说家。

第五节 《日知录》与《左传杜解补正》的文本比较

顾炎武《左传杜解补正》一书在清代学术史上，具有特殊的重要性。

《四库全书总目提要》收入顾炎武著作二十二种，以《左传杜解补正》居首，四库馆臣在作者小传里盛称顾炎武"博极群书，精于考证，国初称学有根柢者以炎武为最"。①

阮元编纂《皇清经解》，共收经部著作七十三家，一百八十三种著作，一千四百卷，仍以《左传杜解补正》居首。

王汎森指出，在阮元《国史儒林传》中"可以看到在《顾炎武传》中有两句不寻常的评价，即'国朝称学有根柢者，以炎武为最'"②。"在考据学如日中天时，顾炎武为人们所看重的是考证之书而非经济之论，其中尤以《左传杜解补正》三卷最被称道，而阮元那两句话便是从《左传杜解补正》的'提要'而来。"阮元推崇顾炎武，"《皇清经解》即从《左传杜解补正》一书开始"③。

《左传杜解补正》与《日知录》"左传注"有共同的出处，在《日知录》中，"左传注"是和"尔雅注""国语注""楚辞注""荀子注""淮南子注"等列为一类，放在比较偏后的第二十七卷内，属于"汉人注经"，不得比于正经。但是在《四库全书》和《皇清经解》中，都直接升入经部之中了。

顾炎武去世后，外甥徐乾学、嗣子顾衍生、弟子潘耒，均有意收集顾炎武的遗著。

此外，其从弟顾岩、侄子顾洪慎父子二人在顾炎武刚刚去世之时，已开始收集其遗著，编辑《顾亭林先生集》。

朱用纯《顾亭林先生集序》："……吾乡亭林顾先生，以经纶天造、恢张帝略、衽席民生之学，而履天圮地裂、国破家倾、流离奔走、靡有宁宇之遇。然其遇固极时数之奇穷，其学则极古今所大备。盖遇不足挫其所学，学适以惬其所遇。故其轨辙之至，贤豪归之，学士师之，罔不担簦负笈，风靡景附。而网罗之所获，讲论之所发，投报之所言，辑而为书，散而为文，盖不啻千百卷。顾好之者往往争相传诵，争相乞假，以故多所放失。晚乃殁于山右，其子衍生仅于羁旅之中，悾偬之际，收拾百一，囊而奉之。先生之从弟岩、犹子洪慎，扶丧南返，又稍稍搜访，乃以示余，而

---

① 纪昀等：《四库全书总目提要》，河北人民出版社2000年版，第749页。
② 王汎森：《权力的毛细管作用——清代的思想、学术与心态》（修订版），北京大学出版社2015年版，第508—509页。
③ 王汎森：《权力的毛细管作用——清代的思想、学术与心态》（修订版），北京大学出版社2015年版，第521页。

委余为序。……"①

朱用纯（1627—1698），字致一，号柏庐，江苏昆山人。其父朱集璜，顺治二年守城，城破投河自尽。朱用纯侍奉老母，抚育弟妹，播迁流离，终身未仕。著《愧讷集》十二卷，《朱柏庐治家格言》最为盛行。

光绪《昆新两县续修合志》卷四十八《艺文六》载吴以辰《书朱柏庐先生格言帖后》："吾邑当明之亡，有遗民两人焉：一为亭林顾先生，一为柏庐先生。顾先生以遘家难，流离颠沛，未尝一日安居故乡。朱先生稍后出，念其尊亲孝节先生乙酉之难，终身不仕。……"②

后至嘉道间，顾炎武五世孙顾锡祉（1776—1859）尚收藏有顾炎武原著。

光绪《昆新两县续修合志》卷三十二《隐逸传》："顾锡祉，字景繁，号竹楼，国学生。居茜墩，乡贤亭林先生裔孙。素性磊落闲雅，喜名人书画，不惜善价购之。家有库楼，藏弆充栋，并储亭林所辑书籍，尤多钞本未刊遗著。"③

乾隆三十八年，彭绍升说，大约乾隆二十年时，顾炎武著作还有不少未加整理刊刻。

彭绍升《顾亭林先生余集序》："予年十六时，应童子试至昆山，仲兄自家省余，一日偕出游，于市见抄本《亭林集》一帙，兄得而售之以授予。予阅其文，中多点窜，意先生所手定，以既刻本校之，其所佚者十余篇，盖编集时为门人所削者也。然先生生平忠孝大节，实具见于此，其不可以无传也。爰录而序之……"④

凌扬藻《蠡勺编》卷三十七《亭林余集》亦云："长洲彭允初言：少应童子试，于市得钞本《亭林集》一帙，中多点窜，乃先生所手定。既以刻本校之，其十余篇皆佚不著录，盖编集时门人所削去者也。然先生生平

---

① 朱用纯：《顾亭林先生集序》，见道光《昆新两县志》卷三十七、光绪《昆新两县续修合志》卷四十六。
② 光绪《昆新两县续修合志》，清光绪七年刻本。
③ 光绪《昆新两县续修合志》，清光绪七年刻本。
④ 彭绍升：《顾亭林先生余集序》，见《四部丛刊》景上海涵芬楼藏诵芬楼刊本《亭林余集》卷首。又见彭绍升《二林居集》卷五，清嘉庆四年味初堂刻本，无"乾隆三十八年冬十月长洲后学彭绍升序"署款。

忠孝大节，实具于此，爰重录而叙之。又曰：先生尝受官唐王时，见于文，故编集者不能无隐避。然伏观《明史》，凡明臣之自靖于诸王者，皆大书而表之。我朝教忠之意至深远矣，彼区区务为隐讳者，岂足以识大公至正之道乎？则是十余篇书，不患其不传。是十余篇者传，而后先生扶世立教之志，得大畅而无憾。则先生之言虽不获效于当时，其有功于后世何如也！（见《二林居集》）"①

彭绍升（1740—1796），字允初，号尺木，法名际清，江苏长洲人，彭定求之孙。

凌扬藻（1760—1845），字誉剑，号药洲，广东番禺人。著有《四书纪疑录》《春秋甿耇钞》《药洲诗略》《蠡勺编》《药洲文略》《岭海诗钞》等。

2004年至2011年，华东师范大学整理、编辑《顾炎武全集》，黄珅、严佐之、刘永翔主编，上海古籍出版社出版，收入35种确定无疑的顾氏著作，精装22册。此书为国家出版基金项目。上海古籍出版社1984年出版王蘧常辑注、吴丕绩标校《顾亭林诗集汇校》，1985年影印出版《日知录集释（外七种）》，2004年出版谭其骧、王文楚、朱惠荣等校点本《肇域志》，2006年出版栾保群、吕宗力校点本《日知录集释》，至《顾炎武全集》的整理出版，号称"一场长达30年接力长跑"。

《顾炎武全集》第一册收入《左传杜解补正》，徐德明整理。

一 《左传杜解补正》的初版

《左传杜解补正》，传世版本较多，最早有张云翼、潘耒二种版本。

张云翼刊本见于顾衍生、车守谦、张穆等所撰《年谱》，今已不存。但此本应当是《左传杜解补正》的最早刊本（初刻本）。

1. 康熙十四年以后张云翼刊本

据张穆《顾亭林先生年谱》：

（康熙）十四年乙卯，六十三岁：八月，自山东历河南，抵山西

---

① 凌扬藻：《蠡勺编》，清同治二年岭南遗书刻本。

之祁县。……冬十月六日，张帝臣某及张又南过访。车守谦案：先生著《左传杜解补正》三卷，又南捐赀刻之。

（康熙）二十一年壬戌，七十岁：《左传杜解补正》三卷，衍生云：爵宪张又南先生捐赀刻。

"某"字不解。有《年谱》无"某"字。

张帝臣，崇祯十二年举人，魏人，见民国《大名县志》卷十五《人物志·贡举表》。《清代档案史料丛编》载，顺治元年"举人张帝臣，署鸡泽县事"。《晚晴簃诗汇》卷三十载王又旦诗《寄张帝臣，时帝臣携家住华山》。

张云翼，字鹏扶，一字又南，陕西咸宁人，寄籍洋县。张勇长子。

张勇，字非熊，历官甘肃总兵、云南提督、甘肃提督，封靖逆将军、靖逆侯。《清史稿》有传。"喜与贤士大夫延接，同里若李中孚、王山史、李子德，咸与之为忘分交。"① 康熙十二年，吴三桂反，招勇，勇执其使以闻。陕西提督王辅臣亦叛，招勇，勇斩其使。上嘉之，命长子云翼赴京首奏，封靖逆侯。

张云翼袭封靖逆侯，官至福建陆路提督。能诗文，著《式古堂集》五卷。徐世昌《晚晴簃诗汇》、张维屏《国朝诗人征略》、杨钟羲《雪桥诗话》载其诗《严滩》《登华岳》《晓春南苑应制》，沈粹芬《国朝文汇》载其文《汉党锢诸贤论》《谒孔林记》。

周可真《1950—2013年顾炎武著述生平学术研究综述》认为："《左传杜解补正》是由顾氏晚年结识的友人张云翼（字鹏扶，一字又南）捐资刊刻，但不知其刊刻时顾氏是否还在世。"② 此说比较谨慎。

徐德明《顾炎武全集·左传杜解补正》"校点说明"指出该书有"康熙间张又南刻本"，但又以"潘耒遂初堂《亭林遗书》本为初刻本"。今按，《亭林遗书》刻于顾炎武卒后，张云翼刊本揣其情理当作于顾炎武生前，则以张云翼刊本为初刻本为是。

郭英德《论顾炎武的遗民心态》认为："张云翼（字又南）在山西捐

---

① 张穆：《顾亭林先生年谱》，《顾炎武全集》第22册附录，上海古籍出版社2011、2012年版，第71页。
② 周可真：《1950—2013年顾炎武著述生平学术研究综述》，《江南大学学报》2014年第6期。

资刻印顾炎武的《左传杜解补正》三卷。"① 今按，张云翼于康熙十四年过访顾炎武于山西祁县，十七年又来聘于陕西富平，十八年又夜访于陕西华阴，未必其书在山西捐资刻印。

郭翠丽、吴明松《〈左传杜解补正〉的版本及特色》据《年谱》认为："该书在康熙十四年出现了最早刊刻本……《左传杜解补正》当成书在康熙六年—康熙十四年间。"② 今按，《左传杜解补正》"成书"或在康熙十四年以前，"刊刻"当在康熙十四年以后。③

《亭林文集》卷四有《复张又南书》云："华下有晦翁旧事，历五百余年，始得山史为之表章。又十二年，而炎武重游至此。及今不创，更待何人？今移买山之资，先作建祠之举。若改岁之初，旌骖至止，当于华下奉迎，白石清泉，共谈中悰，慰二载之阔悰，订千秋之大业，幸甚幸甚！至鄙人侨居之计，且为后图，而其在此，亦非敢拥子厚之皋比，坐季长之绛帐。倘遽听不察，以为自立坛坫，欲以奔走天下之人，则东林覆辙，目所亲见，有断断不为者耳。"④

所云"慰二载之阔悰"，当指康熙十七年冬至十八年岁末，跨越两年。此时已届岁末，故顾炎武邀请张云翼过年以后于次年之初相见，"若改岁之初，旌骖至止"。没想到张云翼在新年前夕十二月二十七日夜半造访。《复张又南书》即写于这次造访之前。

张云翼致顾炎武书，《式古堂集》不载。二人所谈，除了创建朱子祠堂，知否商及《左传杜解补正》的刊刻，不得而知。⑤

2. 康熙三十四年前后潘耒《亭林遗书》刊本

顾炎武卒后，门人潘耒为之刊刻《亭林遗书》十种二十七卷，而以《左传杜解补正》居首：

---

① 郭英德：《论顾炎武的遗民心态》，四川大学中文系《新国学》编辑委员会：《新国学》（第一卷），巴蜀书社1999年版，第128页。
② 郭翠丽、吴明松：《〈左传杜解补正〉的版本及特色》，《九江学院学报》2010年第4期。
③ 相关研究又见张博成《顾炎武〈左传杜解补正〉研究》，台北花木兰文化出版社2012年版。
④ 黄珅、严佐之、刘永翔主编：《顾炎武全集》第21册，上海古籍出版社2011、2012年版，第135页。
⑤ 张云翼：《式古堂集》五卷，含文一卷、诗四卷。《清代诗文集汇编》（上海古籍出版社2010年影印版）所收《式古堂集》不分卷，即其文一卷，诗四卷未收。

《左传杜解补正》三卷

《九经误字》一卷

《石经考》一卷

《金石文字记》六卷

《韵补正》一卷

《昌平山水记》二卷

《谲觚十事》一卷

《顾氏谱系考》一卷

《亭林文集》六卷

《亭林诗集》五卷

《亭林遗书》有初刻本及修改重刊本。① 但潘耒刊刻《亭林遗书》并无序跋，刊刻时间无从确定。

潘耒《遂初堂诗集》卷十四内有《访顾亭林先生遗书不得》诗。序云："先生著《音学五书》，刻于淮浦张力臣家。力臣亡，其子以板质于人，不可复问。"诗云："吾师精力罄残编，独溯元音遂古前。本托良朋校鱼鲁，宁知遗刻散云烟。鼎沦泗水终归汉，鼓落陈仓竟到燕。此日侯芭漫惆怅，玄经千古定流传。"② 此诗亦不署年月。（据李清植《文贞公年谱》，书版流入扬州书贾，后由李光地赎归。）

顾炎武《亭林文集》原本五卷，潘耒搜补，成第六卷。《金石文字记》亦原本五卷，潘耒续成第六卷，标明"补遗"，卷首撰有《书金石文字记后》。《书后》收入《遂初堂文集》卷十一，亦均不署年月。

据张穆《顾亭林先生年谱》：

《日知录》三十二卷，顾衍生云："潘稼堂先生携至闽中，同汪晦庵先生刻。"

《九经误字》一卷、《石经考》一卷、《金石文字记》六卷、《韵补正》一卷、《昌平山水记》二卷、《文集》六卷、《诗集》五卷，顾衍生云：

---

① 详见：辛德勇《书林撷余·亭林文集》，《中国典籍与文化》2000年第3期；周道霞《关于〈亭林遗书〉版本之我见》，《四川图书馆学报》2001年第5期；陈飒飒《〈左传杜解补正〉研究》，华东师范大学2010年硕士学位论文，徐德明指导；翟艳芳《清代禁书举隅》，《图书馆学刊》2013年第9期；张博成《顾炎武〈左传杜解补正〉研究》，台北花木兰文化出版社2012年版。

② 潘耒：《遂初堂诗集》卷十四，清康熙刻本。

"已上七种，潘稼堂先生捐赀刻。"

《谲觚十事》一卷、《顾氏谱系考》一卷，顾衍生云："已上二种，潘稼堂刻。"①

亦均不载刊刻年月。

顾炎武《日知录》三十二卷本潘耒遂初堂初刻本，书首有潘耒《日知录序》，末署"康熙乙亥仲秋，门人潘耒拜述"。潘序收入《遂初堂文集》卷六，署款则删去。

康熙乙亥为康熙三十四年（1695），去顾炎武之卒十三年，下距潘耒之卒亦十三年。今按，《亭林文集》的刊刻时间，当在刊刻《日知录》前后，二事蝉联，时间不会相差太远。

《左传杜解补正》卷一题下有顾炎武小引，无正式标题。全文云：

> 《北史》言周乐逊"著《春秋序义》，通贾、服说，发杜氏违"，今杜氏单行，而贾、服之书不传矣。吴之先达邵氏宝有《左觿》百五十余条，又陆氏粲有《左传附注》，傅氏逊本之为《辨误》一书。今多取之，参以鄙见，名曰《补正》，凡三卷。若经文大义，左氏不能尽得而公穀得之，公穀不能尽得而啖赵及宋儒得之者，则别记之于书，而此不具也。东吴顾炎武。

《亭林文集》卷二收入，题为《左传杜解补正序》，删去"东吴顾炎武"署款。

顾炎武《日知录》八卷本，康熙九年张弨符山堂初刻，题下亦有顾炎武小引，无正式标题（《四库全书提要》称为"自记"），三十二卷本予以保存。全文云：

> 愚自少读书，有所得辄记之，其有不合，时复改定，或古人先我而有者，则遂削之，积三十余年，乃成一编，取子夏之言，名曰《日知录》，以正后之君子。东吴顾炎武。②

---

① 黄珅、严佐之、刘永翔主编：《顾炎武全集》第22册附录，上海古籍出版社2011、2012年版，第87—88页。

② 黄珅、严佐之、刘永翔主编：《顾炎武全集》第1册，上海古籍出版社2011、2012年版，第9页。

此篇则潘耒编辑《亭林文集》未与《左传杜解补正序》同例收录。

据此可知,《左传杜解补正》为顾炎武生前定本,书名亦为顾氏本人亲定,与《日知录》八卷本大略相同。二者均从顾氏平日札记中选录,一交张弨刊刻,一交张云翼刊刻,各撰小引,以示交代。

潘耒当日刊刻《左传杜解补正》,当是承接张云翼之成书,而不需再费编辑。

乾隆间编纂《四库全书》,同时审定《抽毁书目》,《亭林遗书》十种均在审定之列,所幸《左传杜解补正》等七种收入《四库全书》,准予流通。

《军机处奏准抽毁书目(毋庸销毁各书附)》载:"《亭林遗书》:查此书系昆山顾炎武撰,以所著十书合为一编。内除《亭林文集》、《亭林诗集》二种中,均有偏谬词句,应行销毁,又《昌平山水记》一种亦有乖谬处,应行抽毁外,其《左传杜解补正》《九经误字》《石经考》《金石文字记》《韵补正》《谲觚十事》《顾氏谱系考》等七种,均系辨正经史之书,有裨考证,查无干碍,应请毋庸销毁。"①

此后,《左传杜解补正》的诸多版本,包括《四库全书》本在内,均以潘耒遂初堂《亭林遗书》十种为母本。(《四库全书总目提要》称潘耒所刊《亭林遗书》为"通行本"。)

二 顾炎武遗书补遗及全集

光绪间,朱记荣、席威刊刻顾炎武遗书补遗,其中均有《左传杜解补正》。

朱记荣(1836—1905),又名朱迹荣,字懋之,号孙溪逸士、槐庐主人,江苏吴县人。以刻书为业,收藏甚富,精于鉴别,著《行素草堂目睹书目》十卷、《国朝未刻遗书志略》一卷。刊刻《槐庐丛书》《历代纪事本末》《行素草堂金石丛书》《行素草堂集古印谱》《经学丛书》《拜经楼丛书》《校经山房丛书》《金石全例》《徐氏医书八种》及顾炎武遗书等。

朱记荣还最早发现了黄汝成《日知录集释》的署名作伪问题,见其《国朝未刻遗书志略》。

---

① 《军机处奏准抽毁书目(毋庸销毁各书附)》,见姚觐元编《清代禁毁书目四种》,光绪十年刻咫进斋丛书第三集本。

席威（1845—?），又名席素威，字孟则，一字仪廷，席元章之子、席世臣玄孙，青浦人。在上海重开扫叶山房，采用连史纸和有光纸石印，同光间一度成为当时上海最大的书店。席威擅辞翰，与当时学者名人张锡恭、李详、高子良、朱记荣多有往来。

扫叶山房、校经山房、江左书林三家往往合作刻书，联号督造、藏板、刊印。校经山房主人朱记荣同时担任扫叶山房总经理，前后近三十年。[①]

民国二十三年刊本《青浦县续志》卷十六《人物二·文苑传》："席元章，字冠甫，廪贡生，居郡城西郭。天资英发，师事长洲陈奂、娄县姚椿，博综经、史、词章，与海宁李善兰、南汇张文虎、同邑熊其光、庄世骥、金玉辇，角艺联吟，并驰声誉。中年栖心禅悦，结纳缁流。庚申之乱，仓卒几不得脱。壬戌郡城再陷，遂亡其踪。子威零丁，弗能得，光绪间乃招魂葬焉。威，字仪廷，亦廪生，擅辞翰。家故有扫叶山房书肆，历百余年矣。威与主者朱记荣网罗旧籍，校刊之，先泽赖以勿坠。"

朱记荣、席威二人联合搜集、刊刻的顾炎武遗书有以下三种。

1. 光绪十一年（1885），《亭林先生遗书补遗十种》

朱记荣增校、上海扫叶山房刻。题"吴县孙溪槐庐家塾刻""后学吴县朱记荣校字"。

2. 光绪十四年（1888），《亭林先生遗书汇辑》（昆山顾氏全集）

扫叶山房汇印。题"光绪戊子冬月校刊""席氏扫叶山房藏版"，或题"朱氏校经山房藏版""光绪戊子冬月校刊"。卷首有《亭林像赞》、《国史儒林传》（朱记荣谨录）、《何绍基顾先生祠诗》（甲辰五月附），《亭林遗书后序》（光绪十一年秋八月陈其荣谨序）、《校刊亭林先生遗书缘起》（光绪乙酉夏六月朱记荣槐庐甫谨识）、《亭林著述总目》（席威谨识）、《书顾氏遗书总目后》（光绪旃蒙作噩旦月张锡恭识）等。

光绪十四年（1888）至光绪三十二年（1906），《亭林先生遗书汇辑》二十三种附录三种。朱氏槐庐家塾刻。北京全国图书馆文献缩微中心 1985 年缩微胶卷。

台湾中华文献出版社 1969 年影印出版，精装 8 册。凤凰出版社 2011 年影印出版，精装 4 册。参见《美国哈佛大学哈佛燕京图书馆藏中文善

[①] 参见杨丽莹《晚清民间书坊"督造书籍"印考略》，《图书馆杂志》2010 年第 8 期。

本汇刊》第3册。

朱记荣《校刊亭林先生遗书缘起》略云:"顾先生生平著述凡三四十种,今盛行于世者,惟《音学五书》、《天下郡国利病书》、《日知录》,及吴江潘次耕检讨所刊《亭林遗书十种》。此外诸著或有单行本,或有丛书所载零种,或未曾刊行仅见钞本者,然皆虽传不显,学者每以为憾。记荣少好读先生之书,既重刊潘氏所行之十种,又欲搜辑未刊之本,及零种之刊虽传不显者,陆续付梓,以尽潘氏未竟之绪。年来所获而付梓者,亦十余种。急为公诸同好。后当随得随刊,不计年月远近,要以世间有存者,冀得旦暮遇之,毕刊而后已。"①

3. 光绪三十二年(1906),《亭林先生遗书十种补遗十一种》

嘉庆间(一说康熙间,或说乾隆间)蓬瀛阁仿刻潘未刻本,扫叶山房翻刻蓬瀛阁本。扉页题"蓬瀛阁校刊",钤印"扫叶山房督造"。台湾进学书局、古亭书屋1969年影印出版,精装2册。

三 《左传杜解补正》的和刻本

扉页题"明亭林顾先生著",平安书铺友松轩、风月堂梓行。三卷三册,各卷首页书口标明"那波与藏校"。书末牌记题"藤泽三郎兵卫、风月庄左卫门、中江久四郎,明和四年丁亥春三月发行"。和刻本无序跋。

日本明和四年为清乾隆三十二年(1767)。

那波鲁堂,名师曾,字孝卿,通称与藏。著有《学问源流》,宽政十一年(1733)刊本;句读训点本《春秋左氏传》,宝历五年(1755)刊行。那波活所第4世孙。那波活所(1595—1648),名觚,初名方,通称平八,字道圆,号活所。藤原惺窝弟子,松永尺五、林罗山、那波活所、崛杏庵并称"藤门四大天王"。中国古代史研究家那波利贞(1890—1970)是那波活所的第11世孙。

那波鲁堂弟子有菅茶山、西山拙斋。

菅晋帅(1748—1827),名晋帅,字礼卿,号茶山,通称太仲。备后福山生人。日本江户时代后期儒学者、汉诗人。

---

① 顾炎武:《亭林先生遗书汇辑》卷首,光绪十四年朱氏槐庐家塾刻本。

西山正（1735—1798），字士雅，一字拙斋，号至乐。江户时代汉诗人，著有《闲窗琐言》《松山游记》《芳野记行》《汗漫日记》《拙斋诗文集》等。

菅茶山《黄叶夕阳村舍文》卷二《拙斋先生行状》："先生姓西山氏，讳正，字士雅，一字拙斋，号至乐。居备中，鸭方邑人，本姓坂本氏。……年十六，负笈往大阪学医术于古林氏，受儒业于播人冈孚斋翁。时翁衰老，使外孙那波与藏代授，所谓鲁堂先生也。"① 卷四《批阿波那波辰之助诗卷（名希颜）》："此卷那波君辰郎所作，以余同好，寄以乞月。且君鲁堂先生令孙，家世文学，所谓'凤穴之毛，莫不五彩'，我辈何所容喙？因写《答或人书》一篇，以致鄙意。君才具富赡，不须他求。若夫运用，在一心尔。"②

赖山阳《赖山阳文集》卷十二《茶山先生行状》："先生姓菅氏，名晋帅，字礼卿，通称太中，号茶山，备后神边人。……先生少小善病，而喜读书作诗。年十九（明和三年），游京师，从市川某学所谓古文辞者。后自悟其非也，从那波鲁堂先生受濂洛之学，与京师佐佐木良斋、中山子干，及浪华中井竹山、葛蠡庵、筱安道（三岛）等交游。既归，委家事于其弟，而益读书，教授村童。后就其家东北河堤竹林下筑村塾，带流种树。对面之山名黄叶，因曰黄叶夕阳村舍。舍背隔野望连阜，有茶白山，因自号茶山。备中西山拙斋翁，以同门故，往来最密，声气相辅。拙斋以严，先生以和，而其意归于一。"③

赖春水《春水遗稿别录》补遗："菅茶山先生名晋帅，字礼卿，称太中，备后神边人。父樗平翁，母佐藤氏，为人皆不凡，使先生及弟信卿就学。先生与西山拙斋翁同入京，从那波鲁堂，与先君相知于浪华。"④

赖山阳之父赖春水（1746—1816），名惟完，字伯栗，一字千秋，号春水，别号拙巢、和亭、霞压，通称弥太郎。安艺国广岛藩学头。

赖山阳（1780—1832），名襄，字子成，号山阳，又号三十六峰外史。江户末期历史学家、汉文学家。

关于那波与藏在日本推动顾炎武学术的背景，朱谦之《日本的朱子

---

① 菅茶山：《黄叶夕阳村舍文》，日本文化九年、弘化四年刻本。
② 菅茶山：《黄叶夕阳村舍文》，日本文化九年、弘化四年刻本。
③ 赖山阳：《赖山阳全书》，赖山阳先生遗迹显彰会1932年版。
④ 赖惟完：《春水遗稿别录》，日本文政六年刻本。

学》说道：

> 元禄（1688，康熙二十七年）前后日本思想界出现伊藤仁斋与荻生徂徕二大家，兴起考证学风。此考证学风实亦清代朴学的影响。《先哲丛谈》后编第七卷"井上金峨"条，记金峨之折衷考据学风，而"关东文学，为之一变"。较金峨稍为先辈的那波鲁堂，在所著《学问源流》中亦称"清朝之学，博读经史……顾炎武、万斯大、徐乾学、朱彝尊诸人为其选。清人著书益多，昔无此书则已，今者不可不读"。金峨之后。如片山兼山、皆川淇园、山北本山、龟田鹏斋、村濑考亭、太田锦城等皆受清代朴学的影响，而自为一家之学。共后如狩谷掖斋、松崎镰堂、猪饲敬所等继起。幕末出现之友井息轩、盐谷宕阴等亦属于此。又即不属于考证学派也有受其影响的，如卷菱湖与狩谷掖斋友善，好清代学术，善读《尔雅》与《说文》二书；佐藤一斋也推重清儒著述，其门下安积艮斋注意考证之学。又赖山阳虽属宋学派人，而喜读清朝人之著述，在《山阳先生书后》中称"读清顾炎武等名著，有不少感动"云云。[①]

既然和刻本《左传杜解补正》刊刻于日本明和四年即清乾隆三十二年（1767），则较其他顾炎武著作的和刻本均早，同时也早于四库馆臣、黄汝成、朱记荣等对顾炎武著作的搜集整理刊刻。其版本来源，也应翻刻自潘耒的遂初堂刊本。

另顾炎武其他著作的和刻本情况如下：

1. 日本天保八年（清道光十七年，1837），刊刻《日知录十三经考义》。东京悬磬舍藏板，扉页标明："《日知录》有大小二本，小本缪误极多，间有脱简脱字，大本较佳，然亦非无一二讹缪。今取二本校雠，犹有可疑者，又更就其所引本经而订正，阅数月而竣功，乃付剞劂云。"

2. 日本明治五年（清同治十一年，1872），刊刻《学问士风二种》。顾炎武《与友人论学书》与宋李纲《用人材以激士风札子》二篇合刊。

3. 日本明治十七年（清光绪十年，1884），刊刻《日知录集释》。东

---

① 朱谦之：《日本的朱子学》，生活·读书·新知三联书店1958年版，第124—125页。

京乐善堂/京都善成堂刊，无和刻本序跋。

4. 日本文政二年（清嘉庆二十四年，1819），刊刻《清名家小传》。卷一以金之俊为首，卷二依次为傅山、孙奇逢、李颙、黄宗羲、顾炎武等，卷四以叶方蔼为首，附孙均禧，弟方恒、方蔚。

四 《左传杜解补正》版本列表

表 3-1　　　　　　　《左传杜解补正》版本表

序号	时间	版本	备注
1	康熙十四年（1675）以后	咸宁张云翼刊	单行本
2	康熙三十四年（1695）前后	潘耒遂初堂《亭林遗书》十种本	扉页题"顾宁人先生著：亭林全集"，目录页题"亭林遗书总目"
3	日本明和四年（清乾隆三十二年，1767）	那波与藏校本	单行本，友松轩、风月堂藏版
4	乾隆三十七年至四十三年（1772—1778）间	《钦定四库全书》抄本	
5	嘉庆间（一说康熙间，或说乾隆间）	蓬瀛阁《顾亭林先生遗书》十种本	扉页题"亭林先生：遗书十种""蓬瀛阁校刊"
6	嘉庆十三年（1808）	虞山张海鹏《借月山房汇抄》本	
7	道光四年（1824）	上海陈璜《泽古斋丛钞》（泽古斋重钞）本	用《借月山房汇抄》原版修补重刊
8	道光九年（1829）	仪征阮元《皇清经解》本	广东学海堂藏版，题"昆山顾处士炎武撰，工部都水司郎中临川李秉绶刊，嘉应生员杨懋建校"。咸丰十一年补刊本，光绪十三年上海书局石印本，光绪十七年上海鸿宝斋石印本，光绪十四年上海点石斋石印本，光绪十六年湖南船山书局石印本，光绪十八年上海古香阁本
9	道光十年（1830）	潢川吴志忠《经学丛书》本	宝仁堂藏板
10	道光二十年（1840）	金山钱熙祚《指海》本	守山阁藏版
11	道光二十六年（1846）	金山钱熙祚《式古居汇钞》本	
12	光绪十四年（1888）	朱记荣《亭林先生遗书汇辑》本	有《校刊亭林先生遗书缘起》《亭林先生著述总目》等
13	光绪三十二年（1906）	扫叶山房翻刻蓬瀛阁《亭林先生遗书》十种本	扉页题"蓬瀛阁校刊"，钤印"扫叶山房督造书籍""校经山房督造书籍"

序号	时间	版本	备注
14	民国五年（1916）	上海文瑞楼石印《顾亭林先生遗书》本	

五 《日知录》"左传注"与《左传杜解补正》的对比

关于《日知录》"左传注"[①]与《左传杜解补正》[②]二者之间的关联与内容的异同，空说无益，不如具体对比，易于明了。

二者对比可知：

第一，《左传杜解补正》是对杜预《春秋左传集解》的补正，内容包括"补"和"正"两个方面，即补其所未注、正其所误注。

"补"的部分，顾氏的书写体例往往是："无解，补云……"

"正"的部分，顾氏的书写体例往往是："解云……非也，改云……""改"即"正"也。

例如：

(1) 僖公二十四年：《夏书》曰：地平天成。

《补正》：今《书·大禹谟》。

(2) 襄公二十一年：《夏书》曰：念兹在兹。

《补正》：今《大禹谟》。

(3) 成公二年：畏君之震。

《补正》：震，威也。

(4) 襄公三十一年：岂不遽止？

《补正》：遽，亟也。

(5) 隐公五年："使曼伯与子元潜军军其后。"

《日知录》：按子元疑即厉公之字。昭十一年，申无宇之言曰："郑庄公城栎而置子元焉，使昭公不立。"杜以为别是一人，厉公因之

[①] 《日知录》卷二十七"左传注"，据《顾炎武全集》第19册，上海古籍出版社2011、2012年版，第1020—1029页。

[②] 《左传杜解补正》，据《顾炎武全集》第1册，上海古籍出版社2011、2012年版，第9—120页。

以杀曼伯而取栎，非也，盖庄公在时即以栎为子元之邑，如重耳之蒲，夷吾之屈，故厉公于出奔之后取之特易，而曼伯则为昭公守栎者也。九年，公子突请为三覆以败戎。桓五年，子元请为二拒以败王师。固即厉公一人，而或称名，或称字耳。合三事观之，可以知厉公之才略，而又资之以岩邑，能无篡国乎？

《补正》：无解。子元疑即厉公之字。……（以下文字与《日知录》均同）

（6）庄公二十二年："山岳则配天。"

《日知录》：解曰："得太岳之权，则有配天之大功。"非也，《诗》曰："崧高维岳，骏极于天。"言天之高大，惟山岳足以配之。

《补正》：解："得太岳之权，则有配天之大功。"改云：《诗》曰："崧高维岳，骏极于天。"言天之高大，惟山岳足以配之。

第二，《左传杜解补正》与《日知录》内容重叠，性质相同，即均属于学术札记之类。这种札记文体，按类排列之后，可以结为一个整体，也可以拆开单独为一类，具有一种体例上的灵活性。

兹由列表（见后文）统计可知：《日知录》卷二十七"左传注"部分，共计 54 条。《左传杜解补正》分为 3 卷，共计 567 条。（3 卷分别为 143、208、216 条。）

《日知录》"左传注"有 5 条，为《左传杜解补正》所无；有 24 条，与《左传杜解补正》全同。

为《左传杜解补正》所无的 5 条，可能是在《左传杜解补正》刊刻之后，《日知录》新增加的内容。

由于采用札记体之故，《日知录》的很多内容，均曾抽出单行。如《史汉通鉴注正》一卷、《日知录史评》一卷、《十三经考义》七卷，均为《日知录》抽印本而单独题名。

刘毓崧《通义堂文集》卷十四"书日知录论时文各条后"，意谓"时文"部分亦可单独阅读。

第三，《左传杜解补正》与《日知录》"左传注"，互有损益。并非《左传杜解补正》抄自《日知录》，亦非《日知录》抄自《左传杜解补正》，而是二者均以顾炎武"某一稿本"为共同来源。

《日知录》"左传注"与《左传杜解补正》的内容，可以区分为4种类型：全同、略同、增补、删削。

例如：

例一，全同（举例从略）。

例二，略同（颠倒语序、增减字句）。

(1) 隐公十一年："立桓公而讨寪氏，有死者。"

《日知录》：言非有名位之人，盖微者尔，如司马昭族成济之类。解曰："欲以弑君之罪加寪氏，而复不能正法诛之。"非也。

《补正》：解："欲以弑君之罪加寪氏，而复不能正法诛之。传言进退无据。"改云：言非有名位之人，盖微者尔，如司马昭族成济之类。

增"传言进退无据"一句。

(2) 文公二年："陈侯为卫请成于晋，执孔达以说。"

《日知录》：此即上文所谓我辞之者也，解谓晋不听而变计者非。

《补正》：此即上所谓我辞之者也，解不合，宜删。

(3) 文公三年："雨螽于宋。"解曰："宋人以螽死为得天佑，喜而来告，故书。"

《日知录》：夫陨石鹢退，非喜而来告也。

《补正》：然则陨石鹢退，岂亦喜而来告乎？

(4) 昭公五年："民食于他。"解曰："鲁君与民无异，谓仰食于三家。"

《日知录》：非也。夫民生于三，而君食之。今民食于三家而不知有君，是昭公无养民之政可知矣。

《补正》：民生于三，而君食之。今昭公不能养民，而民食于三家，不知有君。

例三，增补（《补正》较《日知录》多出一句或一节，表明《日知录》定稿时曾做删削。）

桓公八年："楚人上左，君必左，无与王遇。"解曰："君，楚君也。"

《日知录》：愚谓君谓随侯，王谓楚王。两军相对，随之左当楚之右，言楚师左坚右暇，君当在左以攻楚之右师。

《补正》增一节：李云霈曰："桓公五年繻葛之战，郑子元请为左拒以当蔡人、卫人，为右拒以当陈人，是以左当其右、右当其左之证也。"

例四，删减（《补正》较《日知录》减少一句或一节，表明《日知录》定稿时又有增修。)

僖公四年:"昭王南征而不复,寡人是问。"

《日知录》:解曰:"不知其故而问之。"非也,盖齐侯以为楚罪而问之。然昭王五十一年南征不复,至今惠王二十一年,计三百四十七年,此则孔文举所谓丁零盗苏武牛羊,可并案者也。

《补正》删减一节,仅云:解:"不知其故而问之。"非也,改云:齐侯以为楚罪而问之。

第四,顾炎武的"某一稿本",比较多地吸取了邵宝、陆粲、傅逊三家的意见。《左传杜解补正》包括了三家之说,而《日知录》"左传注"专门删去了三家之说。

《日知录》第27卷"左传注"54条最后,顾炎武有一句说明:"凡邵、陆、傅三先生之所已辩者不录。"

同时在《左传杜解补正序》中,顾炎武也特别说明:"吴之先达邵氏宝有《左觿》百五十余条,又陆氏粲有《左传附注》,傅氏逊本之为《辨误》一书。今多取之,参以鄙见,名曰《补正》,凡三卷。"

可知《日知录》"左传注"与《左传杜解补正》很大的一个区别,就是对于明代三家旧注的取舍。

四库馆臣著录顾炎武的著作,即曾明确指出此点。《四库全书总目提要》说道:

> 《左觿》一卷(通行本):明邵宝撰。宝字国贤,号二泉,无锡人。成化甲辰进士,官至南京礼部尚书。谥文庄。事迹具《明史·儒林传》。是编乃其读《左传》所记,杂论书法及注解,然寥寥无多。盖随意标识于《传》文之上,亦其《简端录》之类也。其中精确者数条,顾炎武《左传补注》已采之。所遗者,其糟粕矣。[①]
>
> 《左传附注》五卷(浙江巡抚采进本):明陆粲撰。粲字子馀,长洲人。嘉靖丙戌进士,官至工科给事中。以劾张璁、桂萼谪都镇驿驿丞,终于永新县知县。事迹具《明史》本传。是编前三卷驳正杜预之《注》义,第二卷驳正孔颖达之《疏》文,第五卷驳正陆德明《左传释

---

① 纪昀等:《四库全书总目提要》,河北人民出版社2000年版,第778页。

文》之音义。多旁采诸家之论，亦间断以己意，于训诂家颇为有裨。顾炎武《日知录》，于驳正《左传注》后附书曰："凡邵、陆、傅三先生所已辨者不录。"邵者，邵宝《左传觿》；傅者，傅逊《左传属事》；陆即粲也。盖炎武亦甚重此书矣。① （今按此言"傅逊《左传属事》"有误，当是傅逊《左传注解辨误》，详《左传注解辨误》提要。）

《左传注解辨误》二卷（江苏巡抚采进本）：明傅逊撰。逊有《左传属事》，已著录。是编皆驳正杜预之解，间有考证，而以意推求者多。视后来顾炎武、惠栋所订，未堪方驾。②

第五，《左传杜解补正》有潘耒按语20条，原本排为双行小字夹注，是对其师顾炎武意见的纠正，《左传杜解补正》虽然不是潘耒所编订，但他重刻并校注此书，贡献亦不容埋没。

（1）桓公八年："楚人上左，君必左，无与王遇。"解曰："君，楚君也。"

《补正》：愚谓君谓随侯，王谓楚王。两军相对，随之左当楚之右，言楚师左坚右暇，君当在左以攻楚之右师。

末有双行小字："耒按：此说虽巧，然玩《传》文语势，君字仍指楚君为当。"

"耒按"即潘耒按语，此处为第一次出现，故显示自称之名。

（2）庄公六年："不知其本不谋，知本之不枝弗强。"

《补正》：不谋，犹言失计，不知黔牟之不足与立，是不谋也。知其为君之孤立而无助，则不能自强而有其国矣。

末有小字按语："按：弗强，言不必强立之也。"

此按为第二次出现，故省略姓名。此下按语均为潘耒所作。

（3）昭公三年："诸侯求烦不获。"

《补正》：言所求日烦，而诸侯不能应也，解非。

按：求烦不获，言欲烦而不可得。

（4）昭公四年："将焉用之。"

《补正》：言将用何为辞。

---

① 纪昀等：《四库全书总目提要》，河北人民出版社2000年版，第723页。
② 纪昀等：《四库全书总目提要》，河北人民出版社2000年版，第787页。

按：杜解云："焉用宋盟？"似得语气。

王云五主编、李宗侗注译、叶庆炳校订《春秋左传今注今译》云："顾炎武说：'弗强，言不必强立之也。'假设知道本既无力量支持，就不必强立他。"① 恰将潘耒的驳议，误作顾炎武本人的意见。

六 《左传杜解补正》（卷上）条目分析列表

表3-2　　　　　《左传杜解补正》（卷上）条目分析表

《左传》编年	《日知录》"左传注"② 54条全文	《左传杜解补正》③ 卷上143条目	异文、潘耒按语
隐元年		1. 庄公寤生	
		2. 不如早为之所	
		3. 吊生不及哀	
二年		4. 莒人入向	
三年		5. 蘋蘩蕴藻之菜	
四年		6. 老夫耄矣	
		7. 曲沃庄伯	
五年	1. "使曼伯与子元潜军军其后。"按子元疑即厉公之字。昭十一年，申无宇之言曰："郑庄公城栎而置子元焉，使昭公不立。"杜以为别是一人，厉公因之杀曼伯而栋，非也，盖庄公在时即以栎为子元之邑，如重耳之蒲，夷吾之屈，故厉公于出奔之后取之特易，而曼伯则为昭公守栎者也。九年，公子突请为三覆以败戎。桓五年，子元请为二拒以败王师。固即厉公一人，而或称名，或称字耳。合三事观之，可以知厉公之才略，而又资之以岩邑，能无篡国乎？	8. 略同	
		9. 诸侯用六	
		10. 未及国	
		11. 叔父有憾	

---

① 李宗侗注译，叶庆炳校订：《春秋左传今注今译》，新世界出版社2012年版，上册，第113页。

② 《日知录》卷二十七"左传注"，据《顾炎武全集》第19册，上海古籍出版社2011、2012年版，第1028—1029页。

③ 《左传杜解补正》，据《顾炎武全集》第1册，上海古籍出版社2011、2012年版，第9—120页。

续表

《左传》编年	《日知录》"左传注" 54 条全文	《左传杜解补正》卷上 143 条目	异文、潘耒按语
七年		12. 戎伐凡伯	
八年		13. 诸侯以字为谥	
		14. 郑伯使卒	
十一年	2. "立桓公而讨穷氏,有死者。"言非有名位之人,盖微者尔,如司马昭族成济之类。解曰:"欲以弑君之罪加写氏,而复不能正法诛之。"非也。	15. 略同	
桓二年	3. "孔父嘉为司马。"杜氏以孔父名而嘉字,非也,孔父字而嘉其名。按《家语·本姓篇》曰:"宋湣公生弗父何,何宋父周。周生世子胜,胜生正考父,考父生孔父嘉,其后以孔为氏。"然则仲尼氏孔,正以王父之字。而楚成嘉、郑公子嘉皆字子孔,亦其证也。郑康成注《士丧礼》曰:"某甫字也,若言山甫、孔甫。"是亦以孔父为字。刘原父以为己名其君于上,则不得字其臣于下。窃意春秋诸侯卒必书名,而大夫则命卿称字,无生卒之别。亦未尝以名字为尊卑之分。桓十一年,郑伯寤生卒。葬郑庄上。宋人执郑祭仲。十七年,蔡侯封人卒,蔡季自陈归于蔡。名其君于上,字其臣于下也。昭二十二年,刘子单子以王猛居于皇,刘子单子以王猛人于三城。二十三年,尹氏立王子朝。二十六年,尹氏、召伯、毛伯以王子朝奔楚。爵其臣于上,名其君于下也。然则孔父当亦其字,而学者之疑可以涣然释矣。	无	
		16. 臧孙达其有后于鲁乎?	
	4. ("命之曰仇。")君之名,变也;命卿之书字,常也;重王命亦所以尊君也。	无	
	5. "其弟以千亩之战生。"解曰:"西河介休县南有地名千亩。"非也。穆侯时,晋境不得至介休。按《史记·赵世家》"周宣王代戎,及千亩战",《正义》曰:"《括地志》云:千亩原在晋州岳阳县北九十里。"	17. 全同	
五年	6. "蔡人、卫人、陈人从王伐郑。"解曰:"王师败,不书,不以告。"非也。王师败,不书,不可书也,为尊者讳。	18. 全同	

续表

《左传》编年	《日知录》"左传注" 54 条全文	《左传杜解补正》卷上 143 条目	异文、潘耒按语
六年		19. 亲其九族	
		20. 遂辞诸郑伯	
		21. 接以大牢	
	7."不以国。"解曰："国君之子不自以本国为名。"焉有君之子而自名其国者乎？谓以列国为名，若定公名宋，哀公名蒋。	22. 全同	
		23. 以国则废名	
		24. 与吾同物	
八年	8."楚人上左，君必左，无与王遇。"解曰："君，楚君也。"愚谓君谓随侯，王谓楚王。两军相对，随之左当楚之右，言楚师左坚右暇，君当在左以攻楚之右师。	25. 增补	《补正》增一节"李云霱曰"，末有双行小字"耒按"。
十一年		26. 郑忽出奔卫	
十三年	9."及齐侯、宋公、卫侯、燕人战，齐师、宋师、卫师、燕师败绩。"解曰："或称人，或称师，史异辞也。"愚谓燕独称人，其君不在师。	27. 增补	《补正》增一节：解又云，卫宣公未葬……
十五年		28. 郑世子忽复归于郑	
庄元年		29. 三月，夫人孙于齐	
		30. 不称即位，文姜出故也	
		31. 绝不为亲，礼也	
二年		32. 夫人姜氏会齐侯于禚	
六年		33. 不知其本不谋	末有小字按语：按：弗强，言不必强立之也。
八年		34. 《夏书》曰：皋陶迈种德	
十二年	10."萧叔大心。"解曰："叔萧，大夫名。"按大心当是其名，而叔其字，亦非萧大夫也。二十三年，"萧叔朝公"。解曰："萧，附庸国。叔，名。"按《唐书·宰相世系表》云："宋戴公生子衍，字乐父。裔孙大心，平南宫长万有功，封于萧，以为附庸，今徐州萧县是也。其后楚灭萧。"	35. 全同	

续表

《左传》编年	《日知录》"左传注"54条全文	《左传杜解补正》卷上143条目	异文、潘耒按语
		36. 手足皆见	
		37. 傅瑕贰	
		38. 先君桓公命我先人	
十四年	11. "庄公之子犹有八人。"解:"庄公子,传惟见四人:'于忽、子亹、子仪并死,独厉公在。八人名字记传无闻。"按犹有八人者,除此四人之外,尚有八人见在也。桓十四年,郑伯使其弟语来盟,传称其字曰"子人",亦其一也。	39. 全同	
二十一年		40. 郑伯享王	
		41. 夏五月	
		42. 翘翘车乘	
二十二年	12. "山岳则配天。"解曰:"得太岳之权,则有配天之大功。"非也,《诗》曰:"崧高维岳,骏极于天。"言天之高大,惟山岳足以配之。	43. 略同	
二十五年	13. 夏六月,"辛未朔,日有食之,鼓用牲于社,非常也。"惟正月之朔,慝未作,日有食之,于是乎用币于社,伐鼓于朝。周之六月,夏之四月,所谓正月之朔也。然则此其常也,而曰非常者何?盖不鼓于朝而鼓于社,不用币而用牲,此所以谓之非常礼也。杜氏不得其说,而曰以长历推之,是年失闰。辛未实七月朔,非六月也。此则咎在司历,不当责其伐鼓矣。又按:"唯正月之朔"以下乃昭十七年季平子之言,今载于此,或恐有误。	44. 全同	
二十八年		45. 小戎子生夷吾	
		46. 狄之广莫	
		47. 晋人谓之二五耦	
三十二年		48. 狄伐邢	
		49. 城小谷,为管仲也	
		50. 而以夫人言许之	

续表

《左传》编年	《日知录》"左传注" 54条全文	《左传杜解补正》 卷上143条目	异文、潘耒按语
		51. 能投盖于稷门	
		52. 子般即位	
闵元年		53. 安而能杀	
		54. 立戴公以庐于曹	
		55. 君失其官	
		56. 用其衷则佩之度	
二年		57. 尨凉冬杀	
		58. 金玦不复	
		59. 内宠并后	
		60. 与其危身以速罪也	
		61. 卫文公大布之衣	
僖元年		62. 公败邾师于偃	
		63. 冀为不道	末有小字按语
二年		64. 保于逆旅	
		65. 晋里克、荀息帅师会虞师伐虢	
四年	14. "昭王南征而不复，寡人是问。"解曰："不知其故而问之。"非也，盖齐侯以为楚罪而问之。然昭王五十一年南征不复，至今惠王二十一年，计三百四十七年，此则孔文举所谓丁零盗苏武牛羊，可并案者也。	66. 删削	《补正》无"然昭王五十一年南征不复……"一节
		67. 共其资粮屝屦	
		68. 忧必仇焉	
		69. 孔叔止之	
		70. 辅车相依	
五年	15. "太伯不从。"不从者谓太伯不在太王之侧尔。《史记》述此文曰："太伯虞仲，太王之子也，太伯之去，是以不嗣。"以亡去为不从，其义甚明。杜氏误以不从父命为解，而后儒遂傅合《鲁颂》之文，谓太王有翦商之志，太伯不从，此与秦桧之言"莫须有"者何以异哉！	71. 全同	

续表

《左传》编年	《日知录》"左传注" 54 条全文	《左传杜解补正》卷上 143 条目	异文、潘耒按语
		72.《周书》曰：皇天无亲	
		73. 又曰：黍稷非馨	
		74. 又曰：民不易物	
		75. 均服振振	
		76. 后出同走，罪也	
六年	16. "围新密，郑所以不时城也。"实密，而经云新城，故传释之，以为郑惧齐而新筑城，因谓之新城也。解曰："郑以非时兴土功，故齐桓声其罪以告诸侯。"夫罪孰大于逃盟者？而但责其非时兴土功，不亦细乎？且上文固曰"以其逃首止之盟故也"，则不烦添此一节矣。	77. 全同	
七年		78. 申侯，申出也	
		79. 作而不记	
八年		80. 不殡于庙	
		81. 以是藐诸孤	
九年		82. 能欲复言而爱身乎	
		83. 晋郤芮使夷吾重赂秦	
十年		84. 帝许我罚有罪矣	
十二年		85. 王曰：舅氏	
		86. 管氏之世祀也	
十五年		87. 卜徒父筮之	
	17. "涉河，侯车败。"解曰："秦伯之军涉河，则晋侯车败。"非也。秦师及韩、晋尚未出，何得言晋侯车败？当是秦伯之车败，故穆公以为不祥而洁之耳。此二句乃事实，非卜之言。若下文所云"不败何待"，则谓晋败。古人用字自不相蒙。	88. 增补	文末增补一句："况下文又曰'愎谏违卜，固败是求'，岂亦是车败乎？"

第三章 《日知录》的文本和批校　237

续表

《左传》编年	《日知录》"左传注"54 条全文	《左传杜解补正》卷上 143 条目	异文、潘耒按语
	18. "三败及韩。"当依《正义》引刘炫之说，是秦伯之车三败。	89. 全同	
		90. 千乘三去	
		91. 一夫不可狃	
		92. 入而未定列	
		93. 以大子罃弘与女简璧	
		94. 瑕吕饴甥	
		95. 败于宗丘	
		96. 先君之败德	
	19. 及韩在涉河之后，此韩在河东，故曰："寇深矣。"《史记》正义引《括地志》云："韩原在同州韩城县西南。"非也。杜氏解但云"韩，晋地"，却有斟酌。	无	
十六年		97. 是阴阳之事	
十八年	20. "狄师还。"解曰："邢留距卫。"非也。狄强而邢弱，邢从于狄而伐者也。言狄师还，则邢可知矣。其下年，"卫人伐邢"，盖惮狄之强，不敢伐，而独用师于邢也。解曰："邢不速退，所以独见伐。"亦非。	98. 全同	
十九年		99. 齐桓公存三亡国	
		100. 义士犹曰薄德	
		101. 得死为幸	
二十二年	21. "大司马固谏曰。"解曰："大司马固，庄公之孙公孙固也。"非也。大司马即司马子鱼。固谏，坚辞以谏也。隐三年言召大司马孔父而属殇公焉，桓二年言孔父嘉为司马，知大司马即司马也。文八年上言杀大司马公子卬，下言司马握节以死，知大司马即司马也。定十年，"公若貌固谏曰"，知固谏之为坚辞以谏之也。	102. 增补	文末增补一节：杜以固为名，谓庄公之孙公孙固者，非。朱鹤龄曰……
		103. 弗可赦也已	
		104. 三军以利用也	

续表

《左传》编年	《日知录》"左传注"54条全文	《左传杜解补正》卷上143条目	异文、潘耒按语
二十三年		105. 金鼓以声气也	
		106. 戎事不迩女器	
		107. 其人能靖者	
		108. 策名委质	
		109. 赴以名则亦书之	
			110. 闻其骈胁
		111. 若以相夫子必反其国	末有小字按语
二十四年		112. 晋侯夷吾卒	
		113. 使杀怀公于高梁	
		114. 实纪纲之仆	
	22."晋侯求之不获，以解上为之田。"盖之推既隐，求之不得，未几而死，故以田禄其子尔。《楚辞·九章》云："思久故之亲身兮，因缟素而哭之。"明文公在时之推已死。《史记》则云："闻其入绵上山中，于是环绵上山中而封之，以为介推田，号曰介山。"然则受此田者何人乎？于义有所不通矣。	115. 增补	文末增补一节：杜解西河介休县有地名緜上，今按緜上又见襄十三年、定六年，疑是近绛之地。
		116. 昔周公吊二叔之不咸	
		117. 召穆公思周德之不类	
		118. 弃嬖宠而用三良	
		119. 《夏书》曰：地平天成	
		120. 郑伯与孔将鉏	
二十五年		121. 冬十有二月癸亥	
		122. 王章也	

续表

《左传》编年	《日知录》"左传注" 54条全文	《左传杜解补正》卷上143条目	异文、潘耒按语
二十六年		123. 室如悬罄	
		124. 太师职之	
二十八年	二十八年		125. 距跃三百
		126. 楚子伏己而盬其脑	
		127. 出入三觐	
		128. 晋侯闻之而后喜可知也	
		129. 杀士荣，刖鍼庄子	
		130. 宁子职纳橐饘焉	
		131. 且使王狩	
		132. 齐桓公为会而封异姓	
三十年		133. 行李之往来	
		134. 若不阙秦，将焉取之	
		135. 飨有昌歜，白黑形盐	
三十二年		136. 勤而无所，必有悖心	末有小字按语
		137 中寿	
三十三年	23. "晋人及姜戎，败秦师于殽。"解曰："不同陈，故言及。"非也。及者，殊戎翟之辞。	138. 全同	
		139. 晋人败狄于箕	
		140. 陨霜不杀草，李梅实	
		141. 其为死君乎	
		142. 秦不哀吾丧而伐吾同姓	
		143. 葬僖公，缓作主，非礼也	

七 《左传杜解补正》（卷中）条目分析列表

表3-3　　　　　《左传杜解补正》（卷中）条目分析表

《左传》编年	《日知录》"左传注"54条全文	《左传杜解补正》卷中208条目	异文、潘耒按语
文元年	24."于是闰三月，非礼也。"古人以闰为岁之余，凡置闰必在十二月之后，故曰归余于终。考经文之书，闰月者皆在岁末。文公六年闰月不告月，犹朝于庙；哀公五年闰月，葬齐景公是也。而《左传》成公十七年、襄公九年、哀公十五年皆有闰月，亦并在岁末。又经传之文，凡闰不言其月者，言闰即岁之终可知也。今鲁改历法，置闰在三月，故为非礼，《汉书·律历志》曰"鲁历不正，以闰余一之岁为蔀首"是也。又按《汉书·高帝纪》："后九月"，师古曰："秦之历法，应置闰者总致之于岁末，盖取《左传》所谓归余于终之意。何以明之？据《汉书·表》及《史记》汉未改秦历之前屡书'后九月'，是知历法故然。"	1. 全同	
		2. 更伐之，我辞之	
		3. 君之齿未也	
		4. 勇则害上，不登于明堂	
		5. 书曰：及晋处父盟	
二年	25."陈侯为卫请成于晋，执孔达以说。"此即上文所谓我辞之者也，解谓晋不听而变计者非。	6. 略同	"解谓晋不听而变计者非"一句，《补正》改为：解不合，宜删。
		7. 是以《鲁颂》曰	
		8. 废六关	
		9. 襄仲如齐纳币	
三年	26."雨螽于宋。"解曰："宋人以螽死为得天佑，喜而来告，故书。"夫陨石鹢退，非喜而来告也。	10. 略同	"夫陨石鹢退，非喜而来告也"一句，《补正》改为："然则陨石鹢退，岂亦喜而来告乎？"

续表

《左传》编年	《日知录》"左传注"54条全文	《左传杜解补正》卷中208条目	异文、潘耒按语
四年		11. 曹伯如晋，会正	
		12. 君子曰：《诗》云：惟彼二国	
		13. 于是乎赋《湛露》	
五年		14. 皋陶庭坚	
		15. 德之不建	
		16. 沈渐刚克	
六年		17. 树之风声	
		18. 为之律度	
		19. 晋人以难故，欲立长君	
		20. 先君爱之	
		21. 难必抒矣	
		22. 杜祁以君故	
七年	27. "宣子与诸大夫皆患穆嬴，且畏逼。"解曰："畏国人以大义来逼己。"非也。畏穆嬴之逼也，以君夫人之尊故。	23. 略同	
		24. 败秦师于令狐	
		25. 凡会诸侯，不书所会	
		26. 《夏书》曰：戒之用休	
八年		27. 致公婿池之封	
九年		28. 获公子伐	
十年		29. 沿汉溯江	
十一年		30. 皇父之二子死焉	
十二年		31. 齐襄公之二年	
		32. 郕伯来奔	

续表

《左传》编年	《日知录》"左传注"54条全文	《左传杜解补正》卷中208条目	异文、潘耒按语
		33. 且请绝叔姬而无绝昏	
十三年		34. 晋侯使詹嘉处瑕	
		35. 不如随会能	未有小字按语
		36. 子无谓秦无人	
	28. "文子赋《四月》。"解曰："不欲还晋。"以传考之，但云成二国，不言公复还晋。《四月》之诗当取乱离瘼矣，爰其适归之意尔。	37. 全同	
十四年		38. 秋七月，有星孛入于北斗	
		39. 子叔姬妃齐昭公	
		40. 不出七年	
十五年		41. 终不曰"公"	
		42. 鲁人以为敏	
十七年		43. 鹿死不择音	
		44. 赵穿、公婿池为质焉	
十八年		45. 仲杀恶及视而立宣公	
		46. 浑敦、穷奇、梼杌、饕餮	
宣二年		47. 倒戟而出之	
		48. 戎昭果毅以听之	
		49. 文马百驷	
		50. 触槐而死	
六年		51. 使疾其民	
八年		52. 楚为众舒叛	
九年		53. 孔子曰：《诗》云：民之多辟	

第三章 《日知录》的文本和批校　　243

续表

《左传》编年	《日知录》"左传注"54 条全文	《左传杜解补正》卷中 208 条目	异文、潘耒按语
十年		54. 公孙归父帅师伐邾	
十一年		55. 使封人虑事	
		56. 其从之也	
十二年		57. 使改事君	
		58. 军行，右辕，左追蓐	
		59. 有律以如己也	
		60. 其君之戎，分为二广	
		61. 广有一卒，卒偏之两	
		62. 内官序当其夜	
		63. 御下两马，掉鞅而还	
		64. 士季使巩朔、韩穿帅七覆于敖前	
		65. 楚子为乘广三十乘	
		66. 屈荡户之	
		67. 楚人惎之	末有小字按语
	29. "宵济，亦终夜有声。"解曰："言其兵众，将不能用。"非也。言其军器，无复部伍。	68. 略同	
十三年		69. 君子曰：清丘之盟	
十四年		70. 过我而不假道	
		71. 楚子闻之，投袂而起	
		72. 聘而献物，于是有庭实旅百	

续表

《左传》编年	《日知录》"左传注" 54 条全文	《左传杜解补正》卷中 208 条目	异文、潘耒按语
十五年		73. 使华元夜入楚师	
		74. 子反惧,与之盟而告王	
		75. 吾从其治也	
		76. 尔用先人之治命	
十六年		77. 夏,成周宣榭火	
十七年		78. 过而不改,而又久之	
成元年		79. 作丘甲	
二年		80. 与先大夫之肃	
		81. 三周华不注	
		82. 伤而匿之	
		83. 物土之宜,而布其利	
		84. 畏君之震	
		85. 敝邑之幸,亦云从也	
		86. 遂常以葬	
三年		87. 叔孙侨如帅师围棘	
四年		88. 楚虽大,非吾族也	
六年	30."韩献子将新中军,且为仆大夫。"必言仆大夫者,以君之亲臣,故独令之从公而入寝庭也。解未及。大夫,如王之太仆,掌内朝之事。	89. 删削	《补正》无"解未及。大夫,如王之太仆,掌内朝之事"一句
		90. 其恶易觏	
		91. 且民从教	

第三章 《日知录》的文本和批校　　245

续表

《左传》编年	《日知录》"左传注"54条全文	《左传杜解补正》卷中208条目	异文、潘耒按语
七年		92. 子重请取于申吕	
		93. 以两之一卒	
八年		94. 唯或思或纵也	
十年		95. 忠为令德	末有小字按语
十二年		96. 及其乱也，诸侯贪冒	
		97. 天下有道，则公侯能为民干城	
		98. 晋侯及楚公子罢盟于赤棘	
十三年		99. 能者养以之福	
		100. 斯是用痛心疾首	
十六年		101. 德刑详义礼信	
		102. 致死以补其阙	
	31. "邲之师，荀伯不复从。"解曰："荀林父奔走，不复故道。"非也。谓不复从事于楚。	103. 略同	
		104. 南国蹙	
	32. "子在君侧，败者壹大。我不如子，子以君免。"败者壹大，恐君之不免也。我不如子，子之才能以君免也。解谓军大崩为壹大，及御与车右不同者，非。	105. 全同	
		106. 不亦识乎	
		107. 若之何忧犹未弭	
		108. 《夏书》曰：怨岂在明	
十七年		109. 施氏卜宰	
		110. 孟姬之谗，吾能违兵	

续表

《左传》编年	《日知录》"左传注"54条全文	《左传杜解补正》卷中208条目	异文、潘耒按语
十八年		111. 不然，而收吾憎，使赞其政	
襄二年		112. 官命未改	
三年		113. 克鸠兹，至于衡山	
四年		114. 定姒薨。不殡于庙	
		115. 糜奔有鬲氏	
	33."有穷由是遂亡。"解曰："浞因羿室，不改有穷之号。"非也。哀元年，称有过浇矣，此特承上死于穷门而言，以结所引《夏训》之文尔。	116. 全同	
		117. 戎狄荐居，贵货易土	
五年		118. 己则无信，而杀人以逞	
		119.《夏书》曰：成允成功。	
六年		120. 子罕善之如初	
七年		121. 衡而委蛇必折	
八年		122. 如匪行迈谋	
九年		123. 古之火正，或食于心	
		124. 遇《艮》之八	
		125. 肆眚，围郑	
		126. 输积聚以贷	
十年		127. 请以《桑林》	
	34."郑皇耳帅师侵卫，楚令也。"犹云从楚之盟故也。解谓"亦兼受楚之救命"者非。	128. 全同	
		129. 诸侯之师还郑而南	
			130. 犹将退也

第三章 《日知录》的文本和批校　247

续表

《左传》编年	《日知录》"左传注"54条全文	《左传杜解补正》卷中208条目	异文、潘耒按语
		131. 牲用备具	
十一年	35. "政将及子，子必不能。"解谓："鲁次国，而为大国之制，贡赋必重，故忧不堪。"非也。言鲁国之政将归于季孙，以一军之征而供霸国之政令，将有所不给，则必改作。其后四分公室而季氏择二，盖亦不得已之计，叔孙固已豫见之者。	132. 全同	
		133. 孟氏使半为臣	
十二年		134. 吴子寿梦卒	
		135. 妇所生若而人	
十三年		136. 唯是春秋窀穸之事	
		137. 楚人归之	
十四年		138. 晋之百役，与我诸戎	
		139. 子叔齐子	
		140. 于是齐崔杼、宋华阅、仲江会伐秦	
		141. 暴妾使余	
		142. 余不说初矣	
		143. 自王以下各有父兄子弟	
		144. 商旅于市，百工献艺	
十六年		145. 《书》曰：会郑伯	
十七年		146. 唯卿为大夫	
十八年	36. "堙防门而守之广里。"解曰："故经书'围'。"非也。围者，围齐也，非围防门也。	147. 全同	
		148. 楚师伐郑，次于鱼陵	
十九年		149. 夫铭，天子令德	

续表

《左传》编年	《日知录》"左传注" 54条全文	《左传杜解补正》卷中208条目	异文、潘耒按语
十九年		150. 齐侯娶于鲁，曰颜懿姬	
		151. 诸子仲子、戎子	
二十一年		152. 季武子以公姑姊妻之	
		153.《夏书》曰：念兹在兹	
		154. 子离于罪，其为不知乎	
		155.《书》曰：圣有谟勋	
	37. "得罪于王之守臣。"守臣谓晋侯。《玉藻》："诸侯之于天子曰某土之守臣某"是也。解以为范宣子，非。	156. 略同	"解以为范宣子，非"，《补正》作"解非"
二十二年		157. 庄公为勇爵	
		158. 见于尝酎	
		159. 无昭恶也	
二十三年	38. "礼为邻国阙。"解曰："礼，诸侯绝期，故以邻国责之。"非也。杞孝公，晋平公之舅。尊同不降，当服緦麻三月。言邻国之丧且犹彻乐，而况于母之兄弟乎？	160. 全同	
		161. 纳诸曲沃	
		162. 我实不天，子无咎焉	
		163. 陈文子见崔武子	
		164. 张武军于荧庭	
		165. 成郫邵	
		166. 封少水	
二十四年		167. 在周为唐杜氏	
		168. 踞转而鼓琴	
二十五年		169. 风陨，妻不可娶也	

续表

《左传》编年	《日知录》"左传注" 54 条全文	《左传杜解补正》卷中 208 条目	异文、潘耒按语
二十五年		170. 将庸何归	
		171. 及处守者皆有赂	
		172. 成公播荡，又我之自入	
		173. 鸠薮泽	
		174. 表淳卤	
		175.《诗》所谓"我躬不说"	
		176.《书》曰：慎始而敬终	
二十六年		177. 吾子独不在寡人	
		178. 晋卿不如楚，其大夫则贤	
		179.《夏书》曰：与其杀不辜，宁失不经	
		180. 晋人将与之县	
		181. 君子是以知平公之失政也	
二十七年		182. 公丧之，如税服终身	
		183. 仲尼使举是礼也	
		184. 单毙其死	
		185. 且吾因宋以守病	末有小字按语
		186. 何以恤我，我其收之	
二十八年		187. 使诸亡人得贼者	

续表

《左传》编年	《日知录》"左传注"54条全文	《左传杜解补正》卷中208条目	异文、潘耒按语
二十九年	39."陈文子谓桓子曰:'祸将作矣,吾其何得?'对曰:'得庆氏之木百车于庄。'文子曰:'可慎守也已。'"解曰:"善其不志于货财。"非也。邵国贤曰:"此陈氏父子为隐语以相谕也。"愚谓:木者,作室之良材;庄者,国中之要路。言将代之执齐国之权。	188. 删削、增补	《补正》无"解曰:'善其不志于货财,'非也"一句。引邵氏曰多出"知祸将作,而以何得问其子,既得得木之对,则知其知所从违矣,故以慎守坚之。守谓守志,非守其木"数句
		189. 国人犹知之	
		190. 乃使巫以桃茢先祓殡	
		191. 先君若有知也	
		192.（美哉！始基之矣）犹未也	
		193. 是其《卫风》乎	
		194. 国未可量也	
		195. 其周德之衰乎	
		196. 盛德之所同也	
		197. 见舞《象箾》《南籥》者	
		198. 勤而不德	
		199. 美哉！犹有憾	
		200. 是以免于栾、高之难	
三十年		201. 其季于今三之一	末有小字按语
		202. 亥有二首六身	末有小字按语

续表

《左传》编年	《日知录》"左传注" 54 条全文	《左传杜解补正》 卷中 208 条目	异文、潘耒按语
		203. 嘻嘻出出	
		204. 唯君用鲜，众给而已	
		205. 取我衣冠而褚之	
三十一年	40. "我问师故。"问齐人用师之故。解曰："鲁以师往。"非。	206. 全同	
		207. 民之所欲，天必从之	
		208. 岂不遽止？	

八 《左传杜解补正》（卷下）条目分析列表

表 3-4　　　　《左传杜解补正》（卷下）条目分析表

《左传》编年	《日知录》"左传注" 54 条全文	《左传杜解补正》 卷下 216 条目	异文、潘耒按语
昭元年		1. 商有姺邳	
		2. 令尹自以为王矣	
		3. 子皮赋《野有死麇》	
		4. 归取酬币，终事八反	
		5. 国于天地，有与立焉	
		6. 鲜不五稔	
		7. 请皆卒，自我始	
		8. 迁实沈于大夏	
		9. 四姬有省犹可	
		10. 中声以降，五降之后	
		11. 女，阳物而晦时	
		12. 使后子与子干齿	

续表

《左传》编年	《日知录》"左传注" 54 条全文	《左传杜解补正》 卷下 216 条目	异文、潘耒按语
二年		13. 庚戌，卒	
		14. 敢辱大馆	
		15. 国则不共，而执其使	
三年		16. 今嬖宠之丧	
		17. 此其极也，能无退乎	
		18. 诸侯求烦不获	末有小字按语
		19. 其犹在君子之后乎	末有小字按语
		20. 豆区釜钟	
		21. 民人痛疾，而或燠休之	
		22. 以乐慆忧	
		23. 遇懿伯之忌，敬子不入	
		24. 其或寝处我矣	
四年		25. 是以先王务修德音	
		26. 晋君少安，不在诸侯	
		27. 将焉用之	末有小字按语
		28. 火出而毕赋	
		29. 秋无苦雨	
		30. 王使椒举侍于后以规过	
		31. 属有宗祧之事于武城	
		32. 庆封唯逆命	
		33. 不见，既自见矣	
		34. 求之而至，又何去焉	

续表

《左传》编年	《日知录》"左传注" 54 条全文	《左传杜解补正》 卷下 216 条目	异文、潘耒按语
五年		35. 舍中军	
		36. 竖牛祸叔孙氏	
	41."民食于他。"解曰："鲁君与民无异，谓仰食于三家。"非也。夫民生于三，而君食之。今民食于三家而不知有君，是昭公无养民之政可知矣。	37. 略同	末有小字按语
		38. 朝聘有珪，享觐有璋	
		39. 重之以睦	
六年		40. 乱狱滋丰	
七年		41. 为身无义而图说	
		42. 人生始化曰魄	
		43. 二卦皆云	
		44. 弱足者居	
八年	42."舆嬖袁克杀马毁玉以葬。"解以舆为众，及谓欲以非礼厚葬哀公，皆非也。舆嬖，嬖大夫也，言舆者掌君之乘车，如晋七舆大夫之类。马，陈侯所乘。玉，陈侯所佩。杀马毁玉，不欲使楚人得之。	45. 略同	
		46. 今在析木之津	
九年		47. 魏骀芮岐毕	
		48. 蒲姑商奄	
		49. 肃慎燕亳	
		50. 后稷封殖天下	
		51. 虽戎狄其何有余一人	
		52. 陈，水属也	
		53. 膳宰屠蒯	
		54. 学人舍业	
		55. 又饮外嬖嬖叔	

续表

《左传》编年	《日知录》"左传注"54条全文	《左传杜解补正》卷下216条目	异文、潘耒按语
十年		56. 居其维首	
		57. 戊子，逢公以登	
		58. 彼虽不信，闻我授甲	
		59. 公卜使王黑	
		60. 战于犨	
		61. 用币必百两	
		62. 夫子知之矣，我则不足	
		63. 难不慎也	
	43. "弃德旷宗。"谓使其宗庙旷而不祀。解曰："旷，空也。"未当。	64. 删削	《补正》无"解曰：'旷，空也。'未当"一句
十一年		65. 楚子虔诱蔡侯般	
		66. 是以无拯，不可没振	
		67. 物以无亲	
十二年	44. "子产相郑伯，辞于享，请免丧而后听命，礼也。"子产能守丧制，晋人不夺，皆为合礼。解但得其一偏。	68. 删削	《补正》无"解、但得其一偏"一句。
		69. 壶何为焉，其以中隽也	
		70. 今犹古也，齐将何事	
		71. 遂入昔阳	
		72. 外强内温，忠也	
		73. 供养三德为善	
		74. 是四国者，专足畏也	
		75. 王是以获没于祗宫	
		76. 式如玉，式如金	
		77. 形民之力，而无醉饱之心	

续表

《左传》编年	《日知录》"左传注" 54条全文	《左传杜解补正》 卷下216条目	异文、潘耒按语
十三年		78. 围固城，克息舟，城而居之	未有小字按语
		79. 依陈、蔡人以国	
		80. 弃礼违命	
		81. 同恶相求	
		82. 无与同好	
		83. 齐桓、晋文，不亦是乎	
		84. 怀锦奉壶饮冰	
十四年		85. 司徒老祁虑癸	
		86. 将禘于武公	
十五年	45. "福祚之不登，叔父焉在？"言忘其彝器，是福祚之不登，恶在其为叔父乎？解以为"福祚不在叔父，当复在谁"者，非。	无	
		87. 王一岁而有三年之丧二焉	
十六年		88. 几为之笑而不陵我	
		89. 刑之颇类	
		90. 立而无令名之患	
		91. 善哉，子之言是	
十七年		92. 辰不集于房	
	46. "夫子将有异志，不君君矣。"日者人君之表，不救日食，是有无君之心。解以为"安君之灾"者，非。	93. 全同	
		94. 故使穆子帅师	
		95. 冬，有星孛于大辰	
		96. 其与不然乎	

续表

《左传》编年	《日知录》"左传注"54条全文	《左传杜解补正》卷下216条目	异文、潘耒按语
十八年		97. 大人患失而惑	
	47. "振除火灾。"振如振衣之振，犹火之著于衣，振之则去也。解以振为"弃"，未当。	98. 删削	《补正》无"解以振为'弃'，未当"一句
		99. 过期三日	
	48. "郑有他竟，望走在晋。"言郑有他竟之忧也。解谓"虽与他国为竟"者，非。	无	
		100. 许不专于楚	
		101. 许曰：余旧国也	
十九年		102. 纺焉以度而去之	
		103. 襄之，则彼其室也	
二十年		104. 相从为愈	
		105. 使华寅肉袒执盖	
		106. 阿下执事	
		107. 齐侯疥，遂痁	
		108. 四物、七音	
二十一年		109. 吾小人，可藉死而不能送亡	
二十二年		110. 无亢不衷，以奖乱人	
		111. 牺者，实用人	
		112. 五月庚辰，见王	
		113. 毁其西南	
二十三年		114. 乃皆执之	
		115. 又将叛齐	
	49. 二十三年，"先君之力可济也。"先君谓周之先王，《书》言，"昔我先君文王、武王"是也。解以为"刘盆之父献公"，非。	116. 删削	《补正》无"解以为'刘盆之父献公'，非"一句
		117. 吴大子诸樊入郹	

续表

《左传》编年	《日知录》"左传注" 54 条全文	《左传杜解补正》卷下 216 条目	异文、潘耒按语
二十五年		118. 为父子、兄弟、姑姊、甥舅、昏媾、姻亚	
		119. 季氏介其鸡	
		120. 此之谓不能庸先君之庙	
		121. 事若不克，君受其名	
		122. 使有司待于平阴	
		123. 失鲁而以千社为臣	
二十六年		124. 万民弗忍，居王于彘	
		125. 诸侯释位，以间王政	
		126. 携王奸命	
		127. 帅群不吊之人	
二十七年		128. 延州来季子	
		129. 王可弑也，母老子弱	末有小字按语
		130. 铍交于胸，遂弑王	
		131. 国人投之，遂弗葬也	
	50. "事君如在国。"当时诸侯出奔，其国即别立一君，惟鲁不敢，故昭公虽在外，而意如犹以君礼事之。范鞅所言正为此也。解以为"书公行，告公至"，谬矣。	132. 删削	《补正》无"范鞅所言正为此也。解以为'书公行，告公至'，谬矣"二句
		133. 使宰献而请安	
二十八年		134. 孟丙为孟大夫	

续表

《左传》编年	《日知录》"左传注"54条全文	《左传杜解补正》卷下216条目	异文、潘耒按语
二十九年		135. 其四人者皆受县	
		136. 人实不知，非龙实知	
		137. 有烈山氏之子曰柱	
		138. 遂赋晋国一鼓铁	
三十年		139. 共其职贡，与其备御	
		140. 虽士大夫有所不获数矣	
		141. 将自同于先王	
		142. 若为三师以肄焉	
三十一年		143. 我受其无咎	
		144. 名之不可不慎也如是	末有小字按语
		145. 或求名而不得	
		146. 日月在辰尾	
三十二年	51. "越得岁，而吴伐之，必受其凶。"解曰："星纪，吴、越之分也，岁星所在，其国有福。吴先用兵，故反受其殃。"非也。吴、越虽同星纪，而所入宿度不同，故岁独在越。	147. 全同	
		148. 属役赋丈	
定元年		149. 魏子莅政	
二年		150. 以师临我，我伐桐	末有小字按语
四年		151. 蔡侯以吴子及楚人战于柏举	
		152. 啧有烦言	
		153. 命以伯禽	
		154. 相土之东都	

第三章 《日知录》的文本和批校　259

续表

《左传》编年	《日知录》"左传注"54条全文	《左传杜解补正》卷下216条目	异文、潘耒按语
四年		155. 密须之鼓	
		156. 楚子取其妹季芈畀我以出	
		157. 楚子涉雎济江，入于云中	
		158. 不敢以约为利	
定五年	52. "卒于房。"房疑即"防"字。古阝字作𨸏，脱其下而为防字，汉《仙人唐公防碑》可证也。《汉书》："汝南郡吴房"，孟康曰："本房子国。"而《史记·项羽纪》封阳武为吴防侯，字亦作"防"。	159. 增补	《补正》增一节云：《汉书·武帝纪》：济川王明废，迁防陵。常山王勃废，徙房陵。一卷之中，字体不同，又"防"、"房"二字相通之证
六年		160. 大德灭小怨	
		161. 定之磬鉴	
		162. 阳虎若不能居鲁	
八年		163. 主人出，师奔	
		164. 卫人请执牛耳	
		165. 涉佗捘卫侯之手及捥	
		166. 寡人从焉	
九年		167. 子明谓桐门右师出	
		168. 东郭书让登，犁弥从之	
		169. 书与王猛息	
		170. 皙帻而衣狸制	
十年		171. 公会齐侯于祝其，实夹谷	
十三年		172. 卫是以为邯郸，而置诸晋阳	

续表

《左传》编年	《日知录》"左传注" 54条全文	《左传杜解补正》 卷下216条目	异文、潘耒按语
十四年		173. 使死士再禽焉不动	
哀元年		174. 死知不旷	
二年		175. 以兵车之旆与罕驷	
		176. 谋协以故，兆询可也	
		177. 赵孟喜曰："可矣"	
四年		178. 司马起丰析与狄戎	
		179. 使谓阴地之命大夫士蔑	
五年		180. 诸子鬻姒之子荼嬖	
		181. 景公死乎不与埋	
六年		182. 再败楚师，不如死	
		183. 潜师闭涂	
		184. 惟彼陶唐，帅彼天常	
	53. "出莱门而告之故。"解曰："鲁郭门也。"按：定九年解曰："莱门，阳关邑门。"	185. 全同	
		186. 君举不信群臣乎	
七年		187. 周之王也，制礼	
		188. 对曰：禹合诸侯于涂山	
八年		189. 所托也则隐	
		190. 鲁虽无与立，必有与毙	
		191. 王犯尝为之宰	
		192. 吴人行成	

续表

《左传》编年	《日知录》"左传注"54条全文	《左传杜解补正》卷下216条目	异文、潘耒按语
十一年		193. 国书、高无㔻帅师伐我	
		194. 有子曰："就用命焉"	
		195. 州仇奉甲从君	
		196. 使于齐	
	54. "为王孙氏。"传终言之，亦犹夫概王奔楚为堂溪氏也。解曰："改姓，欲以避吴祸。"非。	197. 全同	
十二年		198. 孔子与吊	
		199. 从之固矣	
十三年		200. 公会晋侯及吴子于黄池	
		201. 越子伐吴，为二隧	
十四年		202. 成子兄弟四乘如公	
十五年		203. 废日共积	
		204. 利不可得而丧宗国	
十六年		205. 使贰车反祏于西圃	
十七年		206. 太子又使椓之	
		207. 裔焉大国，灭之将亡	
十八年		208. 《夏书》曰：官占，唯能蔽志	
二十一年		209. 唯其儒书，以为二国忧	
二十三年		210. 以肥之得备弥甥也	
		211. 其可以称旌繁乎	
二十六年		212. 申开守阵	

续表

《左传》编年	《日知录》"左传注"54条全文	《左传杜解补正》卷下216条目	异文、潘耒按语
二十七年		213. 三子皆从，康子病之	
		214. 公吊焉，降礼	
		215. 故寡君使瑶察陈衷焉	
		216. 故韩、魏反而丧之	

第四章 《日知录》的征引与节刊

第一节 《古今图书集成》征引《日知录》考略

《古今图书集成》与《四库全书》均为清初重大文化工程,代表清代官学正统,而《古今图书集成》较之《四库全书》的编纂稍早。《四库全书》采纳收录顾炎武著作较多,反映出清代官学对于顾炎武学术思想的接受,而《古今图书集成》更是先行一步,对顾炎武《日知录》征引极多。《古今图书集成》与《四库全书》二者前后相承,均对顾炎武的学术造诣表示出一种认同的倾向,从而与清初"文字狱"留给士人们的印象形成反差。总体而言,顾炎武的学术主张在清初不是蒙受"文字狱"的重压,而是得到特殊的肯定,广为传播。

《古今图书集成》一书,康熙帝钦赐书名,雍正帝写序,陈梦雷、蒋廷锡相继纂修,始于康熙四十年(1701),初稿成于康熙四十五年(1706),刊印于雍正四年(1726),历时两朝。用铜活字排版,开化纸、连史纸印刷,分装5000册,艳称"武英殿本"。全书共一万卷,分历象汇编、方舆汇编、明论汇编、博物汇编、理学汇编、经济汇编,共六汇编,三十二典,号为"类书之最"。

《清史稿》载:康熙六十一年十一月,"辛丑,上(雍正帝)即位,以明年为雍正元年"。十二月,"癸亥,诏《古今图书集成》一书尚未竣事,宜速举渊通之士编辑成书[①]。"

---

① 赵尔巽等:《清史稿》,吉林人民出版社1995年版,第202页。

《清实录·世宗宪皇帝实录》康熙六十一年十二月："陈梦雷处所存《古今图书集成》一书，皆皇考（康熙帝）指示训海，钦定条例，费数十年圣心，故能贯穿今古，汇合经史、天文、地理，皆有图记，下至山川、草木、百工、制造、海西秘法，靡不备具，洵为典籍之大观。此书工犹未竣，着九卿公举一二学问渊通之人，令其编辑竣事。原稿内有讹错未当者，即加润色增删，仰副皇考稽古博览至意。"①

《清实录·高宗纯皇帝实录》乾隆九年十月："谕本朝所修《古今图书集成》一书，搜罗浩博，卷帙繁富，实艺林之巨观，为从来之所未有者。古称天禄、石渠为藏书之所，今之翰林院即图书府也。着将《古今图书集成》颁赐一部，收贮院署，俾词臣等咸得观览，以广识见，以资学问。"②

《清实录·仁宗睿皇帝实录》嘉庆九年二月："从前皇考高宗纯皇帝临幸时，曾将《古今图书集成》全部颁发珍藏，俾词臣咸得观摩，共窥美富。敬念皇考圣制诗文全集，阐经明道，茹古涵今，集圣学之大成，括群籍之义蕴，允宜垂示艺林，光昭万祀。"③

乾隆帝《御制题武英殿聚珍版十韵》自注："康熙年间编纂《古今图书集成》，刻铜字为活版，排印蒇工，贮之武英殿。历年既久，铜字或被窃缺少，司事者惧干咎，适值乾隆初年，京师钱贵，遂请毁铜字供铸，从之。所得有限，而所耗甚多，已为非计。且使铜字尚存，则今之印书不更事半功倍乎？深为惜之！"④

《古今图书集成》印成以后，除重臣、词臣之外，士人之家也有蒙赐的。如扬州马氏"乾隆癸巳开四库全书馆，其家所进可备采用之书七百七十六种，优诏褒嘉特赏《古今图书集成》一部"⑤，见《清稗类钞》"马嶰谷半查藏书于丛书楼"条。歙县汪氏"乾隆壬辰诏访遗书，讱庵进呈六百余种，特赏《古今图书集成》一部，士林荣之"⑥，见《清稗类钞》"汪讱庵藏书于飞鸿堂"条。

---

① 《世宗宪皇帝实录》卷二，清内府抄本。
② 《高宗纯皇帝实录》卷二百二十七，清内府抄本。
③ 《仁宗睿皇帝实录》卷一百二十六，清内府抄本。
④ 于敏中：《日下旧闻考》卷十三，文渊阁《四库全书》本。
⑤ 徐珂：《清稗类钞》第31册，鉴赏类，商务印书馆1920年版，第69页。
⑥ 徐珂：《清稗类钞》第31册，鉴赏类，商务印书馆1920年版，第70页。

陈梦雷，字则震，号省斋，福建闽人，康熙九年进士。康熙二十一年（1682），陈梦雷受耿精忠举兵之累，入狱论斩，经刑部尚书徐乾学救援，免死改戍奉天。陈梦雷或许由于徐乾学的关系，对顾炎武特加注意。

蒋延锡，字西君、扬孙，号南沙、西谷，常熟人，康熙四十年进士，著有《尚书地理今释》一卷，多受顾炎武影响。

一 《古今图书集成》征引《日知录》统计标准

《古今图书集成》征引顾炎武《日知录》，共计 345 条。

本书的统计标准如下：

1. 《古今图书集成》目录中标明《日知录》者不计。

2. 《古今图书集成》有一卷中引用《日知录》2—6 条者，按条数累计。

3. 《古今图书集成》有各卷重复引用《日知录》者，按条数累计。

4. 《古今图书集成》有引用《日知录》亭林原注者，仍作为引用《日知录》累计。

5. 《古今图书集成》标明引用顾炎武《日知录》，而内容不见于今本《日知录》，疑为误引者，仍作为引用《日知录》累计。

二 《古今图书集成》征引《日知录》类型分析

1. 《古今图书集成》[①] 以"日知录"开头，整条逐段引用，但不标明条目小标题。

例一：

《日知录》卷三十"月食"条[②]，全文共二段：

> 日食，月掩日也；月食，地掩月也。今西洋天文说如此。自其法未入中国而已有此论，陆文裕《金台纪闻》曰："尝闻西域人算日月

[①] 以下引文据《古今图书集成》清雍正内府铜活字本。
[②] 黄珅、严佐之、刘永翔主编：《顾炎武全集》第 19 册《日知录》，上海古籍出版社 2011、2012 年版，第 1134 页。

食者，谓日月与地同大，若地体正掩日轮上，则月为之食。"南城万实《月食辨》曰："凡黄道平分各一百八十二度半强，对冲处必为地所隔，望时月行适当黄道交处，与日正相对，则地隔日光，而月为之食矣。"按其说亦不始于近代，汉张衡《灵宪》曰："当日之冲，光常不合者，蔽于地也。是谓暗虚在星，星微月过则食。"载《续汉·天文志》中。俗本"地"字有误作"他"者，遂疑别有所谓暗虚，而致纷纷之说。

静乐李鲈习西洋之学，述其言曰："月本无光，借日之照以为光曜。至望日，与地日为一线，月见地不见日，不得借光，是以无光也。"或曰："不然。曾有一年，月食之时，当在日没后，乃日尚未沉，而出地之月已食矣。东月初升，西日未没，人两见之，则地固未尝遮日月也，何以云见地不见日乎？"答曰："于所见者非月也，月之影也，月固未尝出地也。何以验之？今试以一文钱置虚器中，前之却之，不见钱形矣，却贮水令满而钱见，则知所见者非钱也。乃钱之影也。日将落时，东方苍苍凉凉，海气升腾，犹夫水然，其映而升之亦月影也。如必以东方之月为真月。则是以水面之钱为真钱也，然乎？否乎？又如渔者见鱼浮水面，而投叉刺之，心稍下于鱼，乃能得鱼，其浮于水面者。鱼之影也。舟人刺篙，其半在水，视之若曲焉，此皆水之能影物也。然则月之受隔于地，又何疑哉？"

《古今图书集成·历象汇编·乾象典》第四十三卷"月部"征引，全文，共二段。因其已标题"月部"，故不复标题"月食"。

例二：

《日知录》卷五"用火"条[①]，全文共三段：

有明火，有国火。明火以阳燧取之于日，近于天也，故卜与祭用之，国火取之五行之木，近于人也，故烹饪用之。

古人用火必取于木，而复有四时五行之变。《素问》：黄帝言：

[①] 黄珅、严佐之、刘永翔主编：《顾炎武全集》第18册《日知录》，上海古籍出版社2011、2012年版，第234页。

"壮火散气，少火生气。"季春出少，贵其新者，少火之义也，今人一切取之于石，其性猛烈而不宜人，疾疢之多，年寿之减，有自来矣。

邵氏《学史》曰："古有火正之官。《语》曰：'钻燧改火。'此政之大者也。所谓光融天下者于是乎在。《周礼》司烜氏所掌及《春秋》宋、卫、陈、郑所纪者，政皆在焉。今治水之官犹夫古也，而火独缺焉。饮知择水而亨，不择火以祭以养，谓之备物可乎？或曰：庭燎则有司矣。虽然，此火之末也。"

《古今图书集成·历象汇编·乾象典》第九十九卷"火部"征引，全文，共三段。引其已标题"火部"，故不复标题"用火"。

2. 《古今图书集成》以"日知录"开头，二条连引，第二条省去"日知录"三字。

例一：

《日知录》卷三"朝隮于西"条①，全文云：

"朝隮于西，崇朝其雨。"朱子引《周礼》十辉注，以隮为虹，是也。谓不终朝而雨止，则未然。谚曰："东虹晴，西虹雨。"盖虹霓杂乱之交，无论雨晴，而皆非天地之正气。楚襄王登云梦之台，望高唐之观，所谓"朝云"者也。

《日知录》卷三十二"雌雄牝牡"条②，其中一句云：

虹亦可称雌雄，《诗》疏："虹双出，色鲜盛者为雄，雄曰虹；暗者为雌，雌曰蜺"，是也。

《古今图书集成·历象汇编·乾象典》第七十六卷"虹霓部"征

---

① 黄珅、严佐之、刘永翔主编：《顾炎武全集》第18册《日知录》，上海古籍出版社2011、2012年版，第137页。

② 黄珅、严佐之、刘永翔主编：《顾炎武全集》第19册《日知录》，上海古籍出版社2011、2012年版，第1255页。

引,云:

> 《日知录》:虹可称雌雄,《诗》疏:"虹双出,色鲜盛者为雄,雄曰虹;暗者为雌,雌曰霓",是也。
>
> "朝隮于西,崇朝其雨。"朱子引《周礼》十辉注,以隮为虹,是也。谓不终朝而雨止,则未然。谚曰:"东虹晴,西虹雨。"盖虹霓杂乱之交,无论雨晴,而皆非天地之正气。楚襄王登云梦之台,望高唐之观,所谓"朝云"者也。

《日知录》有上下文,故云"虹亦可称雌雄";《古今图书集成》以此句起首,故删"亦"字。

例二:

《日知录》卷四"三正"条①,第一段云:

> 三正之名,见于《甘誓》。苏氏以为自舜以前必有以建子、建丑为正者,其来尚矣。《微子之命》曰:"统承先王,修其礼物。"是知杞用夏正,宋用殷正,若朝觐会同则用周之正朔,其于本国自用其先王之正朔也。独是晋为姬姓之国,而用夏正则不可解。
>
> (顾炎武原注:三正之所以异者,疑古之分国各有所受,故公刘当夏后之世,而一之日、二之日,已用建子为纪。晋之用寅,其亦承唐人之旧与?《舜典》"协时月正日",即协此不齐之时月。)

《日知录》卷三十二"岁"条②,第一段云:

> 天之行谓之岁。《书》以闰月定四时成岁。"岁二月,东巡狩"是也。人之行谓之年。《书》:"维吕命王,享国百年。"《左传》:"季魄

---

① 黄珅、严佐之、刘永翔主编:《顾炎武全集》第18册《日知录》,上海古籍出版社2011、2012年版,第163页。

② 黄珅、严佐之、刘永翔主编:《顾炎武全集》第19册《日知录》,上海古籍出版社2011、2012年版,第1226页。

曰：'我二十五年矣。'""绛县人有与疑年，使之年。师旷曰：'七十三年矣。'""于是昭公十九年矣。"《史记》："盖大公之卒百有余年"是也。今人多谓年为岁。

《古今图书集成·历象汇编·岁功典》第十卷"岁功总部"，二条连引，第二条省去"日知录"三字。引顾炎武原注则较正文低一格。
例三：
《日知录》卷四"闰月"条①：

《左氏传·文公元年》："于是闰三月，非礼也。"《襄公二十七年》："十一月乙亥朔，日有食之。辰在申，司历过也，再失闰矣。"《哀公十二年》："冬十二月，螽。仲尼曰：'今火犹西流，司历过也。'"并是鲁历。春秋时，各国之历亦自有不同者，经特据鲁历书之耳。《成公十八年》："春王正月，晋杀其大夫胥童。"传在上年闰月。《哀公十六年》："春王正月己卯，卫世子蒯聩自戚入于卫，卫侯辄来奔。"传在上年闰月。皆鲁失闰之证。杜以为从告，非也。

《史记》："周襄王二十六年闰三月，而《春秋》非之。"则以鲁历为周历，非也。平王东迁以后，周朔之不颁久矣，故《汉书·律历志》六历有黄帝、颛顼、夏、殷、周及鲁历，其于左氏之言失闰，皆谓鲁历。盖本刘歆之说。

《日知录》卷二十"通鉴书闰月"条②：

《通鉴》书闰月而不著其为何月，谓仿《春秋》之法，非也。春秋时，间未有不在岁终者。自《太初历》行，每月皆可置闰，若不著其为何月，或上月无事，则后之读者必费于追寻矣。《新唐书》亦然，

---

① 黄坤、严佐之、刘永翔主编：《顾炎武全集》第18册《日知录》，上海古籍出版社2011、2012年版，第165页。
② 黄坤、严佐之、刘永翔主编：《顾炎武全集》第19册《日知录》，上海古籍出版社2011、2012年版，第788页。

惟高宗显庆二年正月无事，乃书曰："闰正月壬寅，如洛阳宫。"

《古今图书集成·历象汇编·岁功典》第九十七卷"闰月部"，二条连引，第二条省去"日知录"三字。顾炎武原注低一格。

3. 《古今图书集成》各卷重复引用《日知录》，互有详略。

例一：

《日知录》卷五"八音"条①：

先王之制乐也，具五行之气。夫水火不可得而用也，故寓火于金，寓水于石。凫氏为钟，火之至也。泗滨浮磬，水之精也。用天地之精以制器，是以五行备而八音谐矣。

（顾炎武原注：石生于土而得夫水火之气，火石多，水石少，泗滨磬石得水之精者也，故浮。）

土鼓，乐之始也。陶匏，祭之大也。二者之音非以悦耳，存其质也。《国语》伶州鸠曰"匏竹利制"，又曰"匏以宣之，瓦以赞之"。今之大乐久无匏、土二音，而八音但有其六矣。熊氏谓："匏音亡，而清廉忠敬者之不多见"，吾有感于其言。

《古今图书集成·历象汇编·乾象典》第二十三卷引用，云：

《日知录》：先王之制乐也，具五行之气。夫水火不可得而用也，故寓火于金，寓水于石。凫氏为钟，火之至也。泗滨浮磬，水之精也。用天地之精以制器，是以五行备而八音谐矣。

《古今图书集成·经济汇编·乐律典》第一百二卷"磬部"引用，云：

《日知录》：先王之制乐也，具五行之气。夫水火不可得而用也，故寓火于金，寓水于石。凫氏为钟，火之至也。泗滨浮磬，水之精

---

① 黄坤、严佐之、刘永翔主编：《顾炎武全集》第18册《日知录》，上海古籍出版社2011、2012年版，第233页。

也。用天地之精以制器，是以五行备而八音谐矣。

《古今图书集成·经济汇编·乐律典》第四十六卷"乐律总部"亦引用，云：

> 《日知录》：先王之制乐也，具五行之气。夫水火不可得而用也，故寓火于金，寓水于石。兔氏为钟，火之至也。泗滨浮磬，水之精也。用天地之精以制器，是以五行备而八音谐矣。土鼓，乐之始也。陶匏，祭之大也。二者之音非以悦耳，存其质也。《国语》伶州鸠曰"匏竹利制"，又曰"匏以宣之，瓦以赞之"。今之大乐久无匏、土二音，而八音但有其六矣。熊氏谓："匏音亡，而清廉忠敬者之不多见"，吾有感于其言。

以上《日知录》一条，《古今图书集成》共征引3次。

4.《古今图书集成》整卷征引《日知录》，且均保留《日知录》条目小标题。

例一：

《古今图书集成·理学汇编·经籍典》第一百九十五卷"春秋部总论"十三，整卷征引"日知录一"，共计35条：

"日知录一"，四字顶格。

"鲁之春秋"，有条目标题，低二格。以下征引全文，共三段（二段正文，一段原注，则低一格）。

"春秋阙疑之书"，有条目标题，征引全文，共七段（四段正文，三段原注）。

"三正"，有条目标题，征引全文，共八段（六段正文，有夹注，及二段原注）。

"闰月"，有条目标题，征引全文，共九段（五段正文，四段原注）。

"王正月"，有条目标题，征引全文，共八段（五段正文，三段原注）。

"春秋时月并书"，有条目标题，征引全文，共五段（三段正文，二段原注）。

"谓一为元"，有条目标题，征引全文，共十一段（六段正文，五段原注）。

"改月",有条目标题,征引全文,共八段(四段正文,四段原注)。
"天王",有条目标题,征引全文,共一段。
"邾仪父",有条目标题,征引全文,共九段(五段正文,四段原注)。
"仲子",有条目标题,征引全文,共十四段(十段正文,四段原注)。
"成风敬嬴",有条目标题,征引全文,共七段(四段正文,三段原注)。
"君氏卒",有条目标题,征引全文,共六段(四段正文,二段原注)。
"滕子薛伯杞伯",有条目标题,征引全文,共十段(六段正文,四段原注)。
"阙文",有条目标题,征引全文,共十五段(九段正文,六段原注)。

以下逐一征引《日知录》卷四全文,各条小标题如下:

夫人孙于齐

公及齐人狩于禚

楚吴书君书大夫

亡国书葬

许男新臣卒

禘于太庙用致夫人

及其大夫荀息

邢人狄人伐卫

王入于王城不书

星孛

子卒

纳公孙宁仪行父于陈

三国来媵

杀或不称大夫

邾子来会公

葬用柔日

诸侯在丧称子

未逾年书爵

姒氏卒

《古今图书集成·理学汇编·经籍典》第一百九十六卷"春秋部总论"十四,征引"日知录二",共计43条:

卿不书族

大夫称子

有谥则不称字

人君称大夫字

王贰于虢

星陨如雨

筑郿

城小穀

齐人杀哀姜

微子启

襄仲如齐纳币

子叔姬卒

齐昭公

赵盾弑其君

临于周庙

栾怀子

子大叔之庙

城成周

五伯

占法之多

以日同为占

天道远

一事两占

春秋言天之学

左氏不必尽信

列国官名

地名

昌歜

文字不同

所见异辞

纪履緰来逆女

母弟称弟

子沈子

穀伯邓侯书名

郑忽书名

祭公来遂逆王后于纪

争门

仲婴齐卒

隐十年无正

戎菽

陨石于宋五

王子虎卒

穀梁日误作曰

以上《古今图书集成》二卷，内容完全征引《日知录》卷四论《春秋经》及《三传》的部分，既无遗漏，也无掺杂。

例二：

《古今图书集成·理学汇编·经籍典》第八十八卷"易经部总论十四·群书备考易考"，内容完全征引《日知录》卷一的全部条目。与《日知录》卷四之被征引，情况相同。

5.《古今图书集成》整篇征引《日知录》，且均保留《日知录》条目小标题在《古今图书集成》的目录中。

（1）《古今图书集成·方舆汇编·坤舆典》第二卷"坤舆总部汇考二"，目录云：

日知录：里　彻　图　亭　治地　疆域

（2）《古今图书集成·明伦汇编·宫闱典》第十三卷"太上皇部总论"，目录云：

日知录：太上皇　汉人追尊之礼

（3）《古今图书集成·明伦汇编·宫闱典》第一百二十五卷"宦寺部总论二"，目录云：

日知录：阍人寺人

（4）《古今图书集成·明伦汇编·家范典》第三卷"家范总部总论二"，目录云：

顾炎武日知录：家事　田宅　士大夫容僧尼　分居

（5）《古今图书集成·明伦汇编·家范典》第四十九卷"出继部总论"，目录云：

日知录：为人后

（6）《古今图书集成·明伦汇编·家范典》第六十二卷"兄弟部总论二"，目录云：

顾炎武日知录：兄弟不相为后

（7）《古今图书集成·经济汇编·食货典》第二百七十五卷"酒部总论"，目录云：

日知录：酒禁

（8）《古今图书集成·经济汇编·食货典》第六十七卷"蚕桑部总论"，目录云：

日知录：纺织之利

（9）《古今图书集成·明伦汇编·家范典》第一百一卷"宗族部总论三"，目录云：

顾炎武日知录：九族　爱百姓故刑罚中　庶民安故财用足　分居

（10）《古今图书集成·明伦汇编·家范典》第一百十三卷"奴婢部汇考"，目录云：

顾炎武日知录：家僮　阍人

（11）《古今图书集成·明伦汇编·氏族典》第十七卷"氏族总部总论"，目录云：

顾炎武日知录：锡土姓　卿不书族　取妻不取同姓　姓　氏族　氏族相传之讹　以国为氏　姓氏书　通谱　二字姓改一字　北方门族　冒姓两姓　姓氏之误

（12）《古今图书集成·博物汇编·艺术典》第五百二十三卷"医部总论三"，目录云：

日知录：论医

（13）《古今图书集成·博物汇编·神异典》第二十一卷"东岳泰山之神部总论"，目录云：

日知录：论东岳（卷三十"泰山治鬼"第一段）

（14）《古今图书集成·理学汇编·经籍典》第一百十六卷"书经部汇

考六",目录云:

《明太祖敕修书传会选》:顾炎武跋

(15)《古今图书集成·理学汇编·经籍典》第一百二十六卷"书经部总论六",目录云:

日知录:舜典　古文尚书　书序　丰熙伪尚书　书传会选

以上或标"日知录",或标"顾炎武日知录",见于《古今图书集成》目录的,共计15卷,包含《日知录》45篇小标题。

6.《古今图书集成》整篇征引《日知录》,而冠以新的标题;虽不保留《日知录》条目小标题,但在征引中仍用小字夹注标明《日知录》上的出处。

例如:

《古今图书集成·理学汇编·经籍典》第一百五十六卷"诗经部总论八",目录云:

日知录:集先儒诗论　论诗总

此卷正文中"集先儒诗论"的标题,不见于古代文献。其内容则为程颐曰、张载曰、谢良佐曰、游酢曰、朱熹曰,共五条。大体见于明丘濬撰《大学衍义补》卷第七十四成化刻本。

另外一条"论诗总",内容为《日知录》卷三中的"诗有入乐不入乐之分""四诗""孔子删诗""何彼秾矣""邶鄘卫""黎许二国""王""郑""楚吴诸国无诗""豳""变雅""大原""韩城""鲁颂商颂""诗序",共计15条。

各条目之末有小字注云:

此二条论诗有入乐不入乐之分
此条论四诗
此条论孔子删诗
此下论何彼秾矣篇
此下论邶鄘卫
此论许黎二国
此论郑①

---

① 今按:以下"王"一条,脱小字注。

  此论吴楚诸国
  此论豳
  此论变雅
  此论大原
  此两条论韩城
  此三条论鲁颂商颂
  此条论诗序

7.《古今图书集成》以考证的形式，逐条、连续征引《日知录》的内容，行文中称"日知录"或"按日知录"。

例一：

《古今图书集成·博物汇编·艺术典》第十七卷"樵部汇考·樵部纪事"，连续援引考据，一卷中共五条：

  日知录：魏明帝景初二年五月戊子，诏曰：昔汉高创业，光武中兴，谋除残暴，功昭四海。而坟陵崩颓，童儿牧竖践蹋其上，非大魏尊崇所承代之意也……

  日知录：隋炀帝大业二年十二月庚寅，诏曰：前代帝王因时创业，君民建国，礼尊南面。而历数推移，年世永久，丘垄残毁，樵牧相趋，茔兆埋芜，封树莫辨。兴言沦灭，有怆于怀……

  日知录：孝明帝熙汇平元年七月，诏曰：先贤列圣，道冠生民，仁风盛德，焕乎图史。暨历数永终，迹随物变，陵隧杳霭，鞠为茂草。古帝诸陵多见践蹋……

  日知录：唐太宗贞观四年九月壬午，诏曰：爰自上古，洎于隋室，诸有明王圣帝，盛德宠功，定乱弭灾，安民济物，及贤臣列士，立言显行，纬文经武，致君利俗。丘垄可识、茔兆见在者，各随所在条录……

  日知录：太祖洪武九年八月己酉，遣国子生周渭等三十一人，分视历代帝王陵寝命，百步内禁人樵牧。

以上五条内容均出自《日知录》卷十五"前代陵墓"一条。

例二：

《古今图书集成·博物汇编·艺术典》第八百七卷"博戏部纪事"，连续援引考据，一卷中共四条：

> 日知录：唐宋璟为殿中侍御史，同列有博于台中者，将责名品而黜之，博者惶恐自匿。
>
> 日知录：史言文宗切于求理，每至刺史面辞，必殷勤戒敕曰："无嗜博，无饮酒。"内外闻之，莫不悚息。
>
> 日知录：《山堂考索》：宋大中祥符五年三月丁酉，上封者言："进士萧元之本名琉，尝因赌博抵杖刑，今易名赴举登第。"诏有司召元之诘问，引伏，夺其敕，赎铜四十斤遣之。
>
> 日知录：万历之末，太平无事，士大夫无所用心，间有相从赌博者。至天启中，始行马吊之戏。而今之朝士，若江南、山东，几于无人不为此……

以上四条内容均出自《日知录》卷二十八"赌博"条。

例三：

《古今图书集成·经济汇编·礼仪典》第一百二卷"丧葬部纪事"，连续援引考据，一卷中五条。情况与以上相同。

例四：

《日知录》卷二十三"二字改姓一字"条[①]云：

> 古时以二字姓改为一字者。如马宫本姓马矢，改为马。唐宪宗名纯，诏姓淳于者改姓于。《唐·宰相世系表》钟离味二子，次曰按，居颍州长社，为钟氏。见之史册，不过一二。自洪武元年，诏胡服、胡语、胡姓一切禁止。
>
> 洪武元年，禁不得胡姓者，禁中国人之更为胡姓，非禁胡人之本姓也。……

[①] 黄珅、严佐之、刘永翔主编：《顾炎武全集》第19册《日知录》，上海古籍出版社2011、2012年版，第882页。

《古今图书集成·明伦汇编·氏族典》第三卷"氏族总部汇考三",连续援引考据,一卷中五条:

> 按日知录:洪武元年,诏蒙古服、蒙古语、蒙古姓,一切禁止。
> 按日知录:洪武元年禁不得蒙古姓者,禁中国人之更为蒙古姓,非禁蒙古人之本姓也。
> 按日知录:洪武九年三月癸未,以火你赤为翰林蒙古编修,更其姓名曰霍庄。
> 按日知录:洪武十六年二月,故元云南右丞观音保降赐姓名李观。
> 按日知录:永乐三年七月,赐保住名杨效诚。

以上五条内容均出自《日知录》卷二十三"二字改姓一字"一条正文及亭林原注,句首均加"按日知录"四字。

8. 《古今图书集成》以考证的形式,征引《日知录》的内容,亦有仅引用一条正文或原注的情况。

例如:

《日知录》卷二十一"急就篇"条[①]:"顾炎武原注:'明初武官诰敕用二十八宿编号,永乐中字尽,奉旨用汉《急就章》字。'"

《古今图书集成·理学汇编·字学典》第一卷"字学总部汇考一",引用一条,系《日知录》此条原注:

> 按《日知录》注:"永乐间奉旨用汉《急就章》字。"

9. 《古今图书集成》征引《日知录》内容,偶有修改《日知录》条目小标题的情况。

例如:

[①] 黄珅、严佐之、刘永翔主编:《顾炎武全集》第19册《日知录》,上海古籍出版社2011、2012年版,第827页。

《日知录》卷十八"书传会选"条①："今按此书，若《尧典》谓天左旋，日月五星违天而右转……"

此条已被征引在《古今图书集成·理学汇编·经籍典》第一百二十六卷"书经部总论六"，用原题"书传会选"；又被征引在《古今图书集成·理学汇编·经籍典》第一百十六卷"书经部汇考六"，"《明太祖敕修书传会选》"条下，改题为"顾炎武跋"。

10.《古今图书集成》征引《日知录》内容，遇违碍文字，仍加修改替换，即如雍正帝诏令所说，"原稿内有讹错未当者，即加润色增删"。

例如：

《日知录》卷二十三"二字改姓一字"条②中，二句云：

自洪武元年，诏胡服、胡语、胡姓，一切禁止。

洪武元年，禁不得胡姓者，禁中国人之更为胡姓，非禁胡人之本姓也。

《明太祖实录》卷三原文作"胡"，北大馆藏抄本《日知录》作"胡"，潘耒遂初堂刻本及经义斋刻本均作方框"□"，黄汝成集释仍作"胡"。《古今图书集成》均改为"蒙古"。

"自洪武元年，诏胡服、胡语、胡姓，一切禁止"，文渊阁《四库全书》本《日知录》改为："洪武元年，诏民间有色目姓，一切禁止。"

"洪武元年，禁不得胡姓者，禁中国人之更为胡姓，非禁胡人之本姓也。"文渊阁《四库全书》本《日知录》改为："洪武元年，禁不得蒙古姓，禁中国人之为蒙古姓，非禁蒙古之本姓也。""胡姓"改为"蒙古姓"，又脱"者""更""人"三字。

《古今图书集成》与《四库全书》对违碍文字的修改办法，完全一致。

---

① 黄珅、严佐之、刘永翔主编：《顾炎武全集》第19册《日知录》，上海古籍出版社2011、2012年版，第714页。

② 黄珅、严佐之、刘永翔主编：《顾炎武全集》第19册《日知录》，上海古籍出版社2011、2012年版，第882页。

三 《古今图书集成》引用《日知录》结果分析

第一,《古今图书集成》引用《日知录》内容非常之多,特别是整段、整个条目乃至整卷的引用,几乎可以视为《日知录》的选本和节本。

第二,如此即表明《日知录》在清初受到较多的推重,特别是代表官方的推重。

第三,《日知录》的撰著文体,是带有小标题的学术札记、学术随笔、学术笔记,因此易于拆分、组合,融汇到新的类书之中。

第四,如此即表明《日知录》的内容除了以整部单行本(包括刻本和抄本)流行之外,还另外有选本、节本、征引本等多种流行形式,这些形式和整部单行本的流通一样,起着传播顾炎武学术思想和学术方法的实际作用。

四 《古今图书集成》引用《日知录》统计表

表 4-1　　　　　　《历象汇编》征引《日知录》统计表

汇编	典	卷	引文
1. 历象汇编	1. 乾象典	第 23 卷	1. 先王之制乐也,具五行之气
		第 43 卷	2. 日食月掩日也
		第 62 卷	3. 《晋书·天文志》虚二星冢宰
		第 76 卷	4. 虹可称雌雄
		第 85 卷	5. 洪武中令天下州县长吏
		第 99 卷	6. 有明火有国火
	2. 岁功典	第 10 卷	7. 三正之名见于《甘誓》
		第 97 卷	8. 《左氏传·文公元年》
		第 104 卷	9. 吴才老《韵补》
		第 115 卷	10. 日往月来,月往日来
	3. 历法典	第 82 卷	11. 《礼记·月令》仲春之月始雨
	4. 庶征典	第 16 卷	12. 春秋时郑裨灶鲁梓慎
		第 24 卷	13. 隐公三年二月己巳日
		第 59 卷	14. 星陨如雨乃宋闵公
			15. 吴伐越岁在越
		第 157 卷	16. 《史记·赵世家》扁鹊言

表 4-2　　　　　　《方舆汇编》征引《日知录》统计表

汇编	典	卷	引文
2. 方舆汇编	5. 坤舆典	第2卷	17.《穀梁传》古者三百步
		第4卷	18. 九州之名始见于《禹贡》
		第20卷	19. 今永平府卢龙县南
		第120卷	20.《毛氏传》下邑曰都
		第132卷	21. 宋太祖乾德四年十月
		第140卷	22.《晋书·郭璞传》璞以母忧去
	6. 职方典	第2卷	23.《书》正义言天地之势
		第7卷	24.《汉书》蓟故燕国召公所封
		第49卷	25.《水经注》圣水径方城县
		第66卷	26. 今永平府卢龙县南
		第148卷	27.《春秋·隐公七年》戎伐凡伯
		第208卷	28.《汉书》济南郡之县十四
		第248卷	29. 汉鲁国有薛县
		第292卷	30. 尧、舜、禹皆都河北
			31. 河东、山西一地也
		第306卷	32. 太原府在唐为北都
		第330卷	33.《左传·昭公元年》迁实沈
		第341卷	34. 高祖纪十年陈豨反
		第390卷	35. 汉陈留郡有东昏
		第417卷	36.《左传》郑太叔出奔共
		第490卷	37.《后汉·郡国志》陕县有陕陌
		第584卷	38. 唐时剑南一道止分东西
		第688卷	39. 宋施宿《会稽志》曰
		第740卷	40. 古时未有瓜洲
		第772卷	41.《史记·齐太公世家》
		第846卷	42. 江西之名殆不可晓
		第994卷	43. 秦始皇刻石凡六
		第1298卷	44. 今之广东、广西
	7. 山川典	第7卷	45. 三年六月癸亥诏曰

续表

汇编	典	卷	引文
2. 方舆汇编	7. 山川典	第22卷	46. 泰山顶碧霞元君
		第29卷	47. 劳山之名
		第40卷	48. 霍山以北大抵皆狄地
		第45卷	49. 介之推隐于绵山
		第48卷	50. 古之所谓山西
		第208卷	51. 潍水出琅琊郡箕屋山
		第236卷	52. 《竹书》帝芬十六年
		第320卷	53. 《书》正义言天地之势
	8. 边裔典	第31卷	54. 今人谓辽东为三韩者
		第60卷	55. 今之佛经皆题云大秦
		第85卷	56. 西域人善天文
		第86卷	57. 大抵外国之音皆无正字
		第98卷	58. 韩文公《广州记》有干陀利
		第116卷	59. 守边将士每至秋月草枯

表4-3　　《明伦汇编》征引《日知录》统计表

汇编	典	卷	引文
3. 明伦汇编	9. 皇极典	第166卷	60. 《史记·周本纪》厉王出奔
		第174卷	61. 尧、舜、禹皆名也
		第204卷	62. 即位者，即先君之位也
		第214卷	63. 年号当从实书
		第270卷	64. 宋叶适言法令日繁
		第273卷	65. 汉自孝武表章六经之后
	10. 宫闱典	第13卷	66. 太上皇，《秦始皇本纪》
		第56卷	67. 《旧唐书》哀帝天祐二年
		第80卷	68. 冢子，身之副也
		第125卷	69. 阉人寺人属于
		第140卷	70. 天顺八年十一月丙寅
			71. 汉和熹邓后诏中官近臣
	11. 官常典	第8卷	72. 撞郎之事始于汉明

续表

汇编	典	卷	引文
3. 明伦汇编	11. 官常典	第108卷	73. 汉王子侯之盛
		第176卷	74.《功臣表》萧何九世孙
		第258卷	75.《管子》曰：黄帝得六相
		第282卷	76. 古之人君，左史记事，右史记言
		第288卷	77.《越语》：句践身亲为夫差前马
		第296卷	78. 汉唐之制皆以宗亲与庶姓参用
		第328卷	79.《周礼·小司徒》及三年
		第362卷	80. 元宗开元二十三年二月
		第364卷	81. 汉武帝遣刺史周行郡国
		第390卷	82. 国子司业以为生徒所执
		第404卷	83. 人主之所患，莫大乎唯言而莫予违
		第546卷	84.《春秋传》晋献公作二军
		第626卷	85. 唐制：京郡乃称府
		第644卷	86.《古文苑》注王延寿《桐柏庙碑》
		第655卷	87. 汉时县制万户以上为令
		第658卷	88.《汉书·百官表》县令长皆秦官
		第662卷	89. 元仁宗时方以科举取士
		第664卷	90. 巡检即古之游徼也
	12. 家范典	第3卷	91. 孔子曰居家理故
		第10卷	92. 自父而上皆曰祖
		第14卷	93. 父母二字乃高年之称
		第28卷	94. 文王之为世子，朝十土季
		第35卷	95. 后唐明宗天成三年闰八月
		第38卷	96. 人臣对君称父为先臣
		第44卷	97. 四明薛冈谓士大夫子弟
		第49卷	98. 为人后者为其父母
		第60卷	99. 唐太宗诏禁锢宇文化及
		第62卷	100. 兄弟不相为后
		第71卷	101. 宋末蒲寿庚叛逆之事
		第72卷	102. 唐时人称父为哥

续表

汇编	典	卷	引文
3. 明伦汇编	12. 家范典	第 79 卷	103. 古人于父之昆弟
		第 92 卷	104. 今人谓妻为妻子
		第 101 卷	105. 宗盟之列先同姓
		第 104 卷	106.《书》"克明俊德，以亲九族"
		第 107 卷	107.《尔雅》"男子谓姊妹之子为出"
		第 113 卷	108.《颜氏家训》"邺下有一领军"
	13. 交谊典	第 11 卷	109. 贡举之士，以有司为座主
		第 19 卷	110. 先辈乃同试而先得第者
		第 20 卷	111. 社之名起于古之国社
		第 21 卷	112. 今人以同举为同年
		第 29 卷	113. 以县统乡，以乡统里
		第 111 卷	114. 舜之命龙也曰
	14. 氏族典	第 3 卷	115. 洪武元年，诏蒙古服、蒙古语、蒙古姓
			116. 洪武元年，禁不得蒙古姓者
			117. 洪武九年三月癸未，以火你赤为翰林蒙古编修
			118. 洪武十六年二月故元
			119. 永乐三年七月赐保住名
		第 17 卷	120. 今日之天下，人人无土，人人有姓
		第 45 卷	121.《水经注》汉武帝元鼎四年
		第 89 卷	122. 开元十九年于两京置齐太公庙
		第 97 卷	123.《书·君奭》篇在太戊时
		第 101 卷	124. 今人姓同于国者
		第 170 卷	125. 今之颜氏皆云兖国之裔
		第 209 卷	126. 汉时碑文所述氏族之始
		第 224 卷	127.《汉书·扬雄传》曰其先出自有周伯侨者
		第 232 卷	128.《汉书·扬雄传》曰其先出自有周伯侨者
		第 280 卷	129. 氏族之书所指秦汉以上
		第 312 卷	130. 程氏出程伯休父
		第 445 卷	131. 元吴澄送何友道游萍乡
		第 449 卷	132.《宋书》沈约自序"昔少皞金天氏"

续表

汇编	典	卷	引文
3. 明伦汇编	14. 氏族典	第453卷	133. 汉济阴太守孟郁修尧庙
		第479卷	134.《后汉书》段颎其先出郑共叔段
		第486卷	135.《晋书·贺循传》曰会稽山阴人也
		第493卷	136. 春秋时以孟为字者甚多
		第499卷	137. 窦氏，古无所考
		第500卷	138. 寇氏，《姓谱》出自武王弟康
		第539卷	139. 唐白居易自序家状曰出于楚太于建
		第560卷	140.《左传》蔡墨对魏献子言
	15. 人事典	第29卷	141.《记》曰"四十曰强而仕"
		第34卷	142. 生日之礼，古人所无
		第44卷	143. 尧、舜、禹皆名也
		第50卷	144.《唐书·回纥传》加册可汗
		第72卷	145. 贫者不以货事人
		第86卷	146. 善恶报应之说，圣人尝言之矣
		第92卷	147. 考，父也，既言父又言考者
	16. 闺媛典	第118卷	148.《春秋传》齐侯袭莒，杞梁死焉

表4-4　　　　　《博物汇编》征引《日知录》统计表

汇编	典	卷	引文
4. 博物汇编	17. 艺术典	第17卷	149. 魏明帝景初二年五月
			150. 孝明帝熙平元年七月诏
			151. 唐太宗贞观四年九月
			152. 太祖洪武九年八月
			153. 隋炀帝大业二年十二月
		第523卷	154. 古之时庸医杀人
		第746卷	155. 太乙之名不知始于何时
		第796卷	156. 古人图画，皆指事为之
		第807卷	157. 唐宋璟为殿中侍御史
			158. 史言文宗切于求理
			159《山堂考索》宋大中祥符五年三月

续表

汇编	典	卷	引文
4. 博物汇编	17. 艺术典		160. 万历之末太平无事
		第810卷	161. 巫鬼则庄子所云巫咸
		第813卷	162. 北人谓镊工为待诏
	18. 神异典	第8卷	163. 《史记·封禅书》言：秦雍旁有百数十祠
		第14卷	164. 甚矣人之好言色也！常仪，古占月之官也
		第15卷	165. 甚矣人之好言色也！太白，星也
		第16卷	166. 今人所奉魁星，不知始自何年
		第21卷	167. 尝考泰山之故
		第27卷	168. 《楚辞》湘君湘夫人亦谓湘水之神
			169. 甚矣人之好言色也！河伯，水神也
		第36卷	170. 或曰地狱之说本于宋玉
		第46卷	171. 《考工记》大圭长三尺
		第48卷	172. 朱子鹿洞书院只作礼殿
		第54卷	173. 会稽故山有禹庙
		第76卷	174. 古之圣人所以教人之说
		第119卷	175. 寺字自古至今凡三变
		第202卷	176. 少林寺中有唐太宗为秦王时
		第310卷	177. 开元二十年敕寒食上墓
	19. 禽虫典	第2卷	178. 飞曰雌雄，走曰牝牡
		第37卷	179. 《尔雅》：舒雁，鹅
		第81卷	180. 今人谓牝驴为草驴
		第88卷	181. 古之为礼以祭祀燕宴
		第102卷	182. 《诗》云"古公亶父，来朝走马"
		第104卷	183. 自秦以上传记无言驴者
		第137卷	184. 东魏杜弼《檄梁文》曰
	20. 草木典	第37卷	185. 《战国策》张仪说韩王曰
		第320卷	186. 今人谓石炭为墨

表 4–5　　　　《理学汇编》征引《日知录》统计表

汇编	典	卷	引文
5. 理学汇编	21. 经籍典	第 50 卷	187. 汉人好以自作之书
		第 88 卷	188. 夫子言包羲氏始画八卦
		第 94 卷	189.《易林》，疑是东汉以后人撰
		第 116 卷	190. 明太祖敕修《书传会选》，顾炎武跋
		第 126 卷	191. 古时《尧典》《舜典》本合为一篇
		第 156 卷	192.《日知录》论诗总
		第 195 卷	193.《春秋》不始于隐公
		第 196 卷	194. 卿不书族，《春秋》之文
		第 208 卷	195.《左氏》解经多不得圣人之意
		第 222 卷	196.《学记》"术有序"
		第 252 卷	197.《考工记》轮人注
		第 291 卷	198.《史记》伍被对淮南王安
		第 306 卷	199.《尔雅·释诂篇》：梏，直也
		第 326 卷	200. 唐宋取士皆用《九经》
		第 366 卷	201.《礼记·乐记》宽而静至温良
		第 369 卷	202.《国语》之言高高下下者
		第 374 卷	203. 秦楚之际兵所出入
		第 378 卷	204.《孝武纪》天汉四年秋九月
		第 380 卷	205.《后汉书·马援传》上云
		第 381 卷	206.《蜀志·谯周传》建兴中丞相
		第 382 卷	207.《晋书·宣帝纪》当司马懿为魏臣
		第 383 卷	208.《宋书·州郡志》广陵太守
		第 384 卷	209.《刘孝绰传》众好之必监焉
		第 386 卷	210.《庾信传》：《哀江南赋》过潦渚
			211. 北齐武成帝河清三年九月
			212.《隋书·经籍志》言汉哀帝时
		第 389 卷	213.《旧唐书·高宗纪》乾封元年
		第 390 卷	214.《宋史·富弼传》言使契丹
		第 394 卷	215.《宋史》言朝廷与金约灭辽

续表

汇编	典	卷	引文
5. 理学汇编	21. 经籍典	第 395 卷	216.《金史》大抵出刘祁、元好问
		第 396 卷	217.《元史·列传》八卷速不台
		第 398 卷	218.《宋史·蹇序辰传》绍圣中
		第 403 卷	219. 吕东莱《大事记》曰
		第 429 卷	220. 永乐中，命儒臣纂天下舆地书
		第 443 卷	221.《荀子》"案角鹿埵陇种东笼而退耳"
		第 444 卷	222.《淮南子·诠言训》羿死于桃棓
		第 496 卷	223. 史书之文中有误字
	22. 学行典	第 81 卷	224. 何晏之粉白不去手
		第 82 卷	225.《五代史·冯道传》论曰
		第 89 卷	226. 致知者，知止也
		第 130 卷	227. 延平先生《答问》曰
		第 283 卷	228. 文王为世子，朝于王季
	23. 文学典	第 12 卷	229. 文须有益于天下
		第 136 卷	230. 唐宋以下，何文人之多也
		第 152 卷	231. 唐武宗会昌元年十一月
		第 153 卷	232. 陆机《汉高帝功臣颂》
		第 158 卷	233.《宋书·礼志》年月朔日甲子
		第 160 卷	234. 举子第二场作判五条
		第 163 卷	235. 今人上父母书用"百拜"
		第 164 卷	236. 会试录乡试录主考试官
		第 165 卷	237. 列传之名，始于太史公
		第 166 卷	238. 王文公《虔州学记》
		第 170 卷	239.《西京杂记》平陵曹敞其师
		第 178 卷	240. 志状在文章家为史之流
		第 180 卷	241. 科场禁约，万历三十一年
		第 182 卷	242. 景泰初，也先奉上皇至边
			243. 新学之兴，人皆土苴《六经》
			244. 经义之文，流俗谓之八股
		第 188 卷	245.《九章·惜往日》"宁溘死而流亡兮"

续表

汇编	典	卷	引文
5. 理学汇编		第 194 卷	246. 孔子删《诗》，所以存列国之风也
		第 234 卷	247. 舜曰"诗言志"，此诗之本也
		第 240 卷	248. 《诗》三百篇，皆可以被之音而为之乐
		第 242 卷	249. 乐府是官署之名
	24. 字学典	第 1 卷	250. 《日知录》注：永乐间奉旨用汉《急就章》字
		第 8 卷	251. 春秋以上，言文不言字
		第 50 卷	252. 褚先生补《史记·三王世家》
		第 56 卷	253. 《集古录》有五代时帝王将相
		第 146 卷	254. 五方之语，虽各不同

表 4-6　　　　《经济汇编》征引《日知录》统计表

汇编	典	卷	引文
6. 经济汇编	25. 选举典	第 15 卷	255. 以多才之地许令增广
			256. 六年闰十一月乙未
			257. 十年四月广东左参议杨信民
			258. 四年四月己酉右少监武良
			259. 成化元年大藤峡用兵
			260. 成化初，礼部奏准革去附学生员
		第 27 卷	261. 生员犹曰官员
		第 38 卷	262. 士农工商谓之四民
		第 55 卷	263. 明主劳于求贤，而逸于任人
		第 60 卷	264. 隋文帝开皇二年罢辟署
		第 64 卷	265. 《古文苑注》王延寿《桐柏庙碑》
		第 69 卷	266. 正统五年十二月始增会试
		第 73 卷	267. 今人但以贡生为明经
		第 82 卷	268. 举人者，举到之人
		第 83 卷	269. 天顺七年，有监察御史朱贤
		第 88 卷	270. 今人但以贡生为明经
		第 90 卷	271. 《册府元龟》：唐天宝十载
		第 94 卷	272. 御试黜落，《宋史·仁宗纪》

续表

汇编	典	卷	引文
6. 经济汇编	25. 选举典	第98卷	273. 宋时有所谓特奏名者
		第130卷	274. 汉武帝从公孙弘之议
		第133卷	275. 门子者，守门之人
	26. 铨衡典	第21卷	276. 寇莱公为相，章圣尝语
		第22卷	277. 汉宣帝时，盗贼并起
		第76卷	278. 永乐二十二年十月庚申
		第80卷	279. 正统六年二月戊辰
			280. 古时制禄之数，皆用斗斛
		第97卷	281.《唐书》崔佑甫为相
		第114卷	282. 死国事者之父
	27. 食货典	第2卷	283. 唐自行两税法以后
		第19卷	284. 常熟陈梅曰《周礼》
		第49卷	285. 明初承元末大乱之后
		第63卷	286. 古先王之治地也
		第67卷	287. 今边郡之民，既不知耕，又不知织
		第154卷	288. 王士性《广志绎》曰
		第182卷	289.《山堂考索》载唐漕制
		第216卷	290. 李雯论盐之产于场
		第240卷	291. 古帝王之于权量
		第256卷	292. 财聚于上，是谓国之不祥
		第275卷	293. 先王之于酒也
		第296卷	294. "荼"字，自中唐始变作"茶"
		第337卷	295. 汉时黄金上下通行
		第340卷	296. 唐宋以前，上下通行之货
		第341卷	297. 乏铜之患，前代已言之
		第360卷	298.《周官》太宰以九赋敛财贿
	28. 礼仪典	第14卷	299. 宋世典常不立政事
		第66卷	300. 永乐七年七月甲戌
			301. 永乐十一年二月
		第86卷	302. "敖"，古"抽"字

续表

汇编	典	卷	引文
6. 经济汇编	28. 礼仪典	第 101 卷	303. 后魏广陵侯衍为徐州刺史
		第 102 卷	304. 宪宗元和九年四月癸未
			305. 后唐明宗天成三年闰八月
			306. 洪武八年八月戊辰
			307. 洪武二十七年四月
			308. 正统十三年四月
			309. 天顺三年十月庚戌
		第 104 卷	310. 大宗伯以凶礼哀邦国
		第 129 卷	311. 孝宣即位，思戾悼之名
		第 135 卷	312. 礼父母之丧不吊
		第 136 卷	313. 古先王之为后世戒也
		第 146 卷	314. 古之于丧也有重
		第 194 卷	315. 洪武三年六月癸亥诏曰
		第 204 卷	316. 周程张朱四子之从祀
		第 231 卷	317. 襄公十二年吴子寿梦卒
		第 236 卷	318. 《太甲》之书曰王徂桐宫
		第 248 卷	319. 《汉书·万石君传》石庆为齐相
		第 256 卷	320. 陆道威著《思辨录》
		第 331 卷	321. 《内丘县志》曰：万历初童子发长
		第 339 卷	322. 《汉书·五行志》曰风俗狂慢
		第 346 卷	323. 古人之袜，大抵以皮为之
		第 348 卷	324. 唐德宗入骆谷，值霖雨
			325. 古人之袜，大抵以皮为之
	29. 乐律典	第 46 卷	326. 先王之制乐也，具五行之气
		第 84 卷	327. 《诗》三百篇，皆可以被之音而为乐
		第 90 卷	328. 公孙大娘弟子舞剑器
		第 100 卷	329. 金铎所以令军中
		第 102 卷	330. 先王之制乐也，具五行之气
		第 112 卷	331. 《乡饮酒礼》工四人二瑟
		第 120 卷	332. 《诗·有瞽》笺云：箫，编小竹管

续表

汇编	典	卷	引文
6. 经济汇编		第133卷	333. 鼓吹，军中之乐也
	30. 戎政典	第65卷	334. 今人谓兵为户长
		第257卷	335. 析因夷隩，先王之所以处人民也
		第266卷	336. 王莽建国二年，禁民不得挟弩铠
	31. 祥刑典	第128卷	337.《史记·酷吏传》武帝作沈命法
	32. 考工典	第16卷	338. 古帝王之于权量
		第30卷	339. 春秋之世，田有封洫
		第34卷	340.《唐六典》凡天下造舟之梁
		第72卷	341. 读孙樵书褒城驿壁
		第191卷	342.《史记·淮阴侯传》从阳夏以木罂缻
		第215卷	343. 北人以土为床而空其下
		第234卷	344. "罘罳"字虽从"网"，其实屏也
		第251卷	345. 洪氏《随笔》谓彝器之传

第二节 《皇清经解》节本《日知录》

一 《皇清经解》的编纂

《皇清经解》是乾嘉时期经学成就的总汇，其体例则为节本。其书首列顾炎武著作五种，删节为19卷，其中《日知录》经书部分由原本7卷删节为2卷，369条删节为163条，各条文字又多有删节。

《皇清经解》，别称《学海堂经解》、阮刻《经解》，阮元主编，弟子与门客严杰、夏修恕、阮福等编辑、校勘、监刻。道光五年刻于广州学海堂，道光九年刻毕，共收学者73家，著作183种，共1400卷。咸丰七年英军攻粤，书版毁失过半。咸丰十年，两广总督劳崇光等补刻数百卷，并增刻冯登府著作7种8卷，标明"庚申补刊"。同治九年，广东巡抚李福泰刊其同里许鸿磐《尚书札记》4卷，标明"庚午续刊"。

《皇清经解》汇集清代经学经解之大成，尤其反映出道咸之际清儒对于乾嘉朴学的推崇。

《清史稿·艺文志》：阮元"刊学海堂《经解》一千四百十二卷，王先谦续刊一千三百十五卷，甄采精博，一代经学人文萃焉"①。

《清史稿·阮元传》："撰《十三经校勘记》、《经籍纂诂》、《皇清经解》百八十余种，专宗汉学，治经者奉为科律。"②

俞樾称："本朝经学集汉唐诸儒之大成，而阮文达公所定《皇清经解》一书又括本朝经学诸书之大全。"③（《春在堂杂文四编》卷六《皇清经解检目序》）

甚至新派人物胡适曾说："我们这三百多年来在学问上，虽然有了了不起的学者顾亭林、阎百诗做引导，虽然可以说也有'大胆的假设，小心的求证'的方法，但是因为材料的不同，弄来弄去离不开书本，结果，只有两部《皇清经解》做我们三百年来治学的成绩。"④（胡适1952年12月在台湾大学的演讲《治学方法》）在其批判话语中仍然透露出《皇清经解》的地位。

二 《皇清经解》对顾炎武著作的收录

庚申补刊的《皇清经解》，卷次是连续的，前十九卷均为顾炎武的著作，题名"昆山顾处士炎武著"，共计五种：

《皇清经解》卷1—3：《左传杜解补正》3卷

《皇清经解》卷4：《音论》1卷

《皇清经解》卷5—7：《易音》3卷

《皇清经解》卷8—17：《诗本音》10卷

《皇清经解》卷18—19：《日知录》2卷

虽然《皇清经解》只是收录节本，但仍可看出编纂者对于顾氏学术的推崇，即将顾炎武视为清代著作第一家。

道光九年夏修恕《皇清经解序》云："国初如顾亭林、阎百诗、毛西河诸家之书，已收入《四库全书》。乾隆以来，惠定宇、戴东原等书，亦

---

① 赵尔巽等：《清史稿》，吉林人民出版社1995年版，第2917页。
② 赵尔巽等：《清史稿》，吉林人民出版社1995年版，第8844页。
③ 俞樾：《春在堂杂文》，清光绪二十五年春在堂全书刻本。
④ 何卓恩编：《胡适文集·治学卷》，长春出版社2013年版，第136页。

已久行宇内，惟未能如《通志堂》总汇成书，久之，恐有散佚。"①

光绪十四年朱镜清《皇清经解石印直行足本序》云："尝闻孝达尚书（张之洞）有云：'由小学入经学者，其经学可信。'善哉言乎！国朝自亭林先生以后，其笃守汉人家法，实事求是，义据深通者，莫不（孰）[熟]精乎小学，然后取以治经，元元本本，无一字蹈虚。"②

可见《皇清经解》对顾炎武的推崇，是学者公认的。

清人对于顾炎武，历有好评，如：

纪昀《四库全书总目提要·左传杜解补正》："博极群书，精于考证，国初称学有根柢者以炎武为最。"③

《清史稿·儒林二·顾炎武传》："清初称学有根柢者，以炎武为最，学者称为亭林先生。"④

章学诚《文史通义·浙东学术》："世推顾亭林氏为开国儒宗。"⑤

张穆《顾亭林先生年谱·自序》："本朝学业之盛，亭林先生实牖启之，而洞古今，明治要，学识赅贯，卒亦无能及先生之大者。"⑥

皮锡瑞《经学历史》十《经学复盛时代》："《皇清经解》、《续皇清经解》二书，于国朝诸家，蒐辑大备。……经学自两汉后，越千余年，至国朝而复盛。……王夫之、顾炎武、黄宗羲皆负绝人之姿，为举世不为之学。于是毛奇龄、阎若璩等接踵继起，考订校勘，愈推愈密。"⑦

包世臣《艺舟双楫》卷一《读亭林遗书》："窃以为百余年来，言学者必首推亭林，亭林书必首推《日知录》。……读其集，而《日知录》乃以益重，则信乎其近世学者之首也。……亭林耳目至广，记诵绝人，勤于笔札，至老不倦。于以参较错互，辨正讹谬，其学能举大而不遗幺细。沾溉小儒，自短订一得之勤，以及考证声韵、金石、舆地名家者十数而不

---

① 阮元编：《清经解》第1册，上海书店出版社1988年影印本，第1页。
② 阮元编：《皇清经解》，第1册，光绪十四年上海点石斋石印本。
③ 纪昀等：《四库全书总目提要》，河北人民出版社2000年版，第749页。
④ 赵尔巽等：《清史稿》，吉林人民出版社1995年版，第10017页。
⑤ 章学诚：《文史通义》，上海古籍出版社2015年版，第177页。
⑥ 张穆：《顾亭林先生年谱》，清道光二十四年刻本。
⑦ 皮锡瑞：《经学历史》，经学复盛时代，思贤书局刻本。

止。上者推演以自植，下者裨贩而嗖闻，是亭林之所长也。"①

周中孚、周春对顾炎武的音韵学有专门评价。

周中孚《郑堂读书记》卷十四《古韵发明无卷数附切字肆考一卷》："近代言古韵者，向推顾亭林、江慎修、戴东原三家。"②

周春《上座主武进钱公论韵学书》："我朝言韵学者，群推顾亭林、毛西河两家。"③（载黄人《国朝文汇》卷二十五）

陈曾寿、邓之诚对顾炎武的诗学有专门评价。

陈曾寿《读广雅堂诗随笔》："用事精切，东坡而后，则推亭林。取材经史，无事新奇奥博，而自然雅切。"④

邓之诚《清诗纪事初编·序》："草野之士，方崎岖兵革之间，呻吟鞭扑之下，艰于一饱，动触网罗，寄其郁陶，行歌相答，山河有泪，花鸟添悲。然举业既捐，肆力学古，意深辞雅，多有足观。最足以廉顽立懦、救敝起衰者，则推亭林。盖莫之能比也。"⑤

这些评价，与《皇清经解》对顾炎武的推崇是一致的。

三 《皇清经解》对《日知录》卷目的节录

顾炎武自己说过："《日知录》上篇经术，中篇治道，下篇博闻，共三十余卷。"⑥（顾炎武《与人书二十五》）徐文珊认为："依原抄本所分卷帙，一至十卷为经术，其次序为《易经》、《书经》、《诗经》、《春秋》、《周礼》、《仪礼》、《礼记》、《大学》、《中庸》、《论语》、《孟子》。十一至二十九卷，为中篇之治道，范围极广，举其要者计有：地方政制、中央政制、选举、田赋、土地制度、财政经济、吏治、政治得失、风俗、婚丧祭礼、科举、文字、史学、古代郡国制度、姓氏谥号、伦理制度、掌故、正史述评、经史子集注疏述评、华夷风俗等。其余三卷为博闻，内有天文、

---

① 包世臣：《艺舟双楫》，清道光二十六年白门倦游阁木活字印本。
② 周中孚：《郑堂读书记》，民国十年吴兴丛书刻本。
③ 黄人编：《国朝文汇》，清宣统元年上海国学扶轮社石印本。
④ 陈曾寿：《苍虬阁诗集》，上海古籍出版社2012年版，第414页。
⑤ 邓之诚：《五石斋小品》，北京出版社1998年版，第357页。
⑥ 黄珅、严佐之、刘永翔主编：《顾炎武全集》第21册，上海古籍出版社2011、2012年版，第148页。

五行、怪异、鬼神、地理、杂记等类。"①（徐文珊《〈原抄本顾炎武日知录〉评介》）因此，《皇清经解》本《日知录》的内容，比三十二卷本《日知录》少很多，没有了"治道"和"博闻"的部分。

《皇清经解》顾名思义，其范围只限于经学，其时代只限于清代（前期）。

在编纂《皇清经解》之前，阮元曾有编纂《十三经经郛》的意图，命门人陈寿祺等写出《经郛条例》二十五条，撮其大端有十：一曰探原本，二曰钩微言，三曰综大义，四曰存古礼，五曰存汉学，六曰证传注，七曰通互诠，八曰辨剿说，九曰正谬解，十曰广异文。《十三经经郛》的编纂没有实现，《经郛条例》的意图也便落空，《皇清经解》的取材范围实际上小于《经郛条例》。（《经郛条例》见陈寿祺《左海文集》，亦收入《皇清经解》）

清初，朱彝尊著《经义考》，卷二百五十一著录"顾氏炎武《日知录》说经七卷"。其范围亦只限于经学，故专门节选《日知录》最前面的经学部分。这一做法有一定的影响，清中期，日本翻刻《日知录》，有一种《日知录十三经考义》七卷，天保八年（道光十七年，1837）东京悬磬舍藏板，江户和泉屋庄次郎等刊本，后有1972年《和刻本汉籍随笔集》第四集影印本。其书即《日知录》卷一至卷七，节录之意源于朱彝尊《经义考》。

民国间，甘鹏云也专门阅读了"《日知录》经说"的部分，写有《日知录经说书后》，对顾氏经学大加赞赏，曰："《日知录》三十二卷，为亭林生平精诣之作。其中经说七卷，有家法，无门户，务得圣人之意而止。凡所解说，有守先待后之志，于明学术、正人心、拨乱世以兴天平之事，尤亟亟焉。自汉京以来，儒者说经，学凡六变，及其末流，莫不有弊。惟亭林之学，足以救之。……然则亭林之学，不特可救前代末流之弊，并考据家流失亦且预防之矣。其尤善者，在能消融门户之见，汉宋两家水火交讧久矣，亭林则折衷众说，各取所长，务求有裨伦物，通经致用，斯为不愧。然则欲救末世之弊，仍相与讲明亭林之学可也。"②（甘鹏云《潜庐类

---

① 徐文珊：《〈原抄本顾炎武日知录〉评介》，东海大学《图书馆学报》1959年1月创刊号。
② 甘鹏云：《潜庐类稿》，民国潜江崇雅堂丛刻本。

稿》卷二)

而《皇清经解》对《日知录》的节录,较之《经义考》"顾氏炎武《日知录》说经七卷"更加简要,是将《日知录》经学相关的七卷,压缩为二卷。

四 《皇清经解》对《日知录》条目的节录

《皇清经解》对《日知录》,首先是条目的节取,或说是对三十二卷本《日知录》条目的删除。

三十二卷本《日知录》卷一《易经》53 条,《皇清经解》本《日知录》节录 22 条,删除 31 条。

三十二卷本《日知录》卷二《书经》41 条,《皇清经解》本《日知录》节录 16 条,删除 25 条。

三十二卷本《日知录》卷三《诗经》42 条,《皇清经解》本《日知录》节录 21 条,删除 21 条。

三十二卷本《日知录》卷四《春秋经》及《三传》77 条,《皇清经解》本《日知录》节录 36 条,删除 41 条。

三十二卷本《日知录》卷五《周礼》《仪礼》49 条,《皇清经解》本《日知录》节录 19 条,删除 30 条。

三十二卷本《日知录》卷六《礼记》《孝经》51 条,《皇清经解》本《日知录》节录 27 条,删除 24 条。

三十二卷本《日知录》卷七《论语》《孟子》《尔雅》及通论 56 条,《皇清经解》本《日知录》节录 22 条,删除 34 条。

三十二卷本《日知录》七卷合计 369 条,《皇清经解》本《日知录》节录 163 条,删除 206 条。

详见表 4-7 至表 4-13。

表 4-7 《易经》节录表

三十二卷本《日知录》	《皇清经解》本《日知录》
1. 三易	1. 三易
2. 重卦不始文王	2. 重卦不始文王

续表

三十二卷本《日知录》	《皇清经解》本《日知录》
3. 朱子周易本义	
4. 卦爻外无别象	
5. 卦变	3. 卦变
6. 互体	4. 互体
7. 六爻言位	5. 六爻言位
8. 九二君德	6. 九二君德
9. 师出以律	7. 师出以律
10. 既雨既处	
11. 武人为于太君	8. 武人为于太君
12. 自邑告命	9. 自邑告命
13. 成有渝无咎	10. 成有渝无咎
14. 童观	
15. 不远复	11. 不远复
16. 不耕获不菑畬	
17. 天在山中	
18. 罔孚裕无咎	12. 罔孚裕无咎
19. 有孚于小人	
20. 损其疾使遄有喜	13. 损其疾使遄有喜
21. 上九弗损益之	
22. 利用为依迁国	
23. 姤	
24. 包无鱼	
25. 以杞包瓜	14. 以杞包瓜
26. 巳日	
27. 改命吉	15. 改命吉
28. 艮	
29. 艮其限	
30. 鸿渐于陆	
31. 君子以永终知敝	16. 君子以永终知敝
32. 鸟焚其巢	

续表

三十二卷本《日知录》	《皇清经解》本《日知录》
33. 巽在床下	
34. 翰音登于天	
35. 山上有雷小过	
36. 妣	17. 妣
37. 东邻	
38. 游魂为变	
39. 通乎昼夜之道而知	18. 通乎昼夜之道而知
40. 继之者善也成之者性也	
41. 形而下者谓之器	
42. 垂衣裳而天下治	
43. 过此以往未之或知也	
44. 困德之辨也	19. 困德之辨也
45. 凡易之情	
46. 易逆数也	
47. 说卦杂卦互文	20. 说卦杂卦互文
48. 兑为口舌	
49. 序卦杂卦	
50. 晋昼也明夷诛也	
51. 孔子论易	21. 孔子论易
52. 七八九六	
53. 卜筮	22. 卜筮

表 4-8　　《书经》节录表

三十二卷本《日知录》	《皇清经解》本《日知录》
1. 帝王名号	1. 帝王名号
2. 九族	2. 九族
3. 舜典	3. 舜典
4. 惠迪吉从逆凶	
5. 懋迁有无化居	
6. 三江	4. 三江
7. 锡土姓	
8. 厥弟五人	

续表

三十二卷本《日知录》	《皇清经解》本《日知录》
9. 惟彼陶唐有此冀方	
10. 胤征	
11. 惟元祀十有二月	
12. 西伯戡黎	
13. 少师	5. 少师
14. 殷纣之所以亡	
15. 武王伐纣	6. 武王伐纣
16. 泰誓	
17. 百姓有过在予一人	
18. 王朝步自周	
19. 大王王季	
20. 彝伦	7. 彝伦
21. 龟从筮逆	8. 龟从筮逆
22. 周公居东	
23. 微子之命	9. 微子之命
24. 酒诰	
25. 召诰	10. 召诰
26. 元子	
27. 其稽我古人之德	
28. 节性	11. 节性
29. 汝其敬识百辟享	
30. 惟尔王家我适	
31. 王来自奄	12. 王来自奄
32. 建官惟百	
33. 司空	
34. 顾命	
35. 矫虔	13. 矫虔
36. 罔中于信以覆诅盟	14. 罔中于信以覆诅盟
37. 文侯之命	15. 文侯之命
38. 秦誓	
39. 古文尚书	16. 古文尚书
40. 书序	
41. 丰熙伪尚书	

表 4-9 《诗经》节录表

三十二卷本《日知录》	《皇清经解》本《日知录》
1. 诗有入乐不入乐之分	
2. 四诗	
3. 孔子删诗	1. 孔子删诗
4. 何彼秾矣	
5. 邶鄘卫	2. 邶鄘卫
6. 黎许二国	3. 黎许二国
7. 诸姑伯姊	4. 诸姑伯姊
8. 王事	
9. 朝隮于西	
10. 王	5. 王
11. 日之夕矣	
12. 大车	
13. 郑	6. 郑
14. 楚吴诸国无诗	
15. 豳	
16. 言私其豵	7. 言私其豵
17. 承筐是将	
18. 馨无不宜	
19. 民之质矣日用饮食	8. 民之质矣日用饮食
20. 小人所腓	
21. 变雅	9. 变雅
22. 太原	
23. 莠言自口	10. 莠言自口
24. 皇父	11. 皇父
25. 握粟出卜	
26. 私人之子百僚是试	12. 私人之子百僚是试
27. 不醉反耻	
28. 上天之载	13. 上天之载
29. 王欲玉女	14. 王欲玉女
30. 夸毗	
31. 流言以对	

续表

三十二卷本《日知录》	《皇清经解》本《日知录》
32. 申伯	15. 申伯
33. 德輶如毛	
34. 韩城	16. 韩城
35. 如山之苞如川之流	17. 如山之苞如川之流
36. 不吊不祥	
37. 駉	18. 駉
38. 实始翦商	
39. 玄鸟	19. 玄鸟
40. 敷奏其勇	
41. 鲁颂商颂	20. 鲁颂商颂
42. 诗序	21. 诗序

表 4-10　　　　《春秋经》及《三传》节录表

三十二卷本《日知录》	《皇清经解》本《日知录》
1. 鲁之春秋	1. 鲁之春秋
2. 春秋阙疑之书	2. 春秋阙疑之书
3. 三正	
4. 闰月	3. 闰月
5. 王正月	
6. 春秋时月并书	4. 春秋时月并书
7. 谓一为元	
8. 改月	
9. 天王	
10. 邾仪父	
11. 仲子	5. 仲子
12. 成风敬嬴	6. 成风敬嬴
13. 君氏卒	7. 君氏卒
14. 滕子薛伯杞伯	
15. 阙文	8. 阙文
16. 夫人孙于齐	9. 夫人孙于齐
17. 公及齐人狩于禚	
18. 楚吴书君书大夫	

续表

三十二卷本《日知录》	《皇清经解》本《日知录》
19. 亡国书葬	10. 亡国书葬
20. 许男新臣卒	
21. 禘于太庙用致夫人	11. 禘于太庙用致夫人
22. 及其大夫荀息	12. 及其大夫荀息
23. 邢人狄人伐卫	13. 邢人狄人伐卫
24. 王入于王城不书	
25. 星孛	14. 星孛
26. 子卒	
27. 纳公孙宁仪行父于陈	
28. 三国来媵	15. 三国来媵
29. 杀或不称大夫	
30. 邾子来会公	16. 邾子来会公
31. 葬用柔日	
32. 诸侯在丧称子	17. 诸侯在丧称子
33. 未逾年书爵	18. 未逾年书爵
34. 姒氏卒	
35. 卿不书族	19. 卿不书族
36. 大夫称子	20. 大夫称子
37. 有谥则不称字	21. 有谥则不称字
38. 人君称大夫字	22. 人君称大夫字
39. 王贰于虢	
40. 星陨如雨	
41. 筑郿	
42. 城小谷	
43. 齐人杀哀姜	
44. 微子启	
45. 襄仲如齐纳币	
46. 子叔姬卒	
47. 齐昭公	23. 齐昭公
48. 赵盾弑其君	
49. 临于周庙	24. 临于周庙
50. 栾怀子	25. 栾怀子

续表

三十二卷本《日知录》	《皇清经解》本《日知录》
51. 子大叔之庙	
52. 城成周	
53. 五伯	
54. 占法之多	
55. 以日同为占	
56. 天道远	
57. 一事两占	
58. 春秋言天之学	26. 春秋言天之学
59. 左氏不必尽信	27. 左氏不必尽信
60. 列国官名	28. 列国官名
61. 地名	
62. 昌歜	
63. 文字不同	
64. 所见异辞	29. 所见异辞
65. 纪履緰来逆女	
66. 母弟称弟	
67. 子沈子	30. 子沈子
68. 谷伯邓侯书名	
69. 郑忽书名	
70. 祭公来遂逆王后于纪	31. 祭公来遂逆王后于纪
71. 争门	32. 争门
72. 仲婴齐卒	33. 仲婴齐卒
73. 隐十年无正	
74. 戎菽	34. 戎菽
75. 陨石于宋五	35. 陨石于宋五
76. 王子虎卒	36. 王子虎卒
77. 穀梁日误作曰	

表 4-11　　　　　《周礼》《仪礼》节录表

三十二卷本《日知录》	《皇清经解》本《日知录》
1. 阍人寺人	
2. 正月之吉	1. 正月之吉

续表

三十二卷本《日知录》	《皇清经解》本《日知录》
3. 木铎	
4. 稽其功绪	
6. 六牲	2. 六牲
6. 邦飨耆老孤子	3. 邦飨耆老孤子
7. 医师	
8. 造言之刑	4. 造言之刑
9. 国子	
10. 死政之老	
11. 凶礼	5. 凶礼
12. 不入兆域	6. 不入兆域
13. 乐章	7. 乐章
14. 斗与辰合	8. 斗与辰合
15. 凶声	
16. 八音	
17. 用火	
18. 莅戮于社	
19. 邦朋	9. 邦朋
20. 王公六职之一	
21. 奠挚见于君	
22. 主人	10. 主人
23. 辞无不腆无辱	
24. 某子受酬	11. 某子受酬
25. 辨	12. 辨
26. 须臾	13. 须臾
27. 飧不致	
28. 三年之丧	
29. 继母如母	14. 继母如母
30. 为所后者之祖父母妻妻之父母昆弟昆弟之子若子	
31. 女子子在室为父	
32. 慈母如母	15. 慈母如母
33. 出妻之子为母	16. 出妻之子为母

续表

三十二卷本《日知录》	《皇清经解》本《日知录》
34. 父卒继母嫁	17. 父卒继母嫁
35. 有适子者无适孙	
36. 为人后者为其父母	
37. 继父同居者	
38. 宗子之母在则不为宗子之妻服也	
39. 君之母妻	
40. 齐衰三月不言曾祖已上	
41. 兄弟之妻无服	18. 兄弟之妻无服
42. 先君余尊之所厌	
43. 贵臣贵妾	19. 贵臣贵妾
44. 外亲之服皆缌	
45. 唐人增改服制	
46. 报于所为后之兄弟之子若子	
47. 庶子为后者为其外祖父母从母舅无服	
48. 考降	
49. 噫歆	

表 4–12　　　　　　　《礼记》《孝经》节录表

三十二卷本《日知录》	《皇清经解》本《日知录》
1. 毋不敬	1. 毋不敬
2. 女子子	2. 女子子
3. 取妻不取同姓	3. 取妻不取同姓
4. 父不祭子夫不祭妻	4. 父不祭子夫不祭妻
5. 檀弓	
6. 太公五世反葬于周	
7. 扶君	
8. 二夫人相为服	
9. 同母异父之昆弟	5. 同母异父之昆弟
10. 子卯不乐	6. 子卯不乐
11. 君有馈焉曰献	
12. 邾娄考公	7. 邾娄考公
13. 因国	8. 因国

续表

三十二卷本《日知录》	《皇清经解》本《日知录》
14. 文王世子	9. 文王世子
15. 武王帅而行之	10. 武王帅而行之
16. 用日干支	11. 用日干支
17. 社日用甲	
18. 不齿之服	
19. 为父母妻长子禫	12. 为父母妻长子禫
20. 为殇后者以其服服之	
21. 庶子不以杖即位	13. 庶子不以杖即位
22. 妇人不为主而杖者	14. 妇人不为主而杖者
23. 庶姓别于上	15. 庶姓别于上
24. 爱百姓故刑罚中	
25. 庶民安故财用足	
26. 术有序	
27. 师也者所以学为君	
28. 肃肃敬也	16. 肃肃敬也
29. 以其绥服	
30. 亲丧外除兄弟之丧内除	
31. 十五月而禫	17. 十五月而禫
32. 妻之党虽亲弗主	
33. 吉祭而复寝	18. 吉祭而复寝
34. 如欲色然	
35. 先古	19. 先古
36. 博爱	20. 博爱
37. 以养父母日严	21. 以养父母日严
38. 致知	
39. 顾諟天之明命	22. 顾諟天之明命
40. 祭纣帅天下以暴	23. 祭纣帅天下以暴
41. 财者末也	
42. 未有上好仁而下不好义者也	
43. 君子而时中	
44. 子路问强	
45. 鬼神	24. 鬼神

续表

三十二卷本《日知录》	《皇清经解》本《日知录》
46. 期之丧达乎大夫	25. 期之丧达乎大夫
47. 三年之丧达乎天子	26. 三年之丧达乎天子
48. 达孝	
49. 思事亲不可以不知人	
50. 诚者天之道也	27. 诚者天之道也
51. 肫肫其仁	

表4-13　　《论语》《孟子》《尔雅》及通论节录表

三十二卷本《日知录》	《皇清经解》本《日知录》
1. 孝弟为仁之本	1. 孝弟为仁之本
2. 察其所安	2. 察其所安
3. 子张问十世	3. 子张问十世
4. 媚奥	
5. 武未尽善	4. 武未尽善
6. 忠恕	
7. 朝闻道夕死可矣	
8. 夫子之言性与天道	5. 夫子之言性与天道
9. 变齐变鲁	
10. 博学于文	6. 博学于文
11. 三以天下让	
12. 有妇人焉	
13. 季路问事鬼神	
14. 不践迹	7. 不践迹
15. 异乎三子者之撰	
16. 去兵去食	
17. 禹荡舟	
18. 管仲不死子纠	
19. 予一以贯之	8. 予一以贯之
20. 君子疾没世而名不称焉	9. 君子疾没世而名不称焉
21. 性相近也	10. 性相近也
22. 虞仲	11. 虞仲
23. 听其言也厉	

续表

三十二卷本《日知录》	《皇清经解》本《日知录》
24. 有始有卒者其惟圣人乎	
25. 梁惠王	12. 梁惠王
26. 未有义而后其君者也	
27. 不动心	13. 不动心
28. 市朝	
29. 必有事焉而勿正心	
30. 文王以百里	14. 文王以百里
31. 孟子自齐葬于鲁	
32. 廛无夫里之布	
33. 其实皆什一也	15. 其实皆什一也
34. 庄岳	16. 庄岳
35. 古者不为臣不见	
36. 公行子有子之丧	17. 公行子有子之丧
37. 为不顺于父母	
38. 象封有庳	
39. 周室班爵禄	
40. 费惠公	18. 费惠公
41. 行吾敬故谓之内也	
42. 以纣为兄之子	19. 以纣为兄之子
43. 才	20. 才
44. 求其放心	21. 求其放心
45. 所去三	
46. 自视欿然	
47. 士何事	22. 士何事
48. 饭糗茹草	
49. 孟子外篇	
50. 孟子引论语	
51. 孟子字样	
52. 孟子弟子	
53. 荼	
54. 駉	
55. 九经	
56. 考次经文	

五 《皇清经解》对《日知录》条文的节录

《皇清经解》除了对《日知录》条目的节录以外，还有对《日知录》条文的节录，即每一条正文不一定全选，而是文字有所删削。在《皇清经解》本《日知录》全部163条中，删削文字的共计40余条。其删削的方式，有首段删削者，有中间删削者，有末段删削者。

首段删削者，有卷一《易经》"说卦杂卦互文"条，首段"雷以动之"至"得之矣"删。

中间删削者，有卷一《易经》"卜筮"条，中间"子之必孝"至"可谓得屈子之心者矣"删，自"石骀仲卒"以下又删。又有卷六《礼记》（续）、《孝经》"子卯不乐"条，中间"汉以下人主莫有行之者"至"殷鉴斯在"删。

末段删削者最多，大部分内容具有补充、余论的性质，其条目如下：

卷一《易经》：

1. "互体"条，"《晋书》荀𫖮尝难钟会"以下删。
2. "自邑告命"条，"《易》之言邑者"以下删。
3. "不远复"条，"其在凡人"以下删。
4. "妣"条，"《易》本《周易》"以下删。
5. "孔子论易"条，"《记》者于夫子学《易》之言"以下删。

卷二《书经》：

1. "九族"条，"又孔氏《正义》谓高祖、玄孙无相及之理"以下删。
2. "三江"条，文末自注"程大昌曰"删。
3. "武王伐纣"条，"或曰：迁殷顽民于雒邑何与"以下删。
4. "古文尚书"条，"帝曰：来，禹"以下一小节删。

卷三《诗经》：

1. "孔子删诗"条，"真希元《文章正宗》"以下删。
2. "邶鄘卫"条，"邶、鄘、卫，三国也"以下删。
3. "民之质矣日用饮食"条，"群黎，庶人也"以下删。
4. "韩城"条，"按毛传梁山、韩城"以下删。

5. "鲁颂商颂"条,"商何以在鲁之后"以下删。

卷四《春秋经》及《三传》:

1. "春秋时月并书"条,"建子之月而书春"以下删。
2. "仲子"条,"二年十有二月乙卯"以下删。
3. "君氏卒"条,"或疑君氏之名别无所见"以下删。
4. "阙文"条,"邵国贤曰"以下删。
5. "夫人孙于齐"条,"刘原父曰"以下删。
6. "禘于太庙用致夫人"条,"胡氏以夫人为成风"以下删。
7. "卿不书族"条,"刘原父曰"以下删。
8. "祭公来遂逆王后于纪"条,"传文则有不同者"以下删。

卷五《三礼》:

1. "正月之吉"条,"《北史·李业兴传》"以下删。
2. "乐章"条,"《汉书》:'武帝举司纪相如'"以下删。
3. "邦朋"条,"荀悦论曰"以下删。
4. "慈母如母"条,"《南史·司马筠传》"以下删。
5. "贵臣贵妾"条,"唐李晟夫人"以下删。

卷六《礼记》(续)、《孝经》:

1. "女子子"条,"《内则》曰"以下删。
2. "取妻不取同姓"条,"姓之所从来"以下删。
3. "同母异父之昆弟"条,"广安游氏曰"以下删。
4. "十五月而禫"条,"父在为母"以下删。
5. "鬼神"条,"《记》曰:'文王之为世子'"以下删。

卷七《论语》《孟子》《尔雅》:

1. "子张问十世"条,"自古帝王相传之统"以下删。
2. "夫子之言性与天道"条,"动容周旋中礼者"以下删。
3. "性相近也"条,"曲沃卫嵩曰"以下删。
4. "梁惠王"条,"《秦本纪》:秦惠文王十四年"以下删。
5. "费惠公"条,"仁山金氏曰"以下删。
6. "才"条,"《中庸》言能尽其性"以下删。

六 《皇清经解》的节录体裁与《日知录》的札记体裁

清代朴学对于经典的训诂、校勘、考证，是基于丰富的藏书与广泛的阅读基础上的，体现着一种学术繁复化的趋向。但是乾嘉考据家广泛采用的著述体裁，主要是学术札记，这却是一种趋于简化的倾向。这是一个矛盾。

札记的体裁，零散，简略，结构灵便，便于补充或删削。这一文体特点，既是《皇清经解》节录、删削《日知录》的便利之处，同时也是《日知录》从八卷刻本到三十二卷抄本再到三十二卷刻本不断补充或删削的便利之处。

兹举三例：

《日知录》三十二卷本卷一《易经》"卜筮"条，共10段。《皇清经解》中间"子之必孝"至"可谓得屈子之心者矣"2段删，自"石駘仲卒"以下6段又删，仅节录2段。但顾炎武自刻的八卷本《日知录》，卷一此条，仅有前4段，后6段均为后来补充。

卷七《论语》《孟子》《尔雅》"夫子之言性与天道"条，共11段，"动容周旋中礼者"以下8段删，仅节录3段。但顾炎武自刻的八卷本《日知录》，卷三此条，原仅有4段。第1段"今之为性命之学者，吾不知其源矣"，三十二卷潘耒刻本无，雍正间原抄本在卷九亦无，当是顾氏自删。第4段《福州府志》曰："余好问长老前辈时事"，在三十二卷潘耒刻本及雍正间原抄本均在"举业"条内，当是顾氏移易。

卷七"才"条，共2段。"《中庸》言能尽其性"以下删，仅节录第1段。

第1段："人固有为不善之才而非其性也。性者天命之，才者亦天降之，是以禽兽之人谓之'未尝有才'。"

第2段："《中庸》言'能尽其性'，《孟子》言'不能尽其才'。能尽其才则能尽其性矣，在乎'扩而充之'。"

第1段言才性之辨，偏于义理。第2段以两种经典互证，偏于考证。照说《皇清经解》应当节录第2段，但是却删去了。

张之洞《书目答问》称《皇清经解》本为"学海堂摘本"，认为"阮元编录《皇清经解》学海堂刻本极善"。《书目答问》中"列朝经注经说经本考证"著录学海堂本近百种，可见流通广泛。

《皇清经解》节本《日知录》推动了《日知录》的版本流通和学术传播。但也影响了后世对顾炎武学术的理解，从倾向于经世转为倾向于经术。札记体裁具有可以灵活补充或删削的特点，给予《日知录》的流通和仿作以很大的方便。但同时，它也易于产生学术研究的碎片化、简单化的弊端。

第三节 《皇朝经世文编》对《日知录》的引用

顾炎武一生，学识广博，行止复杂。后人对于顾炎武其人及其学术思想地位的评价，大致可以概括为三类。

第一，认为顾氏为明代遗民、遗臣、忠臣、义士，其中带有反清、反对异族入主的含义。如全祖望《神道表》载其母遗言"莫事二姓"，王弘撰称其"古所谓义士"，孙静庵称其"盖欲以子房报韩之心，为端木存鲁之计"之类。

第二，认为顾氏学术为经史之学，或称经学、经术、朴学、考据学、清学，思想流派中突出实证、实事求是的精神。如阎若璩称其"博而能精"，王弘撰称其"留心经术""精详不苟"，李光地称其"微文碎义，无不考究"，《四库提要》称其"博极群书，精于考证"之类。

第三，认为顾氏学术为政术，或称治术、治道、实学、经世、经济之学，思想流派中突出实践性和现实性。如程正夫称其"卓乎为经济之学者也"，江藩称"炎武留心经世之术"，彭绍升称"其经世之略，见于所为《日知录》中"，张杓称其"固不屑屑以考订见长，而亦不徒以经生自命也"，曾钊称"大抵先生以经世自命，故长于史"之类。

王汎森认为，清代不同时期、不同流派对于顾炎武的评价各有不同。清代前期顾炎武的学术地位不重，清代中期则上升为第一位；清代中期阮元推重顾炎武的考据学，而何绍基、张穆、贺长龄、魏源则推出顾炎武的经世之学。"清代前期的顾炎武不但不是第一大儒，而且是一个忌讳人物。……到了嘉庆、道光年间，一群读书人逐渐塑造出一种顾炎武崇拜，它强调汉宋兼采、强调学问与经济并重、强调明道救世之学"；阮元撰《顾亭林先生祠堂记》，"在这篇《祠记》中有两个明显的重点：第一，阮元认为顾氏之学以经史为长，经济方面多不切实际，当时人只赞颂其经济之学，并非笃论。第二，阮元认为经济要根柢于学术。第二点与何绍基、张穆的看法相近，但第一点则与当时士人之论显然有出入"。①

实际上就顾炎武的学行本身而言，是复杂而多面的。顾炎武批评王学，又继承朱子；批评文人，又颇多创作；重视追讨本源，也重视实践；忠于明朝，又寄托于后王；始而起兵，后则入京；弃家不顾，又多产业；既著《音学五书》，又编《肇域志》《天下郡国利病书》。因此，后人在遗民反清、经史考据、经世致用三个方面对他的评价，都是对的。

经史考据方面的评价，如全祖望《亭林先生神道表》说："《日知录》三十卷，尤为先生终身精诣之书，凡经史之粹言具在焉。"② 又如黄汝成《日知录集释叙》说："其言经史之微文大义，良法善政，务推礼乐德刑之本，以达质文否泰之迁嬗。错综其理，会通其旨，至于赋税、田亩、职官、选举、钱币、权量、水利、河渠、漕运、盐铁、人材、军旅，凡关家国之制，皆洞悉其所由盛衰利弊，而慨然著其化裁通变之道，词尤切至明白。其余考辨，亦极赅洽。"③

经世致用方面的评价，如潘耒称之为实学、救世，《日知录序》说："有通儒之学，有俗儒之学。……其术足以匡时，其言足以救世，是谓通儒之学。……顾宁人先生生长世族，少负绝异之资，潜心古学，九经、诸史，略能背诵，尤留心当世之故，《实录》、奏报，手自钞节，经世要务，一一讲求。……凡经义、史学、官方、吏治、财赋、典礼、舆地、艺文之属，一一疏通其源流，考正其谬误。至于叹礼教之衰迟，伤风俗之颓败，则古称先，规切时弊，尤为深切著明。……异日有整顿民物之责者，读是书而憬然觉悟，采用其说，见诸施行，于世道人心实非小补。如第以考据之精详，文辞之博辨，叹服而称述焉，则非先生所以著此书之意也。"④

顾炎武本人生前也曾明确说过，他的学术思想要明道救世，针对民生治乱，要留待后王取法。《初刻〈日知录〉自序》说："若其所欲明学术，

---

① 王汎森：《权力的毛细管作用——清代的思想、学术与心态》（修订版），北京大学出版社 2015 年版，第 526、523 页。
② 全祖望：《鲒埼亭集》卷十二，清姚江借树山房刻本。
③ 黄汝成集释：《日知录集释》，清道光十四年嘉定黄氏西谿草庐重刊定本。
④ 黄珅、严佐之、刘永翔主编：《顾炎武全集》第 18 册《日知录》，上海古籍出版社 2011、2012 年版，第 11 页。

正人心，拨乱世以兴太平之事，则有不尽于是刻者。须绝笔之后，藏之名山，以待抚世宰物者之求。"① 《与黄太冲书》："于圣贤《六经》之指，国家治乱之原，生民根本之计，渐有所窥。"② 《与人书二十五》说："君子之为学，以明道也，以救世也。徒以诗文而已，所谓雕虫篆刻，亦何益哉？某自五十以后，笃志经史。……而别著《日知录》，上篇经术，中篇治道，下篇博闻，共三十余卷。有王者起，将以见诸行事，以跻斯世于治古之隆，而未敢为今人道也。"③

世传有顾炎武《经世篇》，又名《经世编》。《四库提要》云："其书门类，悉依场屋策目，每目一篇，附以诸家杂说，颇为弇陋。盖应科举者抄撮类书为之，而坊贾托名于炎武也。"④ 《清文献通考》云："是书颇近场屋策料，盖应科举者钞撮类书为之，而托名于炎武耳。"⑤ 钱林《文献征存录》云："世传《经世编》十二卷，托名炎武，则非炎武所为也。"⑥ 但其书旧本题顾炎武撰，出于编修汪如藻家藏，来历颇早，在乾隆三十八年四库开馆之前，故《清史稿》仍予著录。其书内容或近于俗学，而托名亭林编纂，亦颇合乎事理。书未见，待考。

"经世"语出先秦，《庄子·齐物论》言："《春秋》经世先王之志。"元奎章阁学士院赵世延、虞集等纂修《皇朝经世大典》，仿唐宋会要，成八百八十卷。"经世文"则始于明陈子龙《皇明经世文编》，共五百卷，补遗四卷。

《皇朝经世文编》有续编，后汇编为《皇朝经世文编七种》，共 20 函 164 册，子目为：《皇朝经世文编》120 卷，贺长龄辑；《皇朝经世文续编》120 卷，葛士濬辑；《皇朝经世文三编》80 卷，陈忠倚辑；《皇朝经世文四编》52 卷，何良栋辑；《皇朝经世文新编》21 卷，麦仲华辑；《皇朝经世文新编续集》21 卷，甘韩辑；《皇朝经世文统编》107 卷，汤寿潜辑。

---

① 《中华再造善本·日知录》，国家图书馆出版社 2009 年影印本。
② 黄宗羲：《黄宗羲全集》第 1 册，浙江古籍出版社 1985 年版，第 390 页。
③ 黄珅、严佐之、刘永翔主编：《顾炎武全集》第 21 册，上海古籍出版社 2011、2021 年版，第 148 页。
④ 纪昀等：《四库全书总目提要》，河北人民出版社 2000 年版，第 3546 页。
⑤ 《皇朝文献通考》卷二百三十，文渊阁《四库全书》本。
⑥ 钱林：《文献征存录》卷二，清咸丰八年有嘉树轩刻本。

此前，陆耀辑《皇朝经世文钞》三十卷，又题《切问斋文钞》，成于道光四年（1824），同治八年（1869）金陵钱氏修刻重刊，题"切问斋校定本"。

此后，张鹏飞编《皇朝经世文编补》120卷，道光二十九年（1849）来鹿堂刻本。二书与贺长龄、魏源所编时间最近。

张之洞《书目答问》卷二"诏令奏议第九"评云："此书最切用。是书不尽奏议，此两体（引者注、指诏令、奏议）为多，陆耀《切问斋文钞》实开其先，不如此详。"①

由此看来，道光间贺长龄、魏源编纂《皇朝经世文编》，大量收录顾炎武的论著，便可以说是在一个方面继承了顾炎武本人的意愿。

《皇朝经世文编》，题"善化贺长龄耦庚辑"，"邵阳魏源编次"，"吴县曹堉校勘"，告成于道光六年（1826）。

魏源《皇朝经世文编五例》，其一为"审取"，规定其书专在经世。"书各有旨归，道存乎实用。志在措正施行，何取纡途广径？既经世以表全编，则学术乃其纲领。凡高之过深微，卑之溺糟粕者，皆所勿取矣。时务莫切于当代，万事莫备于六官，而朝廷为出治之原，君相乃群职之总。先之治体一门，用以纲维庶政。凡古而不宜，或泛而罕切者，皆所勿取矣。《会典》之沿明制，犹《周官》之监夏殷。然时易势殊，敝极必反。凡于胜国为药石，而今日为筌蹄者，亦所勿取矣。星历掌之专官，律吕只成聚讼，务非当急，人难尽通，则天文、乐律之属可略焉勿详也。论议之与叙事，本皆要文；而碑传之纪百行，难归各类。今惟蛮海各防，间存公案数则，其他纪述之作，虽工焉勿登也。例画则义端，宗定则志一。"②

全书120卷，分为8纲，63目。8纲首为学术，次为治体，此下则依照吏户礼兵刑工六部排序。贺长龄《皇朝经世文编叙》云："为卷百有二十，为纲八，为目六十有三。言学之属六，言治之属五，言吏之属八，言户之属十有二，言礼之属九，言兵之属十有二，言刑之属三，言工之属九。"③

---

① 张之洞、范希曾：《书目答问补正》，上海古籍出版社2019年版，第120页。
② 贺长龄、魏源编：《皇朝经世文编》，清道光刻本。
③ 贺长龄、魏源编：《皇清经世文编》，清道光刻本。

书首为采集目录二卷,一为"姓名总目一·专集",一为"姓名总目二·别见"。"专集"中前三人为顾炎武、黄宗羲、李容。

第一人:"顾炎武:字宁人,号亭林,江苏昆山人,有《亭林文集》、《日知录》、《菰中随笔》、《天下郡国利病书》等书。"①

第二人:"黄宗羲:字太冲,号梨洲,浙江余姚人,举康熙己未博学鸿词,不赴。有《南雷文定》、《明夷待访录》等书。"②

第三人:"李容:字中孚,号二曲,陕西盩屋人,举康熙己未博学鸿词,不赴,有《二曲集》。"③

其中采集顾炎武的论著,共有101篇,各有篇目标题。总计采集《日知录》75篇,《亭林文集》22篇,《菰中随笔》1篇。(潘耒《日知录序》、张杓《日知录跋》、程晋芳《读日知录》各1篇,均与《日知录》相关,故亦列入统计。)

但考虑到这些采集篇目,有些沿用了顾炎武的原题,有些是编选者新加的题目,各篇内容有些是单独一篇,有些是多篇合并为一篇,合并的篇幅从2篇到23篇不等,所以实际上采集的顾炎武篇目比目录上显示的多出许多。

王汎森提到,"道光六年魏源编成的《皇朝经世文编》收了顾炎武九十几篇文章"④,其实总量是192篇。这就在相当大的程度上间接地推广和传播了顾炎武的学术主张。

《皇朝经世文编》各纲目、各卷采集篇目以及顾炎武著作的原始篇目列表统计如下:

表 4-14 学术

卷次	卷名/分类	采入篇目	出处
001	学术一/原学	1. 通今	《日知录》卷18 秘书国史

---

① 贺长龄、魏源编:《皇清经世文编》,清道光刻本。
② 贺长龄、魏源编:《皇清经世文编》,清道光刻本。
③ 贺长龄、魏源编:《皇清经世文编》,清道光刻本。
④ 王汎森:《权力的毛细管作用——清代的思想、学术与心态》(修订版),北京大学出版社2015年版,第524页。

续表

卷次	卷名/分类	采入篇目	出处
		2. 与友人论学书	《亭林文集》卷3;《续四部丛刊》本有跋评：先生此书，说得到、做得到，所以可贵 魏源跋评：国初承明季之弊，故其言如此。至于近日，而违行己之耻与置四海之困穷者，又不在内心之儒，而在徇末之士矣 李祖陶《国朝文录》跋评：以博学有耻，救当时虚空狂躁之失，词旨浩落，如障百川而东之，亦可云功不在禹下矣
		3. 日知录序（潘耒）	
002	学术二/儒行	4. 日知录跋（张杓）	
		5. 读日知录（程晋芳）	
003	学术三/法语	6. 说经（11条）	《日知录》卷1童观，卷7予一以贯之，卷1损其疾使遄有喜、翰音登于天，卷3敷奏其勇、荙言自口、承筐是将、日之夕矣，卷5须臾，卷2惠迪吉从逆凶，卷2罔中于信以覆诅盟
		7. 立言（2条）	《日知录》卷19文须有益于天下，直言
		8. 杂言（8条）	《日知录》卷13：耿介、乡原、三反、召杀、南北风化之失、南北学者之病、士大夫晚年之学、贫者事人
004	学术四/广论	9. 与友人书十首（11条）	《亭林文集》卷4：与戴枫仲书，与人书十四，与人书十五，与人书十八，与人书二十三，与人书二十五，与人书三，与人书八与人书九（合并），与人书五，答子德书；卷6：与友人辞往教书
	学术五/文学	10. 钞书自序	《亭林文集》卷2
005		11. 与友人论易书	《亭林文集》卷3
		12. 论文（7条）	《日知录》卷19巧言、文不贵多，卷26通鉴不载文人，卷19文人之多，卷21作诗之旨，卷19直言（接一段作诗之旨）、著书之难
006	学术六/师友	13. 广师	《亭林文集》卷6

表4-15　　　　　　　　　　　　治体

卷次	卷名/分类	采入篇目	出处
007	治体一/原治上		

续表

卷次	卷名/分类	采入篇目	出处
008	治体二/原治下	14. 杂论史事（21 条）	《菰中随笔》
		15. 说经（23 条）	《日知录》卷 1 上九弗损益之、包无鱼、有孚于小人、姤，卷 2 汝其敬识百辟享、建官惟百，卷 3 民之质矣日用饮食、私人之子百僚是试、不醉反耻、夸毗、流言以对、小人所腓，卷 5 木铎、医师、六牲，卷 6 爱百姓故刑罚中、庶民安故财用足、财者末也，卷 4 人君称大夫字，卷 7 去兵去食，卷 9 保举，卷 7 周室班爵禄
		16. 历代风俗（6 条）	《日知录》卷 13 周末风俗、秦纪会稽山刻石、两汉风俗、正始、宋世风俗，卷 29 外国风俗
		17. 清议名教（2 条）	《日知录》卷 13 清议、名教
		18. 奖廉耻（2 条）	《日知录》卷 13 名教、廉耻
		19. 尚重厚	《日知录》卷 13 重厚
		20. 崇俭约（2 条）	《日知录》卷 13 俭约、大臣
009	治体三/政本上	21. 封驳	《日知录》卷 9 封驳
010	治体四/政本下		
011	治体五/治法上	22. 法制	《日知录》卷 8 法制
012	治体六/治法下		
013	治体七/用人		
014	治体八/臣职		

表 4-16　　　　　　　　　　　　　　　吏政

卷次	卷名/分类	采入篇目	出处
015	吏政一/吏论上		
016	吏政二/吏论下		
017	吏政三/铨选	23. 选补	《日知录》卷 8 选补
		24. 停年格	《日知录》卷 8 停年格
		25. 京债（2 条）	《日知录》卷 28 京债、居官负债
		26. 出仕年齿	《日知录》卷 17 年齿
018	吏政四/官制	27. 俸禄	《日知录》卷 12 俸禄
		28. 出身授官	《日知录》卷 17 出身授官
		29. 京官必用守令	《日知录》卷 9 京官必用守令
		30. 州县品秩	《日知录》卷 8 州县品秩
		31. 刺史守相得召见	《日知录》卷 9 刺史守相得召见

第四章 《日知录》的征引与节刊　321

续表

卷次	卷名/分类	采入篇目	出处
018	吏政四/官制	32. 省官	《日知录》卷8省官
		33. 州县界域	《日知录》卷10州县界域
		34. 乡亭之制	《日知录》卷22亭
		35. 乡亭之职（2条）	《日知录》卷8乡亭之职、里甲
		36. 杂流（2条）	《日知录》卷17杂流、通经为吏
019	吏政五/考查	37. 部刺史（4条）	《日知录》卷9部刺史、六条之外不察、隋以后刺史，卷12访恶
		38. 惩贪	《日知录》卷13除贪
		39. 盗贼课	《日知录》卷12盗贼课
020	吏政六/大吏		
021	吏政七/守令上	40 田宅	《日知录》卷13田宅
022	吏政八/守令中		
023	吏政九/守令下	41. 馆舍街道桥梁官树之政（4条）	《日知录》卷12馆舍、街道、桥梁、官树
024	吏政十/吏胥	42. 令史（2条）	《日知录》卷8都令史、吏胥
025	吏政十一/幕友		

表4-17　　　　　　　　　　　户政

卷次	卷名/分类	采入篇目	出处
026	户政一/理财上	43. 读宋史陈遘传	《亭林文集》卷5
027	户政二/理财下		
028	户政三/养民		
029	户政四/赋役一	44. 钱粮论上	《亭林文集》卷1
		45. 钱粮论下	《亭林文集》卷1
		46. 病起与蓟门当事书	《亭林文集》卷3
030	户政五/赋役二		
031	户政六/赋役三	47. 垦田均田（2条）	《日知录》卷10后魏田制、开垦荒地
		48. 州县税赋（2条）	《日知录》卷8州县赋税、属县
		49. 地亩（3条）	《日知录》卷10治地、斗斛丈尺、地亩大小
032	户政七/赋役四		
033	户政八/善赋役五		
034	户政九/屯垦	50. 田功论	《亭林文集》卷6

续表

卷次	卷名/分类	采入篇目	出处
035	户政十/八旗生计		
036	户政十一/农政上		
037	户政十二/农政中	51. 纺织之利	《日知录》卷10 纺织之利
		52. 与潘次耕书	《亭林文集》卷6
038	户政十三/农政下		
039	户政十四/仓储上		
040	户政十五/仓储下		
041	户政十六/荒政一		
042	户政十七/荒政二		
043	户政十八/荒政三		
044	户政十九/荒政四		
045	户政二十/荒政五		
046	户政二十一/漕运上		
047	户政二十二/漕运中		
048	户政二十三/漕运下		
049	户政二十四/盐课上	53. 行盐	《日知录》卷10 行盐
050	户政二十五/盐课下		
051	户政二十六/榷酤	54. 酒禁	《日知录》卷28 酒禁
052	户政二十七/钱币上	55. 金	《日知录》卷11 黄金
		56. 银	《日知录》卷11 银
		57. 铜	《日知录》卷11 铜
053	户政二十八/钱币下	58. 明钱法论	《亭林文集》卷6
		59. 以钱为赋	《日知录》卷11 以钱为赋
		60. 钱法之变	《日知录》卷11 钱法之变
		61. 短陌	《日知录》卷11 短陌

表4-18　　　　　　　　　　礼政

卷次	卷名/分类	采入篇目	出处
054	礼政一/礼论	62. 仪礼郑注句读序	《亭林文集》卷2
055	礼政二/大典上	63. 北岳辨（目录脱漏）	《亭林文集》卷1
056	礼政三/大典下		
057	礼政四/学校	64. 科场	

续表

卷次	卷名/分类	采入篇目	出处
		65. 北卷	
058	礼政五/宗法上	66. 莱州任氏族谱序	《亭林文集》卷2
		67. 华阴王氏宗祠记	《亭林文集》卷5
		68. 原姓	《亭林文集》卷1
		69. 通谱	《日知录》卷23 通谱
059	礼政六/宗法下	70. 分居	《日知录》卷13 分居
060	礼政七/家教	71. 同母兄弟（正文脱漏）	《日知录》卷4 母弟称弟
		72. 僮仆（3条）	《日知录》卷13 阍人、家事、奴仆
061	礼政八/昏礼		
062	礼政九/丧礼上	73. 古人丧服之学	《日知录》卷6 檀弓
		74. 丁忧交代	《日知录》卷15 丁忧交代
		75. 期功丧去官	《日知录》卷15 期功丧去官
		76. 武官丁忧（2条）	《日知录》卷15 武官丁忧、居丧饮酒
		77. 丧礼二条（2条）	《日知录》卷14 丧礼主人不得升堂、居丧不吊人
063	礼政十/丧礼下	78. 停丧	《日知录》卷15 停丧
		79. 火葬	《日知录》卷15 火葬
064	礼政十一/服制上	80. 与友人论父在为母齐衰期书	《亭林文集》卷3
		81. 与友人论服制书	《亭林文集》卷3
065	礼政十二/服制下	82. 答王山史书	《亭林文集》卷4
066	礼政十三/祭礼上		
067	礼政十四/祭礼下	83. 与卢某书	《亭林文集》卷6
068	礼政十五/正俗上	84. 以姓取名	《日知录》卷23 以姓取名
		85. 志状之滥（2条）按语：论铭志体例得失详见丧礼下	《日知录》卷19 志状不可妄作、作文润笔
		86. 渎祀	《日知录》卷25 湘君
		87. 巫咸河伯（2条）	《日知录》卷25 巫咸、河伯
		88. 像设	《日知录》卷14 像设
		89. 西安府儒学碑目序	《亭林文集》卷2
		90. 方音	《日知录》卷29 方音
069	礼政十六/正俗下	91. 占验（4条）	《日知录》卷4 春秋言天之学，卷30 人事感天、日食、天文

卷次	卷名/分类	采入篇目	出处
		92. 占法之多	《日知录》卷4 占法之多
		93. 天文图谶（2 条）	《日知录》卷30 星事多凶、图谶

表 4－19　　　　　　　　　　　　　　　兵政

卷次	卷名/分类	采入篇目	出处
070	兵政一/兵制上		
071	兵政二/兵制下	94. 家兵（3 条）	《日知录》卷29 家兵、毛葫芦兵、少林僧兵
		95. 禁兵器	《日知录》卷12 禁兵器
072	兵政三/屯饷		
073	兵政四/马政	96. 马政	《日知录》卷10 马政
		97. 驿传（2 条）（续汉舆服志，作后唐舆服志）	《日知录》卷10 驿传、漕程
074	兵政五/保甲上		
075	兵政六/保甲下		
076	兵政七/兵法上		
077	兵政八/兵法下	98. 史记通鉴兵事	《日知录》卷26 史记通鉴兵事
078	兵政九/地利上		
079	兵政十/地利下	99. 长城（魏源按语引嘉庆间康基田《晋乘搜略》）	《日知录》卷31 长城
080	兵政十一/塞防上		
081	兵政十二/塞防下		
082	兵政十三/山防		
083	兵政十四/海防上	100. 海师（目录脱漏）	《日知录》卷29 海师
084	兵政十五/海防中		
085	兵政十六/海防下		
086	兵政十七/蛮防上		
087	兵政十八/蛮防下		
088	兵政十九/苗防		
089	兵政二十/剿匪		

表 4－20　　　　　　　　　　　　　　　刑政

卷次	卷名/分类	采入篇目	出处
090	刑政一/刑论		

续表

卷次	卷名/分类	采入篇目	出处
091	刑政二/律例上		
092	刑政三/律例下		
093	刑政四/治狱上		
094	刑政五/治狱下		

表 4-21　　　　　　　　　　工政

卷次	卷名/分类	采入篇目	出处
095	工政一/土木		
096	工政二/河防一		
097	工政三/河防二		
098	工政四/河防三		
099	工政五/河防四		
100	工政六/河防五		
101	工政七/河防六		
102	工政八/河防七		
103	工政九/河防八		
104	工政十/运河上		
105	工政十一/运河下		
106	工政十二/水利通论	101. 论水利	《日知录》卷12 水利
107	工政十三/直隶水利上		
108	工政十四/直隶水利中		
109	工政十五/直隶水利下		
110	工政十六/直隶河工		
111	工政十七/江苏水利上		
112	工政十八/江苏水利中		
113	工政十九/江苏水利下		
114	工政二十/各省水利一		
115	工政二十一/各省水利二		
116	工政二十二/各省水利三		
117	工政二十三/各省水利四		
118	工政二十四/各省水利五		
119	工政二十五/各省水利六		
120	工政二十六/海塘		

《皇朝经世文编》的编纂细则，大略有如下 10 项：

（1）其篇目往往出于自拟，具有简明概括的效果，拟题后则可以囊括《日知录》的若干条目在同一篇目之下，并且重新调整了各条目的排列。这种情况在"学术"纲、"治体"纲居多。如：

"学术"纲有"说经"篇目，依次合并了《日知录》卷 1 童观，卷 7 予一以贯之，卷 1 损其疾使遄有喜、翰音登于天，卷 3 敷奏其勇、莠言自口、承筐是将、日之夕矣，卷 5 须臾，卷 2 惠迪吉从逆凶，卷 2 罔中于信以覆诅盟，共计 11 条。

"治体"纲也有"说经"篇目，依次合并了《日知录》卷 1 上九弗损益之、包无鱼、有孚于小人、姤，卷 2 汝其敬识百辟享、建官惟百，卷 3 民之质矣日用饮食、私人之子百僚是试、不醉反耻、夸毗、流言以对、小人所腓，卷 5 木铎、医师、六牲，卷 6 爱百姓故刑罚中、庶民安故财用足、财者末也，卷 4 人君称大夫字，卷 7 去兵去食，卷 9 保举，卷 7 周室班爵禄，共计 23 条。

"学术"纲有"论文"篇目，依次合并了《日知录》卷 19 巧言、文不贵多，卷 26 通鉴不载文人，卷 19 文人之多，卷 21 作诗之旨，卷 19 直言、著书之难，共计 7 条。

（2）有些是编纂者合并篇目，借用了其中的部分标题。如：

"治体"纲有"历代风俗"篇目，合并了《日知录》卷 13 周末风俗、秦纪会稽山刻石、两汉风俗、正始、宋世风俗，卷 29 外国风俗，共计 6 条，可谓一部简明的古代风俗史。

（3）有些是编纂者合并篇目，同时借用和合并了顾炎武的原标题。如：

"治体"纲有"清议名教"篇目，合并了《日知录》卷 13 清议、名教，共计 2 条，标题则亦 2 条相加。

"吏政"纲有"馆舍街道桥梁官树之政"篇目，合并了《日知录》卷 12 馆舍、街道、桥梁、官树，共计 4 条，标题则亦 4 条相加。

（4）有些篇目的合并出自同一篇卷，也有些篇目则是跨卷编联。如：

"礼政"纲有"僮仆"篇目，合并了《日知录》卷 13 阍人、家事、奴仆，共计 3 条，是同卷合并。

"礼政"纲又有"占验"篇目，合并了《日知录》卷 4 春秋言天之学，卷 30 人事感天、日食、天文，共计 4 条，是前后跨度很大的编联合并。

（5）有些是编纂者合并了篇目，但没有适宜的新标题，则偶用笼统的标题。如：

"学术"纲有"杂言"篇目，合并了《日知录》卷 13 耿介、乡原、三反、召杀、南北风化之失、南北学者之病、士大夫晚年之学、贫者事人，共计 8 条。

"治体"纲有"杂论史事"篇目，合并了《菰中随笔》共计 21 条，《菰中随笔》一些条目原有标题，一些条目没有标题。

（6）有些篇目，标题偶误。如：

"学术"纲有"与友人书十首"，合并《亭林文集》卷 4：《与戴枫仲书》，《与人书十四》，《与人书十五》，《与人书十八》，《与人书二十三》，《与人书二十五》，《与人书三》，《与人书八与人书九》，《与人书五》，《答子德书》，以及卷 6《与友人辞往教书》，共计 11 条。其中《与人书八》《与人书九》2 篇合并为 1 篇，故实际当作"与友人书十一首"。

（7）编纂者对顾炎武原著的取舍，均为整节的采集，但未必是全篇的采集。其编辑顺序，往往保留原著的章节段落。但也有打破次序混编的，其原因或是出于合理性，或是出于笔误。如：

"学术"纲"论文"篇目，前为《日知录》卷 21 作诗之旨，后为卷 19 直言，但直言下又接一段作诗之旨，似有意为之。

"治体"纲"说经"篇目，依次合并《日知录》卷 1 上九弗损益之、包无鱼，此 2 条接排，未分段。

"户政"纲"地亩"篇目，合并《日知录》卷 10 治地、斗斛丈尺、地亩大小，共计 3 条，其中 2 条接排，未分段。

"吏政"纲"令史"篇目，合并《日知录》卷 8 都令史、吏胥，共计 2 条，原著段落交错混编。

（8）编纂者在 8 纲之中，采集不甚平衡。（但由此亦可看出顾炎武对于具体而微的治术亦较少留意。）如：

"刑政"纲未选。"工政"纲仅选"论水利"1 篇，出自《日知录》卷 12 水利。

（9）编纂者对顾炎武著作，加有 3 条按语：

"学术"纲"与友人论学书"篇目:魏源跋评:"国初承明季之弊,故其言如此。至于近日,而违行己之耻与置四海之困穷者,又不在内心之儒,而在徇末之士矣。"①

按彭绍升乾隆三十八年序本《亭林文集》原有跋评云:"先生此书,说得到、做得到,所以可贵。"②

稍后,李祖陶《国朝文录》亦有跋评云:"以博学有耻,救当时虚空狂躁之失,词旨浩落,如障百川而东之,亦可云功不在禹下矣。"③

"礼政"纲"志状之滥"篇目,合并《日知录》卷19志状不可妄作、作文润笔,共计2条。魏源按语:"论铭志,体例得失,详见丧礼下。"④

"兵政"纲"长城",出自《日知录》卷31长城。魏源按语,引嘉庆间康基田《晋乘搜略》一节长文。

(10) 编纂者亦有偶误。如:

"礼政"纲"北岳辨"篇目,出自《亭林文集》卷1,目录脱漏。

"兵政"纲"海师"篇目,出自《日知录》卷29海师,目录脱漏。

"礼政"纲"同母兄弟"篇目,出自《日知录》卷4母弟称弟,正文脱漏。("雕龙"文献数据库道光刻本正文脱漏,统计表据新版《魏源全集》补。)

"兵政"纲"驿传"篇目,合并《日知录》卷10驿传、漕程,共计2条。文中"续汉舆服志",误作"后唐舆服志"。检"驿传"条"后唐舆服志"一语,《日知录》张继旧藏抄本、北大馆藏抄本、康熙三十四年遂初堂本、经义斋本翻刻本、乾隆五十八年重镌本均误,魏源延误。黄汝成集释改为"续汉舆服志",《顾炎武全集》据《后汉书》改为"后汉舆服志",校勘记:"汉原作唐,据《后汉书·舆服志》第二十九改"。⑤

---

① 贺长龄、魏源编:《皇朝经世文编》卷一,清道光刻本。
② 顾炎武:《亭林全集》,乾隆三十八年彭绍升序本。内有《亭林诗集》五卷,《亭林文集》六卷,《亭林余集》一卷,有乾隆三十八年彭绍升《亭林先生余集序》。
③ 李祖陶:《国朝文录》,清道光十九年、同治七年李氏刻本。内有《亭林文录》二卷。
④ 贺长龄、魏源编:《皇朝经世文编》卷六十八,清道光刻本。
⑤ 黄珅、严佐之、刘永翔主编:《顾炎武全集》第18册《日知录》,上海古籍出版社2011、2012年版,第450页。

第四节　托名顾炎武编辑的著作《历代经世文编》

《顾炎武全集》全22册，上海古籍出版社2011、2012年出版，华东师范大学古籍研究所整理，黄珅、严佐之、刘永翔主编。第1册由黄珅撰写的《前言》中列出"托名亭林的著作"4种：

（1）《一统志案说》十六卷，题"昆山徐乾学健庵纂，亭林先生顾炎武原本，吴江吴兆宜显令钞"

（2）《明清交替纪事》六卷，前有顾炎武《叙》及《后叙》

（3）《经世编》十二卷，题"昆山顾炎武撰"（场屋策目）

（4）《游庐山词》一卷

"托名亭林编纂的著作"7种：

（1）《皇明修文备史》一百五十五卷

（2）《山东通志》

（3）《明季三朝野史》四卷

（4）《铜仙逸史》五种，题"顾宁人辑"

（5）《海甸野史》二十二种，题"顾炎武亭林氏辑"

（6）《元朝秘史》十五卷，题"清顾炎武撰"

（7）《明季逸史》四卷，题"古吴顾炎武宁人氏辑"[①]

按此处当补托名顾炎武编辑的著作"《历代经世文编》三十二卷"一种。

《历代经世文编》一书的书名，封面题签"历代经济文统"或"历代经济文统编"，扉页题"历代经世文编"，目录题"历代经济文编"，各卷标题"历代经济文编"或"历代经济文统"。

《历代经世文编》一书的署名，封面题签"历代经济文统"下题"会稽峭庵王纬署"。

扉页"历代经世文编"下题"山阴杜秋孙题耑"，钤印"就田"。各卷标题下题"昆山顾亭林先生纂辑，会稽峭庵王纬校订"。但卷十七《武

[①] 黄珅：《前言》，黄珅、严佐之、刘永翔主编：《顾炎武全集》第1册，上海古籍出版社2011、2012年版，第51—62页。

备》标题下增加一人,题为"会稽峭庵王纬、枚臣周鹏校订"。

《历代经世文编》一书的出版,扉页背面隶书题:"戊戌年孟秋浙绍会文堂精校石印",钤印"浣花书屋";又小字标注:"书经存案,翻刻必究。"

《历代经世文编》一书的版式,正文均每面14行,有双行小字夹注,手写石印。开本类似巾箱本,版心14cm×9cm。

据此可知,《历代经世文编》是一种明确署名顾炎武的内容完整的著作。

此书之序,既称"所辑《历代经济文编》一书,于吴门市上以兼全得之",又称"于前贤之著述,经世之良型",盖以"经济""经世"二语同义。(以下均称之为《历代经世文编》。)

《历代经世文编》书首有光绪二十四年(戊戌,1898)王纬所作《序》,全文如下:

> 参乎天地者为之儒。一物不知,儒者之耻。言之无文,行而不远。必也通天人精微之蕴,穷累代治乱之故,洞万物枯菀之情,究礼乐刑政之要,贯仁义道德之旨,卓乎伟哉!今世之所以为教,与其所以为学,汲汲焉以训诂词章为事,徒以掇科名、弋利禄已耳。是以欲正所学,必以真儒为归;欲归真儒,必以圣贤为则。圣言之备在经传者,如日月之经天,如江河之行坔,昭事流布,纤悉无遗。后之儒者相与谨守而共学焉,以为求道入德,体国经野者,舍此靡佗。然天下事,诚与伪二者而已。伪则三德、四术、五礼、六行,皆属空言;诚则辟廱、钟鼓、夏楚、觥挞,皆寓精意。故应以故事,则随波逐流,而真才不出;行以实心,则敬业乐群,而正学思奋。不然者,放辟邪侈,罔顾离经畔道,甚至剽窃诸子百家之说,摭拾唾余,倖登上第。其所谓代圣贤以立言者,果如是耶?致台谏诸臣,有请正文体之奏。朝廷有鉴于是,谕旨重申,宣布天下,校士衡文,易制艺为策论。草莽小臣,谨拜手稽首,飏言曰:"《易》穷则变,变则通,通则久。"董仲舒云:"琴瑟不调,则起而更张之。"盖以利不百不更业,害不百不易制。古人诚有见于事极则反必更制,立法有道以处之,不以株守因循,使病而益病。其两间之有文也,始于一画。参两以倚数,九六以命才,错综以尽变,而文字之赜遂不可胜穷。要其始于一画者,为不祧之祖,而一画未肇之先,有所谓昭昭通乎昼夜,方滥而至味斯

酝，正希而太音以完者，此则文字之天也。古儒者之将欲有言也，立诚以正其志，集义以昌其气，贯道格物以致其知。使天全其中，不为人损，不为物化，然后本诸六经为理宗，广诸正史为案据，切劘于师友轨度，为励气著洁之助。言以足志，文以足言，意达而止，毋取诡辞夸说。以之居业则静而志，以之献身则诚而正。《诗》云："神之听之，终和且平。"言至于和友声，动神听，而立言之道通乎胼鬻，不啻临上帝而质神祇矣！今之立言者，不沃其本，不养其内，穷理则未竟其原，论事则罕通其会。俗士曲儒，不明制作源流，往往拘牵文貌，迂阔而远于事情。跅弛之士，激而思变，不胜其怨欲之私，敢于决大闲而悖至道，而不知其皆非也。窃愿薄海内外济济多士，正志昌气，贯道格物，以求进乎文字之天与祖也。考文教与政治相通。《虞书》浑噩，《商书》简严；周之盛也，教过于治。《书》曰："格则庸，否则威"，乃教有其治。《礼》曰："君所为，下所从"，乃治有其教。一代之治亦因之。我朝稽古右文，光被四表。多士生逢盛世，亲沐圣化。异日施于有政，必能明体达用，动观体要，靖共感奋。上副国家，获养士之用；下为百尔，励廉悫之风。坚之弗摧，黜之弗炬，麟耶炳耶，于是乎出矣。

昆山顾氏所辑《历代经济文编》一书，于吴门市上以兼全得之，为手钞善本，未刊行者。惜蠹蚀蟫食，大半散佚。重为编校，厘定得如干卷。览其书，远稽近讨，采撷精粹，而至嘉谋嘉猷，善政善教，有裨世用，为士规则。愿读是编者，知人论古，于前贤之著述，经世之良型，审问慎思，明辨笃行，将孝弟笃于家庭，忠荩竭于朝右。丰功伟烈，被乎当时；盛德大业，垂诸后裔。其在斯文乎！其在斯文乎！乐观厥成，爰识其缘起于简端。

大清光绪二十四年，岁次戊戌秋七月，会稽峭庵王纬。①

《序》下钤印"帝弼人师之裔"。王纬名下钤印"会稽峭庵王纬""资政大夫之章"。

王纬此《序》为手写体，行楷，共 9 面。前面大段泛论学术，后面交

---

① 昆山顾亭林先生纂辑：《历代经世文编》，清光绪二十四年石印本，书首。

代书稿来源,故此处排录时,将其划分为两个自然段。所论学术宗旨、门径,可谓句句善言,但无家法。所云"于吴门市上以兼全得之,为手钞善本,未刊行者。惜蠹蚀蟫食,大半散佚。重为编校,厘定得如干卷",亦为学界常见之状,无甚离奇。

"帝弼人师之裔",殆指王纬之先人有位居宰辅者。会稽王氏源出琅琊王氏,东晋南渡,有"王与马,共天下"之说。"资政大夫之章",似指王纬本人曾封"资政大夫"官阶。

王纬,号峭庵,会稽人。事迹不详。

清末有一种苏洵《三苏策论》石印本,光绪二十七年(辛丑,1901)由王纬校勘出版。牌记题"光绪辛丑仲秋,点石斋书局印"。书首有二序,一署"善化张绪龄(张召龄)序于会稽之水师防次",一署"会稽峭庵王纬"。

《三苏策论》清末有木刻本、石印本多种。王纬此本显然为商业书,即所谓"坊本"。

《历代经世文编》书名为杜就田所题。

杜就田,字秋孙,号忆尊、农隐,室名味六盦,浙江绍兴人,寄寓上海。清末民初出版家,编辑、编译、校订图书、教科书并主编杂志极多,喜金石,工书画,善篆刻,著有《就田印谱》《杜就田书画集》等。

《历代经世文编》全书共 32 卷,其中《政治》分为上中下 3 卷,《边防》分为上下 2 卷,《策要史科》分为上下 2 卷,实际上共计 36 卷。

全书内容,可以分为四个部分,即:关于宇宙论的"天文地理"(占 5 卷);关于学术的"经学史学"(占 7 卷);关于政治方略的"政治武备边防农政算学"(占 13 卷);评论历代政治得失的"策要"(占 11 卷)。

"策要"部分的正文内容均为问答格式,而目录则修改为简短整齐的标题。

"策要"部分又分为二类:学术一类,按经史子集四部排序;政治一类,按吏户礼兵刑工六部排序。学术四部中,经课指《五经》,书科指《四书》,子科为先秦汉唐儒家诸子。

表 4-22 《历代经世文编》框架表

内容分类	卷数	标题
宇宙论	卷一	天文
	卷二	天文

续表

内容分类	卷数	标题
宇宙论	卷三	天文
	卷四	地理
	卷五	地理
学术类	卷六	经学
	卷七	经学
	卷八	经学
	卷九	经学
	卷十	经学
	卷十一	史学
	卷十二	史学
政治类	卷十三上	政治
	卷十三中	政治
	卷十三下	政治
	卷十四	政治
	卷十五	武备
	卷十六	武备
	卷十七	武备
	卷十八	武备
	卷十九上	边防
	卷十九下	边防
	卷二十	农政
	卷二十一	农政
	卷二十二	算学
评论类	卷二十三	策要经科
	卷二十四	策要经科
	卷二十五	策要书科
	卷二十六	策要子科
	卷二十七上	策要史科
	卷二十七下	策要史科
	卷二十八	策要户科

续表

内容分类	卷数	标题
评论类	卷二十九	策要户科
	卷三十	策要礼科
	卷三十一	策要兵科
	卷三十二	策要刑科、策要工科

"策要"指"策论""对策"的要旨。"策"是历代科举考试的一种文体，以问答的形式出现，故又称"对策"（真实的对面问答"廷试"时可以单称"对"）；其内容为评论得失，故又称"策论"（又单称"论"）；亦有对当代政治提出方略的，则称之为"时务策"。各史《选举志》中往往规定"策一道""对策一道""试论一道""作策论一道""试时务策一道"，或二道、三道不等。

"策论"是历代选举中的重点，如唐代明确规定，明经"答时务策三道"，进士"试杂文及策"。到清末，科举废八股文，用策论代替。戊戌变法时已有此意，光绪二十六年又下诏乡试会试均不准用八股文程式。《历代经世文编》的编纂在光绪二十四年（岁次戊戌），也可谓适逢其会了。

全书中，内容比较特殊的是：

第一，卷二《天文》和卷二十二《算学》，都是全卷只有一篇文献，卷二《天文》为"唐天文制"，卷二十二《算学》为晋刘徽撰、唐李淳风注的《海岛算经》。

第二，卷二十三《策要经科》至卷三十二《策要刑科、策要工科》，均出自一书，即明刘定之《十科策略》，但仅于第一篇"易经源流异同考辨"标明作者为刘定之，以下均从省略。刘定之，字主敬，号呆斋，谥文安，永新人，著《呆斋集》四十五卷。正统丙辰进士，官至礼部侍郎，兼翰林院学士。《明史》有传。《十科策略》八卷，又题《文安策略》十卷，拟场屋对策之作，为揣摩程试之具。分经、书、子、史、吏、户、礼、兵、刑、工，各为一科。成书时，刘定之年二十六岁，尚未登第。

顾炎武《日知录》卷二十九"徙戎"，曾论及刘定之，云："土木之变，达官达军之编置近畿者，一时蠢动，肆掠村庄，至有驱迫汉人以归寇者。户科给事中王竑、翰林院侍讲刘定之并言：'宜设法迁徙，伸居南土.'于是命左都督毛福寿充左副总兵,选领河间、东昌达军,往湖广辰州等处征苗,巡抚江西。"①

目录与正文核对,知其编纂仓促,有不少文字讹误、体例不齐之处。

核对范围:卷十二《史学》至卷三十二《策要刑科、策要工科》,约当全书的三分之二。

1. 文字讹误

目录卷十三中《政治》:"功臣怒死议","怒"当作"恕"。"丹宸上箴","上"当作"六"。目录卷十三下《政治》:"餘边臣诏","餘"当作"谕"。"论增置练官","练"当作"谏"。

目录卷十四《政治》:"封还臣寮论浙西赈济时状","时"当作"事"。

正文卷十六《武备》:"元兵制:九志","九志"当作"元志"。

目录卷十七《武备》:"论执户不可倚为正兵","执户"当作"熟户"。

目录卷十八《武备》:"逃亡兵省议","兵"当作"併"。

目录卷十九上《边防》:"匈奴传质","质"当作"赞"。"土蕃赞"误,正文作"吐蕃赞"。"叙宋遗使高丽并论","遗"当作"遣"。

目录卷二十七下《策要史科》:"监可官制人物","可"当作"司"。

2. 目录脱漏、颠倒标题

目录卷十三上《政治》:"刑法疏"下脱"陈世俗奢侈书"。

目录卷十三中《政治》:"册封吴越国文"下脱"平边策"。

目录卷十七《武备》:"保马法"下脱"论保马"。

目录卷十八《武备》:"义勇分番"下脱"论择帅以练民兵"。

目录卷二十《农政》:"农桑辑要序"下脱"地员"。

目录卷十八《武备》:"论募兵之非""评魏公养兵议"二篇,次序颠倒,与正文不一致。

3. 正文脱漏作者出处

正文卷十二《史学》:"论变乱生于所忽""论保天下之志",二篇不标明作者。

正文卷十三下《政治》:"知人论",一篇不标明作者。

---

① 黄珅、严佐之、刘永翔主编:《顾炎武全集》第19册《日知录》,上海古籍出版社2011、2012年版,第1122页。

正文卷十九上《边防》:"匈奴传赞""徙戎论""论元魏据中原""回鹘赞""吐蕃赞""北狄论""论与夷狄同事""叙宋遣使高丽并论",八篇不标明作者。

正文卷二十《农政》:"桑""牧牛""蚕缫""种谷",四篇不标明作者。

正文卷二十三《策要经科》:"易经源流异同考辨"标明作者刘定之,以下八篇,及卷二十四《策要经科》四篇、卷二十五《策要书科》六篇、卷二十六《策要子科》七篇、卷二十七上《策要史科》七篇、卷二十七下《策要史科》十九篇、卷二十八《策要户科》六篇、卷二十九《策要户科》六篇、卷三十《策要礼科》十五篇、卷三十一《策要兵科》四篇、卷三十二《策要刑科、策要工科》四篇,均未标明作者。

4. 正文脱漏作者,而直抄史文,作者姓名不完整

卷十三上《政治》:①

"以肥田赋贫氏诏",只在题下标明"三年,帝北巡狩,耕于怀,乃下诏",不标明作者。

"上屯田奏一",只在题下标明"充国度先零羌必坏,欲罢骑兵屯田以待其敝,会得进兵玺书,因上奏",不标明作者。

"上屯田奏二",只在题下标明:"上报曰:'皇帝问后将军,言欲罢骑兵万人留田,即如将军之计,虏当何时得诛,兵当何时得决?孰计其便。'复奏。"不标明作者。

"上屯田奏三":题下标明:"上复赐报曰:'皇帝问后将军,言十二便,闻之。虏虽未伏诛,兵决可期月而望,期月而望者,谓今冬邪?谓何时也?将军独不计虏闻兵颇罢,且丁壮相聚,攻扰田者,及道上屯兵,复杀略人民,将何以止之?又大开小开前言曰:我告汉军先零所在,兵不往击,久留,得亡效五年时不分别人而并击我。其意常恐。今兵不出,得亡变生,与先零为一。将军孰计。'复奏。"最后标明作者"赵充国"。

"圣主得贤臣颂",只在题下标明:"褒为益州刺史,王襄作《中和乐职宣布诗》,襄因奏言褒有轶才,宣帝乃征褒,既至,诏为此颂。"不标明作者全名"王褒"。

---

① 昆山顾亭林先生纂辑:《历代经世文编》,清光绪二十四年石印本。下同。

"正议",只在题下标明:"建兴元年,魏司徒华歆、司空王朗、尚书令陈群、太史令许芝、谒者仆射诸葛璋,各有书与亮,陈天命人事,欲使举国称藩,亮不报书,作正议。"不标明作者全名"诸葛亮"。

卷十三中《政治》:"与太学诸生疏",只在题下标明:"贞元十四年,太学生薛约言事得罪,谪连州,阳城送之郊外。帝恶城党有罪,黜为道州刺史,太学诸生何蕃等诣阙请留,宗元以此书勉之。"不标明作者全名"柳宗元"。

卷十五《武备》:"汉南北军始末",只标明作者"易□",今按此篇出处为马端临引山斋易氏。

以下再列出《历代经世文编》卷一、卷十二《史学》至卷三十二《策要刑科、策要工科》的篇名、作者及文献出处,其中讹误、脱漏均已改正。

表 4-23　　　　《历代经世文编》篇名、作者及文献出处表

卷次	篇名	作者
卷一《天文》	天问	屈原《楚辞》
	天对	柳宗元
	五代司天考	欧阳修
	天官书	司马迁
卷十二《史学》	论天下强弱之势	李德裕
	汉之祸凡六变	苏轼
	论土崩瓦解之势	徐乐
	论土崩瓦解蚕食鱼烂之势	李德裕
	论变乱生于所忽	李纲
	论保天下之志	李纲
	论治天下之患如治病	李纲
	商论	苏辙
	秦论	贾谊
	两汉论	苏辙
	晋论	干宝
	唐论	曾巩

续表

卷次	篇名	作者
卷十三上《政治》	求贤诏	汉高帝
	劝农诏	汉文帝
	劳赐三老孝悌力田诏	汉文帝
	遗匈奴书	汉文帝
	令天下务农蚕诏	汉景帝
	兴廉举孝诏	汉武帝
	赐流民公田诏	汉章帝
	以肥田赋贫氏诏	汉章帝
	上屯田奏一	赵充国
	上屯田奏二	赵充国
	上屯田奏三	赵充国
	政治得失疏	匡衡
	圣主得贤臣颂	王褒
	乞优答北匈奴奏	班彪
	上顺帝陈吏事疏	左雄
	援日南议	李固
	正议	诸葛亮
	定祀典诏	晋武帝
	开言路诏	晋武帝
	上平吴疏	羊祜
	春秋左氏传序	杜预
	刑法疏	刘颂
	陈世俗奢侈书	傅咸
	奖训诸生诰	虞溥
	五等论	陆机
	请建明堂太学疏	邢邵
	贺平邺都表	庾信
	赐高丽王汤玺书	隋文帝
	论文体书	李谔
	金镜	唐太宗
	诫励风俗敕	唐明皇帝
	君臣箴	唐德宗

续表

卷次	篇名	作者
卷十三中《政治》	谏伐高丽疏	房乔
	论治疏	魏徵
	谏税关市疏	崔融
	请重守令慎选举疏	张九龄
	货泉议	刘秩
	论征税疏	陆贽
	论行辟召之法疏	沈既济
	收西京露布	于公异
	平淮西碑	韩愈
	与太学诸生疏	柳宗元
	答韦中立论师道疏	柳宗元
	守道论	柳宗元
	岭南节度使飨军堂记	柳宗元
	平赋书序	李翱
	功臣恕死议	吕温
	答进士朱戴言书	李翱
	制策对	刘蕡
	丹扆六箴	李德裕
	罪言	杜牧
	战论	杜牧
	守论	杜牧
	上诏讨宋将军书	罗隐
	覆友生论文书	陆龟蒙
	册封吴越国文	后唐庄宗
	平边策	王朴
	代南唐主劝南汉刘鋹书	潘佑
卷十三下《政治》	治河诏	宋太祖
	禁献羡余诏	宋太祖
	答樊知古诏	宋太宗
	儆百工敦行实诏	宋仁宗

续表

卷次	篇名	作者
卷十三下《政治》	饬百官诏	宋英宗
	谕边臣诏	宋神宗
	求直言诏	宋神宗
	资治通鉴序	宋神宗
	兴水利诏	宋孝宗
	赈荒铭	宋宁宗
	论安边疏	张齐贤
	论边事疏	田锡
	请诸邑严守备疏	王禹偁
	劝农疏	陈靖
	论屯田	张方平
	论增置谏官	蔡襄
	备乱	郑獬
	上时务疏	范仲淹
	五规	司马光
	知人论	司马光
卷十四《政治》	劝学诏	欧阳修
	唐书礼乐志论	欧阳修
	唐书兵志论	欧阳修
	唐书食货志论	欧阳修
	吉州新学记	欧阳修
	论君道	程颢
	论王霸	程颢
	论新法进流民图	郑侠
	赐阿里骨诏	苏轼
	元祐会计录序	苏辙
	赐高丽诏	曾巩
	救灾议	曾巩
	越州赵公救灾议	曾巩
	封还臣寮论浙西赈济事状	范祖禹

续表

卷次	篇名	作者
卷十四《政治》	论法上	张耒
	论法下	张耒
	敦俗论	张耒
	师说	王令
卷十五《武备》	春秋兵制	陈傅良
	论秦销兵	马端临
	论汉兵制	陈傅良
	汉南北军始末	山斋易氏
	汉南北军考异	林駧
	论汉三更	马端临
	汉州兵	陈傅良
	论后魏销兵	马端临
卷十六《武备》	唐兵制	欧阳修
	论宿卫	元史
	原十六卫	杜牧
	宋兵制	两朝国史
	请岁入以定兵额	韩琦
	军政	林駧
	元兵制	元志
	论将权	林駧
卷十七《武备》	宋边兵议	程琳、夏竦、韩琦、韩绛
	边防利害议	郑仅、张挺之、张康国
	论土兵之利	何常
	论沿边守御	叶适
	论阿朔沿边宜用土兵	苏轼
	论熟户不可倚为正兵	范仲淹
	论用西边蕃兵	王安石、王韶
	论邕管事宜	王安石
	海防	考索
	元镇戍	元志

续表

卷次	篇名	作者
卷十七《武备》	魏胜战车	宋名臣录
	论车战	周士隆
	汉马政	通考
	唐马政	唐志
	宋马政	宋史
	保马法	宋史
	论保马	马端临
	毕再遇水柜	罗大经《玉露》
	边市	宋志
卷十八《武备》	宋义勇	宋志
	义勇分番	宋志
	论择帅以练民兵	李氏
	论民兵之利	罗大经《玉露》
	保甲议	宋志
	论元祐罢保甲不得其道	马端临
	逃亡并省议	宋志
	叙宋前后募兵	宋志
	评魏公养兵议	罗大经《玉露》
	论募兵之非	马端临
卷十九上《边防》	论汉唐备边	林駉
	匈奴传赞	班固
	匈奴传论	范晔
	徙戎论	江统
	论元魏据中原	沈约《宋书》
	突厥论赞	唐书
	回鹘传赞	新唐书
	吐蕃传赞	新唐书
	西戎论	苏辙
	北狄论	苏辙
	论与夷狄同事	李纲

续表

卷次	篇名	作者
卷十九上《边防》	论宋之困于夷狄	叶适
	叙宋遣使高丽并论	宋史·高丽传
	备倭	元志
	论倭	马端临
卷十九下《边防》	与回鹘可汗书	陆贽
	赐吐蕃将书	陆贽
	赐吐蕃宰相尚结赞书	陆贽
	赐尚结赞第二书	陆贽
	赐尚结赞第三书	陆贽
	与元贺吐蕃尚结赞抽军回归状	陆贽
	论岭南请于安南置市舶中使状	陆贽
	论缘边守备事宜状	陆贽
	请边城贮备米粟等状	陆贽
卷二十《农政》	农桑辑要序	王盤
	地员	管仲
	农道篇	亢仓子
	论农道	戴埴
	种植	王盤《农桑辑要》
	桑	王盤《农桑辑要》
	牧牛	王盤《农桑辑要》
	蚕缲	王祯《农书》
	种谷	贾思勰《齐民要术》
	汉阴丈人为圃	庄周
	种树郭橐驼传	柳宗元
	相牛经	宁戚
	养鱼经	范蠡
卷二十一《农政》	汉屯田	汉志
	论汉屯田	马端临
	魏屯田	魏志
	两晋屯田	晋志

续表

卷次	篇名	作者
卷二十一《农政》	唐屯田	唐书
	宋屯田	宋志
	元屯田	元志
卷二十二《算学》	海岛算经	晋刘徽撰，唐李淳风注
卷二十三《策要经科》	易经源流异同考辨	刘定之
	河洛图先后天考辨	刘定之
	先天方圆图说考辨	刘定之
	易经理数异同得失	刘定之
	书经源流异同考辨	刘定之
	诗经源流异同考辨	刘定之
	春秋源流异同考辨	刘定之
	周礼源流异同考辨	刘定之
	仪礼礼记源流考辨	刘定之
卷二十四《策要经科》	五经名家人物得失	刘定之
	礼乐定制源流人物	刘定之
	孝子二百七名人物事实	刘定之
	阴骘篇人物事实	刘定之
卷二十五《策要书科》	学庸源流考辨	刘定之
	四书源流考辨	刘定之
	集注诸解异同得失	刘定之
	心性源流考辨	刘定之
	论仁异同考辨	刘定之
	心性道德异同考辨	刘定之

据上述所列《历代经世文编》各卷卷目、篇名、作者、文献出处而言，全书内容虽然大半出于正经正史，但却无一出于顾炎武之手，或与顾炎武著作相关。换言之，就全书内容而言，看不到任何出于顾炎武之手的痕迹。

《庄子·齐物论》载："《春秋》经世先王之志。"经世以致用，自古有此传统，别称"经世之学"。宋滕珙编《朱子经济文衡》七十五卷，明余祐编《朱子经世大训》十六卷。

顾炎武一生学术，特别是《日知录》一书，明显具有经世致用的倾向。如《四库全书提要》所言，"惟炎武生于明末，喜谈经世之务"。

道光六年（1826），贺长龄辑（魏源助其编纂）《皇朝经世文编》，全书一百二十卷。内容分为"学术"、"治体"、"六部"（礼政、户政、礼政、兵政、刑政、工政）三类，所谓"为纲八，为目六十有三。言学之属六，言治之属五，言吏之属八，言户之属十有二，言礼之属九，言兵之属十有二，言刑之属三，言工之属九"。罗汝怀称此书"学术，治术皆备，风行海内"。书中"姓名总目"首列顾炎武，表明当时学者有以顾炎武为标榜，推进经世致用的学风。

到光绪十四年（1888），葛士濬辑《皇朝经世文续编》一百二十卷（上海图书集成局仿聚珍板铅印本，有光绪十七年重印本、光绪二十三年上海扫叶山房铅印本、光绪二十四年上海宏文阁铅印本）。又有管窥居士辑《皇朝经世文续编》一百二十卷，邵州经纶书局刻本。

光绪二十三年（1897），陈忠倚辑《皇朝经世文三编》八十卷。同年，又有三画堂主人辑《皇朝经世文三编》四十八卷。

光绪二十八年（1902），何良栋辑《皇朝经世文四编》五十二卷。同年，又有求实斋主人辑《皇朝经世文编五集》三十二卷。又有郑贞来辑《皇朝经世文编五集》，亦题《交涉要览类篇》。

此外另有：

光绪二十三年（1897），盛康辑《皇朝经世文续编》一百二十卷，武进盛氏思补楼刻本。

光绪二十三年（1897），三鱼堂主人辑《皇朝经世文新增时务续编》四十卷，上海扫叶山房铅印本。

光绪二十四年（1898），麦仲华辑《皇朝经世文新编》二十一卷。

光绪二十七年（1901），求自强斋主人辑《皇朝经济文编》一百二十八卷。

邵之棠辑《皇朝经世文统编》一百零七卷。

宜今室主人辑《皇朝经济文新编》六十二卷。

光绪二十八年（1902），邹王宾辑《最新经世文编》一百三十卷。

甘韩辑《皇朝经世文新编续集》二十一卷。

光绪二十八年（1902）、民国三年（1914），上海经世文社编译部编辑《民国经世文编（正编）》4函40册。

民国七年（1918），姚永朴、姚永概编《历朝经世文钞》六卷，1函6册。

后又有汇编本《皇朝经世文编七种》，共20函164册，子目为：《皇朝经世文编》120卷，贺长龄辑；《皇朝经世文续编》120卷，葛士濬辑；《皇朝经世文三编》80卷，陈忠倚辑；《皇朝经世文四编》52卷，何良栋辑；《皇朝经世文新编》21卷，麦仲华辑；《皇朝经世文新编续集》21卷，甘韩辑；《皇朝经世文统编》107卷，汤寿潜辑。

近年有学者汇编成《清代经世文全编》，将目前所知世传的二十二种清代经世文编专著集成一帙。

清代后期这种讲习、编纂经世文编的风气，与清人推出顾炎武之学有关。由此而论，王纬在光绪二十四年（1898）冒顾炎武之名编纂《历代经世文编》，就其书的主题与其风格而言，亦可谓与顾炎武的学术思想具有一致性。

所不同的是，王纬其书的编纂是古今通论，而自贺长龄以下的经世文编均为有清一代的断代著述。

第五章 顾炎武的学术与《日知录》的影响

第一节 "经学即理学"的命题

顾炎武之所学,一言以蔽之曰经学。"经学即理学"的命题,尤可视为顾炎武晚年学术之定论。顾炎武为明末遗民,但"经学即理学"命题影响清代学术至巨,即如梁启超所说,"'经学即理学'一语,则炎武所创学派之新旗帜也","有清一代学术,确在此旗帜之下,而获一新生命","大抵清代经学之祖推顾炎武"。[①] 但一代有一代之学术,学术史每由转换不同的背景,应对不同的问题,而呈现出不同的形态。当其时之谓可,故《易》言时义,《礼》言时中,"时为大,顺次之,体次之,宜次之,称次之"[②]。而总之不离于道术为是。经学、理学、朴学与道术的关系,亦犹五行与天道。五行亦道也,五行即天道在东南西北中五个阶段各自运转的不同时态。"言六艺者折中于夫子","天不变道亦不变"。道术是超越一切的,此下最重要的事情则是顺应时势的变化而转换学术的形态。顾炎武所开创的朴学在清初有救弊之功,在清末则不免有偏离道术之失,当是顾炎武始料之未及。

一 全祖望总结顾炎武之所学

"经学即理学"最初为全祖望隐括顾炎武之言,见所撰《亭林先生神

---

① 梁启超:《清代学术概论》,岳麓书社2010年版,第11页。
② 全祖望:《鲒埼亭集》卷十二,清姚江借树山房刻本。

道表》①。读其文本，可分析为六段：

1. 于书无所不窥，尤留心经世之学。其时四国多虞，太息天下乏材，以至败坏。自崇祯己卯后，历览二十一史、十三朝实录、天下图经、前辈文编说部，以至公移邸抄之类，有关于民生之利害者，随录之，旁推互证，务质之今日所可行，而不为泥古之空言，曰《天下郡国利病书》。

2. 然犹未敢自信，其后周流西北且二十年，遍行边塞亭障，无不了了，而始成其别有一编，曰《肇域志》，则考索利病之余，合图经而成者。予观宋乾淳诸老，以经世自命者，莫如薛艮斋，而王道夫、倪石林继之，叶水心尤精悍，然当南北分裂，闻而得之者多于见。若陈同甫，则皆欺人无实之大言。故永嘉、永康之学，皆未甚粹。未有若先生之探原竟委，言言可以见之施行，又一禀于王道而不少参以功利之说者也。

3. 最精韵学，能据遗经以正六朝唐人之失，据唐人以正宋人之失，欲追复三代以来之音，分部正帙而究其所以不同，以知古今音学之变，其自吴才老而下廓如也，则有曰《音学五书》。

4. 性喜金石之文。到处即搜访，谓其在汉唐以前者足与古经相参考，唐以后者亦足与诸史相证明。盖自欧赵洪王后，未有若先生之精者，则有曰《金石文字记》。

5. 晚益笃志六经，谓古今安得别有所谓理学者，经学即理学也。自有舍经学以言理学者而邪说以起，不知舍经学则其所谓理学者禅学也。故其本朱子之说，参之以慈溪黄东发《日抄》，所以归咎于上蔡、横浦、象山者甚峻。于同时诸公，虽以苦节推百泉、二曲，以经世之学推梨洲，而论学则皆不合，其书曰《下学指南》。或疑其言太过，是固非吾辈所敢遽定。然其谓经学即理学，则名言也。

6. 而《日知录》三十卷尤为先生终身精诣之书，凡经史之粹言具在焉。盖先生书尚多，予不悉详，但详其平生学业之所最重者。

---

① 全祖望：《鲒埼亭集》卷十二，清姚江借树山房刻本。

全祖望从列举顾炎武代表作的角度，横向总结顾炎武之所学，简而言之，有六种著作，即六个方面：

（一）经世之学与《天下郡国利病书》

（二）亲历实行之学与《肇域志》

（三）古今音韵之变与《音学五书》

（四）证经证史与《金石文字记》

（五）经学与《下学指南》

（六）经史粹言与《日知录》

这六种著作与六个方面都围绕着一个核心，就是经学，其基本主张就是"经学即理学"。

此外顾炎武尚有《熹庙谅阴记事》《圣安记事》《明季实录》《历代宅京记》《昌平山水记》《京东考古录》等，皆有政治寄托，又有诗集，全祖望避而不谈，有故也。

顾炎武所学还有一种儒家圣人之道。《亭林文集》卷三《与友人论学书》曰："愚所谓圣人之道者如之何？曰博学于文，曰行己有耻。自一身以至天下国家，皆学之事；自子臣弟友以至出入、往来、辞受、取与之间，皆有耻之事。不耻恶衣恶食，而耻匹夫匹妇不被其泽。"[1] 而力行、修身不在著述之林之内，故难于以文字称述。

二　顾炎武对语录文体的贬斥

全祖望论述顾炎武关于经学、理学、禅学一段，上半依据《与施愚山书》，下半依据《下学指南序》，故为可信。

《与施愚山书》作于康熙十八年，全文可分为三段，上段言"古今"之变，中段言语录文体，下段论诗。

《与施愚山书》中段文本云：

> 不取之五经，而但资之语录，校诸帖括之文而尤易也。又曰《论

---

[1] 黄珅、严佐之、刘永翔主编：《顾炎武全集》第 21 册，上海古籍出版社 2011、2012 年版，第 92 页。

语》圣人之语录也，舍圣人之语录而从事于后儒，此之谓不知本矣。高明以为然乎？①

顾炎武《下学指南》已佚，仅存一《序》。全文可分为二段，上段由文体而论学，指出有"语录"之体裁，且予以贬斥。下段论述学术之"时义"。
《下学指南序》上段文本云：

> 今之言学者必求诸语录，语录之书始于二程，前此未有也。今之语录几于充栋矣，而淫于禅学者实多，然其说盖出于程门。故取慈溪《黄氏日钞》所摘谢氏、张氏、陆氏之言，以别其源流，而衷诸朱子之说。夫学程子而涉于禅者上蔡也，横浦则以禅而入于儒，象山则自立一说以排千五百年之学者，而其所谓"收拾精神，扫去阶级"，亦无非禅之宗旨矣。后之说者递相演述，大抵不出乎此，而其术愈深，其言愈巧，无复象山崖异之迹，而示人以易信。苟读此编，则知其说固源于宋之三家也。②

《序》云"语录之书始于二程"不确。顾炎武《与施愚山书》曰"《论语》圣人之语录也"，《汉志》所谓"当时弟子各有所记"，"门人相与辑而论纂"，故语录源于《论语》。

但《河南程氏遗书》收二先生语十卷，明道先生语四卷，伊川先生语十一卷，至朱子与吕伯谦合编《近思录》，朱子门人又编纂《朱子语类》，语录之体确乎至宋而盛，至明而泛滥。

顾炎武指名的三家"上蔡、横浦、象山"，谢良佐有《上蔡语录》三卷，陆九渊有《象山语录》，张九成《横浦心传录》《横浦日新录》均为语录体。

语录体与经典的最大区别是简化（碎片化）。经典"非数十年不能通"，《春秋》乃至"没身而已"，学术本身内含复杂的系统性，学者必须

---

① 顾炎武：《与施愚山书》，《亭林诗文集》卷三，《四部丛刊》景上海涵芬楼藏原刊本。
② 顾炎武：《下学指南序》，《亭林诗文集》卷六，《四部丛刊》景上海涵芬楼藏原刊本。

有长期的积累。范宁《春秋穀梁传序》："君子之于《春秋》，没身而已矣。"① 而语录、讲章当时即可成书。

三　顾炎武论古今学术之名实

《与施愚山书》上段文本论"古今"之变云：

> 理学之传，自是君家弓冶。然愚独以为，"理学"之名，自宋人始有之。古之所谓理学，经学也。非数十年不能通也，故曰君子之于《春秋》，没身而已矣。今之所谓理学，禅学也。②

"古之所谓""今之所谓"云云，就古今流变而论。

"古之所谓理学，经学也"，"今之所谓理学，禅学也"云云，就名实而论。

学术有名有实。理学即道学。强调天理，则称之为理学；强调天道，则称之为道学。若论其名，宋代以前未有；若论其实，古已有之。顾炎武曰："君子之为学，以明道也，以救世也。"③ 可知顾炎武不否认学术具有明道明理之实。

以名言，宋之理学当是经学，明之心学仍当是经学，一切学问皆当是经学，或云以经学为核心。

以实言，古之经学即理学，即道学。宋之学术亦是理学、道学，明之心学仍即是理学、道学，一切学术皆是理学、道学，或云以理学、道学为旨归。

"经"之本义，为经纬，故有天理之义；又为恒久，故有天道之义。（"道理"二字，分而言之，"道"是本体，"理"是作用，其实一也。）《四库全书提要·经部总叙》："盖经者非他，既天下之公理而已。"④ 由此

---

① 范宁：《春秋穀梁传注疏》，阮元校刻《十三经注疏》本。
② 顾炎武：《与施愚山书》，《亭林诗文集》卷三，《四部丛刊》景上海涵芬楼藏原刊本。
③ 顾炎武：《与人书二十五》，黄珅、严佐之、刘永翔主编：《顾炎武全集》第21册，上海古籍出版社2011、2012年版，第148页。
④ 纪昀等：《四库全书总目提要》，河北人民出版社2000年版，第49页。

而论，经学可称之为理学，理学可称之为经学。要之，顾炎武"经学即理学"命题，一定是对经学、理学的双双肯定、两两成立，而不是只承认经学，不承认理学。

顾炎武"经学即理学"意谓经学是明天理之学，故经学即是理学，而理学亦当是经学。天理天道即寓于经学之中，不当别有抽象空谈之理学，尤不当有不立文字、顿悟无凭之禅学。

《下学指南序》下段文本论学术之"时义"云：

> 呜呼！在宋之时，一阴之《姤》也。其在于今，五阴之《剥》也。有能由朱子之言，以达夫圣人下学之旨，则此一编者，其硕果之犹存也。孟子曰："能言距杨墨者，圣人之徒也。"得不有望于后之人也夫！①

《姤卦》一阴爻，五阳爻，其义象征境遇极佳。《易·彖》："姤，遇也，柔遇刚也。……天地相遇，品物咸章也。刚遇中正，天下大行也。姤之时义大矣哉！"《易·象》："天下有风，姤。后以施命诰四方。"

而《剥卦》五阴爻，一阳爻，其义象征剥蚀溃烂。《易·杂卦传》："《剥》，烂也。"宋朱震《汉上易传》："五阴溃于内也。"明郝敬《周易正解》："一阳孤止于上，五阴进盛，小人道长，故曰'不利有攸往'，往则阳尽矣。"

《姤卦》与《剥卦》之喻，意在说明古今时势之异。而古今时势之不同，自然会造成古今学术的不同。一时代有一时代之学术，在汉唐为经学形态，在两宋为理学形态，在明代为心学形态，在清代为朴学形态。

不变者道，无时不变者器。不变者形上之学，无时不变者形下之学。

四 "经学即理学"的渊源与阐发

"经学即理学"之说，明代已有其思想渊源。

明末，钱谦益撰《新刻十三经注疏序》曰："世谓之讲道，汉儒谓之

---

① 顾炎武：《下学指南序》，《亭林诗文集》卷六，《四部丛刊》景上海涵芬楼藏原刊本。

讲经，而今圣人之经，即圣人之道也，离经而讲道，贤者高自标目，务胜于前人，而不肖者汪洋自恣，莫可穷诘。"①《与卓去病论经学书》又曰："六经之学，渊源于两汉，大备于唐宋之初。……学者之治经也，必以汉人为宗主。……汉不足求之于唐，唐不足求之于宋，唐宋皆不足，然后求之近代。"② 其意乃是以经学道学为一体，以汉唐宋明为一贯，使其皆能折中于圣人，则自然皆能获得各自之价值与肯定，古今相续而不废。

钱穆：《中国近三百年学术史》认为，《新刻十三经注疏序》作于崇祯十二年，即"经学即理学论之来源"，"经学即理学"之说"亦非亭林首创"。③

但类似钱谦益之说，明嘉靖中归有光作《送何氏二子序》已云："盖汉儒谓之讲经，而今世谓之讲道。夫能明于圣人之经，斯道明矣，道亦何容讲哉？"④

归有光、钱谦益之说，亦可与顾炎武"经学即理学"之说互释互明。

清代学者评骘"经学即理学"，大抵均能超越汉宋的时代性、阶段性，而以孔子、道术为折中。兹举四例：

第一，孙诒经的阐发。孙诒经，字子授，浙江钱塘人，咸丰十年进士，诠释"经学即理学"为"不分汉宋"。《清史稿》称其"生平论学不分汉宋，谓'经学即理学'，又曰：'学所以厉行也，博学而薄行，学奚足尚？'一时为学者所宗"⑤。

第二，黄以周的阐发。黄以周，字元同，号儆季，浙江定海人，同治九年优贡。认为："经以载道，经学即是理学，经学外之理学，为禅学，读《日知录》可会之。"⑥《清史稿》称："有清讲学之风，倡自顾亭林。顾氏尝云：'经学即是理学。'乃体顾氏之训，上追孔孟之遗言，于《易》

---

① 钱谦益：《新刻十三经注疏序》，《牧斋初学集》卷二十八，《四部丛刊》景上海涵芬楼藏康熙刊本。
② 钱谦益：《与卓去病论经学书》，《牧斋初学集》卷七十九，《四部丛刊》景上海涵芬楼藏康熙刊本。
③ 钱穆：《中国近三百年学术史》，商务印书馆1997年版，第150页。
④ 归有光：《送何氏二子序》，《震川先生集》卷九，《四部丛刊》景上海涵芬楼藏康熙刊本。
⑤ 赵尔巽等：《清史稿》卷四百四十一《孙诒经传》，中华书局1977年版，第12419页。
⑥ 黄以周：《南菁书院立主义》，《儆季文钞》卷六，清光绪二十年刊本。

《诗》《春秋》皆有著述，而《三礼》尤为宗主。"① 缪荃孙《中书衔处州府学教授黄先生墓志铭》载："先生讳以周，字符同，号儆季，浙江定海厅人……先生以为，三代下之经学，汉郑君、宋朱子为最。而汉学、宋学之流弊，乖离圣经，尚不合于郑朱，何论孔孟？国朝讲学之风，倡自顾亭林，顾氏尝云'经学即是理学'。乃体顾氏之训，上追孔门之遗言。其说《易》则由孔圣之《大象传》以寻画卦之旨，由孔圣之《彖爻传》以寻彖爻之旨。《诗》必宗序，《书》必条贯大义，《春秋》用比事之法，《三传》校以经例，定其短长，而《三礼》尤为宗主。"②

第三，陈钟璋的阐发。陈钟璋，字蕴斋，广东海康人，光绪二十七年举人，认为无论经学、理学，均需以道术为基准。撰《象山之学原于上蔡考》云："凡学必定一尊而师孔孟，'理学'之名，似不必以异同争胜。古无'理学'之名，经学即理学。穷经者，穷其理也。内之治身心，外之齐家治国平天下，悉本是理以推之六经，皆孔子手订书，孟子又私淑孔氏。凡六经之学，即孔孟之学。不背孔孟所言之理，即不背六经所言之理。……学也者，学乎道而已耳。孔孟，道之大宗者也。倘其与孔孟之道背，是即孔孟之贼，异端而已矣，安有'理学'之可名？"③

第四，翁方纲的阐发。翁方纲认为，经学、理学均是修己治人之学。其评孙夏峰（孙奇逢）、汤文正（汤斌）、耿逸庵（耿介）三先生之学云："皆以躬行实践为心得也，非口耳词章所能企也，非议论门户家数所能具也。……中州正学发原于二程子，至夏峰而知行合一之旨著矣，至潜庵、逸庵而实际见诸事为矣，此何非经义之所阐述乎？经学即理学也，理学即修己治人之学也。"④

五　顾炎武与清学之弊

经典本身是固定不变的，可变的是对经典的诠释。《四库全书提要·

---

① 赵尔巽等：《清史稿》卷四百八十二《黄以周传》，中华书局1977年版，第13297页。
② 缪荃孙：《中书衔处州府学教授黄先生墓志铭》，《艺风堂文续集》，清宣统二年刻、民国二年印本。
③ 陈钟璋：《象山之学原于上蔡考》，民国《海康县续志》卷二十九，民国二十七年铅印本。
④ 翁方纲：《中州文献册跋》，《复初斋文集》卷十七，清李彦章校刻本。

经部总叙》:"经禀圣裁,垂型万世,删定之旨,如日中天,无所容其赞述。所论次者,诂经之说而已。"① 先秦传记、汉唐注疏,举凡章句、训诂、语录、札记,都只是经学的文献学,或称经学的诠释学。全祖望所总结的顾炎武之学的六个方面,是否便足以代表经学的全部,是一个可以商榷的问题。假定《日知录》足以代表其学术之主体,那么,若由语录文体而论,《黄氏日钞》《日知录》,乃至清代考据三大家赵翼、王鸣盛、钱大昕的著作,大抵为札记体。札记体亦可谓一种趋于简化的文体,札记文体的简化趋向与语录文体并无不同。

再由古今流变而论,经学流衍至宋代即为理学,理学即经学在宋代之形态。顾炎武曰:"理学"之名自宋人始有之。实际上,"朴学""实学""考据学"之名,古亦无之,清人始有之。顾炎武之经学,流而为清代之考据学;借用顾炎武之言,现在也可以说,"安得别有朴学"?"安得别有考据学"?

由义理而言,学术史之由古至今,是一个趋向抽象化与具象化的过程。

宋学重《四书》轻《五经》,重传记轻经典,重义理轻名物,重抽象轻具象,总之是对经典的抽象化,同时也是对经典的简化。由孔孟而至周程张朱一千三百年,宗法、分封变而为科举、郡县,名物制度,难于泥守。越是具象的就越难适用,宋人所做的工作就是将具象的制度去掉,而从中提取出抽象的义理,从而获得一种恒久的价值。这种恒久的价值,可以适应国家与民族的变化,或说可以超越国家与民族之上。南宋学者大多对抗击北方游牧民族不甚措意,而对抵拒异端更加用心,其最高目标则是营建道统。

宋明矫汉唐之弊,清学矫明学之弊。

清陆心源《拟顾炎武从祀议》:"圣人没而微言绝,七十子之徒各以所闻相授受。其弊也,沈溺章句,大义茫然。至五季,而其弊极矣。宋儒出,而圣人之道复明。程朱之学,由博而返约,自粗以及精。体明矣,必达之用。经通矣,必修之行。其弊也,空谈心性,不求实学,甚则以聚徒

---

① 纪昀等:《四库全书总目提要》卷一《经部总叙》,河北人民出版社2000年版,第49页。

为市道，以讲学为利阶。至明季，而其弊极矣。顾炎武出，而圣人之道复明。"①

但是清学之弊却未曾矫正。

禅学亦自有其时义。苏轼《李氏山房藏书记》："后生科举之士，皆束书不观，游谈无根。"②清人批评前人，最喜用此二语，贬斥"空谈"。表面上看，其因果关系，似是"束书不观"，造成了"游谈无根"。然而从学术史上言之，假使世人皆已"束书不观"，或者不得不"束书不观"，乃至于无书可观，便也只好"空谈义理"了。

当举世视经典为平淡之时，则揭示"天理""天道"；当举世感知麻木之时，则揭示"心性"。朱子《四书章句集注》其实只是学者入门书，只负责普通人的教化。就普通社会层面的教化而言，"凡以风示儒者无植党，无近名，无大言而不惭，无空谈而鲜用，则庶几孔孟之正传矣"③。而顾炎武之所学如金石、舆地藏书、版本之类，乃是研究家之事，君子之所学。

北学颜李一派，讲求名节，务于实用，而期于复古，较顾炎武益加坚忍果毅，较之考据家校勘群书尤为近道。

李塨《论语传注》："凡不切立身经世者，一概谓之空谈，而于心性之学，排击尤甚。"④

颜元《存学编》卷一："宋元来儒者却习成妇女态，甚可羞。无事袖手谈心性，临危一死报君王，即为上品矣。"⑤

明儒惟知君臣大义，忠臣节妇，前赴后继，而面对国家衰亡，束手无能。颜李身有闻见，感慨弥切。但退一步看，时届清末，危亡再临，知大义而赴死者，寥寥无几人。当此之时，便不能不说朴学考据亦有大弊。

顾炎武之名言曰"有亡国，有亡天下"。清末民初，国家再造，恰恰是国家未亡而天下则亡，究根问底是多了考据，少了义理。

---

① 陆心源：《拟顾炎武从祀议》，《仪顾堂集》，清光绪刻本。
② 苏轼：《李氏山房藏书记》，《东坡七集》卷第三十二，《续四部丛刊》陶斋校刊本。
③ 纪昀等：《四库全书总目提要》卷九十一《子部儒家类小序》，河北人民出版社2000年版，第2331页。
④ 纪昀等：《四库全书总目提要》卷三十七《论语传注提要》，河北人民出版社2000年版，第994页。
⑤ 颜元：《存学编》，《颜元集》，中华书局1987年版，第51页。

民国学术之弊，在于不知大义而陷于功利，驯至全盘西化，亡乎天下。说者谓顾炎武之学接续了近代实证主义科学方法，此说不啻谓顾炎武自己打自己的脸。

由实证而言，疑古始于唐宋。清人考据学其实仍出于疑古。

宋人、清人均疑古。疑古之由，在于世远言湮，学术麻木，故期溯源探源以新之。

所不同者，宋人疑古而成理学，由"上学"而抽象化，清人疑古而成朴学，由"下学"而具象化。

宋人疑古而推崇义理，清人疑古而推崇实证。

三代至清二千余年，经典不得不疑；三代至清二千余年，经典如何可证？如果考据学之考证，介于可证与不可证之间，甚或介于当证与不当证之间，则考据学的局限性就会暴露出来。

梁启超云："'以经学代理学'，是推翻一偶像而别供一偶像。"①

邓绎云："为精义之学者，每获一义，如获一珠。为训诂之学者，每获一义，如获一鱼。万鱼不如一珠，珠贵而鱼贱易得也。知珠鱼贵贱之别者，可与言孔门识大之学，好学而希贤希圣，深思而作睿作圣已。国朝文学之道大患，乃在于小，导源在'经学即理学'之一言，而其学于经者，无非舍其大而识其小也。废义理之大学，而穷故训之小学。所治愈精，其技愈粗；所治愈密，其用愈疏。"②

赖襄云："顾宁人与归庄（恒轩）同学，少时已有'归奇顾怪'之目，疑为迂僻士。然志在经济，既遭鼎革，不能有施，守母遗训，誓不仕二姓。其讲学特止考证者，不得已也。同时阎若璩、万斯同兄弟、黄宗羲、傅山、李容（李颙）诸人之意，盖皆然。"③

皮锡瑞云："《皇清经解》《续皇清经解》二书，于国朝诸家，蒐辑大备；惟卷帙繁富，几有累世莫殚之疑；而其中卓然成家者，实亦无几；一知半解，可置不阅。"④（《皇清经解》前19卷为顾炎武所著五种的节本。）

---

① 梁启超：《清代学术概论》，商务印书馆1921年版，第19页。
② 邓绎：《藻川堂谭艺·三代篇》，清光绪刻本。
③ 赖襄：《书日知录后》，《赖山阳全书·文集》，东京赖山阳先生遗迹显彰会1931年版。
④ 皮锡瑞：《经学历史》，中华书局2004年版，第252页。

郑珍诗："顾公宰相才，老得忠孝名。以言救天下，不期当时行。大运自秦来，治具几纷更。元元万古胸，利病如列星。传来二百年，考资丐儒生。或非著书意，掩卷三涕零。"① 钱仲联评："乾嘉学派得到的不是治国平天下之策，而只是考据。这首诗见解高超。"②

马一浮论："清初人如顾亭林、黄梨洲、王船山，所志尚大，其后考据家失之小，而讲微言大义如公羊学家者又失之诞。降至今日，如顾颉刚之考据孟姜女，进而为《古史辨》，则既小且诞，兼而有之矣。"③

《清史稿·儒林传一》首孙奇逢、黄宗羲、王夫之、李颙。《儒林传二》首顾炎武、张尔岐、万斯大、胡渭、毛奇龄、阎若璩。失之毫厘，谬以千里，古人所以慎始也如此。

第二节 《四库全书》对顾炎武的认同

《四库全书》收入顾炎武著作共计14种，《四库全书总目》著录顾炎武著作9种，二类合计23种，此外《四库全书》各书提要中援引的顾炎武著作，也有105次之多。由此可见清廷在处理违碍文字的前提下，在朴学的立场观点之下，对于顾炎武学术的整体认同，亦即对于汉字文化的整体认同。

同治间陆心源称道顾炎武："伏读《国史儒林传》，列于诸儒之首，《钦定四库全书》收其著作甚多。"④

《四库全书》收入的顾炎武著作中，2种源于抄本。《四库全书总目》著录的顾炎武著作中，也有2种源于抄本。从整体上来说，其收顾著，一则数量众多，二则收录范围亦相当放宽。在当时已经刊刻出的《亭林遗书十种》中，《亭林文集》六卷、《亭林诗集》五卷，明确列为禁毁书，《四库全书》没有收入。除诗文集、《天下郡国利病书》、《肇域志》外，顾炎武的主要著作大多已涵括在内。

---

① 郑珍：《读日知录》，《巢经巢集》卷三，清光绪二十年刊本。
② 钱仲联著，魏中林整理：《钱仲联讲论清诗》，苏州大学出版社2004年版，第89页。
③ 马一浮：《马一浮集》第三册《诸子篇》，浙江古籍出版社1996年版，第972—973页。
④ 陆心源：《拟顾炎武从祀议》，《仪顾堂集》卷三，清光绪刻本。

清廷对汉文化的认同，在某种意义上意味着顾炎武学术理想的实现。其经世、考据、理学之辨，以及从祀文庙，则在其次。

顾炎武其学术专，范围宽，影响大，后人任意诠释，各尽其量。其中虽多主观因素，但基本线索亦显而易见，大约有六次变化。

第一，顺治间，顾炎武最初的身份为明遗民，抱定"弗事二姓"之心，所谓"无为异国臣子，无负世世国恩"，并且隐约有抗清之举。

第二，至康熙间，顾炎武发愤著书，而清廷亦不穷究其事，虽然历有坎坷，最终也脱离南明之累，脱离文网之责，得以自由出入京师，广交学友。（顾炎武北游不返，主因在于家难，见第一章。）潘耒作《日知录序》，称之为"通儒"。

第三，至乾隆间，顾炎武、王弘撰、徐乾学诸人卒后，清人开四库馆，大收其篇籍，推为"国初称学有根柢者以炎武为最"，至乾嘉考据学大盛，顾炎武号称不祧之祖。

第四，至道咸之际，阮元编纂《皇清经解》，重拾朴学，何绍基创建顾祠，再论经世，顾炎武又得清人一次追认。

第五，光绪间，郭嵩焘、陈宝琛奏请以顾炎武从祀文庙，顾炎武得到清廷所能给予的最大认同。

第六，民国间，余波未已，革命家以顾炎武为反清志士，新派学者以顾炎武为具备科学方法。

凡此六变，因时而起，各有其当。

要之，学者当鼎革之际，处华夷之变，最要紧事，莫过于保存汉字文化。亡国之仇不过一代人事，朝代鼎革不过数百年事，而仁政王道乃凌越一切变迁而不可变易者也。故顾炎武言："有亡国，有亡天下。亡国与亡天下奚辨？曰：易姓改号谓之亡国，仁义充塞谓之亡天下。"[①]

夷狄入中国则中国之，中国入夷狄则夷狄之。进于中国则中国之，退于夷狄则夷狄之。天下之生久矣，一治一乱，仅此而已。顾炎武读《金史·忠义传序》："圣元诏修《辽》《金》《宋》史，史臣议凡例，前代之臣忠于所事者，请书之无讳，朝廷从之"，盛赞曰，此"不独元主之贤明"，"其

[①] 黄珅、严佐之、刘永翔主编：《顾炎武全集》第18册《日知录》，上海古籍出版社2011、2012年版，第526页。

时之人心风俗犹有三代直道之遗"也。①

由《四库全书》而言,一方面,可见清廷在处理违碍文字的前提下,在朴学的立场观点之下,对于顾炎武学术的整体认同,亦即对于汉字文化的整体认同;另一方面,也可以说,顾炎武对于"天下兴亡"的担忧,终于可以释然。

一 《四库全书》收入顾炎武著作十四种并撰提要

1. 《左传杜解补正》三卷(通行本)

《四库全书总目提要》卷二十九经部二十九春秋类四:

> 国朝顾炎武撰。炎武一名绛,字宁人,昆山人。博极群书,精于考证,国初称学有根柢者以炎武为最。李光地尝为作《小传》,今载《榕村集》中。是书以杜预《左传集解》时有阙失,贾逵、服虔之《注》、乐逊之《春秋序义》今又不传,于是博稽载籍,作为此书。至邵宝《左觿》等书,苟有合者,亦皆采辑。若"室如悬磬",取诸《国语》。"肉谓之羹",取诸《尔雅》。车之有辅,取诸《吕览》。田禄其子,取诸《楚辞》。千亩原之在晋州,取诸郑康成。祏为庙主,取诸《说文》。石四为鼓,取诸王肃《家语注》。祝其之为莱芜,取诸《水经注》。凡此之类,皆有根据。其他推求文义,研究诂训,亦多得《左氏》之意。昔隋刘炫作《杜解规过》,其书不传,惟散见孔颖达《正义》中。然孔疏之例,务主一家,故凡炫所规,皆遭排斥。一字一句,无不刘曲而杜直,未协至公。炎武甚重杜《解》,而又能弥缝其阙失,可谓扫除门户,能持是非之平矣。……②

2. 《九经误字》一卷(内府藏本)

《四库全书总目提要》卷三十三经部三十三五经总义类:

---

① 黄珅、严佐之、刘永翔主编:《顾炎武全集》第19册《日知录》,上海古籍出版社2011、2012年版,第1006页。

② 纪昀等:《四库全书总目提要》,河北人民出版社2000年版,第749页。

是书以明国子监所刊诸经字多讹脱，而坊刻之误又甚于监本，乃考石经及诸旧刻作为此书。其中所摘监本、坊本之误，诸经尚不过一二字，惟《仪礼》脱误比诸经尤甚。如《士昏礼》"视诸衿鞶"下脱"婿授绥，姆辞曰：未教，不足与为礼也"十四字；《乡射礼》"各以其物获"下脱"士鹿中翿旌以获"七字；《燕礼》"享于门外东方"下脱"其牲狗也"四字；《特牲馈食礼》"长皆答拜"下脱"举觯者祭，卒觯，拜，长皆答拜"十一字；《少牢馈食礼》"振之三"下脱"以授尸，坐，取箪，兴"七字。其一两字之脱，尚有二十处。皆赖炎武此书校明，今本得以补正，则于典籍不为无功矣。……①

3.《音论》三卷（安徽巡抚采进本）
《四库全书总目提要》卷四十二经部四十二小学类三：

自陈第作《毛诗古音考》、《屈宋古音义》，而古音之门径始明。然创辟榛芜，犹未及研求邃密。至炎武乃探讨本原，推寻经传，作《音学五书》以正之。此其五书之一也。……共十五篇，皆引据古人之说以相证验。中惟所论入声变乱旧法，未为甚确。余皆元元本本，足以订俗学之讹。盖《五书》之纲领也。书成于崇祯癸未，其时旧本《集韵》与别本《广韵》皆尚未出，故不知唐、宋部分之异同由于陈彭年、丁度。又唐封演《见闻记》，其时亦未刊行，故亦不知唐人官韵定自许敬宗。然全书持论精博，百余年来，言韵学者虽愈阐愈密，或出于炎武所论之外。而发明古义，则陈第之后，炎武屹为正宗。陈万策《近道斋集》有《李光地小传》，称光地音学受之炎武。又万策作《李光地诗集后序》，称光地推炎武音学，妙契古先。故所注古音不用吴棫《韵补》，而用炎武《诗本音》。则是书之为善本，可概见矣。②

4.《诗本音》十卷（安徽巡抚采进本）
《四库全书总目提要》卷四十二经部四十二小学类三：

---

① 纪昀等：《四库全书总目提要》，河北人民出版社2000年版，第854页。
② 纪昀等：《四库全书总目提要》，河北人民出版社2000年版，第1141页。

《音学五书》之二也。其书主陈第诗无叶韵之说，不与吴棫《补音》争，而亦全不用棫之例。但即本经所用之音互相参考，证以他书，明古音原作是读，非由迁就，故曰"本音"。每诗皆全列经文，而注其音于句下。与今韵合者注曰"《广韵》某部"，与今韵异者即注曰"古音某"。大抵密于陈第而疏于江永。故永作《古韵标准》，驳正此书者颇多。然合者十九，不合者十一。南宋以来，随意叶读之谬论，至此始一一廓清，厥功甚巨。当以永书辅此书，不能以永书废此书也。若毛奇龄之逞博争胜，务与炎武相诘难，则文人相轻之习，益不足为定论矣。①

5.《易音》三卷（安徽巡抚采进本）
《四库全书总目提要》卷四十二经部四十二小学类三：

《音学五书》之三也。其书即《周易》以求古音。上卷为《彖辞》、《爻辞》，中卷为《象传》、《象传》，下卷为《系辞》、《文言》、《说卦》、《杂卦》。其音往往与《诗》不同，又或往往不韵。故炎武所注，凡与《诗》音不同者，皆以为偶用方音，而不韵者则阙焉。考《春秋传》所载繇词，无不有韵，说者以为《连山》、《归藏》之文。然汉儒所传，不过《周易》，而《史记》载大横之兆，其繇亦然。意卜筮家别有其书，如焦赣《易林》之类，非《易》之本书。而《易》之本书则如周、秦诸子之书，或韵或不韵，本无定体。其韵或杂方音，亦不能尽求其读。故《彖辞》、《爻辞》不韵者多，韵者亦间有。《十翼》则韵者固多，而不韵者亦错出其间。非如《诗》三百篇协咏歌，被管弦，非韵不可以成章也。炎武于不可韵者，如《乾》之九二、九四中隔一爻，谓义相承则韵相承之类，未免穿凿。又如六十四卦《彖辞》惟四卦有韵，殆出偶合，标以为例，亦未免附会。然其考核精确者，则于古音亦多有裨，固可存为旁证焉。②

---

① 纪昀等：《四库全书总目提要》，河北人民出版社2000年版，第1141—1142页。
② 纪昀等：《四库全书总目提要》，河北人民出版社2000年版，第1142页。

6.《唐韵正》二十卷（安徽巡抚采进本）
《四库全书总目提要》卷四十二经部四十二小学类三：

> 《音学五书》之四也。其书以古音正《唐韵》之讹。书首有《凡例》曰："凡韵中之字，今音与古音同者，即不注。其不同者，乃韵谱相传之误，则注云古音某，并引经传之文以证之。其一韵皆同而中有数字之误，则止就数字注之，《一东》是也。一韵皆误，则每字注之，《四江》是也。同者半则同者注其略，不同者注其详，且明其本二韵而误并为一，《五支》是也。一韵皆同，无误则不注，《二冬》、《三钟》是也。"盖逐字以求古音，当移出者移而出，当移入者移而入。视他家谬执今韵言古音，但知有字之当入，而不知有字之当出，以至今古纠牵，不可究诘者，其体例特为明晰。与所作《韵补正》皆为善本。然《韵补》误叶古音，可谓之正。至《唐韵》则本为四声而设，非言古韵之书。声随世移，是变非误，概名曰"正"，于义未协。是则炎武泥古之过，其遍亦不可不知也。①

7.《古音表》二卷（安徽巡抚采进本）
《四库全书总目提要》卷四十二经部四十二小学类三：

> 《音学五书》之五也。凡分十部。……皆以平声为部首，而三声随之。其移入之字与割并之部，即附见其中。考以古法，多相吻合。惟入声割裂分配，其说甚辨。然变乱旧部，论者多有异同。其门人潘耒作《类音》八卷，深为李光地《榕村语录》所诟厉。其滥觞即从此书也。以与所著五书共为卷帙，当并存以具一家之言。且其配隶古音，实有足纠吴棫以来之谬者，故仍录备参考焉。②

8.《韵补正》一卷（安徽巡抚采进本）
《四库全书总目提要》卷四十二经部四十二小学类三：

---

① 纪昀等：《四库全书总目提要》，河北人民出版社2000年版，第1142—1143页。
② 纪昀等：《四库全书总目提要》，河北人民出版社2000年版，第1143页。

案《宋志》，吴棫有《毛诗叶韵补音》十卷，又《韵补》五卷。自朱子作《诗集传》，用其《毛诗叶韵补音》，儒者因朱子而不敢议棫。又因《毛诗叶韵补音》并不敢议其《韵补》。炎武此书，于棫虽亦委曲回护，有"安得如才老者与之论韵"之言。然所作《诗本音》已不从棫说，至于此书，则更一一纠弹，不少假借。盖攻《韵补》者其本旨，推棫者其巽词也。案《朱子语录》称"吴才老《补音》甚详，然亦有推不去者"，则朱子于棫之书原不谓尽无遗议。马端临《经籍考》特录朱子此条于《毛诗叶韵补音》之下，亦具有深心。炎武此书，绝不为叫嚣攻击之词。但于古音叶读之舛误，今韵通用之乖方，各为别白注之，而得失自见。可谓不悖是非之正，亦不涉门户之争者矣。①

9. 《历代帝王宅京记》二十卷（湖北巡抚采进本）

《四库全书总目提要》卷六十八史部二十四地理类一：

所录皆历代建都之制，上起伏羲，下讫于元，仿《雍录》、《长安志》体例，备载其城郭、宫室、都邑、寺观，及建置年月事迹。前为总论二卷，后十八卷则各按时代详载本末。征引详核，考据亦颇精审。盖地理之学，炎武素所长也。……②

10. 《营平二州地名记》一卷（两淮盐政采进本）

《四库全书总目提要》卷七十史部二十六地理类三：

案《尔雅》营州，孙炎注以为殷制，孔颖达《尚书疏》谓舜十二州有营州，殷本虞制，分青州地为之。凡在辽水东者，东至朝鲜之境，皆古营州地也。平州即今永平府，在虞时亦为营州地，秦时为右北平辽西地，后汉洎晋皆为辽西地。后汉末，公孙度自号平州牧，于是平州之名始见于史。炎武游永平时，郡人以志属之。炎武未应其

---

① 纪昀等：《四库全书总目提要》，河北人民出版社2000年版，第1144页。
② 纪昀等：《四库全书总目提要》，河北人民出版社2000年版，第1813页。

求，因撮古来营、平二州故实，纂为六卷付之，题曰《营平二州史事》。……①

11. 《求古录》一卷（两淮盐政采进本）
《四库全书总目提要》卷八十六史部四十二目录类二：

  国朝顾炎武撰。炎武有《左传杜解补正》，已著录。炎武性好远游，足迹几遍天下。搜金石之文，手自抄纂。凡已见方志者不录，现有拓本者不录，近代文集尚存者不录，上自汉《曹全碑》，下至明建文《霍山碑》，共得五十六种。每刻必载全文，盖用洪适《隶释》之例，仍皆志其地理，考其建立之由，古字篆隶，一一注释。其中官职年月，多可与正史相参。如荼荼、准准、张跙等字，亦可以补正字书之讹。炎武别有《金石文字记》，但载跋尾，不若此编之详明也。……②

12. 《金石文字记》六卷（两淮马裕家藏本）
《四库全书总目提要》卷八十六史部四十二目录类二：

  前有炎武《自序》，谓抉剔史传，发挥经典，颇有欧阳、赵氏二录之所未具者。今观其书，衷所见汉以来碑刻，以时代为次，每条下各缀以跋，其无跋者亦具其立石年月，撰书人姓名。证据今古，辨正讹误，较《集古》、《金石》二录实为精核，亦非过自标置也。所录凡三百余种。后又有炎武门人吴江潘耒补遗二十余种。碑字间有异者，又别为摘录于末。亦犹洪适《隶释》每碑之后摘录今古异文某字为某之遗意。《潜研堂金石文跋尾》尝摘其舛误六条……斥石鼓之伪，谓不足侪于二雅，未免勇于非古。释校官之碑，谓东汉时有校官，亦未免疏于考据。是则其失之臆断者耳。然在近世著录金石家，其本末源

---

① 纪昀等：《四库全书总目提要》，河北人民出版社2000年版，第1874页。
② 纪昀等：《四库全书总目提要》，河北人民出版社2000年版，第2247页。

流,灿然明白,终未能或之先也。①

13.《石经考》一卷(两淮马裕家藏本)
《四库全书总目提要》卷八十六史部四十二目录类二:

> 考石经七种,裴頠所书者无传。开元以下所刻,亦无异议。惟汉魏二种,以《后汉书·儒林传》之讹,遂使一字、三字、争如聚讼。欧阳修作《集古录》,疑不能明。赵明诚作《金石录》,洪适作《隶释》,始详为核定,以一字为汉,三字为魏。然考证虽精,而引据未广,论者尚有所疑。炎武此书,博列众说,互相参较。其中如据卫恒《书势》以为《三字石经》非邯郸淳所书,又据《周书·宣帝纪》、《隋书·刘焯传》以正《经籍志》自邺载入长安之误。尤为发前人所未发。至于洪适《隶续》尚有《汉仪礼》一碑,《魏三体石经》一碑,又《开封石经》虽已汨于河水,然世传拓本,尚有二碑。炎武偶然未考,竟置不言,是则千虑一失耳。②

14.《日知录》三十二卷(内府藏本)
《四库全书总目提要》卷一百十九子部二十九杂家类三:

> 是书前有自记,称自少读书,有所得,辄记之。其有不合,时复改定,或古人先我而有者,则遂削之。积三十余年,乃成一编。盖其一生精力所注也。书中不分门目,而编次先后则略以类从。大抵前七卷皆论经义,八卷至十二卷皆论政事,十三卷论世风,十四卷、十五卷论礼制,十六卷、十七卷皆论科举,十八卷至二十一卷皆论艺文,二十二卷至二十四卷杂论名义,二十五卷论古事真妄,二十六卷论史法,二十七卷论注书,二十八卷论杂事,二十九卷论兵及外国事,三十卷论天象术数,三十一卷论地理,三十二卷为杂考证。炎武学有本原,博赡而能通贯,每一事必详其始末,参以证佐而后笔之于书。故

---

① 纪昀等:《四库全书总目提要》,河北人民出版社2000年版,第2247—2249页。
② 纪昀等:《四库全书总目提要》,河北人民出版社2000年版,第2249页。

引据浩繁，而牴牾者少，非如杨慎、焦竑诸人偶然涉猎，得一义之异同，知其一而不知其二者。阎若璩作《潜邱札记》，尝补正此书五十余条。若璩之婿沈俨，特著其事于序中。赵执信作若璩墓志，亦特书其事。若璩博极群书，睥睨一代，虽王士禛诸人尚谓不足当抨击，独于诘难此书，沾沾自喜，则其引炎武为重可概见矣。然所驳或当或否，亦互见短长，要不足为炎武病也。惟炎武生于明末，喜谈经世之务，激于时事，慨然以复古为志，其说或迂而难行，或愎而过锐。观所作《音学五书·后序》，至谓圣人复起，必举今日之音而还之淳古，是岂可行之事乎？潘耒作是书序，乃盛称其经济，而以考据精详为末务，殆非笃论矣。①

以上顾炎武著作共计14种，在收录数量上是非常多的。

在《四库全书》编选之前，《音学五书》已由顾炎武本人刊刻，包括《音论》《诗本音》《易音》《唐韵正》《古音表》，是为康熙符山堂刻本。《四库全书》所收《音学五书》均为安徽巡抚采进本，当即成套的符山堂刻本。

在顾炎武卒后、《四库全书》编选之前，顾炎武的弟子潘耒刊刻了《音学五书》之外的十种著作，即《亭林遗书十种》，包括：

(1)《左传杜解补正》三卷

(2)《九经误字》一卷

(3)《石经考》一卷

(4)《金石文字记》六卷

(5)《韵补正》一卷

(6)《昌平山水记》二卷

(7)《谲觚十事》一卷

(8)《顾氏谱系考》一卷

(9)《亭林文集》六卷

(10)《亭林诗集》五卷

是为康熙遂初堂刻本。

---

① 纪昀等：《四库全书总目提要》，河北人民出版社2000年版，第3076页。

《四库全书》收录和存目的 8 种，分别为通行本、内府藏本、安徽巡抚采进本、两淮马裕家藏本、两江总督采进本，当即遂初堂《亭林遗书十种》刻本。

康熙三十四年潘耒另外编辑、刊刻了《日知录》三十二卷，是为《日知录》遂初堂刻本。《四库全书》收入的《日知录》三十二卷内府藏本，当即此本。

值得注意的是，《历代帝王宅京记》《营平二州地名记》二书，《四库全书》没有刻本依据，乃是依照抄本收入，最为难得。

《历代帝王宅京记》二十卷，《四库全书》用湖北巡抚采进本，《提要》又曰："此书写本不一，浙江所采进者，仅总序二卷。而较之此本则多唐代宗时广德元年十月吐蕃犯京畿，上幸陕州一条；元顺帝至元二十五年改南京路为汴京路、北京路为武平路、西京路为大同路、东京路为辽阳路一条。盖旧无刊版，辗转传钞，讹阙异同，固所不能免尔。"① 明确交代"旧无刊版"。《历代帝王宅京记》又名《历代宅京记》，有徐元文序、顾衍生跋。在《四库全书》编选之前，此书只有抄本流传，见钱大昕《历代帝王宅京记·序》、傅增湘《写本历代宅京记跋》、顾廷龙《历代帝王宅京记·跋》、陈海燕主编《过云楼藏书书目图录》，以及 1984 年中华书局点校本《出版说明》。

《营平二州地名记》一卷，《四库全书》用两淮盐政采进本，《提要》又曰："今其书不存。此书出自惠栋红豆斋，惟载二州古地名，至五代而止。又仅一卷，意其为六卷之一也。其中'卑耳之谿'一条，既引《管子》，最后一页又载俞儿一事全文。当是随笔杂钞，失于删削。不但非其完书，并为未定之稿本矣。然炎武娴于地理，所纂述多可依据。书虽残阙，要于考证之学不为无补焉。"② 明言"惠栋红豆斋"，可知亦为抄本。《营平二州地名记》又名《营平二州史事》《营平二州史事记》，在《四库全书》编选之前，此书亦只有抄本流传，见《中国古籍善本书目·史部》、王欣夫《蛾术轩箧存善本书录》，及《顾炎武全集·营平二州地名记》方笑一《点校说明》。

---

① 纪昀等：《四库全书总目提要》，河北人民出版社 2000 年版，第 1813 页。
② 纪昀等：《四库全书总目提要》，河北人民出版社 2000 年版，第 1813 页。

在刊刻出的《亭林遗书十种》中，只有《亭林文集》六卷、《亭林诗集》五卷，《四库全书》没有收入，《四库总目》不列存目，亦无提要。而李因笃为顾炎武学友，徐乾学为顾炎武外甥，潘耒为顾炎武弟子，其《受祺堂诗集》三十四卷，《憺园集》三十八卷，《遂初堂诗集》十五卷、《文集》二十卷、《别集》四卷，则均列入集部别集类存目，且有提要。

二 《四库全书》存目顾炎武著作九种并撰提要

1. 《顾氏谱系考》一卷（两江总督采进本）
《四库全书总目提要》卷六十三史部十九传记类存目五：

是书于顾氏世系考据最详。然姓氏之书，最为丛杂。自唐以后，谱学失传，掇拾残文，未必源流尽合。姑存其说可也。①

2. 《天下郡国利病书》一百二十卷（两江总督采进本）
《四库全书总目提要》卷七十二史部二十八地理类存目一：

是书盖杂取天下府州县志书，及历代奏疏文集并明代实录，辑录成编。其中采掇旧文，同异兼收，间有矛盾之处。编次亦绝无体例，盖未成之稿本也。②

3. 《昌平山水记》二卷（两江总督采进本）
《四库全书总目提要》卷七十六史部三十二地理类存目五：

炎武博极群书，足迹几遍天下，故最明于地理之学。是书虽第举一隅，然辨证皆多精确。惟长城以外为炎武目所未经，所叙时多舛误。如称塞外有凤州，不知苏辙诗所云"兴州东谷凤州西"者，乃回忆乡关之语。《唐书》、《辽志》，塞外均无凤州之名。又如古北口之杨

---

① 纪昀等：《四库全书总目提要》，河北人民出版社2000年版，第1719页。
② 纪昀等：《四库全书总目提要》，河北人民出版社2000年版，第1924页。

业祠，炎武据《宋史》辨其伪。然刘敞、苏辙皆有过业祠诗，在托克托修史之前几二百载。必执后代传闻以驳当年之目见，亦过泥史传之失也。①

4.《山东考古录》一卷（大学士英廉家藏本）
《四库全书总目提要》卷七十七史部三十三地理类存目六：

> 旧本题国朝顾炎武撰，载吴震方《说铃》中。然《说铃》载炎武书四种，其三皆杂剽《日知录》，而此书之文独《日知录》所不载。末题"辛丑腊望日庚申，是日立春"字，盖作于顺治十八年。考王士禛《居易录》，记炎武尝预修《山东通志》。或是时所遗稿本，亦未可知也。②

5.《京东考古录》一卷（大学士英廉家藏本）
《四库全书总目提要》卷七十七史部三十三地理类存目六：

> 旧本题国朝顾炎武撰，载吴震方《说铃》中。其文皆见炎武所撰《日知录》及《昌平山水记》。殆震方剿取别行，伪立此名也。③

（张穆《顾亭林先生年谱》二十一年壬戌，七十岁：张穆案："衍生《书目》本有此名，《提要》殊武断。盖先生所著书其精华无不采入《日知录》者，不但此一书也。"）

6.《谲觚》一卷（两江总督采进本）
《四库全书总目提要》卷七十七史部三十三地理类存目六：

> 时有乐安李焕章，伪称与炎武书，驳正地理十事，故炎武作是书以辨之。其论孟尝君之封于薛，及临淄之非营邱诸条，皆于地理之学

---

① 纪昀等：《四库全书总目提要》，河北人民出版社2000年版，第1999页。
② 纪昀等：《四库全书总目提要》，河北人民出版社2000年版，第2032页。
③ 纪昀等：《四库全书总目提要》，河北人民出版社2000年版，第2032页。

有所补正。①

7.《菰中随笔》三卷（两淮盐政采进本）
《四库全书总目提要》卷一百二十六子部三十六杂家类存目三：

> 炎武本精考证之学。此编以读书所得，随时记载。旁及常言俗谚，及生平问答之语，亦琐碎记入。虽亦有足资参考者，然编次不伦，饾饤无绪，当为偶录稿本，后人以名重存之耳。②

8.《救文格论》一卷、《杂录》一卷（大学士英廉购进本）
《四库全书总目提要》卷一百二十六子部三十六杂家类存目三：

> 载吴震方《说铃》中，然皆炎武《日知录》之文。潘耒作《日知录序》，题康熙乙亥。徐倬作《说铃序》，题康熙乙酉。是《日知录》已刻十年，乃有《说铃》。不应剽剟割裂，别立书名。考毛先舒《潠书》，有《与炎武札》称承示《救文格论》，《考古》、《日知》二录云云。则炎武原有此书别行于世，后乃编入《日知录》中。此犹据初本刻之耳。③

9.《经世篇》十二卷（编修汪如藻家藏本）
《四库全书总目提要》卷一百三十九子部四十九类书类存目三：

> 旧本题昆山顾炎武撰。其书门类，悉依场屋策目，每目一篇，附以诸家杂说，颇为拿陋。盖应科举者抄撮类书为之，而坊贾托名于炎武也。④

以上顾炎武著作存目9种，其中2种源于抄本。

---

① 纪昀等：《四库全书总目提要》，河北人民出版社2000年版，第2032页。
② 纪昀等：《四库全书总目提要》，河北人民出版社2000年版，第3254页。
③ 纪昀等：《四库全书总目提要》，河北人民出版社2000年版，第3254页。
④ 纪昀等：《四库全书总目提要》，河北人民出版社2000年版，第3545页。

《菰中随笔》有一卷本，最早有曲阜孔氏玉虹楼刊本，今存张穆批校本，见湖南图书馆编《湖南近现代藏书家题跋选》。另有三卷本，向以抄本传世，见何焯《〈菰中随笔〉序》、傅增湘《写本〈菰中随笔〉跋》，及《顾炎武全集·菰中随笔》严文儒、李善强《校点说明》。

《经世篇》十二卷，《四库全书》源于编修汪如藻家藏本。此书又见《清史稿·艺文志三》著录，内容或为抄撮顾炎武各书，并非专著，亦非伪托。此书未见刊刻，当是抄本传世。

康熙四十一年吴震方辑刻《说铃》，节抄《日知录》文字，编为四种：《京东考古录》《救文格论》《山东考古录》《杂录》，各仅一卷。《总目提要》认为三书文字均重复，只有《山东考古录》内容不见于《日知录》，其实重复之处不少。胡玉缙《四库全书总目提要补正》云："此书见于《日知录》者亦十数条。"又见朱莎莎《顾亭林〈山东考古录〉考释》。① 由此而言，《四库全书》不收此四种，是对的。

《天下郡国利病书》一百二十卷，为未成之稿，故入存目。《肇域志》一百卷，《清史稿·艺文志》著录，《四库全书》编纂时似未见，故未言及。

但《四库全书总目提要》称"炎武博极群书，足迹几遍天下，故最明于地理之学。是书虽第举一隅，然辨证皆多精确"，可见对存目中的顾炎武著作，仍有肯定的一面。

三 《四库全书》各书提要中援引的顾炎武著作

1. 经部 55 条②

《周易本义》十二卷，宋朱子撰。引顾炎武《日知录》曰。

《易象意言》一卷，宋蔡渊撰。引顾炎武《日知录》曰。

《周易程朱传义折衷》三十三卷，元赵采撰。引顾炎武《日知录》谓。

《乔氏易俟》十八卷，国朝乔莱撰。备引顾炎武方音之说，则非未见《音学五书》者。

---

① 朱莎莎：《顾亭林〈山东考古录〉考释》，《鲁东大学学报》2009 年第 6 期。
② 纪昀等：《四库全书总目提要》，河北人民出版社 2000 年版，第 50—1188 页。

第五章　顾炎武的学术与《日知录》的影响

《书传会选》六卷,明翰林学士刘三吾等奉敕撰。引顾炎武《日知录》曰。

《书疑》九卷,宋王柏撰。顾炎武《日知录》称为元儒王伯。

《古书世学》六卷,明丰坊撰。引顾炎武《日知录》曰。

《慈湖诗传》二十卷,宋杨简撰。顾炎武亦尝作《韵补正》一书,以纠其失。

《诗经大全》二十卷,明胡广等奉敕撰。顾炎武《日知录》、朱彝尊《经义考》并抉摘其非。

《诗经通义》十二卷,国朝朱鹤龄撰。其释音,明用陈第,国朝用顾炎武。

《毛诗类释》二十一卷《续编》三卷,国朝顾栋高撰。其邶鄘卫一条为顾炎武说。

《诗瀋》二十卷,国朝范家相撰。此亦足解顾炎武、毛奇龄二家之斗。

《毛诗日笺》六卷,国朝秦松龄撰。因取欧、苏、王、吕、程、李、辅、严诸家,以及明郝敬、何楷、近时顾炎武之言,互相参核,而以己意断之。

《诗经广大全》二十卷,国朝王梦白、陈曾同撰。前有韩菼《序》,引顾炎武言"自《五经》有《大全》而经学衰"。

《仪礼注疏》十七卷,汉郑玄注,唐贾公彦疏。引顾炎武《日知录》曰。

《仪礼郑注句读》十七卷,国朝张尔岐撰。顾炎武少所推许,而其《与江琬书》云:"济阳张君稷若名尔岐者,作《仪礼郑注句读》一书,颇根本先儒,立言简当。"

《仪礼集编》四十卷,国朝盛世佐撰。补顾炎武、张尔岐之阙。

《礼记大全》三十卷,明胡广等奉敕撰。引顾炎武《日知录》曰。

《周官翼疏》三十卷,国朝沈淑撰。是书汇辑汉、唐、宋、明以来及国朝李光地、顾炎武、方苞之说。

《左传附注》五卷,明陆粲撰。引顾炎武《日知录》。

《左传杜林合注》五十卷,明王道焜、赵如源同编。明邵宝、傅逊、陆粲、国朝顾炎武、惠栋又递有所补正。

《读左日钞》十二卷、补二卷,国朝朱鹤龄撰。"所补二卷,多用顾炎武说。""瑕瑜并陈,不及顾炎武、惠栋诸家之密。"

《春秋左氏传小疏》一卷，国朝沈彤撰。是编以赵汸、顾炎武所补《左传》杂《注》为未尽，更为订正。

《左觿》一卷，明邵宝撰。其中精确者数条，顾炎武《左传补注》已采之。

《左传注解辨误》二卷，明傅逊撰。视后来顾炎武、惠栋所订，未堪方驾。

《左传杜注补义》一卷，国朝苏本洁撰。是编因顾炎武《左传杜解补正》有所未尽，乃作此以补之。

《左绣》三十卷，国朝冯李骅、陆浩同编。又摘取孔氏《正义》及国朝顾炎武《左传补正》二书与杜氏有异同者，附于其后。

《经问》十八卷《经问补》三卷，国朝毛奇龄说经之词，其门人录之成编。指名而攻者，惟顾炎武、阎若璩、胡渭三人。以三人皆博学重望，足以攻击，而余子则不足齿录。其傲睨可云已甚。

《九经古义》十六卷，国朝惠栋撰。申注疏、张子、李子之义，驳顾炎武之说。

《经稗》六卷，国朝郑方坤撰。汉儒考证之学，遂散见杂家笔记之内。宋洪迈、王应麟诸人，明杨慎、焦竑诸人，国朝顾炎武、阎若璩诸人，其尤著者也。

《古微书》三十六卷，明孙瑴编。顾炎武《日知录》又称见《孝经援神契》。

《论语正义》二十卷，魏何晏注，宋邢昺疏。观顾炎武《石经考》，以石经《仪礼》校监版，或并经文全节漏落。

《四书经疑贯通》八卷，元王充耘撰。明洪武三年初行科举，其《四书》疑问以《大学》"古之欲明明德于天下者"二节与《孟子》"道在迩而求诸远"一节合为一题，问二书所言平天下大指同异。案此题见《日知录》。

《四书大全》三十六卷，明永乐十三年翰林学士胡广等奉敕撰。引顾炎武《日知录》曰。

《四书释地》一卷《四书释地续》一卷《释地又续》二卷《四书释地三续》二卷，国朝阎若璩撰。盖若璩博极群书，又精于考证，百年以来，自顾炎武以外，罕能与之抗衡者。

《四书本义汇参》四十五卷，国朝王步青撰。参取阎若璩、顾炎武之说。

《说文解字》三十卷，汉许慎撰。陈启源作《毛诗稽古编》，顾炎武作《日知录》，并沿其谬。

《古音略例》一卷，明杨慎撰。盖其文由掇拾而成，故其说或离或合，不及后来顾炎武、江永诸人能本末融贯也。

《转注古音略》五卷，明杨慎撰。以其引证颇博，亦有足供考证者，故顾炎武作《唐韵正》犹有取焉。

《毛诗古音考》四卷，明陈第撰。国朝顾炎武作《诗本音》，江永作《古韵标准》，以经证经，始廓清妄论。而开除先路，则此书实为首功。

《古今通韵》十二卷，国朝毛奇龄撰。是书为排斥顾炎武《音学五书》而作。创为五部、三声、两界、两合之说。

《易韵》四卷，国朝毛奇龄撰。奇龄此书，与顾炎武《易本音》皆置其无韵之文而论其有韵之文，故所言皆有条理。两家所撰韵书，互有出入。

《古韵标准》四卷，国朝江永撰。自昔论古音者不一家，惟宋吴棫，明杨慎、陈第，国朝顾炎武、柴绍炳、毛奇龄之书最行于世。……大旨于明取陈第，于国朝取顾炎武，而复补正其讹阙。吴棫、杨慎、毛奇龄之书，间有驳诘。

《别本干禄字书》二卷，唐颜元孙撰。其原本已著录。此本乃柏乡魏裔介所刊，卷端加以考证。其题"炎武按"者，当为顾炎武语。

《说文解字五音韵谱》十卷，宋李焘撰。顾炎武博极群书，而所作《日知录》，亦曰："《说文》原本次第不可见。今以四声列者，徐铉等所定也。"是虽知非许慎书，而又以焘之所编误归徐铉。信乎考古之难矣！

《说文长笺》一百四卷，明赵宧光撰。顾炎武《日知录》摘其以《论语》"虎兕出于柙"误称《孟子》，为《四书》亦未尝观。……然则炎武以宧光为好行小慧，不学墙面，不为太过矣。

《韵总持》三卷，明朱简撰。与陈第、顾炎武所考古韵未尝有一字之合，不知其何以称"古韵"也。

《韵会小补》三十卷，明方日升撰。顾炎武《音论》诋其劳唇吻、费简册有甚于前人者，亦非无故云然矣。

《声韵源流考》无卷数，国朝万斯同撰。上起魏李登《声类》，下迄国朝顾炎武、毛奇龄、邵长蘅之书，无不采录。……至于论古韵，则吴棫、陈第、顾炎武、毛奇龄、邵长蘅诸说，南辕北辙，互相攻击，而并全录其文，无一字之考订，知为杂抄之本。

《类音》八卷，国朝潘耒撰。耒受业于顾炎武。炎武之韵学，欲复古人之遗。耒之韵学，则务穷后世之变。……李光地《榕村语录》曰："潘次耕若肯将其师所著《音学五书》撮总纂订，令其精当，岂不大快？却自出意见，欲驾亭林之上，反成破绽。"

《古今韵表新编》五卷，国朝仇廷模撰。论古韵则多遵毛奇龄两界五通之说。奇龄《古今通韵》，欲以博辨胜顾炎武，已不免汗漫支离。

《韵学臆说》一卷，国朝王植撰。其所引据，不过宋吴棫、近时毛奇龄、马自援之说，而抗词以攻顾炎武，所见左矣。

《韵学》五卷，国朝王植撰。音韵之学，自古迄今，变而不常，亦推而愈密。……自明以来，惟陈第、顾炎武及近日江永识其源流。

《诗经叶音辨讹》八卷，国朝刘维谦撰。次为辨论顾炎武《音学五书》、毛奇龄《古今通韵》。……然古音之学，自宋吴棫而晦，自明陈第乃渐明。国朝顾炎武诸家，阐发其旨，久有定论。

《四声切韵表》一卷，国朝江永撰。其论入声尤详，大旨谓顾炎武《古音表》务反旧说之非。……顾炎武至谓孔子传《易》，亦不免于方音，其说永亦深取之。

2. 史部19条[①]

《隋书》八十五卷，唐魏徵等奉敕撰。顾炎武《日知录》所摘《突厥传》。

《南史》八十卷，唐李延寿撰。顾炎武《日知录》又摘其《李安民》诸传一事两见，为纪载之疏。

《元史》二百十卷，明宋濂等奉敕撰。顾炎武《日知录》摘其《赵孟頫》诸传，备书上世赠官，仍志铭之文，不知芟削。

《竹书纪年》二卷，顾炎武考证之学最为精核，所作《日知录》中，往往引以为据。

《汉纪》三十卷，汉荀悦撰。近时顾炎武《日知录》乃惟取其宣帝赐陈遂玺书一条，及元康三年封海昏侯诏一条，能改正《汉书》三四字。其

[①] 纪昀等：《四库全书总目提要》，河北人民出版社2000年版，第1228—2307页。

余则病其叙事索然无意味，间或首尾不备。

《资治通鉴》二百九十四卷，宋司马光撰，元胡三省音注。如景延广之名，《出师表》败军之事，庾亮"此手何可著贼"之语，沈怀珍之军洋水，阿那瑰之趋下口，乌丸轨宇文孝伯之误句，周太祖诏"今兄"之作"令兄"，顾炎武《日知录》并纠其失。

《素王记事》无卷数，旧本卷首题明浙江严州府通判太原傅汝楫校正。引顾炎武《日知录》曰。

《明一统志》九十卷，明吏部尚书兼翰林院学士李贤等奉敕撰。乖迕不合，极为顾炎武《日知录》所讥。

《水经注释》四十卷《刊误》十二卷，国朝赵一清撰。顾炎武本、顾祖禹本、阎若璩本，皆所著书引用考辨，实无刻本。

《嘉靖安庆府志》三十卷，明胡缵宗撰。引顾炎武《日知录》曰。

《杞纪》二十二卷，国朝张贞撰。《艺林》内……顾炎武《大禹陵》诗，皆一例采入，尤不免地志之锢习也。

《经义考》三百卷，国朝朱彝尊撰。彝尊文章渊雅，初在布衣之内，已与王士禛声价相齐。博识多闻，学有根柢，复与顾炎武、阎若璩颉颃上下。凡所撰述，具有本原。

《金石录》三十卷，宋赵明诚撰。顾炎武《日知录》载章邱刻本。

《石经考》一卷，国朝万斯同撰。昆山顾炎武始辑诸家之说为《石经考》，实有创始之功。斯同是编，悉采炎武之说。

《来斋金石考》三卷，国朝林侗撰。中间辨证，大抵取之顾炎武《金石文字记》，而颇以己意为折衷。

《嵩阳石刻集记》二卷，国朝叶封撰。此书初出之时，顾炎武、潘耒皆尝议之。……古今金石之书，其备载全文者，在宋惟洪适之《隶释》、《隶续》，在明惟陶宗仪之《古刻丛钞》，朱珪之《名迹录》，都穆之《金薤琳琅》。在国朝惟顾炎武之《求古录》，陈奕禧之《金石遗文录》，叶万之《续金石录》。其余不过题跋而已。

《分隶偶存》二卷，国朝万经撰。引国朝顾炎武《金石文字记》。

《竹云题跋》四卷，国朝王澍撰。引顾炎武《金石文字》。

《石经考异》二卷，国朝杭世骏撰。是编因顾炎武《石经考》犹有采摭未备、辨正未明者，乃为纠讹补阙。……其较顾炎武之所考，较为完密。

3. 子部 16 条①

《易林》十六卷，汉焦延寿撰。顾炎武《日知录》亦摘其可疑者四五条。

《皇极经世考》三卷，国朝徐文靖撰。顾炎武《日知录》，备论自王莽以前古人不以甲子名岁，历引《尔雅》、《周礼注》、《左传》、《史记》、《吕氏春秋》、贾谊《鵩赋》、《汉书》、许慎《说文》，考据甚明。

《画史会要》五卷，明朱谋垔撰。顾炎武《日知录》谓万历后所著之书，皆以流贼刘七为"贼七"之类，所刻之书皆以"壮月朔"改为"牡丹朔"之类。虽诋之稍过，亦未可谓全无因也。

《通雅》五十二卷，明方以智撰。以智崛起崇祯中，考据精核，迥出其上。风气既开，国初顾炎武、阎若璩、朱彝尊等沿波而起，始一扫悬揣之空谈。虽其中千虑一失，或所不免，而穷源溯委，词必有征，在明代考证家中，可谓卓然独立矣。

《潜邱札记》六卷，国朝阎若璩撰。虽以顾炎武之学有本原，《日知录》一书亦颇经其驳正，则其他可勿论也。

《樵香小记》二卷，国朝何琇撰。其学问大旨，盖出入于阎若璩、顾炎武、朱彝尊、毛奇龄诸家，故多演其绪论。

《证学编》四卷附《证学论策》一卷，明杨起元撰。引顾炎武《日知录》。

《续古今考》九卷，旧本题金元好问撰。又引顾炎武语，皆明末国初之人。

《畏垒笔记》四卷，国朝徐昂发撰。核其所学，自不及国初顾炎武、朱彝尊等之渊通。

《知新录》三十二卷，国朝王堂撰。大旨欲仿顾炎武《日知录》，然不过《谈荟》、《樵书》之流亚耳。

《蒿庵闲话》二卷，国朝张尔岐撰。是编乃其札记之文，凡二百九十六条。顾炎武与汪琬书，自称"精于三礼，卓然经师，不及尔岐"。故原跋以是编为《日知录》之亚。然《日知录》原原本本，一事务穷其始末，

---

① 纪昀等：《四库全书总目提要》，河北人民出版社2000年版，第2332—3773页。

一字务核其异同。是编特偶有所得，随文生义，本无意于著书。谓之零玑碎璧则可，至于网罗四部，镕铸群言，则实非《日知录》之比。……韩婴采掇杂说，前后已自相违异，岂可引以诘经？顾炎武必无是语矣。其论吴澄《三礼考注》出于依托，极为精核。盖尔岐本长于《礼》，故剖析凿凿，使尽如斯，则方驾《日知录》可也。

《书隐丛说》十九卷，国朝袁栋撰。原序拟以洪迈《容斋随笔》、顾炎武《日知录》，栋自序亦云摹仿二书，然究非前人之比也。

《资暇新闻》七卷，旧本题国朝魏裔介撰。其书亦钞撮杂说而成。……卷四曰韵学类，全抄顾炎武《唐宋韵谱》旧文。

《永乐大典》二万二千八百七十七卷、《目录》六十卷，明永乐元年七月奉敕撰。顾炎武《日知录》以为全部皆佚，盖传闻不确之说。

《六经纂要》无卷数，明颜茂猷撰。引顾炎武《日知录》。

《教养全书》四十一卷，国朝应㧑谦撰。不载舆地者，以顾炎武、顾祖禹二人方事纂辑故也。

4. 集部 15 条[①]

《山带阁注楚辞》六卷、《楚辞余论》二卷、《楚辞说韵》一卷，国朝蒋骥撰。又博引古音之同异，每部列通韵、叶韵、同母叶韵三例，以攻顾炎武、毛奇龄之说。

《中庵集》二十卷，元刘敏中撰。重复割裂，如顾炎武所讥。

《尧峰文钞》五十卷，国朝汪琬撰。若璆博洽亦名一世，不与他人角，而所与角者惟顾炎武及琬。则琬之文章学问，可略见矣。

《愚庵小集》十五卷，国朝朱鹤龄撰。鹤龄始专力于词赋，自顾炎武勖以本原之学，始研思经义，于汉、唐注疏皆能爬梳抉摘，独出心裁。故所作文章，亦悉能典雅醇实，不蹈剽窃摹拟之习。

《中岩集》六卷，国朝宋振麟撰。《序》则称郭明府九芝延居余园书馆，昆山顾亭林、二曲李中孚，皆执弟子礼。亭林，顾炎武号。二曲，李容号也。二人皆国初通儒，似不轻北面于人者，存其说可矣。

《鸿逸堂稿》无卷数，国朝王艮撰。艮与顾炎武等游，故文章颇有法

[①] 纪昀等：《四库全书总目提要》，河北人民出版社 2000 年版，第 3812—5508 页。

度，而谨守古格，未能变化，其长短均在于是。

《憺园集》三十八卷，国朝徐乾学撰。乾学为顾炎武之甥，而阎若璩诸人亦多客其家，师友渊源，具有所自，故学问颇有根据。

《受祺堂诗集》三十四卷，国朝李因笃撰。顾炎武作《音学五书》，特载与因笃一札，盖颇重之。

《遂初堂诗集》十五卷、《文集》二十卷、《别集》四卷，国朝潘耒撰。耒家吴江之烂溪，少受业于顾炎武，颇得其传，故诗文皆有原本。

《古文苑》二十一卷，不著编辑者名氏。至《柏梁》一诗，顾炎武《日知录》据所注姓名，驳其依托。

《文章正宗》二十卷、《续集》二十卷，宋真德秀编。盖道学之儒与文章之士，各明一义，固不可得而强同也。顾炎武《日知录》亦曰真希元《文章正宗》所选诗，一扫千古之陋，归之正旨，然病其以理为宗，不得诗人之趣。

《少林古今录》二卷，明刘思温撰。引顾炎武《日知录》曰。

《诗归》五十一卷，明钟惺、谭元春同编。顾炎武《日知录》曰："近日盛行《诗归》一书，尤为妄诞。"

《汉诗音注》五卷、《汉诗评》五卷，国朝李因笃撰。顾炎武有《与因笃书》，极论古今音韵，刻于所撰《音学五书》前，盖以因笃为知古音者。然声音文字，与世转移，三代有三代之音。秦、汉有秦、汉之音，晋、宋有晋、宋之音，齐、梁有齐、梁之音，自唐以后，有唐以后之音。犹之籀变而篆，篆变而隶，隶变而行。因革损益，辗转渐移，不全异亦不全同，不能拘以一律。

《沧浪诗话》一卷，宋严羽撰。赵宧光于六书之学固为弇陋，然《说文长笺》引"虎咒出于柙"句误称《孟子》，其过当在钞胥。顾炎武作《日知录》遽谓其未读《论语》，岂足以服其心乎？

以上经史子集四部各书提要中援引的顾炎武著作共计105条，尤以经部最多，又以援引《日知录》为多。

王献松论顾炎武在《四库全书总目》学术评价中的"参照物"作用，有四个方面：一，《总目》引用顾炎武观点，作为其评价依据。二，《总目》以顾炎武为参照物，评其他学者学术之优劣。三，《总目》记载学者对顾炎武的回应，展现其学术影响。四，《总目》驳正顾炎武观点，践行考据学实践。① 其分析较王培峰论《四库全书总目》② 对顾炎武的学术评价细致。

但《四库总目提要》中往往有通论学术史的论断，从学术通识与历史演变的宏观视角看待顾炎武。

如论音韵学云：

> 声音文字，与世转移，三代有三代之音。秦、汉有秦汉之音，晋、宋有晋、宋之音，齐、梁有齐、梁之音，自唐以后，有唐以后之音。犹之籀变而篆，篆变而隶，隶变而行。因革损益，辗转渐移，不全异亦不全同，不能拘以一律。
>
> 音韵之学，自古迄今，变而不常，亦推而愈密。……自明以来，惟陈第、顾炎武及近日江永识其源流。
>
> 自昔论古音者不一家，惟宋吴棫、明杨慎、陈第、国朝顾炎武、柴绍炳、毛奇龄之书最行于世。
>
> 古音之学，自宋吴棫而晦，自明陈第乃渐明。国朝顾炎武诸家，阐发其旨，久有定论。

论金石学云：

> 古今金石之书，其备载全文者，在宋惟洪适之《隶释》、《隶续》，在明惟陶宗仪之《古刻丛钞》，朱珪之《名迹录》，都穆之《金薤琳琅》。在国朝惟顾炎武之《求古录》，陈奕禧之《金石遗文录》，叶万之《续金石录》。其余不过题跋而已。

论考据学云：

> 明方以智崛起崇祯中，考据精核，迥出其上。风气既开，国初顾

---

① 王献松：《论〈四库全书总目〉对顾炎武学术史地位的建构》，《人文论丛》2015年第2期。
② 王培峰：《〈四库全书总目〉对顾炎武的学术评价》，《图书馆工作与研究》2013年第6期。

炎武、阎若璩、朱彝尊等沿波而起，始一扫悬揣之空谈。

论辞章学云：

> 国朝朱鹤龄始专力于词赋，自顾炎武勖以本原之学，始研思经义，于汉、唐注疏皆能爬梳抉摘，独出心裁。故所作文章，亦悉能典雅醇实，不蹈剽窃摹拟之习。
>
> 道学之儒与文章之士，各明一义，固不可得而强同也。
>
> 皆是题要家极好文字。

四库馆臣又每每借用班固《汉书·叙传》"元元本本"一语，提倡"元元本本之学"。既盛称《音学五书》"元元本本，足以订俗学之讹"，又盛称《日知录》"原原本本，一事务穷其始末，一字务核其异同"，与偶有所得、随文生义、零玑碎璧、本无意于著书者有别。足证其与顾炎武为学宗旨之密合。

由此均可见《四库全书》对顾炎武学术认同之深切。

第三节 《清史稿》对顾炎武的认同

《清史稿》对顾炎武及其著作，有频繁而广泛的记载，表现出清史对于顾炎武的基本性的推崇和整体性的认同。不过《清史稿》也有缺憾，其书成于民国初年，但顾炎武本传、《儒林传·序》以及《儒林传》对顾炎武的分派，沿袭了道咸之际朴学一派阮元的立场，将顾炎武理解为经学考据家，没有对清所以亡即文化所以亡之大节作出应有的反省。

一 《清史稿》顾炎武本传

《清史稿·儒林传二》有顾炎武传，列居首位，篇幅1600余字符（含标点符号）。[①] 传文可以分为六节：

---

① 赵尔巽等：《清史稿》，吉林人民出版社1995年版，第10016—10018页。

"顾炎武，字宁人，原名绛，昆山人"以下一节，记载顾炎武生平履历。

"生平精力绝人，自少至老，无一刻离书"与"尝与友人论学云"一节，摘录顾炎武言行。

"炎武之学，大抵主于敛华就实。凡国家典制、郡邑掌故、天文仪象、河漕兵农之属，莫不穷原究委，考正得失"，至"并有补于学术世道。清初称学有根柢者，以炎武为最，学者称为亭林先生"一节，记载顾炎武著作，并加以评论。

"又广交贤豪长者，虚怀商榷，不自满假"一节，记载顾炎武学友交往。

"康熙十七年，诏举博学鸿儒科"至"宣统元年，从祀文庙"一节，述及顾炎武身后事。

二 顾炎武学友及弟子列传

《清史稿》在顾炎武学友黄宗羲、李颙、王弘撰、李因笃、阎尔梅、张尔岐、毛奇龄、阎若璩的列传，和顾炎武弟子潘耒、吴任臣的列传中，共计 10 处，提到了顾炎武。

《黄宗羲传》："宗羲之学出于蕺山，闻诚意慎独之说，缜密平实。尝谓明人讲学，袭语录之糟粕，不以六经为根柢，束书而从事于游谈。故问学者必先穷经，经术所以经世。不为迂儒，必兼读史。读史不多，无以证理之变化；多而不求于心，则为俗学。故上下古今，穿穴群言，自天官、地志、九流百家之教，无不精研。所著……皆经世大政。顾炎武见而叹曰：'三代之治可复也！'"[1]

《李颙传》："康熙十八年，荐举博学鸿儒，称疾笃，舁床至省，水浆不入口，乃得予假。自是闭关，晏息土室，惟昆山顾炎武至则款之。"[2]

《王弘撰传》："明诸生。博雅能古文，嗜金石，藏古书画金石最富。又通濂洛关闽之学，好易，精图象。学者翕然宗之，关中人士领袖也。与

---

[1] 赵尔巽等：《清史稿》，吉林人民出版社 1995 年版，第 9973—9975 页。
[2] 赵尔巽等：《清史稿》，吉林人民出版社 1995 年版，第 9977 页。

李颙、李柏、李因笃齐名，时以得一言为荣。……交游遍天下，甲申后，奔走结纳，尤著志节。顾炎武遍观四方，至华阴，谓秦人慕经学、重处士、持清议，他邦所少；华阴绾毂之口，虽足不出户，而能见天下之人，闻天下之事。欲定居，弘撰为营斋舍居之。炎武尝曰：'好学不倦，笃于朋友，吾不如王山史。'当时儒硕遗逸皆与弘撰往还，颇推重之。弘撰尝集炎武及孙枝蔚、阎尔梅等数十人所与书札，合为一册，手题曰《友声集》，各注姓氏。中有为谋炎武卜居华下事，言：'此举大有关系，世道人心，实皆攸赖，唯速图之！'盖当日华下集议，实有所为也。"①

《李因笃传》："因笃深于经学，著《诗说》，顾炎武称之曰：'毛、郑有嗣音矣！'"②

《阎尔梅传》："崇祯庚午举人。李自成陷北京，尔梅上书请兵北伐，并尽散家财，结死士，为前驱。……还京，会顾炎武，复游塞外。至太原，访傅山，结岁寒之盟。尔梅久奔走，历艰险，不少阻。后见大势已去，知不可为，乃还。"③

《张尔岐传》："成《仪礼郑注句读》十七卷，附以监本正误、石经正误二卷。顾炎武游山东，读而善之，曰：'炎武年过五十，乃知不学礼无以立。若《仪礼郑注句读》一书，根本先儒，立言简当，以其人不求闻达，故无当世名，然书实可传，使朱子见之，必不仅谢监狱之称许矣。'"④

《毛奇龄传》："奇龄淹贯群书，所自负者在经学，然好为驳辨，他人所已言者，必力反其词。《古文尚书》自宋吴棫后多疑其伪，及阎若璩作《疏证》，奇龄力辨为真，遂作《古文尚书冤词》。又删旧所作《尚书广听录》为五卷，以求胜于若璩，而《周礼》、《仪礼》，奇龄又以为战国之书。所作经问，指名攻驳者，惟顾炎武、阎若璩、胡渭三人。以三人博学重望，足以攻击，而余子以下不足齿录，其傲睨如此。"⑤

《阎若璩传》："康熙元年，游京师，旋改归太原故籍，补廪膳生。十八年，应博学鸿儒科试，报罢。昆山顾炎武以所撰《日知录》相质，即为

---

① 赵尔巽等：《清史稿》，吉林人民出版社1995年版，第10482页。
② 赵尔巽等：《清史稿》，吉林人民出版社1995年版，第9977页。
③ 赵尔巽等：《清史稿》，吉林人民出版社1995年版，第10457页。
④ 赵尔巽等：《清史稿》，吉林人民出版社1995年版，第10018页。
⑤ 赵尔巽等：《清史稿》，吉林人民出版社1995年版，第10022页。

改定数条,炎武虚心从之。……又有《日知录补正》。"①

《潘耒传》:"少受学同郡徐枋、顾炎武。枋殁,周恤其孤孙,而刻炎武所著书,师门之谊甚笃焉。"②

《吴任臣传》:"志行端悫,强记博闻,为顾炎武所推。以精天官、乐律试鸿博,入翰林,承修明史历志。"③

三 其他相关学者列传

《清史稿》在其他学者全祖望、万斯同、李光坡、胡方、朱鹤龄、程廷祚、应㧑谦、王鸣盛、戴震、段玉裁、汪中、臧学标、江有诰、钱东垣、严可均、丁晏、陈澧、苗夔、王兰生、李遇孙、萧穆、郭沛霖、孙诒经、黄以周、张穆的传记中,共计25处,也都提到顾炎武。

《全祖望传》:"其《经史问答》实足以继古贤,启后学,与顾炎武《日知录》相埒。"④

《万斯同传》:"李光地品藻人伦,以谓顾宁人、阎百诗及万季野,此数子者,真足备石渠顾问之选。"⑤

《李光坡传》:"光地之弟也。……光地尝论东吴顾炎武与光坡皆数十年用心经学,精勤不辍,卓然可以传于后云。"⑥

《胡方传》:"四十后杜门著述,所居曰盐步。元和惠士奇督学粤东,闻方名,舣舟村外,遣吴生至其家求一见。……士奇尝语吴生曰:'胡君貌似顾炎武,丰厚端伟,必享大名。'盖当时知方者,士奇一人而已。"⑦

《朱鹤龄传》:"初为文章之学,及与顾炎武友。炎武以本原相勖,乃湛思覃力于经注疏及儒先理学。"⑧

《程廷祚传》:"初识武进恽鹤生,始闻颜李之学。……于是力屏异说,

---

① 赵尔巽等:《清史稿》,吉林人民出版社1995年版,第10023页。
② 赵尔巽等:《清史稿》,吉林人民出版社1995年版,第10137页。
③ 赵尔巽等:《清史稿》,吉林人民出版社1995年版,第10141页。
④ 赵尔巽等:《清史稿》,吉林人民出版社1995年版,第10030页。
⑤ 赵尔巽等:《清史稿》,吉林人民出版社1995年版,第10138页。
⑥ 赵尔巽等:《清史稿》,吉林人民出版社1995年版,第9997页。
⑦ 赵尔巽等:《清史稿》,吉林人民出版社1995年版,第10002页。
⑧ 赵尔巽等:《清史稿》,吉林人民出版社1995年版,第9987页。

以颜氏为主,而参以顾炎武、黄宗羲。故其读书极博,而皆归于实用。"①

《应㧑谦传》:"撰《教养全书》四十一卷,分选举、学校、治官、田赋、水利、国计、漕运、治河、师役、盐法十考,略仿《文献通考》,而于明代事实尤详。其不载律算者,以徐光启已有成书;不载舆地者,以顾炎武、顾祖禹方事纂辑也。"②

《王鸣盛传》:"别撰《蛾术编》一百卷,其为目十:说录、说字、说地、说制、说人、说物、说集、说刻、说通、说系,盖仿王应麟、顾炎武之意,而援引尤博。"③

《戴震传》:"其小学书有《六书论》三卷,《声韵考》四卷,《声类表》九卷,《方言疏证》十卷。汉以后转注之学失传,好古如顾炎武,亦不深省。震谓……皆古人所未发。"④

《段玉裁传》:"古韵自顾炎武析为十部,后江永复析为十三部。玉裁谓支、佳一部也,脂、微、齐、皆、灰一部也,之、咍一部也。汉人犹未尝淆借通用,晋宋而后乃少有出入。"⑤

《汪中传》:"尝谓国朝古学之兴,顾炎武开其端。河洛矫诬,至胡渭而绌。中西推步,至梅文鼎而精。力攻古文者,阎若璩也。专治汉易者,惠栋也。凡此皆千余年不传之绝学,及戴震出而集其大成。拟作《六儒颂》,未成。"⑥

《戚学标传》:"精考证,著《汉学谐声》二十三卷、总论一卷。……声音之学,莫备于此。后人惑于徐氏所附孙愐音切,不究本读,而一二宿儒言古音,如吴棫、陈第、顾炎武、江永之流,亦第就韵书辨析。不知《说文》形声相系,韵书就声言声;《说文》声气相求,韵书只论同声之应。"⑦

《江有诰传》:"通音韵之学,得顾炎武、江永两家书,嗜之忘寝食。

---

① 赵尔巽等:《清史稿》,吉林人民出版社1995年版,第9992页。
② 赵尔巽等:《清史稿》,吉林人民出版社1995年版,第9987页。
③ 赵尔巽等:《清史稿》,吉林人民出版社1995年版,第10037页。
④ 赵尔巽等:《清史稿》,吉林人民出版社1995年版,第10038页。
⑤ 赵尔巽等:《清史稿》,吉林人民出版社1995年版,第10040页。
⑥ 赵尔巽等:《清史稿》,吉林人民出版社1995年版,第10049页。
⑦ 赵尔巽等:《清史稿》,吉林人民出版社1995年版,第10053页。

谓江书能补顾所未及，而分部仍多罅漏。"①

《钱东垣传》："为学沉博而知要，以世传《孟子》注疏缪舛特甚，乃辑刘熙、綦毋邃、陆善经诸儒古注，及顾炎武、阎若璩、同时师友之论，附以己见，并正其音读，考其异同，为《孟子解谊》十四卷。"②

《严可均传》："与丁溶同治唐石经，著校文十卷，自序云：'……康熙初，顾炎武始略校焉，观其所作《九经误字》、《金石文字记》，刺取寥寥，是非寡当，又误信王尧惠之补字以诬石经。顾氏且然，况其他乎？'"③

《丁晏传》："晏以顾炎武云梅赜伪古文雅密，非赜所能为，考之《家语》后序及释文、正义，而断为王肃伪作。"④

《陈澧传》："其于汉学、宋学，能会其通。……著《汉儒通义》七卷。晚年寻求大义，及经学源流正变得失所在而论赞之，外及九流诸子、两汉以后学术，为《东塾读书记》二十一卷。其教人不自立说，尝取顾炎武论学之语而申之。"⑤

《苗夔传》："幼即嗜六书形声之学，读许氏《说文》，若有夙悟。已，又得顾炎武《音学五书》，慕之弥笃。曰：'吾守此终身矣！'"⑥

《王兰生传》："兰生为学原本程朱。光地授以乐律……音韵亦授自光地。谓邵子《经世》详等而略韵，顾炎武《音学五书》详韵而略等，兼取其长，以国书五字类为声韵之元以定韵，又用连音为纽均之法以定等，皆发前人所未及。"⑦

《李遇孙传》："优贡生，处州府训导。幼传祖训，淹贯经史……著有《日知录补正》一卷、《校正》一卷。"⑧

《萧穆传》："其学博综群籍，喜谈掌故，于顾炎武、全祖望诸家之书尤熟。"⑨

---

① 赵尔巽等：《清史稿》，吉林人民出版社 1995 年版，第 10053 页。
② 赵尔巽等：《清史稿》，吉林人民出版社 1995 年版，第 10063 页。
③ 赵尔巽等：《清史稿》，吉林人民出版社 1995 年版，第 10077 页。
④ 赵尔巽等：《清史稿》，吉林人民出版社 1995 年版，第 10092 页。
⑤ 赵尔巽等：《清史稿》，吉林人民出版社 1995 年版，第 10098 页。
⑥ 赵尔巽等：《清史稿》，吉林人民出版社 1995 年版，第 10103 页。
⑦ 赵尔巽等：《清史稿》，吉林人民出版社 1995 年版，第 8072 页。
⑧ 赵尔巽等：《清史稿》，吉林人民出版社 1995 年版，第 10080 页。
⑨ 赵尔巽等：《清史稿》，吉林人民出版社 1995 年版，第 10205 页。

《郭沛霖传》："少年即以经济自负。……服膺昆山顾炎武之学。"①

《孙诒经传》："生平论学不分汉宋,谓'经学即理学',又曰:'学所以厉行也,博学而薄行,学奚足尚？'一时为学者所宗。"②

《黄以周传》："有清讲学之风,倡自顾亭林。顾氏尝云:'经学即是理学。'乃体顾氏之训,上追孔孟之遗言,于《易》、《诗》、《春秋》皆有著述,而《三礼》尤为宗主。"③

《张穆传》："又著顾炎武、阎若璩《年谱》。"④

四 顾炎武从祀文庙

《清史稿》有顾炎武从祀文庙的简要记载,但其意义极其重大。

《德宗本纪二》：光绪三十四年,"九月癸未朔,予先儒顾炎武、王夫之、黄宗羲从祀文庙"⑤。

《礼志三》：光绪三十四年,"御史赵启霖请以王夫之、黄宗羲、顾炎武从祀。下部议。先是,署礼部侍郎郭嵩焘、湖北学政孔祥霖请夫之从祀,江西学政陈宝琛请宗羲、炎武从祀,并被驳。至是,部议谓:'三人生当明季,毅然以穷经为天下倡,德性问学,尊道并行,第夫之《黄书·原极》诸篇,托旨《春秋》；宗羲《明夷待访录·原君》《原臣》诸篇,取义《孟子》,似近遍激。惟炎武醇乎其醇,应允炎武从祀,夫之、宗羲候裁定。'帝命并祀之"⑥。

《孙家鼐传》："江西学政陈宝琛疏请以先儒黄宗羲、顾炎武从祀文庙,议者多以为未可,家鼐与潘祖荫、翁同龢、孙诒经等再请,始议准。"⑦

五 《艺文志》著录顾炎武著作

《清史稿·艺文志》共计4卷,著录顾炎武著作24条,43种,其中重

---

① 赵尔巽等：《清史稿》,吉林人民出版社1995年版,第10267页。
② 赵尔巽等：《清史稿》,吉林人民出版社1995年版,第9518页。
③ 赵尔巽等：《清史稿》,吉林人民出版社1995年版,第10106页。
④ 赵尔巽等：《清史稿》,吉林人民出版社1995年版,第10176页。
⑤ 赵尔巽等：《清史稿》,吉林人民出版社1995年版,第635页。
⑥ 赵尔巽等：《清史稿》,吉林人民出版社1995年版,第1736页。
⑦ 赵尔巽等：《清史稿》,吉林人民出版社1995年版,第9532页。

复 2 种，另有相关年谱 2 种。此外，顾炎武《菰中随笔》一种，《艺文志》无著录，但本传则论及之。

1. 《左传杜解补正》三卷，顾炎武撰。
2. 《九经误字》一卷，《五经同异》三卷，顾炎武撰。
3. 《石经考》一卷，顾炎武撰。
4. 《易音》三卷，《诗本音》十卷，顾炎武撰。
5. 《唐韵正》二十卷，《补正》一卷，顾炎武撰。
6. 《音论》三卷，《古音表》二卷，顾炎武撰。
7. 《二十一史年表》十卷，顾炎武撰。
8. 《熹庙谅阴记》一卷，《圣安本纪》六卷，《明季实录》六卷，顾炎武撰。
9. 《肇域志》一百卷，《天下郡国利病书》一百二十卷，顾炎武撰。
10. 《万岁山考证》一卷，《昌平山水记》二卷，《岱岳记》一卷，顾炎武撰。
11. 《历代帝王宅京记》二十卷，顾炎武撰。
12. 《北平古今记》十卷，《建康古今记》十卷，《营平二州地名记》一卷，《山东考古录》一卷，《谲觚》一卷，顾炎武撰。
13. 《官田始末考》一卷，顾炎武撰。
14. 《求古录》一卷，《金石文字记》六卷，顾炎武撰。
15. 《救文格论》一卷，顾炎武撰。
16. 《下学指南》一卷，《当务书》一卷，顾炎武撰。
17. 《经世篇》十二卷，顾炎武撰。
18. 《惧谋录》四卷，顾炎武撰。
19. 《日知录》三十二卷，《日知录之余》四卷，顾炎武撰。
20. 《亭林杂录》一卷，顾炎武撰。
21. 《谲觚》一卷，顾炎武撰。
22. 《亭林文集》六卷，《诗集》五卷，《余集》一卷，《佚诗》一卷，顾炎武撰。
23. 《救文格论》二卷，顾炎武撰。
24. 《诗律蒙告》一卷，顾炎武撰。
25. 《顾亭林年谱》一卷，吴映奎撰。

26.《顾亭林年谱》四卷,张穆撰。

《艺文志二》史部地理类古迹之属有"《谲觚》一卷",《艺文志三》子部小说类又有"《谲觚》一卷",二处记载重复。

对比上海古籍出版社2011年版《顾炎武全集》,收录顾炎武存世全部著作,总共34种,其中经部9种,史部17种,子部5种,集部3种。比《清史稿·艺文志》的著录,只多出《顾氏谱系考》一卷。

六 《清史稿》对顾炎武的认同

由上述状况而言,《清史稿》对于顾炎武的记载是比较频繁、比较广泛的,表现出清史对于顾炎武的基本性的推崇和整体性的认同。

但是,《清史稿》的记载也并非没有缺憾,尤以顾炎武本传和《儒林传·序》中的问题最为明显,主要体现在三个方面。

第一,顾炎武本传中,评论顾炎武的学术成就一节,"炎武之学,大抵主于敛华就实","敛华就实"这一评价,本是学者平常之语,言之卑卑,无甚高论。对比《四库提要》的评价"考据精详"一语,观点容有不同,用语确很模糊,不足以表现出顾炎武学术方法的独创性以及他对学术界的开创性的巨大影响。

第二,本传中引顾炎武《与友人论学书》,大段约480字符(含标点符号),讨论性与天道,意见偏激,大悖孔子"朝闻道"之旨。原文见《亭林诗文集》卷三(《四部丛刊》景上海涵芬楼藏原刊本),《清史稿》有删节,所删之处皆言语激烈。兹就《清史稿》所引,补充《亭林诗文集》原文,而以[ ]标明。

> 百余年来之为学者,往往言心言性,而茫然不得其解也。命与仁,夫子所罕言;性与天道,子贡所未得闻。性命之理,著之《易传》,未尝数以语人。其答问士,则曰"行己有耻",其为学,则曰"好古敏求"。[其与门弟子言举尧舜相传所谓危微精一之说一切不道,而但曰"允执其中,四海困穷,天禄永终"。呜呼!圣人之所以为学者,何其平易而可循也,故曰"下学而上达"。颜子之几乎圣也,犹曰"博我以文"。]其告哀公明善之功,先之以博学。颜子几于圣人,

犹曰"博我以文"。自曾子而下，笃实无如子夏，言仁，则曰"博学而笃志、切问而近思"。今之君子则不然，聚宾客门人数十百人，〔譬诸草木，区以别矣，而一皆〕与之言心言性；舍多学而识，以求一贯之方；置四海之困穷不言，而讲危微精一。是必其道高于夫子，而其弟子之贤于子贡也，〔跳东鲁而直接二帝之心传者也，我弗敢知也。〕《孟子》一书，言心言性亦谆谆矣，乃至万章、公孙丑、陈代、陈臻、周霄、彭更之所问，与孟子之所答，常在乎出处去就辞受取与之间。〔以伊尹之元圣尧舜，其君其民之盛德大功，而其本乃在乎千驷一介之不视不取。伯夷、伊尹之不同于孔子也，而其同者则以"行一不义，杀一不辜，而得天下不为"。〕是故性也、命也、天也，夫子之所罕言，而今之君子之所恒言也。出处去就辞受取与之辨，孔子、孟子之所恒言，而今之君子之所罕言也。〔谓忠与清之未至于仁，而不知不忠与清而可以言仁者未之有也。谓不伎不求之不足以尽道，而不知终身于伎且求而可以言道者未之有也。我弗敢知也。〕愚所谓圣人之道者如之何？曰："博学于文"，"行己有耻"。自一身以至于天下国家，皆学之事也。自子臣弟友以至出入往来辞受取与之间，皆"有耻"之事也。〔耻之于人大矣！不耻恶衣恶食，而耻匹夫匹妇之不被其泽，故曰"万物皆备于我矣，反身而诚"。呜呼！〕士而不先言耻，则为无本之人；非好古多闻，则为空虚之学。以无本之人，而讲空虚之学，吾见其日从事于圣人，而去之弥远也。①

（顾炎武《与友人论学书》有日本刻单行本，自《亭林文集》录出，山大瀬书，牌记标明"明治五年春正月延冈原氏表章刊板以颁族子弟"，与宋李纲《用人材以激士风札子》合刊，共计筒子页7页，题为《学问士风二种》，可见此篇影响之广。）

"皆学之事也"一句，原刻如此，按其文意，当作"皆'博学'之事也"，与下文"皆'有耻'之事也"相对，二句与上文引《论语》子曰二句相应，原刻本殆脱一字。

被《清史稿》删去的"尧舜相传所谓危微精一之说一切不道"一节，

---

① 赵尔巽等：《清史稿》，吉林人民出版社1995年版，第10016页。

在《日知录》"心学"条中有讨论，略谓："近世喜言心学，舍全章本旨而独论'人心道心'，甚者单摭'道心'二字，而直谓即心是道，盖陷于禅学而不自知，其去尧、舜、禹授受天下之本旨远矣。""愚按，心不待传也，流行天地间，贯彻古今而无不同者，理也。理具于吾心，而验于事物。心者，所以统宗此理而别白其是非。人之贤否，事之得失，天下之治乱，皆于此乎判。"① 其说只认参验，近乎荀子、王充之流，于形上之学盖体会太少。

《日知录》"夫子之言性与天道"条中又有一节云："今之为性命之学者，吾不知其源矣。其在日用之间邪？是庸德也，圣人固教人'讷于言而敏于行'也。其在天下古今之大邪？曰'好古敏求'，曰'多闻多见'，曰'焉不学'，固未有不学而能通者也。以吾观于其人，未能忘天下也，而曰何必读书，何也？且其人能贤于子贡邪？子贡之所未闻，而强欲闻之，又胥天下而语之，呜呼！异矣。"② 此节大意与《与友人论学书》相近，见于顾炎武自刻的八卷本《日知录》，潘耒所刻三十二卷本条内无之，雍正间原抄本此条在卷九，亦无之，当是顾氏自删。

要之，顾炎武反对空谈天道、人心，对于纠正明学之弊则有益；若言学者参验终身，而可以不知天道与人心，则大害。

第三，《清史稿》顾炎武本传，当与《儒林传·序》并读。清初，孙奇逢、黄宗羲、顾炎武、王夫之、李颙五人齐名。但《清史稿·儒林传一》首列孙奇逢、黄宗羲、王夫之、李颙等，《清史稿·儒林传二》首列顾炎武、张尔岐、万斯大、胡渭、毛奇龄、阎若璩等，前者为理学家，而务在经世，后者为经学家，而务于著作，二派显然有别。而《清史稿·儒林传·序》又云："综而论之，圣人之道，譬若宫墙。文字训诂，其门径也。门径苟误，跬步皆歧，安能升堂入室？……或者但求名物，不论圣道，又若终年寝馈于门庑之间，无复知有堂室矣。是故但立宗旨，即居大名，此一蔽也；经义确然，虽不逾闲，德便出入，此又一蔽也。"③《论语·子张》载子夏曰："大德不逾闲，小德出入可也。"大节虽然无过，小节不

---

① 黄珅、严佐之、刘永翔主编：《顾炎武全集》第19册《日知录》，上海古籍出版社2011、2012年版，第717—718页。
② 黄珅、严佐之、刘永翔主编：《顾炎武全集》第18册《日知录》，上海古籍出版社2011、2012年版，第306页。
③ 赵尔巽等：《清史稿》，吉林人民出版社1995年版，第9969页。

免有失，虽说无害于事，毕竟成一弊病。此语针对清代朴学考据一派而言，可谓是不幸言中了。

《清史稿》之编纂始于民国三年，赵尔巽为清史馆馆长，缪荃孙、柯劭忞等人为总纂，王树楠、吴廷燮、夏孙桐、秦树声、吴士鉴等多为清朝遗臣，奭良、瑞洵等又为旗人。照说《清史稿》的编纂应当充分总结清朝之于汉文化的贡献，以及清朝所以灭亡之故。但就《顾炎武传》而言，似乎全未理会。《清史稿·顾炎武传》的文字内容，与《清史列传·顾炎武传》、《儒林传稿·顾炎武传》、《清国史·儒林全传·顾炎武传》，大致相同，原始出处为阮元所作《儒林传稿》，因此大体沿袭了道咸之际朴学家的立场，而未及充分反省。这是一个遗憾。

昔朱子集注《四书》，创立新经，于蒙元入主之前；顾炎武开创新风，著述遗后，于满清入关之后。要其大归，在于保存汉文化，保存天下；在于遵循王道，推行教化，移易风俗。此种寄托，其宏观意义超越了王朝的更替。文化的价值超越了王朝的价值，换言之，王朝的价值亦需由文化的价值而论定。

明亡之际，义理满天下，坐视国亡而理学家不能救，然而忠节之士多；清亡之际，考据满天下，坐视国亡而朴学家不能救，并且遗臣殉道者寡。陵夷至于民国，世益乱，俗益坏，全盘西化，斯文扫地，所谓朴学、经术，同归于尽。

乾嘉朴学成就凌越以往，是清人之重要贡献。而清朝不亡于朴学之多，乃亡于理学之少，无义理，无新经，无道统。民国亦然，至伪今文公羊经学一派风靡，疑古非经，举世不知天道、人心为何物，小德出入，终不能不大德逾闲。

所以，《清史稿》对顾炎武的认同是有局限的。

第四节 《日知录》的语境变迁

一 顾炎武生前所刻

《日知录》全书32卷，共计1020条，前后积聚30余年，荟萃了顾氏一生著作的精华，其体裁虽为随笔札记，其宗旨实为一部建国大纲，而内容则寓四部之学。顾炎武一生著述极富，和顾氏的其他著作处境相似，《日知录》的刊刻流传历经坎坷，确是事实，但如果以今日眼光来看，《日知录》以及顾炎武的大部分著作最终毕竟都保存下来了，虽然刊行多不圆满，但总体上说已属相当不错。

顾炎武于上章阉茂之岁（康熙九年，1670），刊刻了《日知录》八卷。六七年后，又有重印。最初的刻本顾炎武在目录下写有四行小引，重印时更增加了十二行《初刻自序》，说到当时该书已续写到二十余卷，但因未能定稿，故而仍然"以先旧本质之同志"。重印本书后所附《谲觚十事》提到"《日知录》有辩淄川非薛一事"，即"史记菑川国薛县之误"一条，《日知录》初刻本无，三十二卷本有，也说明初刻本重印时，该书已有二三十卷并有传抄。

这个八卷本学者称之为符山堂初刻本，传世较罕，抗战间，藏书家兼版本目录家潘景郑（潘承弼）获得一部，有顾氏《初刻自序》，1985年上海古籍出版社予以影印，在《日知录集释（外七种）》中，前有潘景郑跋，后有傅增湘跋。

此外，国家图书馆也收藏有康熙九年八卷本，有傅增湘跋语，不知是否为潘氏旧藏。傅增湘则早从缪荃孙遗书中购得初刻本，著录文字见于傅氏1930年刊印的《双鉴楼藏书续记》。而陈祖武先生又从国家图书馆中翻检到一种"无序跋且目录亦略有残缺的八卷刻本"，事见陈氏《〈日知录〉八卷本未佚》一文。[①]

关于八卷的符山堂初刻本与后来三十二卷刻本的异同，陈垣《日知录校注》有详尽的比对。

八卷本还有抄本流传。顾炎武《初刻自序》已曾说到"友人多欲抄写，患不能给"，《与友人论门人书》又说到"惟多写数本以贻之同好"。后潘承弼在坊肆获得一部，"封面有光绪癸卯舜水仲虎腾氏跋语，称是先生手笔，然细审字迹，实不类。惟全书涂乙校改处甚多，意必当时稿本而非先生手录者"。因条目较刻本增多，有140条而非116条，故潘氏以为"或成于初刻之后而续有增改者"，见潘氏《日知录版本考略》。[②] 同时，

[①] 陈祖武：《〈日知录〉八卷本未佚》，《读书》1982年第1期。
[②] 潘承弼：《日知录补校（附版本考略）》，《制言》半月刊，1937年第37、38期。

邓之诚也曾得见一种"八卷稿本",邓氏判断实为抄本。"此本称为'亭林原稿',唯书'商'作'商','達'作'逹',徐'市'作'巿',简写'權'作'权',似不出亭林之手。目录后有字一行云:'一卷二卷颇有增改,即《与寅旭书》(王锡阐)所谓今已增改多者是也。'亦不似亭林口气,疑估人故意作伪以实其为稿本耳。"① 近年,又见有学者公布出《日知录》稿本首页照片,上有"燕京大学图书馆珍藏"印鉴,见2008年6月人民网文化频道。

在《日知录》初刻刊行以后,顾炎武本人曾经表示:

> 向者《日知录》之刻,谬承许可,比来学业稍进,亦多刊改。②(《与杨雪臣书》)
>
> 承问《日知录》又成几卷?……而某自别来一载,早夜诵读,反复寻究,仅得十余条。③(《与人书十》)
>
> 某自五十以后,笃志经史……而别著《日知录》,上篇经术,中篇治道,下篇博闻,共三十余卷。……向时所传刻本,乃其绪余耳。④(《与人书二十五》)
>
> 《日知录》再待十年,如不及年,则以临终绝笔为定。⑤(《与潘次耕书》)
>
> 须绝笔之后,藏之名山,以待抚世宰物者之求。(《初刻日知录自序》)⑥

---

① 邓之诚:《桑园读书记》,生活·读书·新知三联书店1998年版,第93—95页;又见邓瑞整理《邓之诚文史札记》下册,凤凰出版社2012年版,第763页。
② 黄珅、严佐之、刘永翔主编:《顾炎武全集》第21册,上海古籍出版社2011、2012年版,第202页。
③ 黄珅、严佐之、刘永翔主编:《顾炎武全集》第21册,上海古籍出版社2011、2012年版,第142页。
④ 黄珅、严佐之、刘永翔主编:《顾炎武全集》第21册,上海古籍出版社2011、2012年版,第148页。
⑤ 黄珅、严佐之、刘永翔主编:《顾炎武全集》第21册,上海古籍出版社2011、2012年版,第204页。
⑥ 黄珅、严佐之、刘永翔主编:《顾炎武全集》第21册,上海古籍出版社2011、2012年版,第75页。

这一方面表明了顾氏学无止境故著书亦无止境的理念，一方面也暗示了《日知录》生前不刻定本的计划。

二 顾炎武弟子潘耒所刻

康熙九年，顾炎武五十八岁。十三年后，康熙二十一年，顾氏谢世，享年七十。又过了十三年，到康熙三十四年，顾氏的弟子潘耒（字次耕）刻印出《日知录》三十二卷，学者称之为遂初堂刻本。

潘耒为顾炎武高足。"生而奇慧，读书十行并下，自经史、音韵、算数及宗乘之学，无不通贯。"①（《清史稿·文苑传》）康熙十八年举博学鸿词，授翰林院检讨，纂修《明史》。顾氏卒后，潘耒"从其家求得手稿，校勘再三，缮写成帙"，"携至闽中"，"鸠工刻之以行世"。②（《日知录·潘序》）

除了《日知录》，潘耒还刊刻了顾炎武的诗文集，成《亭林遗书》二十七卷，并且"犹以未及刊《肇域志》为憾"③。（佚名撰《清代学人列传》）故此称潘耒为《日知录》的功臣、顾氏的传灯之人，亦不甚过。

当明末清初，王学末流盛行，正学未显之际，潘耒将顾炎武的学问阐释为"通儒之学"，认为：

> 有通儒之学，有俗儒之学。学者将以明体适用也，综贯百家，上下千载，详考其得失之故，而断之于心，笔之于书，朝章国典，民风土俗，元元本本，无不洞悉，其术足以匡时，其言足以救世，是谓通儒之学。④

这一评定是比较确当的，较之四库馆臣评价为"必详其始末""故引

---

① 赵尔巽等：《清史稿》，吉林人民出版社1995年版，第10137页。
② 黄珅、严佐之、刘永翔主编：《顾炎武全集》第18册《日知录》，上海古籍出版社2011、2012年版，第11页。
③ 黄珅、严佐之、刘永翔主编：《顾炎武全集》第18册《日知录》，上海古籍出版社2011、2012年版，第11页。
④ 黄珅、严佐之、刘永翔主编：《顾炎武全集》第18册《日知录》，上海古籍出版社2011、2012年版，第11页。

据浩繁",而编次《日知录》入子部杂家类杂考之属,尚高出一筹。晚周杂家之杂解为"通"。孙德谦曰:"古之杂家,兼儒墨,合名法。《隋书·经籍志》所谓'通众家之意'者也。故杂家者,不名一家,而实未尝不自成一家。后儒每以类书牵合之,亦见其陋矣。"①《四库总目提要》之杂已非此义。

潘刻本使得《日知录》很快流行起来,清初学者手中多有。实际上四库开馆时,所采用的"内府藏本"《日知录》三十二卷也是潘耒的遂初堂刻本。

但是潘刻本也有问题,至民国间闹得沸沸扬扬的"原抄本"出来,人们才知道,所谓"今本所刊落,有全章,有全节,有数行,自余删句换字,不可遽数"②,其实都是潘耒所为。

三 《四库全书》抄本

在潘刻本之后出现的《日知录》版本,当属《四库全书》的抄本。《四库全书》纂修在乾隆三十八年至五十二年间。《日知录》校毕,为乾隆四十二年。民国后,学者对《四库全书》开馆编纂,始终批评备至。如在1937年,以"对二千年之中国传统史学予以毁灭性打击"知名的顾颉刚就曾说《四库全书》是"学术其名,芟刈其实,去取之际,率狃主观,以故网罗虽富,而珍闻秘籍之横遭屏弃者,乃难悉数。惟其寓禁于徵,故痼蔽摧残靡所不至,其沦为灰烬者又不知几千万卷也"③。(郭伯恭《四库全书纂修考·顾颉刚序》)实际上,《四库全书》的纂修确有不少问题,但其以国家统领学术(或称之为国家学术)的传统,渊源久远,至清则愈加发扬盛大;其以经学统领四部的宗旨,颇存三代明王之遗意,最能体现汉民族文化的精髓;其编纂规模、体例与《总目提要》的撰写,迄今学者仍难企及。所以由今日的学术现状平心而论,对于清朝官修《四库全书》一事似未可以轻易贬毁。

---

① 见孙德谦《古书读法略例》卷二,商务印书馆1936年版,第63—64页。又参张尔田《史微·原杂》。

② 黄侃:《日知录校记·序》,南京量守庐1936年刊本。

③ 郭伯恭:《四库全书纂修考》,商务印书馆1937年版,《顾颉刚序》第1页。

即顾炎武《日知录》内,便有"宋史"一条,说道:

> 元人作《宋史》,于《天文志》中,如"胡兵大起"、"胡主忧"之类,改曰"北兵"、"北主"。昴为胡星,改为"北星"。惟"北河"下"一曰胡门",则不能改也,仍其文。书中凡"虏"字皆改为"敌"。至以"金虏"为"金敌"。①

说明"史讳"的做法并非清人的发明,而今人亦并非全无避讳。大抵而言,在清末民初,民族革命与政治革命叠加在一起,推翻清朝统治而以反对满族为号召,反对满族又反过来加重了政治革命的必要性,结果大约便像叶德辉所说,"方今时事虽棘,苟能上下同心,力图振作,尚可勉筹补救之方",而"深憺危亡等语","造此诡辞","则中国真将有危亡之势"。②

很难想象,如果清朝的统治者不是满族,民国革命将拿什么作为理由?

政治的重负牵带着学术成了它的牺牲品,满族统治推翻了,政治体制也推翻了,整个学术也遭到了彻底的毁坏。这在当时或许是应有之义,无可回避,但事过境迁,反清而至于推翻政体与道统,推翻政体与道统而招致了更严重的夷夏问题。辛亥革命至今已历百余年,今天的学者已可跳出局外,以清醒的眼光重新加以判断。

《四库全书》抽毁《日知录》,确有实据。20世纪50年代,河南省图书馆由民间采购到《日知录》的部分抽毁散页,计42页,2000年由中华全国图书馆文献缩微复制中心影印出版,题为《〈日知录〉文渊阁本抽毁余稿》,此项材料遂公之于众。

周新凤在《影印前言》中批评《四库全书》"对顾炎武所主张的'复古用夏'、'用夏变夷'等经世主张进行了否定,认为'其说或迂而难行,或愎而过锐'"③。

---

① 黄珅、严佐之、刘永翔主编:《顾炎武全集》第19册《日知录》,上海古籍出版社2011、2012年版,第1004页。

② 叶德辉:《觉迷要录》,清光绪乙巳刊本。

③ 全国公共图书馆古籍文献委员会编:《〈日知录〉文渊阁本抽毁余稿》,中华全国图书馆文献缩微复制中心2000年影印本。

今按《四库提要》中"其说或迂而难行，或愎而过锐"一语，其实专有所指，即顾氏《音学五书》自序中提出的"圣人复起，举今日之音而还之淳古"，因而质疑："是岂可行之事乎？"以五方语音之杂，而欲划一，而欲恢复上古语音，世人无不知其难。馆臣指摘过激数语，聊以自脱，本不必过于在意。实际上，馆臣盛称《日知录》"学有本原，博赡而能通贯，每一事必详其始末，参以证佐而后笔之于书。故引据浩繁，而牴牾者少，非如杨慎、焦竑诸人偶然涉猎"，"阎若璩作《潜邱札记》，尝补正此书五十余条……然所驳或当或否，亦互见短长，要不足为炎武病也"，(《〈日知录〉提要》)，又称"《日知录》元元本本，一事务穷其始末，一字务核其异同"，(《〈蒿庵闲话〉提要》) 其评价可谓相当尊重。

今检文渊阁《四库全书》中，收入正编或列为存目的顾炎武著作，有《音论》三卷、《诗本音》十卷、《易音》三卷、《唐韵正》二十卷、《古音表》二卷（即所谓《音学五书》）、《左传杜解补正》三卷、《九经误字》一卷、《韵补正》一卷、《顾氏谱系考》一卷、《历代帝王宅京记》二十卷、《营平二州地名记》一卷、《昌平山水记》二卷、《山东考古录》一卷、《京东考古录》一卷、《谲觚》一卷、《求古录》一卷、《金石文字记》六卷、《石经考》一卷、《菰中随笔》三卷、《救文格论》一卷及《杂录》一卷、《经世篇》十二卷、《天下郡国利病书》一百二十卷，加《日知录》不下二十余种，大多给予较高评价。而四库馆臣评价他人著作，也往往引据顾氏之说，仅引据《日知录》一书，已有经部55次，史部19次，子部16次，集部15次，不下100余次之多。

笔者曾经注意到，《日知录》"素夷狄行乎夷狄"一条中顾炎武引用宋代陈亮的话："黄初以来，陵夷四百余载，夷狄异类迭起，以主中国，而民生常觊一日之安宁于非所当事之人。"出自《龙川集》卷三《问答》。文渊阁《四库全书》的《龙川集》，"夷狄异类"改为了"刘石诸姓"，"中国"改为了"神器"。可知四库馆臣的抽毁办法并不专门针对顾炎武等明朝遗臣。

在《〈日知录〉文渊阁本抽毁余稿》中，标有"删""涂处全删"者十余，另有墨圈多处，其他则标为"抽""换""换写""接写""照写""另行写""提昂下行""提起另行写"等，最多的是标出某行某字。因《四库全书》抄本每页均为八行，每行均为二十一字，要想更改文字而又使篇卷各页紧密衔接,非常麻烦,占据了馆臣很大的工作量。

《抽毁余稿》共42页所涉及的条目,有"都令史""吏胥""宗室""辅郡""大臣子弟""画""张公素""二字姓改一字""北方门族""阁下""相""杜子美诗注""行滕""赌博""骑""驿""驴赢""国语""诈称太子"等,大部分都非《日知录》的敏感条目。其中有的条目《抽毁余稿》标明删改的,《四库全书》实际并未照办。如"大臣子弟"条,《抽毁余稿》加墨圈,标明"删"者,实际未删,抽毁散页与文渊阁本各行首尾完全相同。"相"条《抽毁余稿》加墨圈,文渊阁本实际未改。"国语"条《抽毁余稿》加墨圈全删,文渊阁本实际未全删。

《抽毁余稿》中所见比较典型的删改,是"骑"条和"二字姓改一字"条。如将"胡服"改为"变服","鞑靼人"改为"来降人","华人"改为"土著"等,是《四库全书》编纂中最为常见的。

与文渊阁《四库全书》比对,《抽毁余稿》对《日知录》删改最严重的是完全删除了"左衽""徙戎""三韩""胡咙""胡"五条。"徙戎"条,《抽毁余稿》墨圈八页,文渊阁《四库全书》遂不见。"三韩"条,《抽毁余稿》墨圈五页,文渊阁《四库全书》遂不见。但二条文渊阁《四库全书》都保存了目录。"胡咙""胡"二条相连,《抽毁余稿》墨圈共六页,文渊阁《四库全书》及目录均不见。但是"左衽"条,《抽毁余稿》仅见墨圈半页,文渊阁《四库全书》及目录也不见了。可见各条情况也并不一律。

与潘耒刻本比对,潘本完全删除的有卷六"素夷狄行乎夷狄"和卷二十九"胡服"二条,另将"夷狄"一条改题为"外国风俗"。"素夷狄行乎夷狄"和"胡服"二条,潘本尚保留了目录,后来黄汝成《集释》本保留了"素夷狄行乎夷狄"目录,而删除了"胡服"的目录。四库本不见正文,遂将目录完全删去。至于"夷狄"一条,既已改名,四库本因之,也以"外国风俗"题名。

潘耒之所以删改《日知录》,肯定与他先曾参与纂修《明史》的经验有关,在当时依例办事,纯属一种可行的方案。然则对潘耒作过多的批评,并无太大意义。而四库馆臣的继续删改,其实亦仍是继续依例办事而已。(史上最早的忌讳论题实为汉初的"汤武受命",后被景帝"食肉不食马肝不为不知味"一语了之。)

注意读《日知录》可知，顾炎武坚持夷夏之分的立场（这也是孔子、朱子等大儒的一贯立场），但是《日知录》书中的做法并不是一味攻击夷狄戎蛮，恰恰相反，顾炎武对北魏、辽、金、元各朝的善政，多有发明，认为"人心风俗犹有三代直道之遗"（《日知录》"阿鲁图进宋史表"条）。清赵翼认为："顾宁人言，中国风俗多有不如外蕃者。"（《廿二史札记》"魏孝文迁洛"条）亦指此而言。

蒙元时期，胡族的汉化一向被认为是最差的。而《日知录》"四书五经大全"条言，明永乐间敕胡广等修《五经大全》，为一代盛事，自唐《五经正义》后八百余年始见，而其书剿袭学者之作，如陈栎《四书发明》、胡炳文《四书通》、倪士毅《四书辑释》、汪克宽《胡传纂疏》、刘瑾《诗传通释》、陈澔《礼记集说》，皆元时著作。又"书传会选"条云："宋之末造，以至有明之初年，经术人材，于斯为盛。"按宋末而明初，则蒙元为多。清龚炜《巢林笔谈》亦载："顾亭林先生尝言：'五经有大全，而经学衰矣。宜广集宋、元说经诸书，无论当否，悉贮之。'"[1] 而钱穆《顾亭林学述》引"配享"条亦云："此所谓'中国之统亡，而先王之道存'者，犹即其辨亡国之与亡天下，是亭林认为元儒尚能守中国道统。"[2] 引"夫子言性与天道"条又云："亭林宁取元儒，深恶晚明。"[3]

细看《日知录》前后被删的九条、改题的一条，"素夷狄行乎夷狄"在第六卷，注解《礼记·中庸》本文，并非出于顾氏发明。"李贽""钟惺"二条为批评学者文人。"胡咙""胡"二条在第三十二卷，居全书之末（《四库提要》谓之"杂考证"）。"胡服""左衽""三韩""徙戎"四条及被改换题名的"夷狄"条在第二十九卷中（《四库提要》谓之"兵及外国事"）。"夷狄"条开头就说："历九州之风俗，考前代之史书，中国之不如夷狄者有之矣。"列举契丹、女直、回纥、匈奴各族旧日风俗，叹其淳朴简易。引据经史，自祭公谋父、由余、中行说皆备，最后提出"弃二国之所长，而并用其所短"的主张。可见顾氏持论，确实是准于后王求治取法，于夷夏之短长实取实事求是态度。民国以后学者将四库馆臣删改

---

[1] 龚炜：《巢林笔谈》卷四，清乾隆三十年蓼怀阁刻本。
[2] 钱穆：《中国学术思想史论丛（八）》，九州出版社2011年版，第77页。
[3] 钱穆：《中国学术思想史论丛（八）》，九州出版社2011年版，第77页。

《日知录》一事阐释为清廷的一大罪状,而借以推翻满族的统治,言辞夸大,多非平心之论。而偏离理性的结果,也必然是影响了对于夷夏之分真义的理解,反而导致了更加严重的民族、文化问题的产生。

自"原抄本"发现以后,人们更全面地了解到了《日知录》的删改问题,但是对于真正出于四库馆臣所为的《四库全书》本,民国学者并未留意,迄今阅读、比对《四库全书》本《日知录》的人,依然极少。这可能出于民国学者不大容易见到《四库全书》的缘故。抗战前的 1934—1935 年,上海商务印书馆始受教育部国立中央图书馆筹备处委托,影印故宫博物院所藏文渊阁本《四库全书》,成《珍本初集》,仅 200 余种,已经异常艰难,而《日知录》尚不在其中。潘承弼《日知录版本考略》就曾错误判断说:"库本当据潘刻迻录,其内容当无所增损耳。"① 可知其未见原书。

换言之,也可以说《四库全书》对于《日知录》的删改,并未对学者造成多大实际影响,也并没有干扰到《日知录》在世间的刊行与阅读。

今人如严文儒、陈智超均认为,《日知录》的刻本有三个系统:一为顾炎武自刻八卷本,一为潘耒遂初堂本,一为黄汝成《集释》本。迄未将《四库》本排列在内。②

四 黄汝成集释

道光十四年(1834),上距潘耒遂初堂刻本 140 年,黄汝成刻成了《日知录集释》,稍后刊刻的还有《刊误》二卷、《续刊误》二卷。

据《集释》所附的征引姓氏,自潘耒、阎若璩以下共计 96 家(实为 101 家),其广博宏富,为学者所盛道,黄汝成亦被称为潘耒以后《日知录》的第二功臣。

《日知录》三十二卷潘耒刻本的流传,有经义斋刻本(乾隆初期),有乾隆五十八年刻本,乾隆六十年刻本。到道光间,尚有九年刻成的《皇清经解》本和十二年的鄂山刻本。可知即在《四库全书》本《日知录》校毕之后 16 年,潘本已开始在各地重刊翻刻。康乾时期学者所用主要是潘刻

---

① 潘承弼:《日知录补校(附版本考略)》,《制言》半月刊,1937 年第 37、38 期。
② 严文儒:《关于顾炎武〈日知录〉的撰修时间及版本》,《昆山文化研究》2008 年 10 月创刊号;陈智超:《日知录校注·前言》,安徽大学出版社 2007 年版,第 4 页。

本或以潘本为底本的翻刻本。（国家图书馆所藏康熙三十四年潘耒遂初堂刻本有佚名所录阎若璩批注，乾隆五十八年刻本有钱泰吉跋文并录，苏州市图书馆所藏经义斋刻本有陈澧批校，可略见一斑。）

而到同治、光绪及民国，潘刻本便很少重印，大量刊行的都是黄汝成的《集释》本。如同治七年汉阳朝宗书室活字本、同治八年广州述古堂重刻本、同治十一年湖北崇文书局重刻本、光绪三年冯誉骥重刻本、光绪十二年上海点石斋印书局石印本、光绪十三年上海同文书局石印本、民国元年武汉湖北官书处刻本、光绪及民国间上海锦章图书局石印本、1928年及1945年上海扫叶山房石印本、1928年及1936年上海中华书局石印本，等等皆是。

《集释》本的流行更加说明，学者已完全绕过了《四库全书》本的影响了。

虽然黄汝成《集释》一开始也是力抵学者以"鸿通瑰异之资"，"隳败于词章训诂襞绩破碎之中"（《黄叙》），而其引文则确有不厌其烦之蔽。盖因《日知录》一书本极淹博，初学受读，如偃鼠饮河，不过满腹，至于河水浅深，浩瀚难明。顾氏往往放论经史百家，而又往往戛然而止，虽然倡导考据，以期实事求是，其书却不遑纠缠史文考证，颇有意在言外之旨。故《集释》虽详，客观上则引导读者追寻细节，是其蔽短。

古人论世，有所谓盛世、叔世、季世、末世、乱世诸说，时世不同则出处进退亦各有异。嘉庆、道光之际，时势大变，与鼎革、创业时期的学者相比，境界视野都趋于细腻琐碎，亦属必然之理。

黄汝成亦曾见过《日知录》抄本，《集释·叙》中有"又得潘检讨删饰元本"等语，《刊误·序》中有"又得原写本以校潘刻本"等语。故黄侃责之曰："黄汝成作《集释》，屡言以元本校，今本此诸条汝成即见之，而亦讳言之。"[1]（《校记跋》）潘承弼叹曰："惜黄氏于禁违处又略而未及，又未快人意耳。"[2]（《日知录版本考略》）实际上，黄汝成应当是据原写本补回了"李贽""钟惺"二条。此二条潘刻本全删，《四库全书》本亦删。《集释》二条无所征引，可见诸家类多未见。但是黄汝成又有削改，对比

---

[1] 顾炎武：《原抄本日知录》，徐文珊整理，台中市河北同乡会1958年排印本。
[2] 潘承弼：《日知录补（校附版本考略）》，《制言》半月刊，1937年第37、38期。

抄本可知,"李贽"条"昔晋虞预"以下一百五十字为黄汝成《集释》所删,抄本有。"钟惺"条则改"钱尚书谦益文集"为"钱氏",改"今"字为"当时",抄本未改。

五 "天下兴亡,匹夫有责"之本义

清嘉庆四年,"绛雪草庐"刊刻《岂有此理》,次年又刊刻《更岂有此理》,扉页牌记题"岂有此理,嘉庆己未孟夏新镌,绛雪草庐藏版","更岂有此理,嘉庆庚申五月新镌,绛雪草庐藏版"。二书流行颇广,署名半轩主人、醒目斋编、启无松发兑,等等。书中有《绛雪斋记》,绛雪斋当为作者斋名,有学者推知作者当为苏州人,生活于乾隆、嘉庆间,为秀才。一说作者名周宗泰,号竹君。二书以各类文体作诙谐、游戏、讽刺文字,作者自称"翻然疑,悄然思,爽然悟,辄然笑,而瞿然应","见予书而不喜者,岂有此理;见予书而不笑者,岂有此理;见予书而不怒且骂者,岂有此理"(见自序),又称"逢场作戏,见景生情","未能免俗,聊以解嘲"(见钤印)。

1998年吉林人民出版社出版了重编本的《岂有此理》署名清空空主人撰,以十二地支"子、丑、寅、卯、辰、巳、午、未、申、酉、戌、亥"分部,共有《天下岂有此理》《正义岂有此理》《历史岂有此理》《人生岂有此理》《金钱岂有此理》《文人岂有此理》《美味岂有此理》《夫妻岂有此理》《女人岂有此理》《神鬼岂有此理》《官吏岂有此理》《文化岂有此理》十二部。第一部《天下岂有此理》的第一篇题为《难"天下兴亡,匹夫有责"》,第一句说:"亭林先生曰:'天下兴亡,匹夫有责。'"学者多认为嘉庆四年空空主人第一次将《日知录》"正始"条的原文概括为整齐的二句八字。[①]

有学者指出,梁启超最早作出"天下兴亡,匹夫有责"的概括。1897年11月15日梁启超《倡设女学堂启》一文说:"天下兴亡,匹夫有责,昌而明之,推而广之。乌乎!是在吾党也矣。"随后,1900年3月11日,佩弦生(麦孟华)《论中国之存亡决定于今日》一文说:"非律宾弹丸而

[①] 1998年版《岂有此理》来历可疑,见陈福康《辨今出〈岂有此理〉是一本伪书》,《学术月刊》2015年第10期;陈福康《一本拙劣伪书骗过了众多出版社与学者》,《中华读书报》2016年2月3日。

尚可抗美，南阿小国而尚可败英。吾四万万之大众其亦无馁焉耳。天下兴亡，匹夫有责。"①

清末民初，"天下兴亡，匹夫有责"已成为流行成语和口号。由"天下兴亡，匹夫有责"又衍生出"天下存亡，匹夫有责""天下安危，匹夫有责""神州陆沈，匹夫有责""国家兴亡，匹夫有责""国家存亡，匹夫有责""国家治乱，匹夫有责""国家大事，匹夫有责"种种文本。而早在1944年何贻焜出版《亭林学术述评》已有"顾先生不曾说'天下兴亡，匹夫有责'"一节。

《难"天下兴亡，匹夫有责"》一文，简洁顺畅，言之成理。以下仍借《岂有此理》先作分析。

《难"天下兴亡，匹夫有责"》：

> 亭林先生曰："天下兴亡，匹夫有责。"时以为至论。遂有志士蹈火而不顾，仁人殒身而不恤。然则世事之可为者，果如斯言哉？余以为不然。
>
> 以今日世事观之，所谓天下者，君者一人之天下也，非天下人之天下也。天下兴，则君者一人获其利；天下亡，则君者一人罹其难。黎庶无与焉。所谓黎庶者，春耕夏耘，秋收冬藏，非其力不食，非其利不得，与天下无争之匹夫也。天下兴，于匹夫何利？天下亡，于匹夫何害？
>
> 梨洲先生尝曰："君者，以天下之利尽归于己，以天下之害尽归于人，视天下为己之莫大产业，传之子孙万代，以生息食利不绝。凡天下之无地而得安宁者，为君也。其未得天下之时，屠毒天下之肝脑，离散天下之子女，以博其一人之产业，曾不惨然，曰：我固为子孙创业耳。其既得之也，敲剥天下之骨髓，离散天下之子女，以奉其一人之淫乐，视为当然，曰：此我产业之花息也。君乃天下之大害，向使无君，黎庶尚各得自私自利也。"
>
> 至矣斯言！是以天下之广，则匹夫弃妻子，背乡井，为一人博莫大之产业而肝脑涂地。天下之兴，则匹夫得地而耕，养妻生子，为一人之产业孳产花息也。

---

① 见岳忠豪《"天下兴亡，匹夫有责"起源考辨》，《中国社会科学报》2021年1月6日。

呜呼！亭林终生博古通今，遍历九州，何陋至此？真所谓规规小儒，置兆人万姓崩溃之血肉，曾不异夫腐鼠也。天下兴亡，匹夫何利？匹夫何害？所谓责者，君者役匹夫之托耳。

悲夫！小儒规规，掩耳盗铃。古人云："天下兴，百姓苦；天下亡，百姓苦。"信哉斯言！①

文章是反驳顾炎武的，但是将此文放在全书第一篇的位置，也可说是顾炎武的知己了。

文章明引黄宗羲《明夷待访录》，但后面的评论"小儒规规""曾不异夫腐鼠"等语，其实也出自《明夷待访录》。所以，此文不啻为顾炎武与黄宗羲的比较。

"天下兴，百姓苦；天下亡，百姓苦"一句，有写作"天下兴，百姓苦；天下亡，百姓亦苦"，或"天下兴，百姓苦；天下亡，百姓更苦"，出自元代张养浩《中吕·山坡羊·潼关怀古》"兴，百姓苦；亡，百姓苦"，其逻辑线索是两个选择、一个结果。

《日知录》"正始"条的原文是将"亡国""亡天下"分别而论的，其逻辑线索是两个选择、两个结果。但这篇反驳却从头至尾只谈"天下"，不谈"国"，这不符合顾炎武的原义。但是文章首先将顾炎武的原义误会成"天下兴亡，匹夫有责"二句八字，然后加以反驳；既然不赞同"天下兴亡，匹夫有责"，于是文章的结论显然便成了"天下兴亡，匹夫无责"，其所说的"天下"是为君者之意，这却又与顾炎武的原义吻合起来了。

黄宗羲的观点，如果如文章所说，主张"君乃天下之大害"，匹夫"各得自私自利"，无疑是过于极端了，而所谓空空主人，已颇有乌托邦、无政府主义之嫌。

文章拟用黄宗羲驳倒顾炎武，但是今日平心而论，黄宗羲的极端尖锐，其实远不如顾炎武的冷静深刻。

《日知录》"正始"条的文本共二段，第一段以"以至国亡于上，教沦于下。胡戎互僭，君臣屡易。非林下诸贤之咎而谁咎哉"结束，第二段篇幅不长，全录于下，为便于分析，再详分为如下段落：

---

① 空空主人：《岂有此理》，吉林人民出版社1998年版，第3—4页。

第五章　顾炎武的学术与《日知录》的影响

有亡国，有亡天下。

亡国与亡天下奚辨？曰：易姓改号，谓之"亡国"。仁义充塞，而至于率兽食人，人将相食，谓之"亡天下"。

魏晋人之清谈何以亡天下？是孟子所谓杨墨之言，至于使天下无父无君，而入于禽兽者也。昔者嵇绍之父康被杀于晋文王，至武帝革命之时，而山涛荐之入仕。绍时屏居私门，欲辞不就，涛谓之曰："为君思之久矣，天地四时犹有消息，而况于人乎？"一时传诵，以为名言，而不知其败义伤教，至于率天下而无父者也。夫绍之于晋，非其君也；忘其父而事其非君，当其未死，三十余年之间，为无父之人亦已久矣。而荡阴之死，何足以赎其罪乎！且其入仕之初，岂知必有乘舆败绩之事，而可树其忠名以盖于晚也？自正始以来，而大义之不明遍于天下。如山涛者，既为邪说之魁，遂使嵇绍之贤且犯天下之不韪而不顾。夫邪正之说不容两立，使谓绍为忠，则必谓王裒为不忠而后可也。何怪其相率臣于刘聪、石勒，睹其故主青衣行酒，而不以动其心者乎？

是故知保天下，然后知保其国。保国者，其君其臣，肉食者谋之。保天下者，匹夫之贱，与有责焉耳矣①。

顾炎武《日知录》主题论风俗五条，"周末风俗""秦纪会稽山刻石""两汉风俗""正始""宋世风俗"，蝉联相接，抄本在卷十七，刻本卷十三，历论五个时期的风俗、风化，实际上可以视为一部古代风俗简史。"正始"一条以年号为题，因为此条是批评魏晋士大夫的清谈、放达，致使西晋南迁，五胡乱华，这一时期的应有之义当是夷夏之防，所以顾炎武自知忌讳，隐约不言，只题年号。

"有亡国，有亡天下"，古无此语。分辨"国"与"天下"二者之不同，这是顾炎武的一大贡献，也是《日知录》全书中最为激烈的一句。这一条的文本，清抄本、遂初堂本、《四库全书》本基本相同。仅"胡戎"字，遂初堂本改为"羌戎"。与抄本比对，潘本完全删除的有"素夷狄行

---

① 黄珅、严佐之、刘永翔主编：《顾炎武全集》第18册《日知录》，上海古籍出版社2011、2012年版，第527页。此处重新标点分段。

乎夷狄""胡服"二条，但没有此条。而当日不删"天下"字，不删"亡国"字，只删"夷狄"字，可谓万幸。

以下只看文法。[①]

（1）"有亡国，有亡天下。"这二句言灭亡的危险。从文法上说，是要区分两件不同的事物。二句犹言：有两种不同的情况，一件事是亡国，一件事是亡天下。

（2）"亡国与亡天下奚辨？"这一句自问，亡国与亡天下的区别何在？

（3）"曰：易姓改号，谓之'亡国'。仁义充塞，而至于率兽食人，人将相食，谓之'亡天下'。"顾炎武回答，"亡国"的含义是"易姓改号"，也就是改朝换代。"亡天下"的含义是"仁义充塞，率兽食人"，借用孟子的话语。孟子原文所指是杨墨，在儒家而言，儒家与杨墨的区别，就是君子与小人的区别，也就是义利之别、夷夏之别。顾炎武表面讲风俗，实际上讲的是教化，而华夏教化的对立面就是夷狄。用今天的话说，可以称之为文化的区别，而归根结底是游牧生存方式及其草原法则、农耕生存方式及其人文秩序的区别。"仁义充塞，率兽食人"就是"弱肉强食，适者生存"。

（4）"魏晋人之清谈何以亡天下"一段，详论"昔者嵇绍之父康被杀于晋文王"，王国维认为是因潘耒仕清而发。王国维《东山杂记》"《日知录》中泛论多有为而为"条云："顾亭林先生《日知录》中泛论，亦多有为而为。如'嵇绍不当仕晋'一则，为潘稼堂发也。"

（5）"是故知保天下，然后知保其国。"二句言挽救的对策，"保国""保天下"，仍然区别"国""天下"二者，而"天下"的意义大于"国"的意义。

表5–1　　　　　　"有亡国，有亡天下"文法关系表（一）

两种不同情况	灭亡的危险	古代话语的含义	现代话语的含义
1	亡国	易姓改号	改朝换代
2	亡天下	仁义充塞，率兽食人	游牧生存方式及其草原法则

[①] 学者关于"天下兴亡，匹夫有责"概念的逻辑分析及列表，参见魏朝利《"天下兴亡，匹夫有责"的概念、逻辑与未来》，《山西农业大学学报》（社会科学版）2017年第7期。

（6）"保国者，其君其臣，肉食者谋之。保天下者，匹夫之贱，与有责焉耳矣。"二句对应文章开头的两种情况，而给出两种答案。

"保国"则君臣负责，君臣负责则匹夫无责，所以匹夫可以缺位，严格地说匹夫并无此位，所谓"不在其位，不谋其政"。

"保天下"则匹夫亦需负责，君臣更不在话下，当然需要负责，所以君臣、匹夫二者都要负责。

表5-2　　　　"有亡国，有亡天下"文法关系表（二）

两种不同情况	灭亡的对策	负责者一	负责者二
1	保国	君臣有责	匹夫无责
2	保天下	君臣有责	匹夫有责

"有亡国，有亡天下"的观念，符合古人传统，也是顾炎武本人政治实践的依据。臣与民如何区分？臣参与国家政治，其标志是出仕；出仕也有一个标志，就是获得俸禄，"肉食者"就是"食禄者"，就是个人与国家之间签订的契约，即所谓"君臣名分"。而食禄也有一个擦边的界限，就是生员。官学的最低一级是县学，而如果在县学中获得了廪饩，便视同获得了俸禄，因而具有了为"亡国"而负责的资格。明亡以后，顾炎武、黄宗羲、王夫之都是以生员的资格，参加南明政权的"保国"活动。换言之，如果既没有出仕，也不是生员，仅有布衣的身份，则"保国"并不在其负责规定之内。

与"有亡国，有亡天下"的文法关系对比，明显可知"天下兴亡，匹夫有责"并非顾炎武的原义，甚至恰恰与原义相反。一方面，顾炎武意在区分"亡国""亡天下"二者，而"天下兴亡，匹夫有责"则将二者混为一谈，因而也就取消了"亡天下"的命题，使人不知道什么叫"亡天下"；另一方面，身为匹夫，面对"亡国"与"亡天下"两种不同的情况，也不知道如何负其责。

"有亡国，有亡天下"观念的本义是保住文化，"天下兴亡，匹夫有责"的结果恰成不保文化，正所谓"适得其反"。

从责任者一面看，无论"亡国"还是"亡天下"，君臣都负有责任，有选择的只是匹夫。但顾炎武的原义并不在此，其原义只是说，在"亡国"之上，还有一种更大的危险，叫"亡天下"。这一观念是如此重要，以至于应当称之为"顾炎武之问"。

清末以来学者对《日知录》"正始"条的理解，足资参考。

清末革命家唐才常作《唐宋御夷得失论》说："'有亡国，有亡天下。'唐室之夷患，亡其国而止，至宋，乃有亡天下之祸。何哉？且夫吐蕃、回纥之为性也，不过肆刼掠、饫屠淫而已。而契丹、女真、蒙古，则以其凶顽之性，狡黠之姿，蹂宋人民社稷而残之，而成吉思汗卒以腥膻之种抚有中原，臣妾万众，而黄帝之裔、震旦之族由兹不振，岂非天哉！"①

民初革命家章太炎《革命之道德》说："'匹夫有责'之说今人以为常谈，不悟其所重者乃在保持道德，而非政治经济之云云。吾以为天地屯蒙之世，求欲居贤善俗，舍宁人之法无由。"②

1922年林损《政理古微》写道："匹夫有责之论，本为正始风俗而发，其力则山涛之劝嵇绍入仕，以为杨墨之言使天下无君无父者，有所愤懑不平故也。后人断章取义，仅取二语，而略其上文，不通极矣。"③

1944年何贻焜《亭林学术述评》"顾先生不曾说'天下兴亡，匹夫有责'"一节写道："'天下兴亡，匹夫有责'，这句话差不多已经成为现代中国一般智识阶级的口头禅，尤其当国家民族正在危急存亡千钧一发的时候。这句话最初到底是谁说的呢？我相信一定有许多人以为是顾亭林先生说的，其实，顾先生并不曾说。……'天下'二字的涵义，普通常被人解释为'国家'，但在这里却不适宜。因为这段文字的前面，有这么几句：'有亡国，有亡天下。亡国与亡天下奚辨？曰：易姓改号，谓之亡国。仁义充塞，而至于率兽食人，人将相食，谓之亡天下。'按照原文解释，所谓'亡国'，乃指国家主权的丧失；所谓'亡天下'，系指社会道德的沦丧。"④

1944年顾颉刚《清初学者的政治思想》写道：顾炎武"他在《日知录》里说得最沉痛的话，是'有亡国，有亡天下'"。"朝换代，叫做'亡

---

① 唐才常：《觉颠冥斋内言》卷一，清光绪二十四年长沙刻本；又见沈粹芬、黄人编《国朝文汇》卷十二，清宣统元年上海国学扶轮社石印本。
② 朱维铮、姜义华等编注：《章太炎选集》，上海人民出版社1981年版，第315页。
③ 林损：《政理古微（五）·养性》，《学衡》1925年第48期。
④ 何贻焜：《亭林学术述评》，正中书局1944年版，第19页。

国'。舍弃了道德，闹到人吃人的境界，叫做'亡天下'。""改朝换代不过一姓的兴亡，其关系尚小，独至失掉了国民的人格，民族的精神，其关系就非常大。"①

近年资中筠指出："顾炎武的名言'天下兴亡，匹夫有责'，长期流传，'天下'被改成了'国家'。这不是顾炎武的本意，而且正好相反，顾炎武的原意是国家兴亡'肉食者谋之'，匹夫是无责的。"②

第五节 顾炎武与《日知录》对日本汉学的影响

一 顾炎武"所笔指不多屈"

有清乾嘉朴学的学风以梳理古文献为始基，本与汉代古文经学接近，民国以来因其与科学实证方法近似，备受推崇。然而论者指出，古文家虽然成果出众，却无当于经邦治国，有清之所以灭亡，正因今文经学之缺失。其说甚能发人深省。但清代其实是有今文一派的，清季今文家以康有为为首，影响尤烈。只是康梁诸人假借变法之名，而行革命之实，不仅没有起到挽救清廷的作用，反而加速了清朝的灭亡。由此而论，康氏所谓的今文经学应当判为"伪今文"，其学理与宗旨均有经不住推敲之处。光绪末年，甘鹏云即曾痛斥今文家云："近人据公羊家张三世之说，遍通于六经，实足误人。"又云："刘宋诸家，阐之而瘉深，龚戴之徒，推之而愈奥。近人拾其残唾，衍其余波，寖开犯上作乱之端，而为世道经籍之祸。流弊如此，岂公羊子所及料哉！"③甘氏虽直指刘逢禄、宋翔凤、龚自珍、戴望诸人之名，而其深斥的"近人"正是康有为。

由此可知，清代古文家之弊短在于不能扶持政治，而今文家的问题在于它本是"伪今文"。有清三百年间今古文两派未能互补而折中，职此之故。

在清儒同衰共弊的这一背景之下，顾炎武作为"清学开山之祖"，始终不曾受到批评，其一种积极而持正的立场，值得学者总结探寻。

---

① 顾颉刚：《宝树园文存》卷二，《顾颉刚全集》，中华书局 2010 年版，第 305 页。
② 资中筠：《顾炎武名言本意是"国家兴亡，匹夫无责"》，《随笔》2010 年第 4 期。
③ 甘鹏云：《国学笔谈》卷一，民国己卯崇雅堂刻本。

甘鹏云曾援引顾氏批评康有为之辈云："亭林有言曰：'目击世趋，方知治乱之关必在人心风俗，而所以转移人心、整顿风俗，则教化纪纲为不可缺矣。百年必世养之而不足，一朝一夕败之而有余。'危乎微乎！人何苦持诡僻横恣之说，以坏风俗而贼人心乎！"[①]

无独有偶，日本汉学者赖襄在评骘清代今古文家之弊时，也援引顾氏为据。其言曰：

> 余尝谓自理学兴，士无肤浅之弊，然久而成窠臼，千言万语尽赴其中，宋元人概然。自考证之学兴，言有凭据，然儒者之业如稽账簿，争较毫厘以取胜，明清人概然。……且宏富取之不竭者，唯景卢（洪迈）及沈括、王懋、顾炎武、王士禛等所笔，指不多屈焉。[②]

顾炎武之学的地位与贡献，正当作如是观。赖襄的评价，代表着日本汉学家对于顾炎武最持正、最成熟的认识。

二 日本馆藏《日知录》版本

日本所藏顾炎武著作，有多种重刻本，晚近则有多种影印本，但未见顾氏亲刻的符山堂八卷本；有传抄摘抄本，但没有类似民国学者所发现的清代原抄本。其收藏总量丰富，而精品不多，侧面反映了日本汉学家对顾炎武研究的相关水准。

《日知录》一书荟萃顾炎武一生著作的精华，为清初学术名著，影响有清一代三百年之久，学术价值极高。其书在日本，影响亦较大。据"日本所藏中文古籍数据库"[③]检索，"顾炎武"共计有1616项，《日知录》共计有326项。

日本有旧抄本《日知录》3种：《日知录残》一卷，抄本；《日知录抄》一卷，田边匡敕摘录，仙台藩儒田边氏抄本；《日知录抄》一卷，海

---

① 甘鹏云：《国学笔谈》卷二，民国己卯崇雅堂刻本。
② [日]赖襄：《新刊容斋随笔序》，《山阳文诗遗稿》，天保十二年（1841）东京五玉堂刻本。
③ 全国漢籍データベース協議会：全國漢籍データベース．http://www.kanji.zinbun.kyoto-u.ac.jp.

保元备抄本。

另有《日知录》刻本2种：一为《日知录十三经考义》七卷，即《日知录》卷一至卷七，天保八年（道光十七年，1837）东京悬磬舍藏板，江户和泉屋庄次郎等刊本。扉页标明："《日知录》有大小二本，小本缪误极多，间有脱简脱字，大本较佳，然亦非无一二讹缪。今取二本校雠，犹有可疑者又更就其所引本经而订正，阅数月而竣功，乃付剞劂云。"1972年有《和刻本汉籍随笔集》第四集影印本。此书即朱彝尊《经义考》所载《顾氏炎武日知录说经七卷》。一为《日知录集释》三十二卷、《刊误》二卷、《续刊误》二卷，明治十七年（光绪十年，1884）东京乐善堂铜刻。

日本所藏清刻本《日知录》三十二卷，约有11种：康熙三十四年经义斋刊本；覆康熙三十四年序吴江潘耒闽中校重刊本；康熙五十四年序刊本；乾隆元年刊本；乾隆三十四年据康熙汇三十四年序吴江潘氏遂初堂重刊本；乾隆五十八年刊本；覆乾隆六十年刊本；乾隆嘉庆间重刊本；道光元年刊本；同治八年广州述古堂番禺陈璞重刊本；光绪三十四年序刊本。[①]

日本所藏清刻本黄汝成《日知录集释》三十二卷，约有8种：

道光十四年嘉定黄氏西谿草庐刊本，附《刊误》二卷，道光十五年刊，附《续刊误》二卷，道光十八年刊；同治六年据道光中嘉定黄氏西谿草庐重刊本；同治十一年湖北崇文书局重刊本；光绪元年湖北崇文书局刊本；光绪三年重刊本；光绪二十一年景印本；光绪二十五年京都琉璃厂重刊本；民国元年鄂官书处重刊本。

日本所藏有关《日知录》的丛书及零种有10种：《皇清经解》卷十八、十九之《日知录》二卷；《风雨楼丛书》之《日知录之余》四卷；宣统二年元和邹福保重刊本《日知录之余》四卷；《青照堂丛书次编》之《日知录史评》一卷；《袖海楼杂著》内黄汝成《日知录刊误合刻》四卷，附《家传》一卷、《祭文》一卷、《墓志铭》一卷；俞樾《春在堂全书·曲园杂纂》内《日知录小笺》一卷；《小方壶斋丛书三集》内丁晏《日知录校正》一卷；《学术丛编》内李遇孙《日知录续补正》三卷；黄侃《日知录校记》一卷，民国二十二年国立中央大学出版组排印本，及民国二十五年弟子万载龙氏南京量守庐校刊本；潘承弼《日知录补校》一卷、《版

[①] 今按：其著录疑有多处错误。

本考略》一卷,民国二十六年排印本。

日本所藏影印本有4种:文渊阁《钦定四库全书》之《日知录》三十二卷;《日知录集释(外七种)》之康熙九年东吴顾氏刊本《日知录》八卷;昭和三十六年(1961)京都狩野君山先生遗集刊行会及日本中国友好协会京都府联合会用北京图书馆藏康熙九年自序刊本景印之《日知录》八卷;2000年北京中华全国图书馆文献缩微复制中心用河南省图书馆藏《文渊阁本四库全书抽毁余稿》景印之《日知录残卷》。

此外,徐文珊《原抄本日知录》,附黄侃《日知录校记》一卷、张继《校记补》一卷,日本有1958年台中市河北同乡会本,1970年台中明伦出版社本,1975年台南唯一书业中心本。

三 日本汉学家论顾炎武与《日知录》

日本汉学家论及顾炎武《日知录》及顾氏其他著述,所见有尾藤孝肇、中岛规、赖襄、斋藤正谦、安井衡、冈千仞、竹添进一郎、国分高胤、森槐南、内藤虎次郎、久保得二、铃木虎雄十二家。这些学者或征引、补充《日知录》条目,或模仿其札记体例,或称道、唱和其诗文,反映了日本汉学家对顾氏的谙熟程度,可见顾氏影响之普遍。其中赖襄指出顾炎武虽然"以考据为极大事业",其实"志在经济",不为门户之见;冈千仞指出清人"金石、说文二学"为古人所无,不能对清代国家盛衰起积极作用,可谓从域外的角度只眼看中国,对于重新认识有清一代的学术衍变史有着重要的价值。

尾藤孝肇(1745—1813,号二洲)《静寄轩集》[1]附录卷三《静寄余笔》卷上云:"兄弟二名而用其一字者,世谓之排行……"同卷又举自称字例数条,出自《日知录》卷二十二。

同卷又曰:"春台斥非云天子诸侯言姓不言族不知是何据……后读顾宁人亭林集中有《原姓》一篇,其说殊为详明,今附于此。《原姓》云……"

同书附录卷四《静寄余笔》卷下云:"《日知录》:'今人谓石炭为墨。按《水经注》水井壶井深十五丈,藏冰及石墨焉。石墨可书,又然之难

---

[1] [日]尾藤孝肇:《静寄轩集》,江户时代东京古风轩刻本。

尽，亦谓之石炭。是知石炭、石墨一物也，有精粗尔。'此间亦往往有石炭，土人用以煮物，盖亦与之同物。"

同书附录卷五《冬读书余》卷一云："古人席地而坐，引身而起则为长跪，首至手则为拜手，手至地则为拜，首至地则为稽首，此礼之等也。……《日知录》。"（今按："手至地则为拜"一句，潘耒遂初堂本《日知录》及黄氏《日知录集释》同，而"拜"字实为脱误。《原抄本日知录》作"手至地则为顿首"。）

中岛规（1779—1855，号棕隐）《棕隐轩集》① 三集卷上《（纪）士恭有和诗再赋伸谢犹用前韵五首》自注："《品字笺》引顾炎武说云：'凡古今字之可上下左右写者唯鹅字。'因余画此和诗，其鹅字四体，士恭诘其原，所以自释云。"

赖襄（1780—1832，号山阳）《赖山阳全书》② 之《文集·书后》卷上《书李鼎祚易解后》云："顾亭林云：'吾读注《易》诸家，未见逾《程传》《朱义》者'，是无客气实话。如郝京山骂《本义》为浅易，好胜耳。"

同书《书日知录后》云："顾宁人与归庄（恒轩）同学，少时已有'归奇顾怪'之目，疑为迂僻士。然志在经济，既遭鼎革，不能有施，守母遗训，誓不仕二姓。其讲学特止考证者，不得已也。同时阎若璩、万斯同兄弟、黄宗羲、傅山、李（容）〔颙〕诸人之意，盖皆然。傅山尝答问学者曰：'吾学庄列者，羞道仁义之事。'逃于庄列与逃于考证，其意一也。乃至毛奇龄以下一辈人，以考据为极大事业，又骂詈古人，以张己门户而已。奇龄虽生明末，未尝仕明者，不可谓失节。然宁人亦书生耳，趣舍迥然矣。若钱谦益则失节尤大彰著者，非毛之同年谈，然其好骂心术颇邪则同。宁人流寓，所至辄致千金，所谓有不为而有为者，岂迂僻士哉！如《日知录》，特其皮毛耳。"（今按："吾学庄列者，羞道仁义之事"二句，全祖望《阳曲傅先生事略》原文作："老夫学庄列者也，于此间诸仁义事，实羞道之。"）

同书《跋二十二史札记后》云："清人考据，率欲骂詈宋人，以树己

---

① ［日］中岛规：《棕隐轩集》，文政七年（1824）东京刻本。
② ［日］赖襄：《赖山阳全书》，广岛赖山阳先生遗迹彰显会1931年铅印本。

门户,故实益人者甚少。其实益者,顾宁人(亭林)《日知录》、朱竹垞《经义考》,及赵云崧《二十二史札记》之类,数部而已。盖经学既多为之者,故去寻一境界,是云崧不树门户之门户也。前此王鸣盛有《十七史商(确)〔榷〕》,钱大昕有《二十一史考异》,皆与赵书同体,而赵可资实用。虽此等书如勾核账簿,不足快心洞目,视诸宋人《读史管见》之类,专为空论刻论者,则有间矣。"

其《山阳遗稿·新刊容斋随笔序》论顾炎武"所笔指不多屈",已见上引。

斋藤正谦(1797—1865,号拙堂、铁研)《铁研斋诗存·澡泉余草》[①]有《僧月性愤外夷猖狂慷慨论兵缁徒中有此差强人意赋此为赠》诗(又见斋藤正谦《拙堂纪行文诗》[②]卷之五)云:"古今同一勤王志,月性前身是月空。"自注:"明嘉靖中,僧月空防寇,死之,见《日知录》。"

安井衡(1799—1876,号息轩)《读书余适》[③]之《睡余漫稿·读书余适》卷上云:"案顾亭林恶明人姓名相配,谓轻薄所致,昉于南宋俳优,此诚然。然汉有虞舜,魏有唐尧。北宋江汉,字朝宗,买仆姓于,赐名海,遂为'江汉朝宗于海'。皇朝则有春道列树、大江千里、小野篁之,属人之好奇,古今彼此不期而同,皆此类耳。"

冈千仞(1833—1914,号鹿门)《观光纪游》[④]卷十《粤南日记》卷下云:昭和十八年,十六日(三十日):"寒如严冬,拥被终日。此地寒暖计日间差违或逾廿度,其不适健康可知也。樱泉来话。樱泉往年游学中土,其论弊风极为之切。曰:所贵于中土士大夫,重名教,尚礼让,志趣高雅,气象温和。农工力食者,忍劳苦,安菲素,汲汲营生,孜孜治产。非我邦所能及也。而士人讲经艺,耗百年有限之力,于白首无得之举业。及其一博科第,致身显贵,耽财贿,肥身家,喜得忧失,廉耻荡然,不复知家国之为何物。而名儒大家,负泰斗盛名者,日夜穿凿经疏,讲究谬异。金石、说文二学,宋明以前之所无。顾炎武、钱大昕诸家,以考证为

---

① 〔日〕斋藤正谦:《铁研斋诗存》,东京汲古书院2001年影印本。
② 〔日〕斋藤正谦:《拙堂纪行文诗》,明治二十五年(1892)东京益友社刻本。
③ 〔日〕安井衡:《读书余适》,明治三十三年(1900)安井氏刻本。
④ 〔日〕冈千仞:《观光纪游》,明治十九年(1886)石鼓亭刻本。

学以来，竞出新意，务压宋明，纷乱拉杂，其为无用，百倍宋儒。其少有才气者，以诗文、书画为钓名誉博货贿之具，玩物丧志，无补身心，风云月露，不益当世。此亦与晋时老庄相距几何！吏胥奴颜婢膝，奉迎为风，望门拜尘，欺己卖人，自为得计。商贾工匠，眼无一丁，妆貌炫价，滥造粗制，骗取人财。此犹可以人理论者。其最下者，狗盗鼠窃，不知刑宪为何物。立门乞怜，不知秽污为何事。其人轻躁扰杂，喧呼笑骂。此皆由风俗颓废，教化不行者。呜呼！政教扫地一至此极。而侮蔑外人，主张顽见，傲然以礼义大邦自居，欧米人之以未开国目之，抑亦有故也。"（小牧昌业，1843—1922，号樱泉，萨摩藩士、贵族院议员，明治初年留学清国。）

竹添进一郎（1842—1917，号井井）《栈云峡雨日记并诗草》① 卷下《七十五叟齐学裘初稿》云："自来言地舆者三家：郦氏《水经注》详于水道，顾景范氏《方舆纪要》详于形势，顾亭林氏《郡国利病书》详于治术。"

同书"诸家评骘"载清人李鸿裔光绪丁丑记云："承示尊著《栈云峡雨日记》，属为评骘。展读一过，山川古迹，钩考源流，如数家珍，想见学富五车。郦氏之《水经注》、范氏之《方舆纪要》殆不是过，而其论古今得失，语语精当，亦几几乎与顾氏《郡国利病书》相上下。"

国分高胤（1857—1944，号青崖）《青厓诗存》② 卷十一《论诗五首》之五云："明代诗风谁开源，四杰竞才鸾凤奔……枇杷晚节孰当得？大樽忠节亭林识。"

同书卷十四《席上又呈汪星使》云："昌明音学顾炎武，寂寞玄文扬子云。"

同书卷十九《咏史三十六首·顾炎武》云："亭林渊洽笔纵横，五典三坟考证精。早自易书探古韵，恨教沈陆杂新声。一周禹域风云气，六谒孝陵葵藿情。命世文章经国业，枇杷晚翠殿朱明。"

同书附录《诗贵有根柢》云："明顾亭林元不以诗文专家，其诗苍老浑厚，蔚然雄视一世。此何以然？岂非酝酿者厚溢而为辞者耶！"

---

① ［日］竹添进一郎：《栈云峡雨日记并诗草》，明治十二年（1879）奎文堂刻本。
② ［日］国分高胤：《青厓诗存》，东京明德出版社1975年铅印本，第252页。

森槐南（1863—1911）《槐南集》① 卷四《送杨惺吾守敬还清国》云："商彝周鼎细参错，经史苍雅相审详。顾（亭林）翁（覃溪）而后谁颉抗？好古直上韩苏堂。"

同书卷二十一《七月十一日同都门鸿儒硕彦邀饮清国吴挚甫先生（汝纶）于东台酒亭即赋长古一章呈政》云："倪论支那真学问，魏源顾绛并君三。"

内藤虎次郎（1866—1934，号湖南）《湖南文存》② 卷六《宝左庵十二长物·清顾亭林金扇诗翰》云："纵五寸三分，亭林先生自录其所作诗《周公测景台》《卓大傅祠》《先圣庙谒七十二弟子》三首示王山史者。涉览四部，考验制度，每值疑难，苦乏证左。往往购觅，迹近玩物，兼收无力，空劳物色。朋友讨论，复有馈遗，积累几案，杂然为堆。壬癸之际，连罹疾患，几死才生，剩斯鸠形。远近问慰，靡遑酬答，竟就生平储藏，选为十二长物，景印信片，以报嘉贶。木桃琼瑶，徒滋我愧。大正十二年六月，宝左庵主人记。"

同书《东山清风阁同诸友觞郑苏戡赋赠》云："萧萧落木鸟声哀，潦倒邀朋且把杯。卷地呋岚遭坏劫，剔灯情话发寒灰。匹夫有责人相食（顾亭林语），穷巷横经泪暗催。禹域神明岂无胄，此时谁是补天才。"

同书为冈崎焕卿所作《魏晋南北朝通史序》云："参之藏经僧传，《弘明》《广弘明》二集，乃至近代顾宁人、赵瓯北、章太炎，及此间并世师友之说，洽览博稽，莫不折衷。"

同书《石涛画册跋》云："明季清初，当世道人心一大变之会。其立言奇辟，如李卓吾辈姑无论已。其平正醇厚者，若黎洲、亭林、船山以下诸老宿，各皆标独见绝，不依傍前人。"

久保得二（1875—1934，号天随）《秋碧吟庐诗钞》③ 丙签有《拟唐人五言八韵追和顾亭林》六首。六首与顾炎武《拟唐人五言八韵（六首）》同题。

---

① ［日］森槐南：《槐南集》，明治四十五年（1882）东京文会堂书店铅印本。
② ［日］内藤虎次郎：《湖南文存》卷六，《内藤湖南全集》第14册，东京筑摩书房1976年版，第11页。
③ ［日］久保得二：《秋碧吟庐诗钞》丙签卷八，东京声教社1917年铅印本，第9页。

其一《申包胥乞师》云:"子胥必覆楚,包胥必存楚。今日为仇敌,昨日相尔汝。掘墓鞭王尸,使我乱心绪。天定能胜人,谁容汝暴举。吴兵满郢都,山中难独处。七日立秦廷,恸哭不能语。迎彼五百乘,稷丘乃振旅。国危有此臣,绝胜百夫御。"

其二《高渐离击筑》云:"荆卿报太子,渐离报荆卿。闻道咸阳宫,秦王绕柱惊。秋风燕市饮,和君浩歌声。白日易水别,饯君千里行。遗志今可继,何暇论死生。惜哉举筑时,两目矐不明。笑为刀下鬼,穷泉复寻盟。耿光照青史,与君甘盗名。"

其三《班定远投笔》云:"贫中看奇相,燕颔而虎头。投笔自慨叹,欲效博望侯。当初卅六众,一举服房酋。艰苦三十年,勋业谁与俦。乃至条支境,岁时朝贡修。何图旋京后,胸胁病不瘳。一门皆才隽,有子足箕裘。将略憾无用,庙议少远谋。"

其四《诸葛丞相渡泸》云:"托孤任非轻,攘除存夙志。堂堂诸葛公,六师来卷地。渡泸入不毛,一击殪耆帅。孟获服天威,滇池始敷治。七纵而七禽,谁言类儿戏。后顾今绝忧,又见资储备。炎运期兴复,谁料皇天意。再出北伐师,不似南征易。"

其五《祖豫州闻鸡》云:"神州已陆沈,胡骑纷纵横。乃击渡江楫,誓欲复旧京。譙梁新拓地,雍丘进屯营。士卒同甘苦,粮仗有余赢。谁来居我上,感愤心难平。内讧机亦迫,思之涕泗倾。一朝赍志逝,大功终不成。当初闻鸡处,误道非恶声。"

其六《陶彭泽归里》云:"折腰五斗米,居常愧违己。口实固分明,完节谁相比。寄奴近专权,时事可知耳。我岂居其下,趋走甘颐使。在官仅八旬,弃之如敝屣。江上舟遥遥,浔阳归故里。田园乐天命,终生不复起。解事有文公,大书晋征士。"

铃木虎雄(1878—1963,号豹轩)《豹轩诗钞》[①] 卷十一《柬仓石学士(君在支那时游山西)》云:"三晋河山费访寻,云笺报到洛城阴。雁方归日游何壮,花已谢时思正深。拓字搜奇傅青主,载经考古顾亭林。西航恨我新秋迫,休怪稀疏海上音。"

道光二年休宁陈兆麒编选《国朝古文所见集》十三卷,日本天保十五

---

① [日]铃木虎雄:《豹轩诗钞》,东京铃木先生还历纪念会1938年活字本。

年（弘化元年、道光十五年）翻刻，明治三十四年重刊。封面题《清名家古文所见集》，内页仍题《国朝古文所见集》。卷一第一篇为《郡县论一》，作者题"昆山顾炎武宁人"。第二篇为《郡县论五》，作者题"顾炎武亭林"。此书俨然以顾炎武列居清朝古文第一位。

第六节 阮元《国史儒林传·顾炎武传》与日本《清名家小传·顾炎武传》之比较

一 阮元《国史儒林传》

《国史儒林传》又题《儒林传稿》，有两种版本，一为四卷本，一为两卷本。

《儒林传稿》四卷本通常著录为嘉庆刻本，以顾栋高居首，内有顾炎武传，目录中排在第八位：

《儒林传稿》前八篇目录：

1. 顾栋高（附：陈祖范、吴鼎、梁锡玙）
2. 孙奇逢（附：魏一鳌、耿介）
3. 李　颙（附：王心敬、李因笃）
4. 黄宗羲（附：宗炎）
5. 王夫之（附：陈大章　刘梦鹏）
6. 高　愈（附：顾枢、刁包、彭定求）
7. 谢交济（附：彭任）
8. 顾炎武（附：张弨、吴任臣）

《国史儒林传》两卷本，著录为嘉庆十二年（1807），王汎森等人认为大约刊刻于道光年间，以顾炎武居首。[①]

民国初编纂的正史《清史稿》中，儒林列传共四卷。《儒林一》以孙

---

① 参见王汎森《清代儒者的全神堂——〈国史儒林传〉与道光年间顾祠祭的成立》，《权力的毛细管作用——清代的思想、学术与心态》（修订版），北京大学出版社2015年版，第507—514页。段志强《顾祠——顾炎武与晚清士人政治人格的重塑》，复旦大学出版社2015年版，第24页。马延炜《〈清国史·儒林传〉与清代学术史的建构》，湖南人民出版社2016年版，第56页。戚学民《阮元〈儒林传稿〉研究》，生活·读书·新知三联书店2011年版，第245页。

奇逢居首，《儒林二》以顾炎武居首，《儒林三》以马宗梿居首，《儒林四》专载孔子后裔。

《儒林传稿凡例》言："今查湖南王夫之，前明举人，在桂王时曾为行人司行人；浙江黄宗羲，前明布衣，鲁王时曾授左佥都御史。明亡入我朝，皆未仕，著书以老。所著之书，皆蒙收入《四库》，列为国朝之书，《四库全书提要》内多褒其书，以为精核。今列于《儒林传》中，而据实书其在明事迹者，据历代史传及《钦定续通志》例也。"①

顾炎武与黄宗羲、王夫之相似，在清代学术思想史上的地位都表现出逐渐抬升的趋势。

顾炎武收入清史《儒林传》的过程以及他在《儒林传》中所居位置的变化，尤其反映了清代不同时期对于经学、考据学的态度的升降。而以顾炎武居于《儒林传》首位的安排，从某种程度上表明了顾炎武被视为清代经学之开山的地位。

《东华续录》（光绪朝）卷二百二十载："钦定《国史儒林传》以炎武为首，宗羲、夫之次之。"②

曾国藩《圣哲画像记》："我朝学者以顾亭林为宗，《国史儒林传》褒然冠首。"③

谢章铤《赌棋山庄集》："《国史儒林传》，其第一人则昆山顾炎武也。"④

江藩《国朝汉学师承记》，伍崇曜跋："（阮）文达撰《国史儒林传稿》，第一次顾亭林居首，第二次黄梨洲居首。"⑤

陆心源《仪顾堂集》："国初诸儒，惟炎武可以当之。……《国史儒林传》列于诸儒之首，《钦定四库全书》收其著作甚多，儒者自全其高节，圣世廓然而大公，列之祀典，夫何疑焉？"⑥

---

① 阮元：《儒林传稿凡例》，《儒林传稿》卷首，清嘉庆刻本。又见《揅经室集》续集卷二，题为《拟儒林传凡例》，清道光文选楼刻本。
② 朱寿朋：《东华续录（光绪朝）》卷二百二十，清宣统元年上海集成图书公司铅印本，第1页。
③ 曾国藩：《曾国藩全集》第14册，岳麓书社2011年版，第152页。
④ 谢章铤：《陈朱二贞女合传》，《赌棋山庄集》续集卷二，清光绪刻本。
⑤ 江藩：《国朝汉学师承记》，中西书局2012年版，第165页。
⑥ 陆心源：《拟顾炎武从祀议》，《仪顾堂集》卷三，清光绪刻本。

二 《儒林传稿》的集句体例

阮元《儒林传稿》采取一种特殊的编纂体例，即将传文中的文献出处，不惮其烦地一一注明。采集典籍，各各接续，连缀成文，注明来历，不杜撰一字。似乎阮元的论述不多，剪裁的痕迹较重，一篇传记便有如各种文献的拼接。这种体例，后人见之，以其类似诗学中的集句，故可称之为"集句体"。

《儒林传稿》卷首《凡例》略云：

> 次序以顾栋高为始者，因高宗纯皇帝谕办《儒林传》，奉为缘起也。
>
> 此外则以年分相次。凡各儒传语，皆采之载籍，接续成文，双注各句之下，以记来历。不敢杜撰一字。
>
> 且必其学行兼优，方登此传，是以多所褒许，以见我朝文治之盛。至于著述，醇疵互见者，亦直加贬辞。此外私家状述，涉于私誉者，谨遵馆例，一字不录。
>
> 至于各句双注，将来进呈御览时，应否删去，候总裁核定。①

阮元《揅经室集》一集卷二《拟国史儒林传序》文末，载阮福按语云：

> 按家大人撰《儒林传》，正传、附传共百数十人，持汉学、宋学之平。群书采集甚博，全是裁缀集句而成，不自加撰一字。因馆中修史，例必有案据。《儒林》无案据，故百余年来，人不能措手。家大人谓："群书即案据也。"故史馆赖以进呈。闻家大人出京后，馆中无所更改，惟有所删原稿钞存家笥，不应入集，人无由见。然《二集》中有《蒋士铨传》一篇，集句之式，观之可想也。②

---

① 阮元：《儒林传稿》卷首，清嘉庆刻本。
② 阮元：《揅经室集》，清道光文选楼刻本。

阮元《揅经室集》续集卷三《蒋士铨传》文末，载阮常生按语亦云："此用《国史儒林传》集句之法纂之，以备编文苑传料者也。"①

《儒林传稿》的这种集句体例，后亦直称为"儒林传体"。

李元度《国朝先正事略·凡例》："阮文达创《国史儒林传》，皆就各家纪述集句成篇，仍分注所出于下。彭心木《名臣儒行吏迹述》亦注明所据之本于篇末，示非臆造也。是编采书较多，未暇一一注明所出，然实无一字无来历。"②

马其昶《桐城耆旧传·序目》："曩吾为此传，用阮文达公《拟国史儒林传例》，采掇旧文，悉注所出。"③

朱次琦《朱九江先生集》卷八《南海九江朱氏家谱序例》："传末必注所据书，示信也。远法欧氏《百越先贤志》，近本阮氏《国史儒林传稿》也。"④

萧穆《敬孚类稿》卷十："《故前钦天监监正杨公光先别传》，仿阮文达公元《拟国史儒林传》稿本。"⑤

刘毓崧《通义堂文集》卷六《明吏部尚书张恭懿公别传》："论曰：……爰仿汉人记郑司农学行之例，辑为别传；仿温公撰《通鉴考异》之例，辨其异同；仿《道古》、《潜研集》中各传之例，详述始终；仿《揅经室集》、《儒林传稿》之例，注明原本。俾欲识名臣言行者，有所考焉。"⑥

三 《清名家小传》对"儒林传体"的效仿

日本刊刻《清名家小传》四卷，题"村濑海辅季德哀辑"，日本江户时代，文政二年如月，即嘉庆二十四年二月刊刻。紫溟古贺煜撰《序》（钤印"刘氏季晔"），江都樾山精一尧陈撰《例言》。加藤直臣校定，渡边粞写字，朝仓佐兵卫雕工。河内屋茂兵卫、永乐屋东四郎、和泉屋庄次

---

① 阮元：《揅经室集》，清道光文选楼刻本。
② 李元度：《国朝先正事略》，岳麓书社2008年版，第9页。
③ 马其昶：《桐城耆旧传》，清宣统三年刻本。
④ 朱次琦：《朱九江先生集》，清光绪刻本。
⑤ 萧穆：《敬孚类稿》，清光绪三十三年刻本。
⑥ 刘毓崧：《通义堂文集》，民国求恕斋丛书刻本。

郎、和泉屋金右卫门书肆发行。

村濑诲辅，号石庵，著有《清人著书目》八卷，刻《明六大家文粹》（唐顺之《唐荆川文粹》5卷、归有光《归震川文粹》5卷、王守仁《王阳明文粹》4卷、方孝孺《方正学文粹》6卷、王慎中《王遵岩文粹》5卷、宋濂《宋学士文粹》3卷），以及朱彝尊《朱竹垞文粹》6卷，编《续唐宋八家文读本》。秦鼎弟子。秦鼎（1761—1831），字士炫，通称嘉奈卫，号沧浪、小翁。

椭山精一（杉山精一），著有《官板书籍解题略》《金泽文库考》《足利学校考》。

古贺煜（1788—1847），名煜，字季晔，号侗庵、朴子、古心堂，通称小太郎，自谓祖先出自二千年前唐山刘氏，又名刘煜。古贺精里第三子。为昌平黉教官，著述四百余卷，诗文六十余卷，在日本为罕有。

古贺煜于文政十二年为森山定志《孙子管窥》作序，为南溟斋藤校刊《扬州十日记》作序，又曾为《四书训蒙辑疏》序。著有《中庸问答》7卷、《大学问答》4卷、《论语管窥记》1册、《左氏探赜》8卷、《崇程》6卷、《刘子》（一名《刘子崇程》）30卷、《明道论》1册、《吾道编稿》1册，又著《侗庵初集》10卷、《侗庵秘集》2卷、《庵非诗话》10卷、《侗庵新论》17卷、《侗庵笔记》4卷，及《侗庵先生文钞》《侗庵小钞》《侗庵文录》《侗庵全集》，又著《文江丽藻》2卷、《群玉书钞》3卷、《逸经网罗》2卷、《殷鉴论》25册、《今齐谐》6卷、《古心堂杂钞》16卷、《读通鉴评》4卷、《研北绀珠》12卷，及《经语摘粹》《建元汇编》《登坛月旦》《读书矩》《砚北小钞》《横槊余韵》《海防臆测》《史记匡谬》，编纂《东武百景诗卷》《如兰集》《吉光片羽集》《诸家文稿》。

唐才常《日本安政以来大事略述》称赞曰："善夫日本古贺侗庵，于其国未变法以前，痛陈攘夷之妄、锁国之失、夜郎自尊之谬，与专言兰学而委靡颓丧之非，颜曰《海防臆测》。"

《清名家小传》卷首有椭山精一所撰《例言》，其中四条云：

一、清人事迹，厘散见群册，凑合为编者鲜矣。间其有之，或专于诗家，或遍于书画，或以登科录，或以乡土纂，是季德（村濑诲辅）之所以哀次斯书也。

二、哀次之体，仿李锴《尚史》、阮元《儒林传》之例，凡其所裁成，悉用原文，注其所出，示不苟焉。虽若体段不免割裂，而务使事实鳞次，语意通贯，如诗之有集句也。

三、原文称"皇朝"、"国朝"之类，皆改作国号。称字、称谥，亦载其名，以便展阅。至附录，不必悉改。

四、传外有余意者，登之附录。或褒贬其人，或评骘其著书及诗文，亦同登焉。原出乎不忍割爱，则不免赘存者，读者取舍焉可也。①

据此可知，《清名家小传》的编纂体例是效仿《儒林传稿》而来，而此时上距"嘉庆壬申八月，漕运总督阮元，交出前在翰林院侍转任内撰稿"的嘉庆十七年（1812），仅相隔7年。

四 《儒林传稿·顾炎武传》的文本

《儒林传稿》四卷，阮元撰，嘉庆刻本。卷首有阮元《儒林传稿序》《儒林传稿凡例》《儒林传稿目录》。（前者又题《拟国史儒林传序》《拟儒林传稿凡例》。）《凡例》末署款"嘉庆壬申八月，漕运总督阮元，交出前在翰林院侍转任内撰稿"。

《儒林传稿》卷一《顾炎武传》，附张弨、吴任臣传。各段之末注明文献出处，排为双行小字。张穆《年谱》附录题作《国史儒林传》，省略出处，颇失阮元编纂本旨。《顾炎武全集》第22册《附录》中，《国史儒林传》据张穆《年谱》排录，故亦省略出处，另在"传记资料"部分排出《儒林传稿》，则照原文排出文献出处。

兹将《儒林传稿·顾炎武传》文本逐节分段排列如下（原文连续排版，今加标点并划分自然段）：

1. 顾炎武，字宁人，初名绛，昆山人。（《己未词科录》、《鲒埼亭集·亭林神道表》。李光地《榕村集》作长洲者非。）

2. 明赞善绍芳孙。（《顾氏谱系考》）

---

① ［日］村濑海辅：《清名家小传》，文政二年日本刻本。

3. 年十四为诸生。（《昆山县志》、《顾氏谱系考》）

4. 少耿介绝俗，不与人苟同，惟其同里归庄相善，相传有"归奇顾怪"之目。（朱彝尊《静志居诗话》、《鲒埼亭集》）

5. 其论学以博学有耻为先。尝与友人论学云："百余年来之为学者，往往言心言性，而茫然不得其解也。命与仁，夫子所罕言；性与天道，子贡所未得闻。性命之理，著之《易传》，未尝数以语人。其答问士，则曰'行己有耻'。其为学，则曰'好古敏求'。其与门弟子言，但曰'允执厥中，四海困穷，天禄永终'。其告哀公，明善之功，先之以博学。颜子几于圣人，犹曰'博我以文'。自曾子而下，笃实无若子夏，言仁则曰'博学而笃志，切问而近思'。今之君子则不然。聚宾客门人数十百人，与之言心言性，舍多学而识以求一贯之方，置四海之困穷不言而讲危微精一，是必其道高于夫子，而其弟子之贤于子贡也。我弗敢知也。《孟子》一书，言心言性，亦谆谆矣。乃至万章、公孙丑、陈代、陈臻、周霄、彭更之所问，与孟子之所答，常在乎出处去就、辞受取与之间。是故性也、命也、天也，夫子之所罕言，而今之君子之所恒言也。出处去就、辞受取予之辨，孔子、孟子之所恒言，而今之君子所罕言也。愚所谓圣人之道者如之何？曰'博学于文'，曰'行己有耻'。自一身以至于天下、国家，皆学之事也；自子臣弟友以至出入往来、辞受取与之间，皆有耻之事也。士而不先言耻，则为无本之人，非好古多闻，则为空虚之学。以无本之人，而讲空虚之学，吾见其日从事于圣人，而去之弥远也。"（《亭林文集》）

6. 又曰："今之理学，禅学也。不取之《五经》、《论语》，而但资之语录，不知本矣。"（本集《与施闰章书》）

7. 其论文，非有关于经旨世务者，皆谓之巧言，不以措笔。（《亭林本集》）

8. 故炎武之学，大抵主于敛华就实，救弊扶衰。（《县志》）

9. 凡国家典制、郡邑掌故、天文、仪象、河漕、兵农之属。（《汤潜庵遗稿》）

10. 莫不穷究原委，考正得失。而又广交贤豪长者，虚怀商榷，不自满假。（《县志》）

11. 作《广师篇》云："学究天人，确乎不拔，吾不如王锡阐。

读书为己，深赜洞微，吾不如杨雪臣。独精《三礼》，卓然经师，吾不知张尔岐。萧然物外，自得天机，吾不如傅山。坚苦力学，无师而成，吾不如李容。险阻备尝，与时屈伸，吾不如路安卿。博闻强记，群书之府，吾不如吴任臣。文章尔雅，宅心和厚，吾不如朱彝尊。好学不倦，笃于朋友，吾不如王弘撰。精心六书，信而好古，吾不如张弨。至于达而在位，其可称述者，亦多有之，然非布衣之所得议也。"（《亭林文集》）

12. 炎武生平精力绝人，自少至老，无一刻离书。（《县志》）

13. 国朝称学有根柢者，以炎武为最。（《提要》）

14. 炎武撰《天下郡国利病书》百二十卷，历览诸史、图经、实录、文编、说部之类，取其关于民生利病者，且周流西北历二十年，其书始成。别有《肇域志》一编，则考索利病之［余］，合图经而成者。炎武精韵学。（《鲒埼亭集》）

15. 撰《音论》三卷。言古韵者，自明陈第虽创辟榛芜，犹未邃密。至炎武，乃推寻经传，探讨本原。又《诗本音》十卷，其书主陈第"诗无协韵"之说，不与吴棫《补音》争，亦全不用棫之例，但即本经之韵互考，且证以他书，明古音原作是读，非由迁就，故曰"本音"。又《易音》三卷，即《周易》以求古音，考证精确。又《唐韵正》二十卷，《韵补正》一卷，《古音表》二卷。（《提要》）

16. 皆能追复三代以来之音，分部正帙而知其变。自吴才老而下廓如也。炎武又撰《金石文字记》、《求古录》，与经史相证，欧赵洪王不及其精。（《鲒埼亭集》）

17. 而《日知录》三十卷，尤为炎武终身精诣之书。（《鲒埼亭集》）

18. 盖积三十余年而后成。（《提要》）

19. 凡经史、吏治、财赋、典礼、艺文之类，皆疏通考证之。（潘耒本书《序》）

20. 炎武又以杜预《左传集解》时有缺失，作《杜解补正》三卷。其他著作有《石经考》一卷、《九经误字》一卷。（并《提要》）

21. 《二十一史年表》八十卷，《历代帝王宅京记》二十卷，《亭林文集》六卷，《诗集》五卷，《营平二州地名记》一卷，《昌平山水记》一卷，《山东考古录》一卷，《京东考古录》一卷，《谲觚》一

卷,《菰中随笔》一卷,《救文格论》一卷等书。(《己未词科录》、《提要》、《府志》)

22. 并有补于学术、世道。(《县志》)

23. 初,炎武嗣母王氏,未嫁守节,尝断指疗姑。(见本集《与叶讱庵》及《史馆诸君书》)

24. 于崇祯十年被旌。(《年谱》)

25. 及闻帝亡,不食卒,诫炎武勿出仕。福王时,昆山令杨永言,方荐炎武为兵部司务,旋以职方郎召,未赴。既葬母,遂出游,历遭艰险。(《鲒埼亭集》)

26. 所至之地,以二骡二马载书,遇边塞亭障,呼老卒询曲折,有与平日所闻不合,即于坊肆中发书对勘。或平原大墅,则于鞍上默诵诸经注疏。在华阴,与王弘撰等于云台观侧建朱子祠。(《县志》)

27. 康熙间,诏举博学鸿儒科,又修《明史》,大臣争荐之,并辞未赴。康熙二十一年,卒于华阴,年六十九。无子,门人以其丧归葬昆山,吴江潘耒叙其遗书,行于世。(《亭林集》、《年谱》、《鲒埼亭集》)[1]

今按:以上《儒林传稿·顾炎武传》,第 1 节,"李光地《榕村集》作长洲者非",是阮元考辨按语。《儒林传稿》既然"不敢杜撰一字",但遇文献讹误仍得随文辨正。

第 9 节、第 10 节,"河漕、兵农之属"与"莫不穷究原委",当连读,而分置二条。检汤斌《答顾宁人书》:"吴郡顾先生品高学博,国家典制、郡邑掌故、天文、历象、河漕、兵农之属,无不洞悉原委,坐而言、起而可见诸行事,真当今第一有用儒者也。"[2] 阮元仅截取其中半句,可见其"接续成文"极险。

徐鼒《小腆纪传》卷五十三《儒林传》本传、徐嘉《顾亭林先生诗笺注·凡例》以及《清史稿》本传照引。

"汤潜庵",《顾炎武全集》第 22 册《附录》误作"汤渭庵"。

---

[1] 阮元:《儒林传稿》卷一,清嘉庆刻本。
[2] 汤斌:《汤子全书》卷五,文渊阁四库全书本。

第 14 节、第 15 节,"炎武精韵学"与"撰《音论》三卷",亦当连读,而仍分置二条。

检全祖望《鲒埼亭集》卷十二《亭林先生神道表》:"其后周流西北且二十年,遍行边塞亭障,无不了了,而始成。其别有一编,曰《肇域志》,则考索利病之余,合图经而成者。予观宋乾淳诸老,以经世自命者,莫如薛艮斋,而王道夫、倪石林继之,叶水心尤精悍。然当南北分裂,闻而得之者多于见,若陈同甫,则皆欺人无实之大言。故永嘉、永康之学,皆未甚粹,未有若先生之探原竟委,言言可以见之施行,又一禀于王道,而不少参以功利之说者也。最精韵学,能据遗经以正六朝唐人之失,据唐人以正宋人之失。"① 全祖望大段论述,而阮元仅取其"最精韵学"三四字。

第 15 节引《四库提要》,并非出自一书,而分别取于三书:

《音论》三卷:"自陈第作《毛诗古音考》、《屈宋古音义》,而古音之门径始明。然创辟榛芜,犹未及研求邃密。至炎武乃探讨本原,推寻经传。"②

《诗本音》十卷:"其书主陈第'诗无叶韵'之说,不与吴棫《补音》争,而亦全不用棫之例。但即本经所用之音互相参考,证以他书,明古音原作是读,非由迁就,故曰'本音'。"③

《易音》三卷:"其书即《周易》以求古音。……然其考核精确者,则于古音亦多有裨,固可存为旁证焉。"④

《清史稿》本传:"精韵学,撰《音论》三卷。言古韵者,自明陈第,虽创辟榛芜,犹未邃密。炎武乃推寻经传,探讨本原。又《诗本音》十卷,其书主陈第'诗无协韵'之说,不与吴棫本音争,亦不用棫之例,但即本经之韵互考,且证以他书,明古音原作是读,非由迁就,故曰'本音'。又《易音》三卷,即《周易》以求古音,考证精确。又《唐韵正》二十卷,《古音表》二卷,《韵补正》一卷,皆能追复三代以来之音,分部

---

① 全祖望:《鲒埼亭集》,清姚江借树山房刻本。
② 纪昀等:《四库全书总目提要》,河北人民出版社 2000 年版,第 1141 页。
③ 纪昀等:《四库全书总目提要》,河北人民出版社 2000 年版,第 1141—1142 页。
④ 纪昀等:《四库全书总目提要》,河北人民出版社 2000 年版,第 1142 页。

正帙而知其变。"① 与《儒林传稿》略同。

可知《清史稿》本于《儒林传稿》，《儒林传稿》本于《四库提要》，而《儒林传稿》采择《四库提要》，三篇合成一节，中间颇有删节。

第23节，《与叶讱庵》及《史馆诸君书》，《顾炎武全集》第22册《附录》标点误作《与叶讱庵及史馆诸君书》。

第24节，顾炎武《与史馆诸君书》："崇祯九年，巡按御史王公一鹗具题，奉旨旌表。"②

顾衍生《元谱》列在崇祯九年，有误。车守谦《年谱》有辨正："谦案：贞孝受旌在九年，见先生康熙十八年《与史馆诸公书》，《县志》亦同。《元谱》列入十年，误。"③

阮元此处不直接引据顾炎武《与史馆诸君书》，而引后出之《年谱》，不可解。

第25节，"方荐炎武为兵部司务"，"方"字突兀。《亭林先生神道表》原文作"方应昆山令杨永言之辟"④。

《亭林先生神道表》无"既葬母"之文，而有"尚未葬"之文。

又《亭林先生神道表》此处分作五节："兵部司务"一节，"职方郎"一节，中间"不食卒"一节，"尚未葬"一节，最后又有"更欲赴海上"一节。原文如下：

> 于是先生方应昆山令杨永言之辟，与嘉定诸生吴其沆及归庄共起兵，奉故郧抚王永祚，以从夏文忠公于吴江东，授公兵部司务。
>
> 事既不克，永言行遁去，其沆死之，先生与庄幸得脱。而太安人遂不食卒，遗言后人莫事二姓。
>
> 次年，闽中使至，以职方郎召。
>
> 欲与族父延安推官咸正赴之，念太安人尚未葬，不果。

---

① 赵尔巽等：《清史稿》，吉林人民出版社1995年版，第10016—10018页。
② 黄珅、严佐之、刘永翔主编：《顾炎武全集》第21册，上海古籍出版社2011、2012年版，第105页。
③ 黄珅、严佐之、刘永翔主编：《顾炎武全集》第22册附录，上海古籍出版社2011、2012年版，第60页。
④ 全祖望：《鲒埼亭集》，清姚江借树山房刻本。

次年，几豫吴胜兆之祸，更欲赴海上，道梗不前。

第26节，"平原大墅"，阮元刻本有误，《清史稿》《顾炎武全集》均改作"平原大野"。

五 《清名家小传·顾炎武传》的文本

兹再将《清名家小传·顾炎武传》文本逐节分段排列如下（原文连续排版，今加标点并划分自然段）：

1. 顾炎武，字宁人，号亭林，吴之昆山花浦村人。曾祖明兵部侍郎章志，生左赞善绍芳，及国子监生绍芾。绍芳生官荫生同应，绍芾生同吉。同吉聘王氏，未婚，早卒，无嗣，王氏守节不嫁，养同应之仲子绛于襁褓中，以为之后，字曰宁人。北京陷后，改名炎武，炎武亦或自署曰蒋山佣。(《昆山县志》)

2. 少落落有大志，性耿介绝俗，不与人苟同。其双瞳子，中白而边黑，见者异之。最与里中归庄相善，共游复社，齐名，有"归奇顾怪"之目。(全祖望撰《神道碑》)

3. 明季，屡试不售，见时多虞，遂弃去举业，屏居山中，讲求经济之学。(《苏州府志》)

4. 嗣母王氏，事姑至孝，尝姑疾，亲侍汤药，扶持抑搔，不少懈怠。断指以疗其饥。崇祯丙子，直使王一鹗以节孝于朝，乃得旌闾之典。乙酉之夏，炎武奉嗣母，避兵常熟之郊，既而应昆山令杨永言之辟，与嘉定吴其沆及归庄共起兵，奉故郧抚王永祚，以从夏允彝于吴（浙）[浙]中，并授兵部司务。事既不克，永言遁去，其沆死之。炎武与庄幸而得脱。时嗣母年六十，谓炎武曰："我虽妇人哉，然受国恩，我则死之。"不食而死。(《碑》)

5. 临终诫炎武，以世食明禄，毋仕二姓。炎武奉其遗教，励节益严，发为诗歌，辈以寓其悲壮激烈之思矣。(《府志》)

6. 次年，闽中使至，以职方郎召，欲与族父、延安推官咸正赴之。以嗣母丧未葬，不果。福王亡后，几豫吴胜兆之祸，更欲赴海

上,道梗不前,绝意仕进。(《碑》)

7. 顾氏虽世籍江南,而其姿禀颇不似吴会人,是以不为乡里所喜,己亦甚厌裙屐浮华之习。尝谓:"古之疑众者行伪而坚,今之疑众者行伪而脆,了不足恃。"既抱故国之戚,焦原毒浪,日无宁晷。(《南疆绎史勘本》)

8. 顺治庚寅,有怨家欲陷炎武,炎武乃变衣冠作商贾,游京口,又游禾中,后之旧都。壬辰,遂侨居神烈山下,遍游沿江一带,以观畿辅之胜矣。顾氏有三世仆,曰陆恩,见炎武日出游,家中落,叛投里豪。丁酉,炎武自旧都归,持之急,乃欲告为通海。(眉注:按鲁王监国逃海上,与之通音信者,谓之通海。)炎武亟往禽之,数其罪,湛之水。仆婿复投里豪,纳贿太守,求杀炎武,不系讼曹,而即系之仆之家。危甚,狱日急,有为炎武求救于钱谦益者,谦益欲炎武自称门下而后许之,其人知炎武必不可,而惧失谦益之援,乃私自书一刺以与之。既而炎武闻之,急索刺还,不得,遂列揭通衢以自白。谦益亦笑曰:"宁人之卞也!"曲周路舍人泽溥者,故相振飞子,侨居洞庭东山,识兵备使者,乃为诉之,始得移讯松江而事解。(《碑》)

9. 于是炎武浩然有去志。北游燕赵,东至齐鲁。又念江东山水有未尽者,复归里,东游至会稽。又由太原、(太同)[大同],西入关中,直至榆林。辛丑,(浙中)[浙中]史祸作,幸而得脱。康熙乙巳,莱之黄氏有奴,告其主所作诗,事多株连,自以为得。复指吴人陈济生所辑《忠义录》为炎武作,首之,书中有名者三百余人。炎武闻之,驰赴山东听勘,讼系半年。富平李因笃亲至历下,急告有力者,狱始白,复入京。炎武环游数年,六谒孝陵、思陵,四谒长陵、惠陵,皆图而记之。所至考其山川风俗,古今治乱之迹,证之金石碑谒,与贤豪长者辨论必究。自是闻见益广,当代咸推称通儒。(《府志》、《碑》)

10. 丁巳,始卜居陕之华阴,谓秦人慕经学,重处士,持清议,实他邦所少。而华阴绾毂关河之口,虽足不出户,亦能见天下之人,闻天下之事。一旦有警,入山守险,不过十里之遥。若志四方,则一出关门,亦有建瓴之便。乃定居焉。置五十亩田于华下,供晨夕,而东西开垦所入,别贮之以备有事。尝饵沙苑蒺藜而甘之,曰:"啖此久，不肉不茗可也。"炎武每游，以二马二骡载书自随。或至阨塞亭障，即呼老兵退卒，询其曲折。或与平日所闻不合，则即坊肆中发书而对勘之。偶经平原大野，无足留意，则于鞍上默诵诸经注疏。有所遗忘，则复发书而熟复之。(《绎史》)

11. 诸生请讲学，谢之曰："近日二曲亦徒以讲学得名，遂招逼迫，几致凶死。虽曰威武不屈，然而名之为累，则已甚矣。又况东林覆辙，有进于此者乎？"有求文者，告之曰："文不关于经术、政理之大，不足为也。昌黎韩子起八代之衰，若但作《原道》、《谏佛骨表》、《平淮西碑》、《张中丞传后》诸篇，而一切谀墓之文不作，岂不诚山斗乎！"(《碑》)

12. 炎武平生耻为文人，以文为戒，故无徒作；其作之，虽短篇，行己之概，用世之器，亦昭昭若揭矣。(《清二十四家文钞》)

13. 戊午，圣祖诏征鸿博之士，诸卿士争欲致炎武，炎武乃豫令诸门人之在京者，辞曰："刀绳具在，无速我死。"次年，大修《明史》，诸卿士又将特荐之，炎武贻书学士叶方蔼，请以身殉，乃免。或曰："子盍亦听人一荐？荐而不出，其名愈高矣。"先生笑曰："此所谓钓名者也。譬之妇人之失所天也，从一而终，之死靡慝，其心岂欲见知于人？若曰盍亦令人强委禽焉，而力拒之以明节，则吾未之闻矣。"己未之春，出关睹伊洛，历嵩少，曰："五岳吾游其四矣。"会年饥，不得久留。渡河至代北，复还关中。炎武既负用世之略，不得一遂，而尝于雁门之北，五台之东，及长白山下，试之垦田畜牧，累致千金，且随寓每小试之，故财常饶足。徐尚书乾学兄弟，炎武之甥也，当其未达，炎武常振其乏，至是鼎贵，为东南人士所宗，四方从之者翕然，累书迎请炎武南归，愿以别业居之，且为买田以养。不至，或叩之，答曰："昔岁孤生，飘摇风雨。今兹亲串，崛起云霄。思归尼父之辕，恐近伯鸾之灶。且天仍梦梦，世亦滔滔，犹吾大夫未见君子，徘徊渭川以毕余生，足矣。"(《碑》)

14. 庚申元日，作一对曰："六十年前二圣升遐之岁，三千里外孤忠未死之人。"其老而弥笃如此。是冬，其妻卒于里中，仅寄诗挽之。次年，年六十有九，卒于华阴，时康熙二十年也。(《府志》)

15. 无嗣，徐乾学为立从孙洪雅以承其祀。高弟潘未收其遗书，序而行之。炎武常留心经纶，取家藏经史，累朝实录，及天下郡县志，一代奏疏、文集，遍阅之。有得即录，积四十余帙，一百二十卷，名曰《天下郡国利病书》。然犹未敢自信，考索利病之余，合图经而成者，曰《肇域记》一百卷。旁推互证，务质之今日所可行，而不为泥古之空言。(《碑》)

16. 最精韵学。谓昔者同文，声与形应，凡字形从某，音必从焉。后世不悟，反谓古书为叶，非也。唐韵承六朝之弊，部居悉舛。今以三代有韵之文为正，验其形与声，分者并之，合者离之，使古书无二音，而后得复其旧。则著《音学五书》三十八卷。(李光地撰《传》)

17. 相国李厚庵见之而叹曰："其语声形者，自汉晋以来未之有也。"(《府志》)

18. 又喜金石之文，至荒山颓址，有古碑遗迹，必披榛菅、剥苔藓读之，手录其要。(李《传》)

19. 谓其在汉晋以前者，足与古经相参考。唐以后者，足与诸史相证明。则著《金石文字记》六卷。盖自欧、赵、洪、王后，未有如是精者。晚益笃志《六经》，谓："古今安得别有所谓'理学'者？经学即理学也。自有舍经学以言理学者，而邪说以起。不知舍经学，则其所谓理学者，禅学也。"则著《下学指南》六卷。盖本朱子之说，参之以慈溪黄东发，而归咎于上蔡、横浦、象山。(《碑》)

20. 而《日知录》三十二卷，同《补遗》四卷，积三十余年而成，于经义、史学、官方、吏治、财赋、典礼、舆地、艺文之属，一一疏通其源派，考正其纰缪，最有补于学术世道者，实为炎武终身精诣之书。(《府志》)

21. 又著《左传杜解补正》三卷，《九经误字》一卷，《五经异同》三卷，《石经考》、《京东考古录》、《山东考古录》、《营平二州地名记》各一卷，《历代帝王宅京记》十卷，《昌平山水记》二卷，《经世篇》十二卷，《谲觚十事》、《救文格论》、《顾氏谱系考》、《求古记》各一卷，《亭林文集》六卷，《诗集》五卷，《菰中随笔》三卷等书。(《四库总目》、《汇刻书目》)

附录：

22. 王高士不庵云：宁人身负沉痛，思大揭其亲之志于天下，奔走流离，老而无子，其幽隐莫发，数十年靡诉之衷曾不得快然一吐，而使后起少年推以多闻博学，其辱已甚，安得不掉首故乡，甘于客死？噫！可痛也！（《绎史》）

23. 全谢山云：历年渐远，世之能读亭林之书者虽多，而能言其大节者已罕，且有不知而妄为立传者，以亭林为长洲人，可哂甚矣。乃为之墓铭曰：先生兀兀，佐王之学。云雷经纶，以屯被缚。眇然高风，寥天一鹤。重泉拜母，庶无愧怍。（全撰《墓铭》）

24. 陈榕门曰：亭林尝言："君子不亲货财，'束帛戋戋，实诸筐篚'，非惟尽饰之道，亦所以远财而养耻也。万历以后，士大夫交际多用白金，乃犹封诸书册之间，进自阍人之手。今则亲呈坐上，径出怀中。衣冠而为囊橐之寄，朝列而有市井之容。若乃拾遗金而对管宁，倚被囊而酬温峤，曾无愧色，了不关情，固其宜也。然则亭林制为筐篚之文者，岂非禁于未然之前，而示人以远财之义者乎？以此坊民，民犹轻礼而重货。"又亭林尝论近世停丧、火葬二事云：不仁不孝，莫大于此。其论痛快切挚，读此而不惕然起者，虽谓之无人心可矣。（《五种遗规》）

25. 而如其《日知录》，每事必证其始末，其有不合，时复改定。或古人先我而有者，则遂削之。抵牾者少，非如杨慎、焦竑诸人，偶然涉猎，得一义之异同，知其一而不知其二者。阎若璩尝补正此书五十余条，若璩之婿沈俨特著其事于《序》中。赵执信作若璩《墓志》，亦特书其事。若璩博极群书，睥睨一代，虽王士禛诸人，尚谓不足当抨击，独于诘难此书，沾沾自喜，则其引亭林为重，可概见矣。然所驳或当或否，亦互见短长，要不足为亭林病也。惟亭林生于明末，喜谈经世之务，激于时事，慨然以复古为志，其说或迂而难行，或愎而过锐。序其《音学五书》，谓圣人复起，必举今日之音而还之淳古，是岂可行之事乎？潘耒作是书《序》，乃盛称其经济，而以考据精详为末务，殆非笃论矣。（《四库提要》）①

今按：以上《清名家小传·顾炎武传》，第 1 节注明出《昆山县志》，

---

① ［日］村濑诲辅：《清名家小传》，文政二年日本刻本。

而检其内容，与全祖望《鲒埼亭集》卷十二《亭林先生神道表》相近。《亭林先生神道表》云："顾氏世为江东四姓之一，五代时由吴郡徙徐州，南宋时迁海门，已而复归于吴，遂为昆山县之花浦村人。其达者始自明正德间，曰工科给事中、广东按察使司金事溱，及刑科给事中济。刑科生兵部侍郎章志，侍郎生左赞善绍芳，及国子生绍芾。赞善生官荫生同应，同应之仲子曰绛，即先生也。绍芾生同吉，早卒，聘王氏，未婚，守节，以先生为之后。先生字曰宁人，乙酉改名炎武，亦或自署曰蒋山佣，学者称为亭林先生。"①

第2节："少落落有大志，性耿介绝俗，不与人苟同。其双瞳子，中白而边黑，见者异之。最与里中归庄相善，共游复社，齐名，有'归奇顾怪'之目。"注明出自全祖望撰《神道碑》。

《儒林传稿》作："少耿介绝俗，不与人苟同，惟其同里归庄相善，相传有'归奇顾怪'之目。"注明出自朱彝尊《静志居诗话》及《鲒埼亭集》。

《鲒埼亭集·亭林先生神道表》原文作："少落落有大志，不与人苟同，耿介绝俗。其双瞳子，中白而边黑，见者异之。最与里中归庄相善，共游复社，相传有'归奇顾怪'之目。"②

三家对比，较为接近。

第3节："明季，屡试不售，见时多虞，遂弃去举业，屏居山中，讲求经济之学。"注明出自《苏州府志》。检王峻《艮斋文集》卷三《顾亭林传》云："年十四为诸生，入复社，有名明季，屡试不遇，见时多故，遂弃去举业，屏居山中。"③与此节内容相近。伦明《三补顾亭林先生年谱》一卷引之。王峻，字次山，号艮斋，常熟人。

第4节，此云"《碑》"，即《亭林先生神道表》，原文作："初，太安人王氏之守节也，养先生于襁保中。太安人最孝，尝断指以疗君姑之疾。崇祯九年，直指王一鹗请旌于朝，报可。乙酉之夏，太安人六十，避兵常熟之郊，谓先生曰：'我虽妇人哉，然受国恩矣。果有大故，我则死之。'于是先生方应昆山令杨永言之辟，与嘉定诸生吴其沆及归庄共起兵，奉故

---

① 全祖望：《鲒埼亭集》，清姚江借树山房刻本。
② 全祖望：《鲒埼亭集》，清姚江借树山房刻本。
③ 王峻：《王艮斋先生诗文集》，清乾隆长洲蒋榮刻本。

郧抚王永祚，以从夏文忠公于吴江东，授公兵部司务。事既不克，永言行遁去，其沉死之，先生与庄幸得脱。而太安人遂不食卒，遗言后人莫事二姓。"① 二者对比，文字颇有出入。

《亭林先生神道表》所云"直指"，《清名家小传》所云"直使"，均不确切。王一鹗官职当作"巡按御史"。钱邦彦《年谱》："巡按御史王一鹗为达于朝。"②

乾隆《吴江县志》卷四十三："崇祯八年，巡抚都御史张国维，同巡按御史王一鹗，檄知县章白炌，勘核石塘。"③ 张国维《张忠敏公遗集》卷二《覆请开浚吴江县长桥锹疏，崇祯九年二月》："臣会同巡按御史王一鹗，看得三吴古称泽国，而太湖巨浸周五百里，汪洋浩森。"④

第7节，注明出自《南疆绎史勘本》。温睿临撰《南疆逸史》二十卷，李瑶补辑为五十八卷，改题《南疆绎史》，别称《绎史勘本》。

但检《亭林先生神道表》云："先生虽世籍江南，顾其姿禀，颇不类吴会人，以是不为乡里所喜，而先生亦甚厌裙屐浮华之习。尝言：'古之疑众者行伪而坚，今之疑众者行伪而脆，了不足恃。'既抱故国之戚，焦原毒浪，日无宁晷。"⑤ 二者对比，较为接近。

第8节，注明出自《亭林先生神道表》，对比其内容，除《亭林先生神道表》称"先生"，《清名家小传》改称"炎武"以外，二者文字全同。

"乃欲告为通海"，天头上有眉注："按鲁王监国逃海上，与之通音信者，谓之通海。"

《清名家小传》三处"谦益"，《四部丛刊》景上海涵芬楼藏原刊本、姚江借树山房本《鲒埼亭集》，均作"□□"。《四部丛刊》景昆山图书馆藏稿本《天下郡国利病书》，均作"某公"。《国朝先正事略》同治八年循陔草堂刻本，引作"钱牧斋""牧斋""牧斋"。

第9节、第11节，注明出自《亭林先生神道表》，对比内容，二者亦

---

① 全祖望：《鲒埼亭集》，清姚江借树山房刻本。
② 钱邦彦：《校补顾亭林先生年谱》，《顾炎武全集》第22册《附录》，上海古籍出版社2011、2012年版，第115页。
③ 乾隆《吴江县志》卷四十三，清乾隆十二年刻本。
④ 张国维：《张忠敏公遗集》卷二，清咸丰刻本。
⑤ 全祖望：《鲒埼亭集》，清姚江借树山房刻本。

相近。

第10节，注明出自《南疆绎史》，其实与《亭林先生神道表》相近。

第12节，注明出自《清二十四家文钞》。徐斐然，字凤辉，号敬斋，归安人，道光十年辑评《国朝二十四家文钞》，内有《亭林文钞》一卷。

第13节，注明出自《亭林先生神道表》，对比内容，《亭林先生神道表》无"而尝于雁门之北，五台之东，及长白山下，试之垦田畜牧，累致千金"数句。

第15节，注明出自《亭林先生神道表》，对比内容，二者亦相近。但"徐乾学为立从孙洪雅以承其祀"一句，《亭林先生神道表》作"徐尚书为立从孙洪慎以承其祀"。

第16节，注明出自李光地《顾宁人小传》。其实"最精韵学"，出自《鲒埼亭集·亭林先生神道表》，以下内容亦与《顾宁人小传》不全同。

李光地《榕村集》卷三十三《顾宁人小传》原文云："宁人举大指示之曰：'古者同文，声与形应，凡字旁从某，音必从某。后世不悟音讹，反谓古书为叶，皆非也。唐韵承江左末流，部居悉舛，分合之间，纷不可治。今当以《诗》、《易》、周秦之文为正，质验字旁，分者并之，合者离之，使古书无二音，然后得复其旧。'"①

第17节，内容亦出自李光地《顾宁人小传》，乃注明出自《苏州府志》，是舍近求远也。

《顾宁人小传》原文云："有顾氏之书，然后三代之文可复。雅颂之音，各得其所。语声形者，自汉晋以来未之有也。"②

李光地，字晋卿，号厚庵，又号榕村。曾亲见顾炎武，相与讨论音韵，"余始官庶吉士，曾相从为半日话"。"自汉晋以来未之有也"，本李光地一家之评语。

第19节，注明出自李光地，对比《顾宁人小传》，二者全同，但"又喜金石之文"则出自《亭林先生神道表》"性喜金石之文"一语。

第20节，注明出自《苏州府志》。《苏州府志》有康熙、雍正、乾隆、嘉庆、道光、同治、光绪七修。康熙志成于康熙二十三年，刊刻于康熙三

---

① 李光地：《榕村集》，文渊阁《四库全书》本。
② 李光地：《榕村集》，文渊阁《四库全书》本。

十年,《清名家小传》所引当在其后。检同治《苏州府志》顾炎武传,注云《亭林集》《全祖望集》《乾隆志》《南疆绎史》合纂而成。其实"终身精诣之书"一句评语,本出《亭林先生神道表》"而《日知录》三十卷,尤为先生终身精诣之书,凡经史之粹言具在焉",可以径引也。

第22节,注明出自《南疆绎史》。王炜,后更名王艮,字无闷,号不庵,安徽歙人。其实王炜评语,仍出全祖望之引用。《亭林先生神道表》原文作"及读王高士不庵之言曰"云云,《南疆绎史》亦由此引用也。

第24节,征引有误。陈弘谋,字汝咨,号榕门,广西临桂人。其《五种遗规》两次节引"顾亭林《日知录》",一在《从政遗规》中,一在《训俗遗规》中,陈弘谋均加按语。《清名家小传》均加引用,"亭林尝言"云云出于《从政遗规》,"又亭林尝论近世停丧、火葬二事"云云,出于《训俗遗规》。

此节注明出自陈弘谋《五种遗规》,其上段出《五种遗规》,而《五种遗规》则出自《日知录》。《日知录》卷三"承筐是将"条原文云:"君子不亲货贿,'束帛戋戋,实诸筐筥'。非惟尽饰之道,亦所以远财而养耻也。万历以后,士大夫交际多用白金,乃犹封诸书册之间,进自阍人之手。今则亲呈坐上,径出怀中,交收不假他人,茶话无非此物,衣冠而为囊橐之寄,朝列而有市井之容。若乃拾遗金而对管宁,倚被囊而酬温峤,曾无愧色,了不关情,固其宜也。然则先王制为筐筥之文者,岂非禁于未然之前,而示人以远财之义者乎?以此坊民,民犹轻礼而重货。"[1]

《五种遗规·从政遗规》卷下征引,原文云:"君子不亲货贿,'束帛戋戋,实诸筐筥'。非惟尽饰之道,亦所以远财而养耻也。万历以后,士大夫交际多用白金,乃犹封诸书册之间,进自阍人之手。今则亲呈坐上,径出怀中,衣冠而为囊橐之寄,朝列而有市井之容。若乃拾遗金而对管宁,倚被囊而酬温峤,曾无愧色,了不关情,固其宜也。然则先王制为筐筥之文者,岂非禁于未然之前,而示人以远财之义者乎?以此坊民,民犹轻礼而重货。"[2]

---

[1] 黄珅、严佐之、刘永翔主编:《顾炎武全集》第18册《日知录》,上海古籍出版社2011、2012年版,第142页。

[2] 陈弘谋:《五种遗规·训俗遗规》,清康熙培远堂刻本。

二处原文均谓"先王",《清名家小传》上段,误认作"先生",再误改为"亭林"。(又"货贿"误作"货财"。)

《清名家小传》下段实出于陈弘谋按语,"又亭林尝论近世停丧、火葬二事云",则又误作顾炎武本人之言。

《五种遗规·训俗遗规》卷二原文云:"弘谋按:亭林先生为近代通儒,贯穿经史,得其领要,故所见者大,所规者远,坐而言起而行,《日知录》一书其庶几乎!全书皆至理名言,援古证今,而皆一衷于道者也。偶录数则,以为世俗训。近世停丧、火葬二事,不仁不孝,莫大于此。先生之论,痛快切挚,读此而不惕然起者,虽谓之无人心可矣。"① 论"停丧""火葬"二事者,亭林《日知录》也;论此二事"不仁不孝,莫大于此"云云者,陈弘谋也。

第25节,注明出自《四库提要》,对比原文,颇有删节。以"或古人先我而有者,则遂削之",与"抵牾者少,非如杨慎、焦竑诸人",二句相接,实则第一句出于《四库提要》,《四库提要》出于顾炎武《日知录小引》,顾炎武原文云:"愚自少读书,有所得辄记之,其有不合,时复改定。或古人先我而有者,则遂削之,积三十余年,乃成一编。"② 《四库提要》引之,原文云:"是书前有自记,称自少读书,有所得辄记之,其有不合,时复改定。或古人先我而有者,则遂削之,积三十余年,乃成一编。"③ 此下《四库提要》尚有大段叙述,然后再加评论云:"炎武学有本原,博赡而能通贯,每一事必详其始末,参以证佐而后笔之于书,故引据浩繁,而抵牾者少。非如杨慎、焦竑诸人,偶然涉猎,得一义之异同,知其一而不知其二者"④ 云云。《清名家小传》以《日知录小引》直接"抵牾者少",即觉突兀。

六 《儒林传稿》与《清名家小传》的比较

《儒林传稿·顾炎武传》,版面共计筒子页4页,加标点约2100字符,

---

① 陈弘谋:《五种遗规·训俗遗规》,清康熙培远堂刻本。
② 黄珅、严佐之、刘永翔主编:《顾炎武全集》第18册《日知录》,上海古籍出版社2011、2012年版,第13页。
③ 纪昀等:《四库全书总目提要》,河北人民出版社2000年版,第3076页。
④ 纪昀等:《四库全书总目提要》,河北人民出版社2000年版,第3076页。

排比文献 26 节，辨正 1 节，合计 27 节。

《清名家小传·顾炎武传》，版面共计筒子页 8 页，加标点约 3900 字符，正文 21 节，附录 4 节，眉注 1 条，共计 26 条。

二者取材条目数量大致相当，但《清名家小传》的篇幅则明显比《儒林传稿》增多。

《儒林传稿·顾炎武传》，征引文献 12 种如下（按引用频次排序）：

1. 全祖望《鲒埼亭集·亭林神道表》7 次
2. 顾炎武《亭林文集》7 次（包括《与施闰章书》《与叶䜣庵书》《与史馆诸君书》等细目）
3. 《昆山县志》6 次
4. 《四库全书总目提要》5 次
5. 顾炎武《顾氏谱系考》2 次
6. 秦瀛《己未词科录》2 次
7. 《年谱》2 次
8. 《苏州府志》1 次
9. 李光地《榕村集》1 次（辨正）
10. 朱彝尊《静志居诗话》1 次
11. 汤斌《汤潜庵遗稿》1 次
12. 潘耒《日知录·序》1 次

《清名家小传·顾炎武传》征引文献 9 种如下（按引用频次排序）：

1. 全祖望撰《亭林神道碑（表）》9 次
2. 《苏州府志》6 次
3. 李瑶《南疆绎史勘本》3 次
4. 李光地《榕村集·顾宁人小传》2 次
5. 《四库全书总目提要》2 次
6. 陈弘谋《五种遗规》1 次
7. 徐斐然《清二十四家文钞》1 次
8. 顾修《汇刻书目》1 次
9. 《昆山县志》1 次

《儒林传稿》《清名家小传》二书合计征引文献 16 种，其中二书共同征引 5 种，《儒林传稿》比《清名家小传》多征引 7 种，《清名家小传》比

《儒林传稿》多征引 4 种。

表 5-3　　《儒林传稿》与《清名家小传》征引文献表

	征引文献	儒林传稿	清名家小传
1	顾炎武《亭林文集》	7	
2	顾炎武《顾氏谱系考》	2	
3	全祖望《亭林神道表》	7	9
4	李光地《榕村集·顾宁人小传》	1	2
5	朱彝尊《静志居诗话》	1	
6	汤斌《汤潜庵遗稿》	1	
7	潘耒《日知录·序》	1	
8	秦瀛《己未词科录》	2	
9	陈弘谋《五种遗规》		1
10	李瑶《南疆绎史勘本》		3
11	徐斐然《清二十四家文钞》		1
12	《四库全书总目提要》	5	2
13	《苏州府志》	1	6
14	《昆山县志》	1	1
15	《顾亭林年谱》	2	
16	《汇刻书目》		1

反观二书的编纂体例，并非一味地拼接史料：

1. "凡各儒传语，皆采之载籍，接续成文……不敢杜撰一字"一条，但是"务使事实鳞次，语意通贯"，所以必要的连接词还是使用的。

2. "私家状述，涉于私誉者，谨遵馆例，一字不录"一条，实则《顾氏谱系考》《顾亭林年谱》，均属私家状述，阮元均偶有采用。

3. "其所裁成，悉用原文，注其所出，示不苟焉"一条，虽然二书大体均为"集句"，但集句中又有一种"合纂"之法，即由若干种文献集成一节，如《儒林传稿》第 1 节"顾炎武，字宁人，初名绛，昆山人"，仅四句，却由《己未词科录》《鲒埼亭集·亭林神道表》二种文献集成，其中便难免编纂者的连缀、拼合和修饰。其他一节而有二种以上文献出处的，二书中均有不少。表明二书的"集句"体例，其实仍有许多编纂者的灵活处理，而非材料的机械堆积。

参考文献

（一）《日知录》稿本、抄本
顾炎武：《日知录》八卷本稿本，北京大学图书馆藏。
顾炎武：《日知录》三十二卷本抄本，北京大学图书馆藏。
顾炎武：《日知录》三十二卷本抄本，张继旧藏，杨氏枫江书屋私家典藏。
顾炎武：《日知录》三十二卷本抄本，吴骞旧藏，范氏净琉璃室私家典藏。
顾炎武：《原抄本日知录》，徐文珊整理，台中：台中市河北同乡会，1958年版。
顾炎武：《原抄本日知录》，徐文珊整理，台南：平平出版社/粹文堂，1974年版。

（二）《日知录》刻本
顾炎武：《日知录》八卷本，张弨刻本，康熙九年符山堂刻本。
顾炎武：《日知录》三十二卷本，潘耒刻本，康熙三十四年遂初堂刻本。
顾炎武：《日知录》三十二卷本，乾隆初期经义斋刻本。
顾炎武：《日知录》三十二卷本，"本衙藏板"，康熙五十八年"癸丑重镌"本。
顾炎武：《日知录》三十二卷本（巾箱本），"本衙藏板"，康熙六十年"乙卯新镌"本。
顾炎武：《日知录》三十二卷本，鄂山重刻本，道光十二年锦江书院刻本。
顾炎武：《日知录》二卷本，阮元《皇清经解》咸丰十年庚申补刊本。
黄汝成集释：《日知录集释》，道光十四年西谿草庐刻本。

（三）《日知录》校注本
栾保群、吕宗力校注：《日知录集释（全校本）》，上海古籍出版社2006年版。

陈垣校注:《日知录校注》,安徽大学出版社 2007 年版。

张京华校释:《日知录校释》,岳麓书社 2011 年版。

严文儒、戴扬本校点:《顾炎武全集·日知录》,上海古籍出版社 2011、2012 年版。

栾保群校注:《日知录集释(校注本)》,浙江古籍出版社 2013 年版。

张京华校注:《抄本日知录校注》,华东师范大学出版社 2021 年版。

(四) 顾炎武其他著作

顾炎武:《金石文字记》,清嘉庆十三年昭文张海鹏刊本。

徐嘉笺注:《顾亭林先生诗笺注》,清光绪二十三年徐氏味静斋刻本。

潘耒编:《足本亭林诗稿》,清光绪间幽光阁铅排线装校印本。

顾炎武:《亭林全集》,《续四部丛刊》本景乾隆三十八年彭绍升序本。

顾炎武:《亭林诗文集》,《四部丛刊》景上海涵芬楼藏孙毓修校补本。

顾炎武:《蒋山佣残稿》,《顾亭林诗文集》,中华书局 1983 年版。

顾炎武:《日知录集释》(外七种),上海古籍出版社 1985 年影印本。

孙诒让校辑:《亭林先生集外诗》《亭林诗集校文》,《丛书集成续编》集部第 123 册,上海书店 1994 年版。

王蘧常辑注,吴丕绩标校:《顾亭林诗集汇注》,上海古籍出版社 1983 年版。

王冀民笺释:《顾亭林诗笺释》,中华书局 1998 年版。

钱仲联主编:《顾炎武文选》,苏州大学出版社 2001 年版。

黄珅、严佐之、刘永翔主编:《顾炎武全集》(全 22 册),上海古籍出版社 2011、2012 年版。

黄珅解读:《〈日知录〉节选》,国家图书馆出版社 2021 年版。

(五) 顾炎武研究学术著作

张穆:《顾亭林先生年谱》,清道光二十四年刻本。

钱邦彦:《校补顾亭林先生年谱》,《顾炎武全集》附录。

缪荃孙:《顾亭林年谱校补》,民国嘉业堂刻本;《缪荃孙全集·杂著》,凤凰出版社 2014 年版。

存萃学社编集:《顾炎武学术思想研究汇编》,香港:大东图书公司 1980 年版。

潘重规:《亭林诗考索》,台北:东大图书公司 1982 年版。

许苏民：《顾炎武评传》，南京大学出版社 2005 年版。

周可真：《顾炎武年谱》，苏州大学出版社 1998 年版。

张博成：《顾炎武〈左传杜解补正〉研究》，台北：花木兰文化出版社 2012 年版。

林辉锋主编：《顾炎武研究文献集成（民国卷）》，古吴轩出版社 2019 年版。

项旋点校：《顾炎武研究文献集成（清代卷）》，古吴轩出版社 2022 年版。

（六）征引相关学术著作

陈明章：《私立燕京大学》，台北：南京出版有限公司 1982 年版。

陈平原、杜玲玲编：《追忆章太炎》（修订本），生活·读书·新知三联书店 2009 年版。

陈垣著，陈智超编：《史源学实习及清代史学考证法》，商务印书馆 2014 年版。

邓之诚：《骨董琐记全编》，北京出版社 1996 年版。

邓之诚：《五石斋小品》，北京出版社 1998 年版。

杜元载：《革命人物志》，台北：中国国民党中央委员会党史委员会 1972 年版。

段志强：《顾祠——顾炎武与晚清士人政治人格的重塑》，复旦大学出版社 2015 年版。

范景中：《纸尾草》，文物出版社 2019 年版。

范文澜：《中国通史》，中国戏剧出版社 2007 年版。

甘鹏云：《国学笔谈》，民国己卯崇雅堂刻本。

顾诚：《李岩质疑：明清易代史事探微》，光明日报出版社 2012 年版。

顾颉刚：《顾颉刚读书笔记》，台北：联经出版公司 2007 年版。

中国国民党中央委员会党史委员会编：《张溥泉先生全集》，台北："中央"文物供应社 1982 年版。

胡适：《胡适全集》，安徽教育出版社 2003 年版。

胡颂平：《胡适之先生年谱长编初稿》，台北：联经出版公司 1984 年版。

黄侃：《黄侃日记》，黄延祖重辑，中华书局 2007 年版。

黄侃：《黄侃日记》，江苏教育出版社 2001 年版。

姜义华编：《中国近代思想家文库·章太炎卷》，中国人民大学出版社 2015 年版。

蒋寅:《金陵生小言》,广西师范大学出版社 2004 年版。
李宗邺编:《注释中国民族诗选》,上海中华书局 1935 年版。
梁启超:《清代学术概论》,上海商务印书馆 1921 年版。
刘廷銮、钟永诚、鲁文生编:《清代书法选》,山东美术出版社 2007 年版。
马延炜:《〈清国史·儒林传〉与清代学术史的建构》,湖南人民出版社 2016 年版。
马勇编:《章太炎书信集》,河北人民出版社 2003 年版。
缪荃孙:《云自在龛随笔》,缪子彬手抄本,商务印书馆 1958 年铅印本。
庞俊(庞石帚)著,白敦仁纂辑,王大厚校理:《养晴室遗集》,巴蜀书社 2013 年版。
庞石帚:《养晴室笔记》,屈守元整理,四川文艺出版社 1985 年版。
皮锡瑞:《经学历史》,中华书局 2004 年版。
戚学民:《阮元〈儒林传稿〉研究》,生活·读书·新知三联书店 2011 年版。
钱穆:《中国近三百年学术史》,商务印书馆 1997 年版。
钱仲联:《钱仲联讲论清诗》,魏中林整理,苏州大学出版社 2004 年版。
钱仲联:《清诗纪事:明遗民卷》,江苏古籍出版社 1987 年版。
王汎森:《权力的毛细管作用——清代的思想、学术与心态》(修订版),北京大学出版社 2015 年版。
王钟翰:《清心集:王钟翰自选集》,新世界出版社 2002 年版。
王钟翰:《王钟翰学述》,浙江人民出版社 1999 年版。
吴骞:《吴兔床日记》,张昊苏、杨洪升整理,凤凰出版社 2015 年版。
萧一山:《清史大纲》,重庆经世学社 1944 年版。
谢国桢:《谢国桢全集》,北京出版社 2013 年版。
杨坚:《杨坚编辑文存》,岳麓书社 2012 年版。
杨杰:《名贤题咏注析》,中国文联出版社 1999 年版。
姚载熙、张永绵主编:《历代爱国诗选》,广西师范大学出版社 1990 年版。
张舜徽:《清人文集别录》,中华书局 1963 年版。
章念驰编:《章太炎生平与思想研究文选》,浙江人民出版社 1986 年版。
章太炎:《太炎文录续编》,上海人民出版社 2014 年版。
"中国文化大学"、中华学术院、中华百科全书编纂委员会编辑:《中华百科全书》，台北："中国文化大学"出版部1981年版。

朱谦之：《日本的朱子学》，生活·读书·新知三联书店1958年版。

朱维铮、姜义华等编注：《章太炎选集》（注释本），上海人民出版社1981年版。

（七）版本研究·图书著录·工具书

蔡贵华编著：《中国文献学资料通检》，中国文史出版社2004年版。

曹之：《中国古籍编撰史》，武汉大学出版社2006年版。

邓之诚：《桑园读书记》，生活·读书·新知三联书店1955年版。

杜泽逊：《四库存目标注》，上海古籍出版社2007年版。

傅增湘：《藏园群书经眼录》，中华书局1983年版。

顾宏义：《历代四书序跋题记资料汇编》，上海古籍出版社2010年版。

何广棪：《读书管窥》，九龙：新亚图书公司1970年版。

河南师范大学图书馆编：《河南大学图书馆馆藏善本书目录》，河南师范大学图书馆1988年编印。

贾晋华主编：《香港所藏古籍书目》，上海古籍出版社2003年版。

柯愈春：《清人诗文集总目提要》，北京古籍出版社2001年版。

雷梦水：《书林琐记》，人民日报出版社1988年版。

梁战、郭群一编著：《历代藏书家辞典》，陕西人民出版社1991年版。

刘炜毅主编：《山西文献总目提要》，山西人民出版社1998年版。

潘景郑：《著砚楼读书记》，辽宁教育出版社2002年版。

潘景郑：《著砚楼书跋》，古典文学出版社1957年版。

山东大学图书馆编：《山东大学图书馆古籍善本书目》，齐鲁书社2007年版。

司马朝军：《四库全书总目精华录》，武汉大学出版社2008年版。

司马朝军：《续修四库全书杂家类提要》，商务印书馆2013年版。

王欣夫：《蛾术轩箧存善本书录》，上海古籍出版社2002年版。

王重民：《中国善本书提要》上海古籍出版社1983年版。

魏小虎：《四库全书总目汇订》，上海古籍出版社2012年版。

永瑢、纪昀等：《四库全书总目提要》，河北人民出版社2000年版。

俞建良：《顾炎武书法研究》，上海书画出版社2019年版。

赵炳武：《山东省图书馆馆藏珍品图录》，齐鲁书社2009年版。

周中孚：《郑堂读书记》，民国十年吴兴丛书刻本。

（八）历代文献

包世臣：《小倦游阁集》，《顾炎武全集》附录。

邓显鹤：《南村草堂文钞》，清咸丰元年刻本。

邓显鹤：《沅湘耆旧集》，清道光二十三年邓氏南村草堂刻本。

邓绎：《藻川堂谭艺》，清光绪刻本。

丁丙：《善本书室藏书志》，清光绪二十七年钱塘丁氏刻本。

归庄：《归玄恭遗著》，上海中华书局民国十二年铅印本。

归庄：《归庄集》，上海古籍出版社1984年版。

郭嵩焘：《郭嵩焘日记》，湖南人民出版社1981年版。

韩世琦：《抚吴疏草》，清康熙五年刻本。

江藩：《国朝汉学师承记》，《续四部丛刊》影印清刻本。

蒋彤：《李申耆先生兆洛年谱》，民国嘉业堂丛书刻本。

焦竑：《国朝献征录》，明万历四十四年徐象枟曼山馆刻本。

李焕章：《织斋文集》，清光绪十三年乐安李氏家刻本。

李元度：《国朝先正事略》，清同治八年循陔草堂刻本。

李兆洛：《养一斋文集》，清道光二十三年活字印、二十四年增修本。

陆陇其：《三鱼堂日记》，清同治九年浙江书局刻本。

陆耀：《切问斋集》，清乾隆五十七年晖吉堂刻本。

罗正钧：《船山师友记》，清光绪三十三年刻本。

缪荃孙：《艺风堂文续集》，清宣统二年刻、民国二年印本。

潘耒：《遂初堂集》，清康熙间刻本。

彭绍升：《二林居集》，清嘉庆四年味初堂刻本。

钱谦益：《牧斋初学集》，《四部丛刊》景上海涵芬楼藏康熙刊本。

秦瀛：《己未词科录》，清嘉庆刻本。

裘毓麟：《清代轶闻》，中华书局1989年版。

全祖望：《鲒埼亭集》，清姚江借树山房刻本。

上海图书馆编：《颜氏家藏尺牍》，上海科学技术文献出版社2006年版。

沈彤：《果堂集》，文渊阁四库全书本。

谭宗浚：《希古堂集》，清光绪十六年羊城刻本。

陶汝鼐：《荣木堂合集》，清康熙间刻世彩堂汇印本。

天台野叟：《大清见闻录》，中州古籍出版社2000年版。

翁方纲：《复初斋文集》，清李彦章校刻本

吴光西：《陆稼书先生年谱定本》，清雍正三年清风堂刻、乾隆六年增刻本。

武润婷、徐承诩校注：《徐夜诗集校注》，山东大学出版社 1997 年版。

夏之蓉：《半舫斋编年诗》，清乾隆间夏味堂刻本。

夏之蓉：《半舫斋古文》，清乾隆间刻本。

小横香室主人：《清朝野史大观》，中央编译出版社 2009 年版。

徐珂：《清稗类钞》，商务印书馆 1920 年版。

徐乾学：《憺园文集》，清康熙三十六年冠山堂刻本。

徐鼒：《小腆纪传》，清光绪十三年金陵刻本。

许起：《珊瑚舌雕谈初笔》，清光绪十一年王韬弢园木活字本。

杨钟羲：《雪桥诗话续集》，民国求恕斋丛书本。

袁宏道：《袁中郎全集》，明崇祯刊本。

张建华、陶继明主编：《嘉定碑刻集》，上海古籍出版社 2012 年版。

张维屏：《国朝诗人征略》，清道光十年刻本。

张云翼：《式古堂集》，上海古籍出版社 2010 年《清代诗文集汇编》影印本。

郑珍：《巢经巢集》，清光绪二十年刊本。

朱彝尊：《曝书亭集》，四部丛刊景上海涵芬楼藏原刊本。

（九）报、刊、论文集

陈雪云：《毁书的罪证——论河南省图书馆馆藏四库全书〈日知录〉〈明文海〉抽毁本的价值》，《图书馆工作与研究》2004 年第 5 期。

陈友乔：《顾炎武北游不归之原因探析》，《山西师大学报》2009 年第 2 期。

陈友乔：《顾炎武北游期间的经济生活》，《兰州学刊》2009 年第 7 期。

陈友乔、黄启文：《顾炎武北游不归的地域倾向性探析》，《武汉交通职业学院学报》2008 年第 4 期。

陈致易：《评上世纪九十年代两种〈日知录〉校注本》，刊《安徽大学学报》（哲学社会科学版）2007 年第 1 期。

陈智超：《陈垣与史源学及〈日知录〉研究》，《安徽大学学报》（哲学社会科学版）2007 年第 3 期。

陈祖武：《〈日知录〉八卷本未佚》，《读书》1982年第1期。
范景中：《天假我一年，我将把三本书写完》，《文汇报》2015年8月21日。
冯超人：《读〈日知录校记〉》，《古今》1944年5月第47期。
戈春源：《顾炎武与昆山徐氏兄弟》，《苏州大学学报》1994年第2期。
顾颉刚：《顾炎武著述考》，《国立中山大学图书馆周刊》1928年5月第2卷第2期。
郭翠丽、吴明松：《〈左传杜解补正〉的版本及特色》，《九江学院学报》2010年第4期。
郭英德：《论顾炎武的遗民心态》，四川大学中文系《新国学》编辑委员会：《新国学》（第一卷），巴蜀书社1999年版。
过文英：《顾炎武与济南》，济南社会科学院编《济南名士评传·古代卷》，齐鲁书社2002年版。
胡雪颖、薛敏：《近年来顾炎武〈日知录〉研究现状浅析》，刊《濮阳职业技术学院学报》2014年第1期。
黄正藩：《顾炎武北上抗清辨析》，《苏州大学学报》1986年第2期。
鉴清：《李焕与〈织斋文集〉》，《广饶县文史资料选辑》第二辑，政协广饶县委员会文史资料编辑组1982年。
蒋寅：《抄稿本经眼记》，《文献》2000年第2期。
金性尧（署名文载道）：《关于〈日知录〉》，《古今》1943年11月第35期。
来新夏：《顾炎武与徐乾学》，《光明日报》2003年12月9日。
雷博：《顾炎武〈菰中随笔〉版本研究及题名推考》，《江苏师范大学学报》2015年第4期。
雷梦水：《邓之诚先生买书》，《学林漫录》十集，中华书局1985年版。
李广林：《顾炎武的北游与定居华下》，《唐都学刊》1985年第2期。
李汝生、高清云：《名冠齐鲁的清代文学家李焕章》，《东营历史人物》第二辑，东营市地方史志编纂委员会办公室1989年版。
李雪梅：《顾炎武〈菰中随笔〉版本考》，《山西大学学报（哲学社会科学版）》2004年第2期。
刘汉屏：《记文渊阁本撤出的〈日知录〉散页》，《光明日报》1988年12月21日。

刘祥元：《〈日知录〉文渊阁本抽毁余稿探析》，《理论界》2009 年第 12 期。

柳作梅：《顾亭林之出游索隐》，《大陆杂志》1970 年 5 月第 40 卷第 9 期。

孟羽中：《明末士子的治生与谋道——以吴江叶氏为例》，《苏州科技学院学报》2015 年第 2 期。

潘景郑：《日知录补校（附版本考略）》，《制言》1937 年第 37、38 期合刊。

潘重规：《亭林诗文用南明唐王隆武纪年考》，《新亚书院学术年刊》1966 年第 8 期。

孙雪霄：《顾炎武北游不归原因再探》，《中华文史论丛》2019 年第 1 期。

台静农（署名孔嘉）：《读〈日知录校记〉》，《抗战文艺》1941 年 3 月第 7 卷第 2、3 期合刊。

王培峰：《〈四库全书总目〉对顾炎武的学术评价》，《图书馆工作与研究》2013 年第 6 期。

王瑞：《文渊阁四库全书〈明文海〉〈日知录〉抽毁本论述》，《兰台世界》2009 年第 3 期（下半月）。

王献松：《论〈四库全书总目〉对顾炎武学术史地位的建构》，武汉大学中国传统文化研究中心编《人文论丛》2015 年第 2 期。

辛德勇：《书林撷余·亭林文集》，《中国典籍与文化》2000 年第 3 期。

徐蘋芳：《忆邓文如先生》，《学林漫录》二集，中华书局 1981 年。

徐文珊：《〈原抄本顾亭林日知录〉评介》，东海大学《图书馆学报》1959 年 1 月创刊号。

严文儒：《关于顾炎武〈日知录〉的撰修时间及版本》，《昆山文化研究》2008 年 10 月创刊号。

袁晶靖：《八卷本〈日知录〉之早印本》，《文史》2014 年第 4 辑。

翟艳芳：《清代禁书举隅》，《图书馆学刊》2013 年第 9 期。

赵刚：《顾炎武北游事迹发微》，《清史研究》1992 年第 2 期。

周道霞：《关于〈亭林遗书〉版本之我见》，《四川图书馆学报》2001 年第 5 期。

周新凤：《〈四库全书〉对〈日知录〉抽毁删改之举例分析》，陶善耕主编《图苑众人谈（图书馆治学文集）》，中国致公出版社 2001 年版。

周巩平:《家谱所载明清时期苏松两府的曲学家族及诸家族与沈氏家族的关联》,《曲学》2016年增刊。

周巩平:《明清两代的吴中叶氏曲学家族》,《曲学》2013年增刊。

周巩平:《〈吴中叶氏族谱〉所见戏曲家叶稚斐生平事迹再探》,《文献》2004年第4期。

周可真:《1950—2013年顾炎武著述生平学术研究综述》,《江南大学学报》2014年第6期。

周可真:《顾炎武与申涵光交往述考——兼论其学术思想异同》,《江南大学学报》2016年第5期。

朱莎莎:《顾亭林〈山东考古录〉考释》,《鲁东大学学报》2009年第6期。

(十) 学位论文

陈飒飒:《〈左传杜解补正〉研究》,华东师范大学硕士学位论文。

郝润华:《〈日知录〉初本与定本研究》,陕西师范大学硕士学位论文。

柳洪岩:《叶奕苞诗歌研究》,黑龙江大学硕士学位论文。

柳洪岩:《叶奕苞文学创作研究》,黑龙江大学博士学位论文。

(十一) 日本相关文献

[日] 安井衡:《读书余适》,明治三十三年(1900)安井氏藏版。

[日] 村濑诲辅:《清名家小传》,文政二年(1819)刻本。

[日] 冈千仞:《观光纪游》,明治十九年(1886)石鼓亭藏版。

[日] 国分高胤:《青厓诗存》,昭和五十年(1975)东京明德出版社铅印本。

[日] 久保得二:《秋碧吟庐诗钞》,大正六年(1917)东京声教社铅印本。

[日] 赖襄:《赖山阳全书·文集》,东京赖山阳先生遗迹显彰会1931年版。

[日] 赖襄:《山阳文诗遗稿》,天保十二年(1841)东京五玉堂刻本。

[日] 铃木虎雄:《豹轩诗钞》,昭和二十三年(1938)东京铃木先生还历纪念会活字本。

[日] 内藤虎次郎:《内藤湖南全集》,东京筑摩书房1976年版。

[日] 森槐南:《槐南集》,明治四十五年(1882)东京文会堂书店铅印本。

[日] 尾藤孝肇:《静寄轩集》,江户时代东京古风轩刻本。

［日］斋藤正谦：《铁研斋诗存》，东京汲古书院 2001 年影印本。

［日］斋藤正谦：《拙堂纪行文诗》，明治二十五年（1892）东京益友社刻本。

［日］中岛规：《棕隐轩集》，文政七年（1824）刻本。

［日］竹添进一郎：《栈云峡雨日记并诗草》，明治十二年（1879）奎文堂刻本。

后 记

予自 2009 年以后伏读《日知录》，2011 年出版《日知录校释》，2021 年出版《抄本日知录校注》，明年或将起笔尝试《日知录》汇校。

《日知录》研究可以大体分为两个部分：其一《日知录》的内容、版本、流传研究，有稿本、抄本、刊本、批校本、集释本、八卷本、三十二卷本等等形态，可以比勘而不厌其烦；其二作者其人与其时代研究，顾炎武与清代学术史关系极大，而研究之则稍涉忌讳。

予在 2012 年获批教育部人文社会科学研究规划基金项目"鼎革之际的学术范式——顾炎武与《日知录》研究"，2014 年获批国家社科基金项目"清代经学之开山——《日知录》整理与研究"，结项以后，今年向中国社会科学出版社交稿《顾炎武与〈日知录〉研究》，向商务印书馆交稿《〈日知录〉版本研究》。

予今年退休，卷宗留在永州，身乃东游西荡。本书当是《湖南科技学院国学丛刊》第十种，也是最后一种。其余九种为：

《中国文学散论》
《晚周诸子学研究》
《周敦颐研究：周敦颐诞辰 1000 周年庆典国际学术研讨会论文集》
《唐代山南道研究》
《民国柳宗元研究文献辑校》
《宋代湖湘诗人群体与地域文化形象研究》
《中国佛教史考论》
《周敦颐与宋明理学》
《章学诚的历史哲学与文本诠释思想》

张京华

2022 年 9 月写于浙江台州学院